季辛吉

KISSINGER

1923-1968年 理想主義者

尼爾·弗格森(Niall Ferguson) 著
顧淑馨 譯

AGORA
廣場

目錄

CONTENTS

第14章　人生現實

當我說我是以私人身份在此演講，我覺得自己有點像是身為「禁酒聯盟」（Prohibition League）會員，卻被抓到在飲酒。有人問他：「事到如今，你身為禁酒聯盟會員，如何自圓其說？」他答：我是以私人身份飲酒。（眾笑）

——季辛吉，一九六二年

要是美國的態度不變，我們會全體下地獄，那是我們唯一會聯手去做的事。

——史戴林將軍，一九六二年

一

季辛吉成熟的著作裡經常出現一個主題：國內政治與外交政策是本質上不同的活動。這並非甘迺迪兄弟很易於領悟到的。他們是在家中學到「現實政治」（Realpolitik）是怎麼一回事。在甘迺迪家長大本身即是一門高階課程。父親非法賣私酒、沈溺於女色、擅於曲意逢迎。約翰與羅伯．甘迺迪的長姐一九四一年接受腦白質切除手術，終身未能復原。* 長兄一九四四年戰死沙場，二姐一九四八年死於空難。傑克（譯註：即約翰）．甘迺迪是戰爭英雄，也是欺騙慣犯。他強迫症似地對妻子不忠，只是眾多欺騙行徑之一。他在整個政治生涯中，隱瞞患有嚴重痼疾〔劇烈背痛、甲狀腺機能低下、艾迪生氏症（Addison's disease）——腎上腺無法分泌足夠類固醇激素，因此需要持續接受可體松治療〕。他故意缺席參議院表決譴責麥卡錫案，麥卡錫曾不止一次到甘迺迪家中作客。他決定選詹森為一九六〇年的競選夥伴，卻對親弟弟說謊。那年其競選團隊可能曾請求黑手黨協助，以擊敗尼克森。甘迺迪為被捕入獄的〔黑人民權領袖〕金恩積極爭取釋放出獄，也有助於他贏得一九六〇年總統大選，但這並未阻止司法部長巴比．甘迺迪於三年後，授權竊聽金恩的電話[3]。

約翰．甘迺迪靠骯髒手段，一州接一州，贏得美國總統大選。無論他在就職演說裡講得多麼義正辭嚴，他認為打冷戰也須用同樣骯髒的手段，一國接一國。戰場不只是古巴及德國。如季辛吉一九六一年所指出，蘇聯與其盟國也對「東南亞、剛果、伊朗、拉美」施加壓力[4]。以「彈性回應」做為戰略理念若要有任何意義，就必須能夠使美國在一個以上這類地點採取軍事行動，卻不致把世界打成末日。要是結果發現有限戰風險太高，像柏林的情況正是如此，那還有其他方法可用。一九六一年一月十七日，在甘迺迪就職前，剛果首位民選總理盧蒙巴遭行刑隊槍決；中情局雖未直接涉入，卻一直密謀要取他性命。四個月後，多明尼加軍事強人特魯希略死在由中情局許可提供的M1卡賓槍下。此二案雖是甘迺迪承襲自前任總統，但其政府對於把暗殺當做政策工具，就算並未更熱衷也是平分秋色。暗殺名單上的下一個是卡斯楚，還有後面會提到的南越領導人吳廷琰（Ngo Dinh Diem）。最後，在靠職業殺手解決不了的場合，總有交易可以做。

以這種方式打「第三世界戰爭」有兩項不利之處。一是它傾向於料敵從寬。民主、共和兩黨在總統選戰中，通常相當勢均力敵；以支持力度而言，雙方資源差距不大；壓倒性勝利並非常態。美蘇對抗卻非如此。自一開始美國的經濟便強大甚多：以國內生產毛額計，蘇聯約是美國規模的三分之一；整個一九五〇年代直到六〇年代有好幾年，美國的核武存量遠多於蘇聯†。但冷戰期間，華府始終傾向於高估蘇聯實力，包含經濟力與軍力。這是當甘迺迪本可正大光明地揭穿其虛張聲勢時，卻願意與赫魯雪夫做成交易的主因。視外交政策本質上與國內政治無差別的另一難處，是因不懂而產生危險。古巴不是科羅拉多州，越南也非維吉尼亞州。那些是外國，其行事作風不同於美國。凡忽視此一簡單事實的現實主義根本就不切實際。

亨利．季辛吉的例子最能說明此一問題。他終其一生未到過東南亞，更別說是剛果、伊朗、或拉美。他唯一去過的加勒比海島嶼是聖約翰島（St. John），住在卡尼爾灣的洛克斐勒別墅。事實上，季辛吉除一九五一年去過日、韓，一九六〇年又到日本外，從未造訪歐美以外地區。這當然是克服得了的障礙。但走訪不熟悉的國家並非沒有風險，特別是對世人仍視其為美國總統顧問的人。

---

* 她雖撐過手術卻造成永久精神損傷，此後一直住在安養機構，多年後才去世。

† 確切地說，蘇聯一九六二年只有二十枚洲際彈道飛彈；美國至少有一百八十枚。蘇聯有二百架長程轟炸機；美國有六百三十架。蘇聯只有六艘能自海中發射至多三枚彈道飛彈的潛水艇；美國有十二艘北極星潛水艇，各攜帶十二枚核飛彈。這些數據明顯證明，一九五〇年代末的「飛彈差距」恐慌多麼荒謬。

二

季辛吉與拉丁美洲複雜且引起爭議的關係，始於一九六二年五月，他在國務院建議下訪問巴西，並在國防大學（National Defense University）發表演說。當時巴西在左傾政府主政下，政局極不穩定。奎德羅斯（Jânio Quadros）原以中間偏右的「國家民主聯盟」（National Democratic Union）領袖當選總統，但他決定與蘇聯及中國建交，把米納斯吉拉斯州（Minas Gerais）鐵礦場國有化，導致僅七個月後他辭職。到季辛吉抵達時，副總統古拉特（Joao Goulart）已接管政府，但也是經過設立國會制度以限制總統權力，才結束之前拖延已久的危機。幸好有洛克斐勒的人脈、及美國大使高登（Lincoln Gordon）努力安排，季辛吉得以會晤具影響力的巴西各界人士[5]，包括著名人類學家弗雷雷（Gilberto Freyre）[6]。季辛吉的第一印象是困惑茫然。他記下：「許多巴西人一直告訴他，不久就會發生一場重大政治危機，甚至是暴力動亂。但是他們說不清楚，究竟會發生什麼亂事。」[7]美國大使館的看法很明確：古拉特與前任奎德羅斯一樣，都意圖左傾。季辛吉近距離觀察後，結論是：「短期內巴西的前景相當不樂觀」[8]，特別是任命社會主義者利馬（Hermes Lima）為總理後。季辛吉與利馬見過面，他告訴克雷默：「《紐約時報》以其慣有的洞察力，將〔利馬〕形容為『溫和的社會主義者』。如果他是，那我倒想看看共產黨會是什麼樣子。」[9]

古巴經驗使很多美國人易於視每個拉美國家，都快要倒向共產主義[10]。這正是艾森豪的「骨牌效應」概念影響所及。問題出在似乎只有一種可靠的解方，即軍事統治。季辛吉訪問期間，曾會晤陸軍第二軍團司令迪米洛（Nelson de Melo）將軍，及聖保羅選出的國會議員昆哈・布耶諾（Antonio Sylvio da Cunha Bueno）。被問到奎德羅斯能否當選聖保羅市長並藉此重返政壇，昆哈布耶諾做出回答。

奎德羅斯選上，也不會讓他就職。軍方會干預，他們寧可要安全的獨裁，也不要奎德羅斯重登重要政治職位的不確定結果。迪米諾既未附和也未反對，雖然他在一旁聽得很清楚。昆哈·布耶諾議員告訴季辛吉博士，除一、兩位著名的例外，陸軍將領們均懷有民主信念，且對美國友好。[11]

一九六四年三月底，古拉特被三軍推翻，他們反對他的「基本改革」，包括將巴西煉油廠收歸國有及實施租金管制。此後二十年間，巴西一直是軍事獨裁。

許多美國觀察家憂心共黨顛覆拉丁美洲，但並無明顯跡象證明它正在發生，但也沒有跡象顯示它未發生。KGB在巴西確實很活躍，一九六〇年代初，它在大部分拉美主要國家都是如此[12]。然而或許可以公平地說：美國決策者大為誇大其影響力，同時又低估當地人民對政治秩序不滿的源頭，主要是不平等、貪腐、壓迫。對於在冷戰中拼搏者來說，每個激進份子都看似蘇聯的工具，每場革命都像是KGB的政變。同理，當北葉門一九六二年九月的革命推翻宗教長老，季辛吉立即看出更廣泛的中東危機已揭開序幕。

葉門革命政權開始近逼英國控制的亞丁港及各酋長國。埃及軍隊也對沙烏地阿拉伯構成威脅。再加上伊拉克的動亂，很可能未來幾年內沙烏地阿拉伯，特別是約旦，會爆發動亂。若約旦國王被殺，約旦王國恐難以為繼。一旦如此，繼之而起的政府若想併入一個較強大的鄰國，那勢必會有另一場以阿戰爭。[13]

以上分析最多只對了一半。葉門的新共和政權必然對英國殖民前哨區亞丁形成威脅；而埃及納瑟政權希望利用它，做為該地區的橋頭堡。波斯灣各君主國，尤其沙烏地，了解箇中危險，便與英國政府及秘密情報局（Secret Intelligence Service）合作加以反制。季辛吉也正確預見到另一場以阿戰爭，不過那到一九六七年才爆發。但沙烏地阿拉伯和約旦並未追隨伊拉克和葉門的革命之路；倒是阿拉伯復興黨（Ba'athist）政權，一九六三年在敘利亞及伊拉克上台。對世界某一部分是專家的學者，自認為其見地對截然不同的地方仍可放諸四海皆準，那有多危險在此便是一個絕佳例證。

但一九六一年底，季辛吉造訪的不是中東而是南亞。他想打進華府圈，結局似乎很不堪。婚姻也觸了礁。應邀訪問印度及巴基斯坦頗具吸引力，因為看來可暫時擺脫這些試煉，特別是他預期哈佛同事加爾布雷斯，現奉派為美國駐德里大使，會出於同事情誼款待他。季辛吉此行毫無疑問是受益匪淺。但他出發時如果以為可以休身養息，那很快就會失望。

季辛吉抵達德里前不到二週，印度軍方才剛占下境內的殖民地果阿（Goa），葡萄牙人控制此地超過四個半世紀。甘迺迪政府譴責此一片面行動，但精明的印度國防部長克里希納·梅農（V. K. Krishna Menon）反駁，西方的怨言僅是「西方帝國主義的苟延殘喘」。此事件之所以重要，主要由於亞洲還殘存一些其他歐洲殖民地，包括葡萄牙的東帝汶（East Timor）、荷蘭的西新幾內亞（West New Guinea）；印尼對此兩地均主張為其領土。季辛吉訪印是參加美國新聞總署的文化交流計畫；預定要在印度公共行政研究所（Indian Institute of Public Administration）及其他場所，演講美國外交政策。但他也利用總統顧問的身份，會見印度高階官員及政治人物，他們熱切想請教季辛吉關於裁減核武的問題。首位與他見面的是印度外交部長期的主事者R.K.尼赫魯（譯註：與印度首任總理尼赫魯同一家族）[14]。也見到印度外長迪賽（M. J. Desai），迪賽建議將西新幾內亞問題送交聯合國大會[15]。一月八日和十日季辛吉兩度會晤梅農，當時他被視為僅次於總理尼赫魯（Jawaharlal Nehru）的第二號人物。這些會面使他首次見識到，可謂表演式的南亞政治風格。

他的每個助理彷彿都處於恐懼狀態，他們恭敬地領我進入其辦公室。他在門口迎接我，牽著我的手，請我坐在一張安樂椅上。印度空軍參謀長也在裡面，克里希納．梅農轉向他，高聲發號施令。那免不了給人印象：這整個場景是為戲劇效果而演。

克里希納．梅農從頭到尾努力表現得很有魅力，要證明他是講道理的人。然而他似乎有自我克制的困擾，每談到一個論點，總是以低沉、緩慢而有節奏的語調起頭，說著說著就會變得毫不誇張的激動萬分。

他對季辛吉說，美國反對印度奪取果阿，「顯示英國大家族對美國政策的影響力」。身份不明的外國人正鼓動印度，為「完全不值得」的土地，在東北邊疆與中國交戰。其動機在破壞「印度的各項進步要素」，因為「凡先進的社會政策」一律反對者……可把它全歸於共產主義標籤下」。可惜這些作為「注定失敗。在喜馬拉雅山脈無法打仗，這是眾所皆知的」。事實上戰事就在那年十月爆發，因中國在邊界的中方那一側建立前哨基地，決定性地翻轉了印度的「前進政策」（Forward Policy）。梅農「提出大量繁複的細節，略帶扭曲，意在製造美國不公平、印度委曲求全、共黨睿智英明的形象」，季辛吉並未被這種方法嚇到。他在送交國務院的會議備忘錄中說：「想到尼赫魯從此人身上，接收大量有關外交政策及美國的訊息，令人不寒而慄。」[16]

相較之下，他與尼赫魯的會談顯得平淡，雖然到最後有一段透露真意的交談：「我……問他，印度是否會簽署共黨中國不在其內的裁武協議，他說，他覺得印度不可能這麼做。我問他，這是否連核武也適用？他含糊其辭，但暗示有可能。」[17] 印度日益關切中國的核武計畫，中國發展核武可回溯至一九五八年，但因一九六〇年蘇聯取消技術援助而趨緩。季辛吉接下來在德里的大部分會談，特別是與印度原子能委員會主委，盡在不言中的關切點均是印度該如何因應，及美國是否即將提供技術援助。[18]

所有這些無疑都能增廣見聞。但對季辛吉不幸的是，文化交流過程有接受記者提問的部分。他在美國已經歷過數次這種嚴峻考驗；他其實很喜歡美式記者會的激烈交鋒。但他低估了華府與德里的差異。也陷入哈佛教授之前和之後都太熟悉的陷阱：以為記者詢問你某個問題，必定是因為他相信你多少了解那個主題，所以你就必須對它有所了解。

問題其實是一位以色列記者問到埃及，由此引發了麻煩。據《華盛頓郵報》刊登的美聯社報導：身份為「甘迺迪外交政策私人顧問」的季辛吉，答稱：「最近納瑟總統的一些舉動，及蘇聯—阿聯國（UAR）*的武器交易，已挑起中東危機。」此言足以招致開羅正式抗議。據在場的其他記者表示，其實季辛吉當時說的是，埃及自蘇聯進口武器是「一個緊張因子」，「引發關切」；他也一再強調是以私人身份發言。可是埃及政府仍要求公開否認季辛吉的言論。

更糟的是季辛吉也被問到，對印度與巴基斯坦長久以來的喀什米爾領土爭議，有何評論。他的答覆是，美國的態度會根據每一個案的是非曲直而定；華盛頓不會「因果阿而遷怒印度」。被問及評論果阿，他不贊同葡萄牙對該地的領土主張，甚至還說葡萄牙成為北約會員國，是美國「協定癖」（pactitis）的產物，這個新詞本意是嘲弄杜魯門政府熱衷於締結國際聯盟。這些說辭激起巴基斯坦外交部正式抗議，並譴責季辛吉為「四處遊走的偽外交官」[19]。北京也不甘寂寞，對季辛吉暗示中國可能入侵印度領土表示氣憤。儘管季辛吉極力澄清或證明他所言不虛，這場茶壺裡的風暴仍延續數日之久。巴基斯坦《黎明報》（*Dawn*）興奮地為他起綽號「興風作浪大師」[20]。敘利亞政府對「姓名像是季辛吉的甘迺迪總統資深美國顧問」，他「近日曾訪問以色列討論以國國防」，要求澄清其言論。即便季辛吉被迫證實，他正式上仍是國安會顧問，也無補於事[21]。

當季辛吉以巴基斯坦公共資訊部（Public Information Department）貴賓身份抵達白沙瓦（Peshawar）時，試圖以笑聲平息騷動。他在巴國空軍總部發表演說，一開口先自我解嘲：「首先我要表明，我並非以官員身份，而是以不負責的哈佛教授對各位演講。其實美國有一派思想認為，你一旦披露自己是哈佛教授，那不負責這個形容詞也滿多餘的。」[22]（眾笑）

可是這次演講再度證明，很難把談話維持在他選定的講題——「美國戰略思惟」上。季辛吉在一月二十九日拜會巴基斯坦總統阿尤布．汗（Ayub Khan）、外長德拉維（S. K. Dehlavi），那兩人都認為，已獲得美國支持巴國對喀什米爾的立場，但兩人也揚言：若華府如季辛吉似乎所暗指，現在站在印度那一邊，則巴國將重新考慮其立場。阿尤布更暗示，如果不與蘇聯、中國結盟，採中立主義不無可能。阿尤布畢業於桑德赫斯特（Sandhurst）的英國皇家軍校，一九五八年掌權。他在某些方面像是美國的模範盟友：一口流利英

* 阿拉伯聯合共和國（United Arab Republic）成立於一九五八年，是敘利亞與埃及的聯盟。一九六一年敘利亞退出，但埃及仍自稱阿聯國至一九七一年。

語，政權雖不民主但與宗教脫鉤，允許美國U-2S〔高空偵察機〕自巴國空軍基地起飛，展現對盟國信守承諾。季辛吉承認，他對阿尤布的「直率真誠印象深刻」[23]。但季辛吉在德里記者會上的評論，卻被解讀為中傷美—巴同盟。問他為何使用「協定癖」時，季辛吉仍是一派輕鬆地回答：

> 我閱讀印度次大陸的報紙時總是興味盎然，因為我發現，連我親身參與的活動，在報紙上看到都覺得陌生（笑）。……我發表的聲明，受限於巴、印報紙的版面篇幅，未獲完整報導，內容是：我說，任何國家若相信聯盟這工具本身，即是某種形式的安全，便罹患了名為「協定癖」的病；要使聯盟產生效用，需要自我防衛的意志、做好努力自我防衛的準備、及受到人民支持的政府。符合那些條件的聯盟可以有效用，也會發揮效用；不符那些條件的聯盟，變成只是以書面文件取代真實防衛的兒戲，若接受聯盟僅是一紙文件，不必符合其他要件，便真的罹患了我所說的「協定癖」。這是我在印度說的，這是我在此地說的；我在巴基斯坦未說過在印度不曾說過的話，反之亦然。[24]

這無法滿足聽眾。季辛吉很快發現，他需要為美國援助印度辯護，並回答若印度攻擊巴基斯坦、美國會怎麼做等假設性問題。令他頭痛之事並未止於演講廳。當季辛吉回到旅館又被記者團團圍住。國務院陪同人員難掩「興災樂禍」之情地報告說：「當他試圖避答任何問題，記者們不買帳。」

> 最後他親切地同意回答幾個問題，但那些問題太過敏感尖銳，負責訪問計畫的官員……不得不數度介入。記者始終不放棄的問題是：季辛吉博士走訪開伯爾山口（Khyber Pass）時，是否看到任何「普什圖

尼斯坦絕技」(Pushtunistan stunt)的證據，指阿富汗人在那地區的活動。季辛吉指出他只停留一小時，而且是首次到訪，然後勉強表示，未曾見過他們所提的事。

次日《黎明報》刊出標題：「無親喀布爾擾動跡象……季辛吉博士訪部落區」[25]。等季辛吉來到拉合爾(Lahore)，預定在旁遮普大學(University of Punjab)演講，此行卻淪為一場鬧劇。在最後回答聽眾問題這一段，他以此開場：「哈佛教授做出具歷史意義的懺悔，意思是我並非對樣樣事情都瞭如指掌。」[26]。後來被他稱作「巴基斯坦歇斯底里」的經歷，使季辛吉對隨興回答敏感尖銳問題，可能引發外交紛爭，開了眼界[27]。他遭遇的困難華府並未視而不見。邦迪為他所謂的「一大堆紛紛擾擾」很生氣，便規定，今後「唯有本政府的全職官員，〔美國新聞總署〕始得宣傳為與政府有重要關聯」[28]。

三

季辛吉在白沙瓦演講「美國戰略思惟」的內容，或許不如他對新聞界思慮不周的評論那麼受矚目。然而讀一讀會有收穫，因為季辛吉避開對美國聽眾或許會用的較專業語彙，很清楚地勾勒出彈性回應的核心問題。首先他承認，嚇阻仍是美國戰略的基本原則。由於「嚇阻是設法防止對手採取某些步驟……對它的測試……只能用未發生的事」。也就是說，「意在虛張聲勢、對方卻信以為真的威脅」，比「認真提出、對方卻視為虛張聲勢的威脅」更有用。美國的立場是，蘇聯對柏林的任何攻擊都意味著總體戰。至今這對促使蘇聯知難而退一直有效。然而只倚賴總體戰，對我國外交政策的要求會太高，因為我想，我方唯一能傳達決心的方式，便是執行顯示有高度非理性空間的政策。我們必須做到的是，證明在某些情況下我們有可能失控，不論審慎計算的結果是什麼，你就是要很緊張，怕槍突然走火。手上拿著手榴彈的瘋子，擁有很大的談判優勢。

不幸的是，「以西方民主體制下的民意，這種政策無法實行」，而對赫魯雪夫來說，在聯合國拿鞋子敲桌子（如他一九六〇年所為），顯然是一個選項。基於此，美國正在其戰略總目中增列，「發展能夠協助盟友」以傳統武力「保衛其領土的武力」，並「增加戰術核武」。最要緊的是華府正尋求將其聯盟轉型，從「事實上由美國單邊保證」，轉為「努力於實質合作，以防止各國受到的威脅蔓延」

> 因此，凡分析過美國戰略問題者，勢必得到如下結論：從軍事角度看，我們與盟邦皆有義務擴大評估情勢的範圍，以確保對受威脅區域的防衛。我必須強調，這並不表示，美國在必要時不會介入總體戰。……但在全面承諾及其他情況之間，存在著許多階段，正因如此，我們需要這些武力，而更彈性的回應也很重要。[29]

這種說法在一九六二年的巴基斯坦不會引起爭議，因為南亞及東亞的敵對強國尚未取得核武。反之，西歐對這類論調深表懷疑。如前所見，邦迪或視季辛吉為威脅、或視他為某種洛克斐勒的間細，疑慮是愈來愈深，但邦迪仍把他當做，向歐洲特別是德國推銷彈性回應的資產。一九六一年十月邦迪不理會季辛吉辭職的問題，這是唯一理由。次月德國總理艾德諾來訪期間，他甚至特別要求季辛吉在華府出席場合。甘迺迪在職期間，季辛吉實際只見過總統三次，此次是其一。事後他又要求季辛吉，持續研究「東西談判議題」。季辛吉在印度時，邦迪再次寫信問他，是否「願意到德國去，向艾德諾再次保證政府的政策……在回國後盡快去」。儘管季辛吉從印度飛回來已疲憊不堪，且不可否認「從九月以來即與德國政策脫節」，卻仍表同意。他在華府聽取一整天的簡報，邦迪讓他再簽顧問新約，之後季辛吉飛往歐洲[30]。邦迪給他看的關鍵機密資料，是令人嚇一跳的新證據，來自U-2及日冕衛星計畫的情報，原來蘇聯離建立飛彈差距還差得遠，在核武競賽上是真正的落後者[31]。

季辛吉在波昂前，先短暫停留巴黎。他已開始察覺到歐洲政治的核心問題。在理想世界裡，美國理應樂見在英國領導下大致統合的西歐，歐洲所有的核武集中共用，並受制於美國對使用這些核武的某種否決權，歐洲各國的軍力也會擴大。在現實世界中，法國才擁有否決權，可否決英國加入「歐洲經濟體」（European Economic Community）。法、英也對集中核武能力享有否決權，因為各自都喜歡擁有獨立的嚇阻武力，也都不希望德國甚至分核武能力的一杯羹。經濟上，英國的談判地位迅速削弱；不出幾年人人都看得出，英國已成為諺語中說的「歐洲病夫」。但連成長更快速的德、法經濟體，其主政者也無意於增加國防開支；英國國際收支失衡問題，難道不是其花費不貲的大英帝國殘餘義務，所部分造成的後果？

對防禦蘇聯的核心議題而言，大西洋究竟有多寬，在二月五日，季辛吉與法國空軍總司令史戴林（Paul Stehlin）將軍午餐時，答案變得十分顯而易見。被季辛吉認定為「法國高階官員中，立場尤為平衡、最無仇外情結、且無疑最親美」的史戴林*，當時很沮喪。戴高樂的信念是：「一國的核武存量與其國際影響力有

* 史戴林退休後，即擔任美國國防公司諾斯洛普（Northrop）的顧問

直接相關性」。他讓法國自阿爾及利亞脫身的主要動機，是為釋出資源以發展嚇阻武力。他「在將領面前嚴詞抨擊北約，指它為美國政策的附庸」，並打算「抗拒任何進一步」將法軍整合入北約指揮架構的努力。史戴林懷疑，法國究竟能否自力發展有效的核武力，但他認同戴高樂對北約的看法[32]。同一天後來證實這些觀點的有二位法國將軍〔普傑（Puget）和馬丁（Martin）〕，及外交官德霍斯、拉羅瓦（Jean Laloy）、尤根森（Jean-Daniel Jurgensen）。晚餐時德霍斯更直言無隱。

美國必須明白，法國不是可隨意擺佈的小國。為何要拿德國核武威脅它？法國是考慮過後果之後，才開始採取自己的政策，而美國不斷老調重彈德國核武的危險，不是幼稚，就是不忠。美國必須認知：法國對無法支援本國武力的北約武力不感興趣。如果美國持續破壞法國本國武力，法國將袖手旁觀北約的核武力。……法美關係正處於歷史低點。若非經驗讓他懂得，愚昧的深淵深不可測，否則他會說雙方關係已低得不可能再低。

當季辛吉問：「這會使我們處於何種境地？」，德霍斯答：「要是美國的態度不變，我們會全體下地獄，那是我們唯一會聯手去做的事。」。季辛吉「被他尖刻的用詞嚇到」。不過只有他倆時，德霍斯變得聽天由命而不激烈。他抱怨：「他為大西洋的團結奮鬥多年」。但他的心力徒勞無功。「老頭子〔戴高樂〕的頑固及美國缺乏對心理的了解，將使所有努力付諸東流。」[33]拉羅瓦甚至在次日上午到季辛吉的旅館，去強調「法美關係僵局」[34]。

十天後季辛吉抵達德國，帶著鼓鼓一夾子的簡報文件，並密集會見德國政治領袖及一群實業家[35]。未忘記南亞不愉快的前車之鑑，季辛吉告訴波昂大使館，他不「要任何記者會、簡報，也希望此行保持低調」[36]。有兩件事馬上變得很清楚。一是東德與波蘭邊界任何確切的解決方案遭強烈反對，除非納入可接受的德國統一協議。很少德國政壇人士願意拿放棄收復「失土」的主張，來交換與蘇聯達成准入西柏林的協議。退休外交官、後替總統呂布克（Heinrich Lübke）做事的馮賀爾瓦特（Hans von Herwarth）*，便向季辛吉闡明此一立場。他也聽到許多相同的說法，出自自由民主黨（Free Democratic Party）領袖馮庫曼史東（Knut von Kuhlmann- Stumm）、孟德（Erich Mende）、阿亨巴赫（Ernst Achenbach）（季辛吉指他是「今日德國政壇最不擇手段的機會主義者之一，也是最令人不快的類型之一）†，及德國實業家。但這並非只是右派立場。二月十七日季辛吉見到社民黨副主席厄勒（Fritz Erler），他對季辛吉表示：「德國年輕一輩不會無限度地接受那種說法，即他們應償還父輩所犯下的罪行」，並「強烈反對我建議的，接受以奧得－尼斯河為界，以交換准入的保證。他說這等於為柏林付租金，只會招致新的要求」。[37]

季辛吉在波昂會談理解到的第二件事是：艾德諾有多麼不信任甘迺迪政府的戰略‡。艾德諾坦言不相信

---

* 馮賀爾瓦特（Hans Heinrich Herwarthvon Bittenfeld）是貴族出身德國外交官，自一九二七年起至一九七七年退休，大致未間斷地一直為國家服務。呂布克戰時曾替史畢爾（Albert Speer）工作，必然知道佩內明德（Peenemünde）空軍基地使用奴工；他在第三帝國的角色被揭發後，導致他於一九六九年辭職。

† 季辛吉是對的。阿亨巴哈不同於馮庫曼史東或孟德，他自一九三七年起即加入納粹黨。戰時他在德國駐巴黎大使館任政治組組長，曾直接參與將法國猶太人送往死亡集中營。

‡ 季辛吉後來回憶艾德諾曾問他：「你花多少時間為政府工作？」季辛吉答約四分之一。艾德諾說：「那我可以假定，你有四分之三的時間對我說的是真話」。

美國宣稱：即使萬一蘇聯發動第一擊，美國倖存的武器及載具數量仍會多於蘇聯。在他看來，美國的計畫「包含將美蘇定位為避難所，導致衝突的重擔落在西歐及衛星國身上」。他重述舊有的憂慮，「若總統被暗殺，或某種其他的溝通中斷，局勢會怎麼演變」。他也不認同美國情報單位，對蘇聯在東歐的傳統實力的評估：

他自己估計不是二十六個師，蘇聯在本地區包括俄羅斯邊區，有將近八十個師。因此他認為，發動傳統戰必定導致災難、恥辱或核戰。他為此提議採用〔海上〕封鎖，這是一路到最後對決的一個重要階段。他還說，美國傳統軍力的配備遠不及蘇聯。這使打傳統戰格外有勇無謀。

最後，艾德諾忍不住說：「他為美國威信日益低下十分憂心。在歐洲、拉美及亞洲，這都很明顯。美國在世上許多地方，好像缺少以其之名對抗共產主義的意識型態」。

外交藝術一個很重要的面向，是懂得如何贏過爭強好勝的對手。季辛吉是兼職顧問，有很好的理由不以華府的上司馬首是瞻，並對其歐洲戰略有嚴重保留。但如美國大使近乎詫異地記下的，這位業餘外交家以成效過人的耐心、同理心及辯才組合，反制所有舊式觀點。季辛吉舉出美國禁得起第一擊的證據。他說明美國的戰略並不代表讓歐洲自生自滅。華府反對「增加國家核武力……」也並非「意在使歐洲居於次等地位」。

而是反映一個信念，即國家武力的戰力，必然不及季辛吉剛才提到的那種武力。解決之道不是裂解北約組織，而是將大西洋共同體整合起來，遵循總理對歐洲各國關係十分明智選出的路線。……如果是我們北約夥伴所想要的，美國原則上對創建多邊控制的多國北約武力樂觀其成。

艾德諾對美國傳統軍力的憂慮也並無根據。

至此季辛吉的回應始終溫和，甚至是奉承。現在他卻冒著與人爭執的風險。在回應艾德諾主張，以「海上封鎖」做為對蘇聯挑戰的可能對策，「季辛吉答，他希望非常坦率，或許有點不符外交辭令。總理這個提議可能被解讀為：聯邦共和國意圖將反制措施的負擔和風險，轉嫁至北約其他會員國。它也許表示，若可能引發地面戰或核戰，聯邦共和國將不願為柏林而戰」。此一起手式，為激起艾德諾的國家榮譽感經過精心設計，發揮了作用。起先艾德諾「強烈……否認」季辛吉的指控。但下一句他反而引用季辛吉的話回他（「未準備打核戰，就不應從事傳統戰」），並稱讚「美國協助戰敗的敵人重獲自尊，是歷史性的成就」。季辛吉以決勝的一步棋，結束了這精采的外交棋局：

> 我們面對的選擇，很類似一九四九年總理本人所面臨的，我們有機會確認理論上的總體目標，不然就與歐洲友邦一起採取特定步驟，以建立只要可行時的共同行動架構。季辛吉的意見是：較明智的路線是總理本人擘畫的路線，關係到歐洲的整合，也就是為共同行動規劃具體措施，而非為理論爭議耗盡精力。正是這種精神使我們在北約內部的提議受到鼓舞。

季辛吉運用艾德諾自己的論述，大為成功地贏過他，使艾德諾讓美國賓客午餐遲到。如同道林（Walter C. Dowling）大使所記錄的，有兩次季辛吉與我想告辭時，他要我們留下，好讓他有機會再對談話內容，表達謝意及強烈贊同。他說他很欣慰看到，有保衛自由的力量存在，而主要任務在於注意不要出現人為疏失。季辛吉離去時表示：他希望總理了解，當我們談到軍力以及對大西洋共同體的投入時，並非只是空話。總理答：「我為此感謝上帝！」就此這次會面結束。[38]

季辛吉在亞洲不順，在德國受到激勵。回到華府這邊，總統本人感到困惑。他向德國大使古魯（Wilhelm Grewe）抱怨：「總理對某些事表達某種關切，我們以為那些事過去已完全澄清。自去年六月起，我方一直試圖由季辛吉強調這些看法。」為何「需要不斷向德國提出保證」？為何「必須一再澄清美國的政策和戰略立場，我們認為這些在十一月總理訪美時已充分說明」？國務卿魯斯克也同樣不解。他說：「季辛吉博士已到過德國訪問，未帶任何特別指示。他所談到的事，在我們看是理所當然，總理卻認為他的話可消除疑慮，彷彿裡面有新的資訊」。真相就如古魯所透露，季辛吉能做到全職外交官力有未逮之事[39]。艾德諾親自向道林說明，十一月在華府聽到的與從季辛吉口中聽到的，其間有何差別。前者「籠統，季辛吉明確得多，討論具體事證，因此提供更多訊息，更能令人安心」[40]。難怪新到任的俄國駐美大使杜布萊寧（Anatoly Dobrynin）*，將季辛吉列為願與之深交的四位美國政府人士之一，另外三人是邦迪、史勒辛格及索倫森[41]。

季辛吉也比他在白宮的主管更清楚：歐洲的一切現在皆取決於法—德關係。戰後歐洲很少有私人關係，比得上艾德諾與戴高樂的關係那麼關鍵，那麼起伏不定。有時在他們身上似乎反映出德法和好，如一九五八年在科隆貝雙教堂（Colombey-les-Deux-Eglises）的戴高樂鄉村別墅的著名會談。但他倆更常意見相左：艾德諾認定，唯有北約可保障西德不受蘇聯威脅，也只有歐洲統合能確保他抗拒美國的自以為是；戴高樂仍嚮往法國能與美、英平起平坐，並急於限縮法國參與北約及歐洲經濟體。二月十五日，艾德諾與季辛吉見面前一天，他與戴高樂各自帶著外交部長，在德國巴登巴登會面。兩位領袖除討論歐洲政治聯盟計畫，也針對安全議題交換意見，特別是歐洲需要減少對美國的依賴[42]。季辛吉與艾德諾會面後次日，飛到巴黎與史戴林再度會談。史戴林告訴他，戴高樂正逐步接受，法國國防政策須納入歐洲路線的想法。季辛吉直接傳達給魯斯克的詮釋是：「德國只有在美國迫使下，才會接受法國的方案。」問題在於「德國基本上親西方聯盟的政黨都反對談判，而贊成談判的政黨（如社民黨）基本上都是民族主義者。只要這種態度不變，法國便有某種操作空間」[43]。因此「帶著德國人走，要他們負起為柏林談判的責任」[44]。同時美國須努力說服法國，「除非把北約當成一個整體，否則北約地區的防務無法發揮效果」[45]。

季辛吉為國務院上了一堂外交藝術課。但他也想要教給國安會一堂戰略思想課。一九六二年四月他草擬一篇精闢的文章，批評美國要在歐洲建立「多邊武力」（Multilateral Force，MLF）的方案，它以潛艇為基礎，將給歐洲對其核防禦更大的參與。季辛吉認為，此方案的軍事正當性並不明顯，因為所有多邊武力能擊中的目標，也都在美國戰略空軍指揮部的攻擊範圍內†。其政治理由，表面上是「減輕歐洲恐懼，害怕美國不肯

* 杜布萊寧是鎖匠之子，一九四六年進入外交界，一九五七年曾短暫擔任聯合國副秘書長。他任駐美大使直至一九八六年，歷經六位美國總統，也成為或許是季辛吉最重要的一位外交對手。

† 季辛吉此處確實錯了。核子潛艇自一九五九年問世以來，當可能具爆炸性的冷戰，轉變為哈德遜研究所（Hudson Institute，譯註：設於華府的保守派智庫）布利南（Donald Brennan）後來嘲諷地命名為「相互保證毀滅」（Mutual Assured Destruction）的平衡，它在此過程中居關鍵地位。重點在於配備核彈的潛艇幾乎難以偵測及摧毀。所以任何第一擊勢將遭到自海平面下發動的毀滅性反擊。

為歐洲使用核武，方法是讓歐洲國家參與北約武力的規劃、管控及目標設定」；實際上是「孤立法國並適時削弱法國發展核武的努力」。但季辛吉不明白，「軍事上無用的武力」怎會「在政治上值得期待」。德國鷹派如法蘭茲．史特勞斯則認為，建構此種武力只會招徠為它設計真正的軍事用途。

> 為我們的決策提供一個看法，它存在兩種可能性：（一）我們保留對北約核武力的否決權，（二）我們建構沒有否決權的北約核武力。
>
> 若保留否決權，我們就並未真正給予歐洲盟國對我們決策的發言權。我們等於創建兩種武力：一是在戰略空軍指揮部下較大規模的武力，我們可自由運用；一是規模小、效能低很多的武力，除美國外還設有一些其他的否決權。……含美國否決權的北約核武力，可增加更多保險栓而非啓動裝置。
>
> 但我們若願意放棄否決權，則會引發嚴重憲法問題。那時我們會隸屬一支部隊，它可能迫使美國未獲國會或最高統帥同意便走上戰場。這雖然與實際狀況太不相同，但我認為它會引起我國的憲政爭議，從而有損此種安排可能帶來的好處。

季辛吉的結論頗為激進。美國應支持獨立的歐洲核武力，雖然那意味著終結美國怪異的立場：支持英國擁有獨立的國家核武力，卻反對法國做同樣的事[46]。這是對多邊武力缺失的透徹分析，即使它不像雷爾反德的〈多邊武力搖籃曲〉（MLF Lullaby）那般詼諧*。

可惜它缺乏知音。

四

季辛吉受夠了。他在又一篇抱怨邦迪的長篇累牘中，對史勒辛格表示：「這一年來我所做的『最後』聲明，已超過過去一輩子的總和。……即使如此，我仍被迫永無止境地經歷本質上相同的情節，彷彿B級片的膠捲不知怎的卡住了。」季辛吉極其詳細地重述，從上一回試圖離開甘迺迪政府起陸續發生的事件，然後他說出真正用意。儘管他機敏應對艾德諾，對多邊武力問題提出獨到見解，他仍然不受重視：

自……約二月十五日起，我與白宮沒有任何具實際目的的接觸。無人費心認可我的歐洲之行（我是在麥克催促下獨自成行且有諸多不便）。我至少寄送麥克十份有關歐洲及亞洲行的備忘錄。沒有一份收到回音，更別說評論，這紀錄自去年五月保持到現在。有幾次我為其他公務到華府，我在幾天前就通知麥克的辦公室。但從未接到一通回電。

事情原委很清楚。邦迪再次「運作我接受，正是去年十月我首次辭職時，他建議而我當時拒絕的那個職位」：即「理論上仍是顧問，卻放棄任何持續履行職務的表徵，如專屬辦公室。我已被操弄至基本上屬欺詐的樣貌：我若有一點用處，便是被當成櫥窗擺飾，及推銷我從未參與制訂且其本質有時令我很不自在的政策。這是難以忍受的境遇，源自「愛操控的天性和缺乏人性」以及「過分重視權術，我認為這是現任政府最

＊「睡吧寶貝睡吧，願你安眠／不怕暗藏危險，妨礙你好眠／我們拿到飛彈，決定和平在我們手裡／其中一根放在按鈕上的是德國指頭。」

大的一個弱點」。季辛吉覺得，再遞正式辭呈「很可笑」，總之他無意「再啟動一連串的權謀運作」，或甚至再與邦迪溝通。反而他「只想讓現有安排拖到它任何時候屆滿」。他今後「只在我有權責的情況下，回應徵詢建言的要求」，並「隨己意採取任何公開立場，或因個人理念必須參與的其他活動」[47]。至於邦迪指控，「我與白宮的關係，始終受制於為保有一九六四年行動自由」——換言之，如果洛克斐勒選擇挑戰甘迺迪競選總統，季辛吉希望仍能為他效力——對此季辛吉憤慨到，另寫一封篇幅同樣長的反駁信給史勒辛格。他聲明：「我從顧問關係開始，並非為一九六四年保全自己，而是為去了解總統的想法，並讓他能夠評斷我的用處。」

麥克的說法透露出一種對野心本質的態度，及一種對正當性的看法，這或許是整個麻煩最深層的原因。由於我「只是」顧問，尤其若我參與決策的程度達到我持續想要的那麼親近，那一九六四年攻擊同僚真的恰當嗎？難道有人真心相信，不論我的正式地位是什麼，我在一九六四年會轉而攻擊屆時已共事四年的同事，其中有許多還是相交十年的好友？我不相信名譽取決如此拘泥地區分敵我。……我開展與白宮的關係，目的在協助政府施政成功，並未背地裡想著若政府失敗，我如何保全自己。……我唯一所念即在危機時盡一己之力。我的奉獻和精力任憑白宮差遣。我最盼望的結果是，最終能夠讓我全職為國家效力。

季辛吉的結語悲觀地指出：「一九六四年政府更替，只會因難以承受的危機而發生，它會損害許多我敬重的人的聲譽，及許多我想見到其實現的價值」。他曾真誠地設法避免此種危機，但四處碰壁。此後他必須

「以私人、獨立公民身份」為信念挺身而出[48]。

季辛吉當然還不打算完全離開公部門。他寫二封信給史勒辛格一週後，又寄給洛克斐勒一份對柏林立場聲明的草稿[49]。他還建議兩個政策選項，或建立中央集權式北約核武力，或在北約內部建立歐洲核指揮部；另外成立新的北約部長會議，其決策可約束所有會員國[50]。不過現在輪到洛克斐勒冷落季辛吉。他拒絕季辛吉邀請他在美德協會（American Council on Germany），對一九五三年東柏林起義週年發表演講[51]。季辛吉將發表在《外交事務》的新作寄給他時，只收到洛克斐勒辦公室每天整批寄出的制式回信[52]。季辛吉沒好氣地請漢克斯轉告洛克斐勒的助理：「下次我寄文章給他時……回覆應是，將文章轉交處理外交事務的季辛吉先生」。直到一九六二年六月這兩人在洛克斐勒的新居見面，他們昔日的交情兼夥伴關係才恢復[53]。

就此而言，季辛吉的文章〈歐洲防衛未解之問題〉（The Unsolved Problems of European Defense），確實是私人、獨立公民的作品。他不僅受近期訪問法、德，也受與李德・哈特（Basil Liddell Hart）書信往來所影響，文章自重新評估彈性回應著手。他追溯美國在西歐部署傳統武力的源起，還有北約二十二個師的地面部隊、與美國控制的戰略空軍指揮部核武力之間的關係，後者將執行對蘇聯的「反武力」戰略。就艾森豪時代末期的情勢而言，傳統武力基本上只是象徵性意義，一支小很多的部隊便足以確認，「比邊境入侵更嚴重的事正在發生」，並發出戰略空軍指揮部需要動用飛彈及轟炸機的訊號。繼而這激勵歐洲國家取得自己的核報復武力，因美國戰略指導原則明顯「將此定義為最終決戰武器」。彈性反應是為增強傳統武力所設計，以「使我們能夠因應無論暴力到何種程度的蘇聯挑戰」。但政府以三十個師的北約部隊為目標，有「對局部防禦太少、對維持反擊力戰略可信度太多」的風險（因萬一爆發全面核戰，任何美國駐歐部隊均可能被殲滅）。北約若當真要純以傳統部隊反制蘇聯入侵，那「三十個師的目標必須大幅增加」。假使這在政治上不可行，則北約必須回到〈核武與外交政策〉的論述，「一確定蘇聯已展開大規模攻擊……即在戰區」使用戰術核武[54]。不錯，如經常遭反對的（包括副國防部長吉爾派屈克），以戰術核武交戰可能會升高為全面戰爭。但純反擊力戰略使升高變成必然而非有可能。

不過，季辛吉重提有限核戰之議，並非此文最具爭議的論點。他也提議「在歐陸的原子軍火應集中隸屬另一指揮部」，甚至為法國發展國家核能力辯護，指此舉「並不像常被說成的毫無意義」。甘迺迪政府似乎希望歐洲「整合其傳統武力至一個共同指揮部，並增加對傳統防禦的依賴，但每個夥伴各自保留對回應蘇聯核威脅獨有的手段，及使用核武的行動自由」。這「全然不合理」。他重覆先前的看法：美國政府設想的多邊武力，「可增加更多保險栓而非啟動裝置」（亦即只會增加使用核武的障礙），並表示強烈贊同「一支歐洲原子部隊，合併〔現有〕英法核武力」，但美國無否決權。最後他指出，支持法國的嚇阻武力也許是組成那種部隊的上上策[55]。

這篇論述豐富的文章的作者，應該不會不清楚它可能引發的騷動。季辛吉以幾近道歉的口吻對史勒辛格說，這是「我不得不寫的難度最高的東西……我這麼做是因為以所有其他方式表達我的看法，全都證明無效」[56]。《華盛頓郵報》的羅伯斯立刻挖出這則新聞：「甘迺迪助理提議支持法國原武力」[57]。這引發必然要問白宮新聞秘書，有關季辛吉地位的問題。皮埃爾•薩林格（Pierre Salinger）尷尬地否認，季辛吉是總統的「兼職顧問」（如《郵報》所報導），但必須證實他仍是國安會顧問。不過「他今年未見過總統。今年他為國安會執行過一項機密性質的任務。此任務與《外交事務》那篇文章的主題無關。他未曾向國安會就〔法國原子武力〕議題提出任何建言」[58]。

政府內部一片驚愕，一篇對季辛吉此文的官方批評指出，以三十個師為目標，對可能發生為柏林打傳統戰而言是合理的，而預期只會有限於歐洲的有限核戰，具政治上的危險性，因歐洲人可能視之為美國企圖「擺脫核攻擊的威脅，讓夥伴承擔其衝擊」。無論如何，此種戰爭若未升高至全面戰爭，仍需要比歐洲目前可用的多出許多的核武力[59]。

此議題不僅止於學術討論。一九六二年四月美國對柏林准入議題國際化的提議，代表將終止戰後的四國協議，被西德媒體揭露。設置國際准入管理局（International Access Authority），賦予東西德同等地位的構想，引起十分強烈的惡評，使美國的計畫胎死腹中。七月五日赫魯雪夫致函甘迺迪，要求西方在西柏林的駐軍，有半數改由華沙公約或中立國家軍隊取代。三週後湯普生最後一次，以美國駐莫斯科大使身分去見赫魯雪夫，他被告知，再對此議題拖延，「莫斯科無法接受。……事關蘇聯威望……柏林問題應盡速解決，適當和約應加以簽署」[60]。白宮內部更為驚惶失措。總統要求知道，為何「美國與盟邦對使用戰術核武的歧見」如此之大？甘迺迪可「同意歐洲的看法，即俄國如果對歐洲發動大規模攻擊，我們幾乎一定被迫使用核武，去對付第一波越過防線的俄國人」。當然那不適用於為柏林而打的較小規模戰鬥。兩相折衷，甘迺迪建議告知歐洲人，「若他們組建三十個師，我們就同意及早使用戰術核武」。但麥納馬拉表示恕不同意。假使美國「同意及早使用核武，盟國會說，這就沒必要增至三十個師，正如七月號《外交事務》裡季辛吉那篇文章所主張的」。他與魯斯克同意季辛吉所說：「盟邦不願擴大傳統軍力出自二個基本因素：他們深信核戰略對確保嚇阻力最為有用，而且他們也不想花那個錢。」[61]季辛吉的身影或許如邦迪一直希望的，已自白宮消失，但大家仍在注意他。

季辛吉在德國也掀起風波。國防部長史特勞斯私下寫信告訴他，他的提議「行不通」（季辛吉說：「他還是同樣的舊思想」）[62]。季辛吉到巴特哥德斯柏格（Bad Godesberg）參加戰略研究中心（Institute for

Strategic Studies）的會議時，見到古騰柏（Karl-Theodor zu Guttenberg），此人是德國國會基民黨／基社黨聯盟的外交事務發言人，他斷然拒斥增加德軍七萬五千兵力之議，指其「政治上辦不到」；並附和史特勞斯所擔心的，美國正「降級」其戰術核武[63]。當時德國有危機正在醞釀，但後來證明，它是國內政治危機而非地緣政治危機。社民黨國會議員韋納（Herbert Wehner）有強烈預感。他告訴季辛吉：「柏林已失守。過去幾年的政策最終的結果，代表柏林遲早完蛋」。他解釋說，問題根源在於美國在柏林的利益「勢必……純屬司法層面」，但德國的利益屬道德層面。他近乎嘶吼地說：「我們絕不接受那道牆。我們絕不接受東德的集中營」。他預見「未來兩、三年，德國的民族主義情緒會高漲。」

許多現在聲稱親美的人會轉過來反對我們。他說，這也是艾德諾倒台後不可避免的後果。他唯一看得到的希望，是基民黨與社民黨結盟。他說，難處是基民黨可能被聯盟毀掉，社民黨可能被持續的反對搞垮。總之，這兩黨繼續分裂將終結德國民主勢力。他認為，對被洩露的美國提議的反應顯示民族主義再起。他說，不可讓右派再抓住全國的情緒。

至於東德，韋納覺得聯邦共和國對東德有責任。他告訴季辛吉：「如果能照他的意思做，他會籲請所有東德人不計後果，離開蘇聯區領土。我問他，這是否意指波蘭邊界不會移至易北河，他說人的問題更重要。」前面提過，季辛吉本身時常擔心德國國內政治會如此轉向，所以韋納的憂慮他一定很有同感。不過重要的洞見是，基民黨與社民黨「大聯盟」已有端倪。那年結束前，因《明鏡周刊》（*Der Spiegel*）一篇有關史特勞斯國防政策的報導*，直接造成的結果，韋納將試著談判組成這種聯盟，其對象正是古騰柏。

簡言之，季辛吉的情報極具價值，卻不再傳向邦迪。波昂大使館不明所以。邦迪在德國的眼線抱怨：「季辛吉教授雖請大使館派車、秘書等等。也見到許多德國重要人士，可是他從未把關於他的活動的資訊回報大使館。」[64] 其實季辛吉確曾透過桑寧菲德（Helmut（"Hal"）Sonnenfeldt）†，讓國務院取得他與古騰柏及韋納的會談錄，桑寧菲德也曾參加戰略研究中心的會議[65]。但在所有其他方面，季辛吉現在是前顧問。僅九個月前他還與總統共進午餐。如今他淪落到要拜託史勒辛格，為其國際研討班的學員安排，在白宮玫瑰花園（Rose Garden）謁見甘迺迪[66]。一九六二年八月十九日，史勒辛格親自到國際研討班演講。他悲歎地對學員們說，美國總統的權力今不如昔，因為現在美國政府有四大部門：立法、司法、總統及「行政」（官僚體系）。新部門——官僚體系——有「無限能耐可稀釋、拖延、妨礙、抗拒及破壞總統的目的」。史勒辛格已在懷念甘迺迪執政早期，並已到言語無狀的地步。一九六一年「是無拘無束的一年……當我們認為自己有個構想或是看到不對的事，我們全都覺得可以自由行動或干預。然而寒冰又開始覆蓋政府；新聞界、國會及官僚體系（默默地）開始像是伏兵，一一拉下新疆界那批人，而昔日餘孽：艾森豪—杜勒斯的遺緒正在死灰復燃[67]。

彷彿在說明此種現象，一個月後季辛吉收到一封精心措辭的信，來者不是別人正是邦迪，信中提議「友善分手」：「我對你本身立場的印象是，繼續抱著顧問的任命使你處於有點曖昧的態勢，我雖知你多麼盡力

---

* 一九六二年十月八日，《明鏡周刊》報導，德軍對蘇聯可能入侵幾乎毫無準備，此事激怒史特勞斯，下令逮捕該刊發行人、總編輯及撰寫報導的記者。當史特勞斯被揭發非法逮人後，自由民主黨揚言要拉下艾德諾政府。史特勞斯被迫辭職；而大聯盟要在四年後才實現。

† 桑寧菲德與季辛吉一樣，都出身德國猶太家庭（一九二六年），一九三八年離開德國，曾在美國陸軍服役。一九五二年他進入美國國務院。一九六三年被任命為國務院情報及研究局（Bureau of Intelligence and Research）蘇聯組組長。

地小心行事，但我們這邊也確實有時被詢及，你公開發表的意見是否多少反映白宮的看法。」然而要是未留下這一句，他就不是邦迪：「隨時你有特別的看法，想以私人方式表達，白宮大門……為你敞開。」邦迪還表示：「我們盼望能夠不時徵詢你的非正式意見」[68]。

季辛吉的答覆毫不客氣。他「長久擔心，我對政府政策某些方面的公開言論，或許會被誤解為白宮『測試風向球』」。這正是他前一年幾度想要辭職的原因。「那時你持不同看法，在你敦促下，我同意從事兩項任務，其中一項從未實現。鑑於你當時試圖區隔我的顧問角色及又是公共辯論參與者，卻顯然區隔不了，如今你同意我的看法，讓我鬆了一口氣。」[69]邦迪的最後一句話堪稱官腔官調的代表作，他寫道，他倆的分手「是對人生現實在特定情況下的發展做必要的承認」[70]。今人讀此書信往來絕對猜想不到，在邦迪第一封到第二封信期間，甘迺迪政府正把美國帶向冷戰期間最接近核子毀滅的時刻。

第15章 危機

美國總統一職……令人畏懼，因它代表美國政治體制的最終決策點。它無所遁形，因決策不可能在真空中進行：總統職位是國內壓力、利益和想法的運作中心；總統府是個漩渦，國家決策的所有元素都不可抗拒地被捲進去。它很神秘，因最終決策的本質旁觀者始終看不透，其實決策者本人也經常如此……決策過程總會有黑暗和糾結的拉扯，連最近身介入者可能都感到費解。

——約翰．甘迺迪，一九六三年[1]

那時我替甘迺迪工作，〔杜魯門〕問我從甘迺迪學到什麼，我說：「我學到總統無法做所有他想做的事，因為官僚體系是政府的第四部門。」他說：「鬼話。」〔輕聲笑〕……他說：「甘迺迪的問題是他意見太多。總統必須知道自己想做什麼。」

——季辛吉，一九九二年[2]

一

我們現在知道，冷戰最嚴重的狀況並未發生。美蘇超強的衝撞連升高至有限核戰都沒有，更別說全面衝突。那段時期的災禍及虛驚事件，也沒有一件導致災難性後果。但這並不表示，冷戰從頭到尾發生熱核戰的可能性是零，或相互保證毀滅的邏輯可保世界長久和平。正好相反，冷戰時期人類不止一次危險地走近大決戰邊緣。「末日時鐘」（doomsday clock）每年由《原子科學家學報》的科學及安全委員會（Science and Security Board）調整兩次，由它可看出，「科技引發大災難」的風險在一九五三至五九年達到最高峰，當時末日時鐘距午夜僅二分鐘。或許反映那些科學家的政治偏見，他們在甘迺迪當政期間，把末日時鐘調慢到二十三時四十八分。事實上在一九六二年秋，為「文明……午夜」而敲的核子喪鐘，是最接近要響起的時刻[3]。甘迺迪自己估計大難臨頭，指熱核戰可能造成一億美國人、超過一億俄國人、及同比例的數百萬歐洲人喪生，其發生機率「介於三分之一到二分之一」[4]。史勒辛格後來直稱其為「人類史上最危險的時刻」[5]。

古巴飛彈危機正是前一年在柏林危機時，季辛吉提出警告的那種「深切危機」。它之所以很深切，在於它不只涉及古巴。蘇聯決定運送飛彈到加勒比海的古巴，其構成的威脅與決定挑戰柏林現狀差別相當大，尤其由於古巴離美國很近。但它基本上是相同的威脅。美國對這種挑戰的回應好像只能二選一：不認輸就得採取軍事行動，而並非人人相信，可防止後者不致升高到失控地步。再者，赫魯雪夫有機會同時發動，不只一個這種挑戰，使甘迺迪更難以做決策，因為從一開始就不太可能打限於局部地區的戰爭。哈瓦那及柏林的危機會相互作用，因為一邊升高，另一邊幾乎必然也會升高。

古巴危機也顯示，博弈雙方不見得會如博弈理論家所假設的，達成最佳的合作解決之道。美國政府或蘇共政治局，無論怎麼想像均非嚴格的理性行動者。兩者做決策的方式反映其組織架構的特性，兩邊官僚體系極力促成的決定，以「滿足」本身短期利益為最低要求，但不一定符合國家長期利益。居最上位者也各自受制於內部的政治壓力，那些壓力來自民意的，不如來自關鍵決策委員會裡，相互競爭的利益團體和對立的個人代表那麼大，民意多半被排除在決策過程外[6]。

二

季辛吉雖一直在注意，甘迺迪政府努力想擠壓卡斯楚政權，第一步便是一九六二年二月七日實施進口禁運（到本書撰寫時仍未解除），但他並未預見到古巴飛彈危機[7]。他無從知曉，前一年的十一月甘迺迪授權進行秘密行動，以動搖並最終推翻卡斯楚政權。貓鼬行動（Operation Mongoose）是出自羅伯・甘迺迪辦公室的跨機關行動，由藍斯達爾（Edward Lansdale）將軍指揮。邦迪雖反對美國直接干預，因「公開行動會在全世界涉及嚴重後果」，但到一九六二年八月中情局長麥康（John McCone）說服甘迺迪，採取更主動求戰的戰略，「刻意設法挑起可能需要美國干預，才得以成事的全面反卡斯楚抗暴」[8]。之前的情報報告指出，蘇聯正運送地對空飛彈及未組裝的Il-28轟炸機到古巴。九月時此議題公開化：參院通過共和黨參議員基汀（Kenneth Keating，紐約州）和凱普哈特（Homer Capehart，印地安納州）所提的決議案，授權對古巴用兵，「以防止建立……外部支持的攻擊性軍事能力，危及美國的安全」[9]。當尼克森藉著呼籲將古巴「隔離」，發出重回政壇的訊號，洛克菲勒尋求季辛吉的意見。季辛吉要他置身古巴辯論之外[10]；甚至「十一月前別碰外交領域」[11]。不過，他為洛克菲勒擬了立場聲明，譴責「將古巴轉變為靠蘇聯武器維持的共黨國家」，違反門羅主義，也違反一九四七年在里約熱內盧簽訂的〈美洲互助條約〉（Inter-American Treaty of Reciprocal Assistance）第六條。

季辛吉敏銳地指出，有一度美國若介入加勒比海或中美洲國家，不必瞻前顧後。晚至一九五四年，「共黨掌控的瓜地馬拉政府可被推翻，不會有人提到蘇聯會在別的地方報復，或西半球會出現嚴重反彈。如今據總統說，情況已非如此」。這代表美國地位令人憂心的「惡化」。因此古巴形成的「危險」，「不只是加勒比海一個相當小的島上有共產主義，還有西半球的混亂」[12]。但季辛吉不曾含糊其詞。如同柏林，不論海上封鎖或武裝攻擊，軍事行動只會有兩種結果：「（一）證明蘇聯只是說大話，二）武裝衝突。若決定採用這類措施，我們必須準備接受，可能升高為重大戰事的後果，我們也必須貫徹執行這些軍事措施。我們不能再半調子地行動。」[13]

赫魯雪夫的動機不只在捍衛古巴的馬克思主義實驗，雖然卡斯楚巴不得這麼解釋它[14]。蘇聯領導人也不僅想要贏得心戰勝利。他有雙重的戰略算計。一是將古巴變成針對美國目標的中長程飛彈發射地，他可縮小美蘇核武能力的差距，蘇聯人十分清楚這差距的真相。蘇聯的計畫是送四十枚彈道飛彈到古巴：二十四枚中程R-12飛彈（射程一千五十哩，足以打到華盛頓特區）、十六枚射程兩倍的中長程R-14飛彈。這兩型均攜帶一百萬噸的彈頭。此舉會使能打到美國的蘇聯飛彈數目增加一倍，也比建造新的洲際飛彈便宜很多。

赫魯雪夫為合理化這項行動，僅須自其喬治亞皮聰達（Pitsunda，譯註：在黑海沿岸）的渡假別墅遠眺土耳其，那裡自一九六一年便部署了十五枚美國PGM-19木星飛彈（Jupiter），是史波尼克後為回應想像中的飛彈差距，所採取的行動之一。「你看到什麼？」他會拿望遠鏡給訪客並問他們，「我看到在土耳其的美國飛彈，對準我的別墅。」[15]（木星飛彈其實部署在愛琴海沿岸的伊茲密爾〔Izmir〕附近。）在古巴的蘇聯飛彈只是給美國人「一點其人之道」[16]。但赫魯雪夫顯然對土耳其沒有對德國那麼重視。他的第二目標是在柏林將美國的軍。起先甘迺迪未領會到這一點，後來終於明白：「無論我們對古巴做什麼，都給他機會對柏林做同樣的事。」[17]美國封鎖古巴，有蘇聯也封鎖西柏林的風險。美國攻擊古巴，有蘇聯也攻擊西柏林的風險。

阿那底行動（Operation Anadyr，譯註：俄羅斯境內的河流及城市名）有一方面代表蘇聯戰略成功。蘇聯除了飛彈，又運送四個機動團、二個戰車營、一個米格二一戰鬥機聯隊、若干防空砲兵連、十二個SA-2地對空飛彈分遣隊及一百四十四座飛彈發射台，四十二架配備核彈的Il-28中程噴射轟炸機。他們也為之前供給古巴的火山（Sopka）海岸防衛巡弋飛彈，送去核彈頭。最後有超過五萬蘇軍抵達古巴。這是龐大的行動。但自九月八日首枚核彈道飛彈運抵古巴，到十月十五日美國情報單位找出飛彈位置，其間美國政府卻居然不知道送至古巴的是核武。要是蘇聯在古巴的駐軍曾想到，用迷彩方式蓋住發射場，或打下發現那些場地的U-2S，則美國不知情的時間可能更久，也許要等到赫魯雪夫按計畫訪美，他打算透露他的高招妙計那時候。

但行動中被逮到並非蘇聯最大的錯誤。赫魯雪夫曾在六月八日，最高蘇維埃主席團（Presidium of the Supreme Soviet）同僚簽字同意該計畫時，告訴他們：「我認為我們這次行動會贏。」[18]可是蘇聯的「贏」唯有美國默認才會發生，但那卻絕無可能，要不然蘇聯便自限於空洞的報復威脅。由此可見赫魯雪夫多麼無感於甘迺迪為柏林揚言的威脅，以致他走上這麼危險的路線。即使美國試圖放棄杜勒斯的邊緣政策概念，這位蘇聯領導人卻好像自己逐漸相信它。但赫魯雪夫的大使和外長明白，自美國國內的角度來看，古巴和柏林無論如何無法相提並論。一地在四千哩外。另一地就在美國後院。

季辛吉對甘迺迪政府的批評，有部分是針對它未能賦予彈性回應可信度。這有些道理。當國安團隊九月四日開會時，距蘇聯彈道飛彈運抵古巴僅四天，羅伯．甘迺迪促請其兄宣布，美國不會容忍在古巴有蘇聯攻擊性武器。在羅伯與面無表情的杜布萊寧會談無結果後，總統做出宣布[19]。三天後白宮要求徵召十五萬後備軍人的授權。到此階段古巴有蘇聯核彈的說法，在華府仍被視為假設性情況。蘇聯不確定但強烈懷疑的是，美國已在考慮攻打古巴，即便對蘇聯行動的規模還不清楚[20]。九月時空襲與海上封鎖均已在討論中。十月一日，U-2拍到蘇聯飛彈基地二週前，麥納馬拉下令大西洋艦隊總司令丹尼森（Robert Lee Dennison）上將準備進行封鎖。當晚丹尼森命令艦隊各指揮官，為十月二十日空襲做準備。全面入侵也在考慮之列[21]。

赫魯雪夫顯然認為，美國不太可能做這些反制行動。但他並未完全加以排除。美方不曉得的是，九月七日他要國防部長提供駐古巴機動團，十二枚名為月亮（Luna）的戰術核飛彈，每枚射程不到四十哩，但五至十二公里的爆炸力：足以炸出一百三十呎寬和深的大洞，殺死直徑一千碼內的一切生物。他打算在美國試圖入侵時動用這些飛彈。經較謹慎的軍事顧問勸說，勿空運那些飛彈到古巴，赫魯雪夫同意用海運，同時為中長程飛彈運去彈頭。他也下令配備核武的狐步級（Foxtrot）潛艇，護送載運這些核武的船艦。九月十一日蘇聯通訊社塔斯社（TASS）發布正式警告：任何對古巴或前往古巴船隻的攻擊，將被解讀為對蘇聯本身的攻擊[22]。

參議員基汀雖早在十月十日便斷言，「能攻擊『美國心臟地帶』目標」的飛彈「已設置於古巴」[23]，但六天後總統始被告知，一架U-2間諜機在哈瓦那附近發現飛彈。甘迺迪與其重要顧問〔集中於名為國安會執行委員會（Executive Committee of the National Security Council），簡稱執委會（ExComm）的組織〕*對蘇聯的膽大妄為不知該如何因應。中情局已報告，有多達八枚中程飛彈可自古巴射往美國。六至八週內，有兩處中長程飛彈基地也會完成。一旦全部飛彈都安裝好，僅有百分之十五的美國戰略武力能在在蘇聯攻擊後倖存。甘迺迪生氣道：「那就像我們突然開始把大量中程彈道飛彈放在土耳其。」有人提醒他：「噢，總統先生，我們已經那麼做了。」[24]甘迺迪初步得到的選項，有空襲到海上封鎖到對卡斯楚做外交呼籲。參謀總部雖很想轟炸古巴，但無法保證所有飛彈都能在空襲中摧毀，使蘇聯進行核報復的可能性依舊存在。除了向來主戰的空軍參謀長李梅（Curtis LeMay）外，也無人否認攻擊古巴會有引發蘇聯攻打柏林的風險[25]，而對此唯一可能的回應，如他們前一年全都得知的，只有屈服或全面核戰。甘迺迪不做此想，他不理會李梅不智地提及慕尼黑，決定雙管齊下。他聽從麥納馬拉的主張，決定實施局部海上封鎖（「防禦性隔離」），以遏止蘇聯進一步運送軍事硬體至古巴。但他拒絕麥納馬拉建議的，同時與蘇聯進行談判。反之，他在十月二十二日晚間七時的電視演說裡，發出最後通牒，要求蘇聯撤走飛彈，他譴責那些是「對世界和平偷偷摸摸、不顧後果、挑釁式的威脅」。萬一這最後通牒遭到拒絕，甘迺迪下令大批侵襲武力備戰[26]。塔斯社的回應指控美國，「違反國際法，採取海盜行動，挑起核戰」[27]。

對比甘迺迪剛上任時，一九六二年十月的決策過程改進許多。十二人執委會小到好辦事，卻不致太小而有「團體迷思」。邦迪盡其所能給甘迺迪有意義的選擇，連空襲選項遭執委會多數成員反對，仍讓它「存活」（甘冒讓自己顯得猶豫不決）[28]。但到最後是背著大多數執委，甘迺迪再度用其弟為與蘇聯溝通的後台管道，為此次危機達成解決辦法。很類似柏林的經過情形，甘迺迪兄弟與另一邊談定交易。

* 執委會核心成員有：總統甘迺迪、副總統詹森、國務卿魯斯克、財政部長迪倫、國防部長麥納馬拉、司法部長甘迺迪、中情局長麥康、參謀長聯席會議主席泰勒、無任所大使湯姆森、特別助理邦迪。另有二十多位其他官員在有需要時會參與執委會開會。

幸好赫魯雪夫願意妥協。他先是回應聯合國秘書長吳丹（U Thant，又譯宇譚）的提議，下令駛往古巴途中的蘇聯船艦，勿越過在古巴外海五百哩的美國隔離線。再來，繼起初對甘迺迪的電視最後通牒似不以為意，他提出兩種可能的作法，一是寫一封長信給甘迺迪，另一是在莫斯科電台（Radio Moscow）廣播。信函於十月二十六日週五晚間九時送達國務院，內容僅設想撤出飛彈，以交換美國保證不侵襲古巴。廣播是十三小時後執委會開會時傳至白宮，提議撤出古巴飛彈，以交換木星飛彈（「類似武器」）撤出土耳其（「就在我們隔壁」）。前者保密，後者公開，使情況大為複雜。按總統的說法，以古巴飛彈交換土耳其飛彈，也許會令「任何……理性的人」認為是「很公平的交易」，但這種交易對北約的意義卻令大多數執委非常不滿。

一九六二年十月二十七日週六，那天很可能是世界最接近毀滅的一天。早上十時二十二分，一架美國U-2機在古巴上空遭蘇聯SA-2火箭擊落，當地蘇聯指揮官未經莫斯科授權便逕自發射。飛行員身亡。古巴防空砲兵連繼而射擊其他低空飛行的美國偵察機。此時另一架U-2機無意中迷航，進入白令海峽（Bering Strait）附近的蘇聯領空。蘇聯米格機升空攔截它時，駐守阿拉斯加的F-102A戰機也緊急起飛應變。其他地方也發生僅屬意外，卻幾乎引起大毀滅的事件。一頭熊在德盧斯空軍基地（Duluth Air Force Base）閒逛，造成明尼蘇達州攜核武的F-106戰機動員。卡納維拉爾角（Cape Canaveral，譯註：美國空軍在佛州的太空基地）的例行測試，被紐澤西州某個雷達單位判讀為蘇聯飛彈。到當天下午執委會開會時，成員處於高度焦慮狀態。下午四時U-2機被打下的消息傳來。我們自甘迺迪偷錄那天下午執委會開會的錄音帶，知道他對這突發事件的反應：他勉強力持鎮定地問：「我們怎麼解釋其結果？這赫魯雪夫昨晚的訊息及他們的決定。……我們如何——我是說那是……」他已到嘴邊的大概是「我們無法漠視的挑釁」這種話。那天傍晚執委會再次開會前，副總統詹森趁甘迺迪兄弟不在內閣會議室的機會，強烈抨擊「退讓」，督促對U-2機被擊落做出軍事回應，並極力反對實質上以古巴飛彈交換土耳其飛彈的任何交易。總統回到會議桌後，詹森對他說：「那為什麼你整個的外交政策都不見蹤影。你把所有東西撤出土耳其，兩萬官兵、所有技術人員、所有飛機和飛彈。然後消失。」[29]當晚後來麥納馬拉的說法，彷彿執委會已決定打仗：

麥納馬拉：你有任何懷疑嗎？

羅伯．甘迺迪：噢，沒有。我想我們只是做唯一能做的事，嗯，這個嘛……

麥納馬拉：巴比，我想在行動前，我們該認真做的一件事，是務必務必讓他們明白後果。也就是我們需要切實告訴他們，我們現在的打算，因為有兩件事要準備好……為古巴建立政府，因為我們會需要它，我們帶著轟炸機去；其次是在歐洲怎麼回應蘇聯的計畫，因為他們鐵定會在那裡有所行動。

迪倫：你必須了解有哪些他們可能會——

麥納馬拉：對，我想沒有錯。……我會建議以牙還牙。

迪倫：那就是使命。

羅伯．甘迺迪：我要把古巴拿回來。

不明：我要從卡斯楚那裡奪走古巴。

不明：讓巴比當哈瓦那市長怎麼樣〔？〕[30]

這是黑色幽默的極致。那天像是毀滅的前夕。總統特別助理大衛．鮑爾斯（DavePowers）在樓上住家部分，與總統一起吃雞肉時，以為是在吃最後一餐。麥納馬拉記得他走出白宮外，去品味紅色的夕陽。他回憶：「去看它，聞它的氣味，因為我以為這是我看得到的最後一個星期六。」同一時刻在莫斯科，克里姆林宮高階顧問柏拉茲基（Fyodor Burlatsky）打電話給妻子。他要她「丟下一切，離開莫斯科」[31]。

若詹森當時是總統，第三次世界大戰很可能發生（那當然是巴比．甘迺迪的看法）。但詹森不曉得，總統已秘密授權其弟去向杜布萊寧表示，同意古—土飛彈交換〔後被稱為「特洛勒普策略」（Trollop ploy）〕*。羅伯坐在司法部辦公室裡，顯然精疲力竭，大聲咆哮，但後來小心地談成交易：

> 我們至少必須在明天，得到移走那些基地的承諾。我說，這並非最後通牒，只是事實的陳述。他應該明白，假使他們不移走那些基地，我們就會去移除。他的國家可能採取報復行動，但是他應該了解，在這一切結束前，會有美國人死去，也會有俄國人死去。然後他問我，有關赫魯雪夫另一個針對移除土耳其飛彈的提議。我答不可能有交換條件——無法做這種交易。……如果過一陣子……我提到四、五個月，我說我確定這些事可以圓滿解決。[32]

關鍵點在於，總統不能「就此對土耳其公開說任何話」。巴比無須詳細說明，其兄及民主黨在此問題上的弱點。前面曾提到，共和黨一再指控政府對古巴問題退讓，而國會選舉下個月就要舉行。甘迺迪向杜布萊寧暗示，其兄好不容易才壓制住內閣的鷹派。

但國內政治非決定性因素[33]。更重要是美國盟邦的問題。執委會主要成員（不只副總統）其實拒絕這項交易，理由是它會削弱北約。邦迪就說：「應該已經很明顯，我們正企圖為自身利益出賣盟邦。整個北約都會持這種看法。固然，那是非理性而瘋狂的看法，卻是鐵一般的事實。」[34]土耳其政府即便知道木星飛彈將被汰換，會由地中海的北極星潛艇取代，但仍要求對撤走的決定保密[35]。因此特洛勒普策略是嚴格機密。除甘迺迪兄弟及執委會另八個成員曾參與其事，詹森或麥康均未被告知[36]。它直至一九八〇年代仍是秘密。

這一切發生時，赫魯雪夫正在克里姆林宮的沙發上睡覺。其大使的報告，不可思議地由西方聯盟（Western Union）發送，到翌日（二十八日星期天）早晨始送達蘇聯外交部。赫魯雪夫一聽完關於巴比・甘迺迪所言的簡報，便告訴主席團同僚，他們「正面對戰爭及核子大難的危險，可能的結果是人類毀滅。……為拯救世界，我們必須退讓」[37]。另一封公開信草擬完成，並適時於莫斯科時間下午五時、美東標準時間上午九時播出。（本可更早，但信差被尖峰時刻的交通堵住。）此次赫魯雪夫僅表示，在古巴的飛彈會拆除、裝箱、送回國。

危機解除。一位極度如釋重負的執委憶道：「我很想大笑，大叫，手舞足蹈。」英國記者庫克看到有一隻海鷗在天空翱翔，心想為何不是鴿子。然而海鷗或許才適切。因為赫魯雪夫同時又給甘迺迪二則私訊。第二則說，那些飛彈會撤除唯「基於你已同意土耳其問題」。美國駐聯合國大使史蒂文生後來曾遭指控，是他提議以土耳其的交換古巴的飛彈。這是抹黑；要交換的是甘迺迪兄弟。危機也不算完全結束。五角大廈持續準備進攻古巴，依然不知島上蘇軍人數是他們估計的四倍，並配備戰地核飛彈。直到十一月二十日赫魯雪夫同意也撤走II-28轟炸機，危機才算真正解除。

＊ 指特洛勒普（*Anthony Trollope*）的小說：《美國參議員》（*The American Senator*）及《約翰・考迪蓋特》（*John Caldigate*），其中一個隨意的姿態被故意解讀為求婚。在此甘迺迪兄弟以對他們最有利的方式，回應赫魯雪夫的兩個提議，對第二議幾乎充耳不聞。

三

古巴飛彈危機是兩車對開比膽量的遊戲，但轉彎的不只赫魯雪夫[38]。在最後分析中，甘迺迪取勝的原因結合運氣、不願冒險及擅長公關。幸運部分是他未聽從力主兩棲入侵的那些人，因赫魯雪夫十月二二至二三日夜裡，對古巴蘇軍指揮官普利耶夫（Issa Pliyev）將軍最初的指示很明確：「若有〔美軍〕登陸，〔即用〕戰術原武，但〔未有〕命令前〔勿用〕戰略武器。」固然他在較謹慎的副總理米柯揚（Anastas Mikoyan）及國防部長馬利諾夫斯基（Rodion Malinovsky）施壓下，後來改為下令使用飛彈，但不帶核彈頭。即使如此，面對美國侵入，他仍可能改變主意，或萬一通訊中斷，普利耶夫也可能代他改變[39]。

甘迺迪同意以土耳其的木星飛彈，交換俄國在古巴的飛彈，立場軟弱，羅斯托及其他政府成員曾強力加以反對[40]。總統究竟打算彎腰屈膝到什麼程度，從一件事看得很清楚。十月二十七日甘迺迪要魯斯克聯絡哥大〔國際事務學院〕院長柯迪爾（Andrew Cordier），他曾任吳丹的特助，甘迺迪向他口述一份聲明，提議自土耳其移除木星飛彈，自古巴移除蘇聯飛彈。若其他折衝都不成，柯迪爾要把此一聲明交給吳丹，由吳丹以聯合國名義提議互撤飛彈，甘迺迪會立刻接受此議[41]。赫魯雪夫無須像他在二十八日那樣馬上願意退讓。甘迺迪再度很幸運。

赫魯雪夫是私下而非公開接受土—古交易，讓甘迺迪得到公關上的勝利。當蘇聯人拆卸飛彈之際，美國人可以擺出不「眨眼」的硬漢之姿。相對地赫魯雪夫在國內受到無可挽回的傷害：他賭要把均勢朝決定性有利於莫斯科的方向傾斜，結果賭輸了[42]。他在十一月二十三日的中央委員會上試圖努力辯白。蘇聯飛彈不是打下一架美國飛機嗎？美國不是保證不侵略古巴嗎？但同僚覺得他行事莽撞，最後未得到什麼好處。

一九六四年十月，古土飛彈交易兩年後，赫魯雪夫本人也被布里茲涅夫（Leonid Brezhnev）發動政變趕下台。實際上此次危機唯一的受益者是卡斯楚，他也是三位領袖中唯一對和平結果感到失望的，失望到米柯揚必須強力武裝他，他才接受幾乎所有蘇聯武器都要撤出[43]。

古巴飛彈危機的結果，在某些方面代表心戰勝過彈性回應。赫魯雪夫對了一半。當呈報甘迺迪，以傳統軍事選項因應在古巴的蘇聯威脅時，他不肯比「防禦性隔離」更進一步。但在解決危機的心戰層面，甘迺迪占盡優勢。僅數月前還大力抨擊美國政策的德霍斯，此刻寫了一封滿意的信給季辛吉，為甘迺迪處理這「整件事」的「絕妙高明」恭喜他。德霍斯寫道：「你們必然都感到非常驕傲。」[44]不過這恭喜應是對其他人說；季辛吉謙虛地把信轉給在白宮的史勒辛格[45]。殘酷的事實是，《核武與外交政策》的作者在一九六二年十月時，脫離外交決策圈十分徹底，他唯一需要處理的危機，是洛克菲勒研究部門的秘書人事[46]。當前同事在奮力解決可能打第三次世界大戰的危險時，季辛吉在與「女童軍」談她們的薪水。當邦迪在深思，他建立的國安會機構打了漂亮的一仗時，季辛吉在聽計程車駕駛講，「明尼蘇達州來的女生想在紐約找個打字員工作」的傷心故事。（他不認得那個女孩，卻把她的姓名給了葛斯威，因為「有時帶給別人意外之喜也是件樂事」。）[47]

真正始料未及之事當然是甘迺迪最後得勝，季辛吉在《記者報》評論古巴危機時便坦承這一點。總統「戳破蘇聯在所有情況下，均願冒比我們更大風險的神話」。但他到底是怎麼成功的？季辛吉的解答有二。一，赫魯雪夫犯下在軍事上說不通的「巨大錯誤」：

> 若蘇聯覺得，部署在古巴領土上的飛彈，是矯正整體戰略平衡所必要的，那蘇聯洲際火箭的存量必然比

一般相信的要少很多。另一方面，要是蘇聯認為其洲際火箭存量夠多，那古巴的核基地便與古巴的安全問題不相干。[48]

二，蘇聯退讓證實其實沒有飛彈差距；反而是美國享有核武優勢：

> 要不是美國率先攻擊可贏得總體戰，而且即使美國遭受突襲，也能對蘇聯造成無法忍受的損害，否則此次危機不會如此快速而決定性地結束。無論對麥納馬拉部長宣示的長期反擊力戰略，持什麼保留看法，古巴危機已證明其功效。蘇聯領導人不敢對我方封鎖訴諸核戰威脅……至少在此次危機中，我方嚇阻力的可信度大過他們。[49]

為飛彈差距憂心，繼而又責備甘迺迪，對柏林立場軟弱及其他許多作為，季辛吉都錯了，他也毫不猶豫地承認。

然而，季辛吉與總統最內圈之外的幾乎每個人都一樣，仍留有「撤除我方土耳其基地的要求」已遭「拒絕」的印象。他要是曉得交易其實已達成，必定會批評得更嚴厲。即使他不知此事，仍忍不住私下挖苦一番。他對洛克菲勒說：「古巴是共黨自不量力，也是他們蔑視現任政府的例證。即使在那裡，政府仍未極力運用其優勢。」[50]或許是此話導致洛克菲勒，對甘迺迪允許蘇軍續留古巴，做出判斷欠佳的「側擊評論」[51]。但到一九六三年七月，他和季辛吉討論出更具說服力的立場[52]。他為一九六三年州長會議（Governors's Conference）草擬的決議文——訴求影響力日益壯大的古巴僑社——呼籲政府窮盡一切手段將蘇軍趕出古巴，並堅守門羅主義[53]。季辛吉在一九六三年十一月寫道：「我不相信古巴代表蘇聯帝國主義的終結。」[54]問題是美國若不願在佛州外海的島上，那究竟準備在世上何處與蘇聯作戰。

四

南希·漢克斯聽說，哈佛已在一九六二年四月升季辛吉為正教授時，頑皮地問道：「正教授就一定要被尊敬嗎？」[55]有一度正教授職對他而言，像是光芒最燦爛的獎品。但此刻講堂及研討室已大失吸引力。經歷過白宮後，國際事務中心似是無聊之地。寫過那麼多機密會談錄後，很難再回去與凱塞（Karl Kaiser）合寫，有關西德政治的有價值著作。比起執委會高活力的決策工作，哈佛—麻省理工武管研討會上，謝林抽象的理論發表顯得枯燥乏味至極[56]。當季辛吉一九六三年七月，應邀在表揚恩師艾里特的會議上講話時，結果是一場相當非學術性的講演，乍看之下幾乎全著重於國安實務而非理念。但仔細檢視，這原來是他對第一手接觸高階決策的心得，又進行了深度的思索。

季辛吉的講題是「外交政策的推測（conjecture）問題」，他是一九五九年在〈尋找穩定〉（The Search for Stability）一文中首次使用這個詞語[57]。

> 政策一方面需要謹慎小心、及運用已知部分的智慧特質。但也需要預測未知的能力。當處於新領域時，會遭遇一種困境，決策者除本身原有的信念，其實很少有其他的指引。……每個政治人物到某個時間點都必須選擇，是想要確定性，還是想要靠自己去評估情勢。……這並不表示每次在不確定情勢中，根據

評估去行事一定是對的。那只意味著如果一定要拿得出證據，某種程度上你就被綁手綁腳。

季辛吉為說明其主張，舉出一連串有違事實的例子。例如若一九三六年民主國家曾對抗納粹，那「我們今日就無從知道，希特勒是不是一個遭誤解的國家主義者，他是不是僅抱持有限目標，他是不是其實是個狂人。各民主國家後來知道他的確是個狂人。它們獲得確定性，但必須為此付出數百萬條人命」。同理，我們「並非無法想像，赫魯雪夫一生渴望增產消費品，他其實是不得志的中西部商人（儘管他選擇很奇怪的事業來突顯此願望）。」

> 我只是說我們無從知曉。我只是說，其他假說也想像得出來，也不能加以證明。……也可能擴張期後會有整合期，那符合蘇聯的戰術。或許蘇聯在此時期想要鼓動〔尋求雙邊協議的歐洲領導人〕競相投奔莫斯科。……我們面臨的危險是，我們會以為……自身的物質主義可激勵蘇聯革命者，並由於我們喜歡許多冰櫃（譯註：用冰塊冷卻食物的冰箱），所以畢竟勉力活過史達林統治的人，也會極力嚮往它。

類似論點也可用於，聯邦主義者與戴高樂主義者對歐洲整合的辯論。季辛吉認為的關鍵點是，這類抉擇擺脫不了不確定性。有鑑於此，「我們對現實本質的哲學假設，我們面臨的歷史趨勢的本質」，必會成為「外交政策實務上的決定性特性」。知識份子往往會忘記，「純分析作法適用於已知的素材，且……無時間層面；而決策者是歷史過程的一部分，所做的是無法反悔的決定，每個決定又成為下次決策的事實基礎」。

古巴飛彈危機後那段時期，是冷戰中明顯的放鬆期；有人甚至從中看到和解的源頭。其中有一位，魯斯克已在議論和解一詞[58]。但一九六三年受到頌揚的「務實主義」，季辛吉卻認為很危險。

十分為其彈性自豪的務實主義者，總是說他們在極端之間推動確切的中道，又說若兩邊若各有立場，一定都不對，站在中間那個才一定對，如此抬高中間立場，必會產生人人不喜歡的極端，因為與完美務實主義者打交道時，唯一能達到目的的方法，是製造會迫使他調整的那種壓力，於是大家都有施壓的最大誘因。……非常彈性者，非常「務實」者，其實就像國際現象，是絕對不可靠的人，因為在知道情況如何之前，你無法確定他們會怎麼做。[59]

這等於是對甘迺迪政府、及即使並非「彈性回應」的理論也是其實務的指桑罵槐。

季辛吉當然絕不可能在劍橋蟄伏很久。一九六二年十一月洛克菲勒連任紐約州長成功，但尚未宣布有意在一九六四年參選，即請季辛吉「負責準備……國際及安全領域的立場發言，安排與學術界……及外國領導人的連繫」，以便他「熟悉整個政治光譜的負責任意見」[60]。其後數月季辛吉安排與洛克菲勒見面者，有諾斯達將軍（前歐洲最高聯軍指揮官）、艾斯柯里（《報導者》主編）、法蘭克．梅耶（Frank Meyer，《國家評論》主編）、柏克上將（Arleigh Burke，前海軍作戰主管）、吳丹（聯合國秘書長）、坦桑尼亞總統尼耶爾（Julius Nyerere）、多明尼加總統當選人波許（Juan Bosch）。到秋天研究人員忙碌異常，針對每個想像得到的外交政策議題，替洛克菲勒編寫發言。這有很多是苦差事。尤其季辛吉不可能喜歡，替洛克菲勒草擬，回覆一般平民關於國際問題的信件。但他堅持做下去。一九六三年一月邦迪來找他，再次請他以半私人身份訪德，季辛吉堅決拒絕——如他對洛克菲勒另一位顧問辛曼所說，他不能讓人非議，「就像凱撒的妻子」。他對邦迪表示：「聲稱……我是以私人身份訪問只會令德國人感到困惑。」若問他自己的意見，則「去年九月促使我們決定，要將我的地位除去曖昧性，同樣的尷尬情況會再出現」[61]。季辛吉頂多願意做的是，把一九六三年初他訪問法、義的重要會議的會談錄，寄給邦迪[62]。

替有意問鼎最大位者當顧問，既自由又不自由。季辛吉現在可自由撰寫，嚴厲批評甘迺迪政府的演講稿和立場聲明。由於那些字句會由洛克菲勒而非他自己的口中說出，所以沒有忠誠問題。另一方面，季辛吉只能寫，洛克菲勒說出來能讓人相信的話，因此別把此期間的文件，解讀為季辛吉個人意見的明確表達，這一點很重要。話雖如此，他批評甘迺迪力道之大令人吃驚。一九六三年一月八日的一份二十五頁的備忘錄中，季辛吉痛責他服務過的政府。它「使官僚體系及軍方許多單位士氣不振。」它從事「因人設事及操弄權術的治理」。它依賴「公關花招及……膚淺、多少被利用的新聞界」。它的領導概念是，「將我國主要報紙社論所表達的當做民意」。這個政府「不尊重個人尊嚴，把人當做工具。意志堅定的知識分子，受首次嘗到權力滋味所毒害，只顧強推其理論，不問對官僚體系或職業軍人的士氣有何影響」。季辛吉當時對邦迪的個人恩怨，在此不僅只是暗示。

然而甘迺迪政府「打擊士氣」的不只是美國，還有美國的盟邦。

> 它喜好操弄，使它對所有對我國有感情者特別危險：唯一相對不受影響的群體是我們的敵人，他們可以利用機會主義，把我們從一個不利地位引到另一個不利地位。……我們曾殘酷對待北約內部的盟友、西新幾內亞和剛果，那並非為更高的理念而得分。……我們好像敵友不分。從寮國到葉門到剛果，我們採取的立場是，如果盟友不完美，我們就會與敵人聯手摧毀他們。

不止如此。巴西「濱臨無政府狀態」。伊朗「任何時候都可能跑掉」。越南的共黨攻擊規模「增強中」。政府正破壞美國的信譽，那是「任何國家最重要的資產」。所有這些有部分應歸咎於制訂政策的方式。國務院「一團糟，因國務卿軟弱及白宮干預而士氣消沉」。政府「特別務實的作風」勢必造成「極度反覆無常的政策」，其間會「交替出現沈睡期，和實施速效解決方案的快速動作期，後者通常是針對盟邦」。戰略基本上不夠明確也是原因，在「革命性變化時期」戰略明確是亟需的。簡單說，甘迺迪的外交政策「主要是一疊紙牌」。其弱點只靠三因素而隱密未顯：（一）我們仍然很強大，所以即使是錯的政策，我們也能施行於世上許多地方；（二）我們很幸運，共黨運動因內部分裂而被裂解。……（三）出神入化地運用公關，抑止辯論，化解任何可能成為反對焦點的標的。結論很悲觀：「若當前政策不致產生僵局，甘迺迪在一九六四年將所向無敵。但僵局遲早會發生。屆時過去曾及時提出警告者，會像一九四〇年的邱吉爾、一九五八年的戴高樂那般搶手。」[63]

只說季辛吉希望洛克菲勒在一九六四年勝選，那還不夠。他也迫切希望甘迺迪敗選。這份備忘錄中最值得注意的段落，包括針對甘迺迪家族政治手腕的描寫，季辛吉拿破崙的手段，拿破崙「以透徹、嚴密的條理，藉出手敏捷令對手不知所措。」

> 甘迺迪家族也一樣。舊式政治人物靠的是同志情誼，和有限目的的短暫結盟。他們聽信直覺；做各種嘗試，看哪個行得通。即便全職政治人物嚴格說也是業餘者。

甘迺迪家族不同。他們從不依靠同志情誼；從不聽信直覺。他們成功是因為知道很多。他們已明白，運氣是謀劃的多餘價值。他們的研究精細嚴密；他們的組織無所不及。在每一州——在麻州是每一郡——他們知道關鍵人士是哪些；選民關心的議題是什麼；必須做什麼交易；有哪些解決之道是可行的。

季辛吉指出，洛克菲勒若要與甘迺迪家的老大對壘並獲勝，就需要「巨細靡遺的準備」和「最大的彈性」（這更像是能在內政競爭上加分的條件）。季辛吉特別推薦，「由您的顧問們組成一個小組，就更政策導向的層次，向您提出立場建議」，並任命一位「國務幕僚長，來規劃及執行主旨、組織和戰略」。最要緊的，洛克菲勒需要顧問們提供他，「對如何致勝……有個清楚的戰略概念」。否則他警告，「你的每位顧問會繼續爭取，你對個別行動方向的認可，不論那些方向本身多有價值，都會缺乏一致性」[64]。

此處對洛克菲勒的責難幾乎不下於對甘迺迪，儘管批評洛克菲勒缺乏戰略是意在言外（其實多半是偽裝成抨擊洛志，他在麻州與愛德華．甘迺迪競選失敗）。漢克斯擔心季辛吉會「因這份備忘錄被砍頭」[65]。但季辛吉曾把初稿給他過目的克雷默，卻表露出更深層的關切。他雖受備忘錄的坦白所感動，卻仍懷疑洛克菲勒是否具備當總統的特質。事實上他坦承，邊讀邊「感到悲哀」：「你那二十六頁僅是打給國王的一通長篇喚醒電話：『主上，要偉大！』但他很可能只是『近乎偉大』，卻太偉大」到無法發動甘迺迪家族擅長的那種殘酷政爭[66]。此言觀察入微。季辛吉經常被描繪為，在追求權力時十分無情而精於算計。不過，他一再效忠於洛克菲勒，卻未能看出他所支持的是永遠不會成為美國總統的人。

五

約翰・甘迺迪得以當選部分應因於，那陣子民間對蘇聯正贏得核武競賽的焦慮。如前所述，此種恐懼被誇大許多。但就算它更有根據，到甘迺迪第一任總統結束時，也應該消除了。美國雖然高唱裁武，可是到一九六四年，可用核武的數量已增加百分之一五〇，〔核武〕「百萬噸級可運送量」增加百分之二〇〇，主要是十艘北極星潛艇及另四百枚義勇兵飛彈（Minuteman）加入服役[67]。然而美國的軍火庫愈來愈大，美國的歐洲盟邦卻愈來愈不安。季辛吉對洛克菲勒說：「我們與歐洲的關係惡化到令人憂慮的地步。歐洲……很可能成為我們最棘手的外交政策問題。」[68]

有部分問題出自科技的進步，使英、法愈來愈難以維持獨立的核能力。美國決定取消，原本答應給英國AGM-48天弩（Skybolt）空射彈道飛彈，以延長英國戰略轟炸機的壽命，此舉令麥克米倫的政府風雨飄搖。為加以補償，一九六二年十二月，甘迺迪在〔巴哈馬〕納索（Nassau）與麥克米倫見面時，提議要給英國北極星飛彈，但將歸屬北約內部預計成立的多邊武力；只在「最高國家利益」有危險時，這些飛彈始可獨立使用。這在季辛吉看來，是甘迺迪政府如何把盟國當敵人的絕佳例證[69]。它也是「近似按鈕戰諷刺畫的戰略理論」的產物：那據稱是「純」戰略，「把所有心理、政策和三軍士氣等考量，從屬於抽象、技術性的指揮和管控考量之下」[70]。

季辛吉訪問法時，法國也獲提議，以相同條件提供北極星飛彈。當他聽到各方均抨擊甘迺迪的政策，並不驚訝。據法國駐北約代表團副團長尤根森，納索協議不止證實，英國「寧願不計代價接受與美國的約定，也不願參與歐洲的共同行動」，也證明美國的戰略意味著，要把歐洲變成「戰場」[71]。法國外長德穆維（Maurice Couve de Murville）反對「我們正推動的……整合或多邊主義」，稱其為「無法接受」[72]。據德霍斯，新的和解之說被戴高樂解讀為超強將共同統治的先聲，那將使法國、其實是歐洲淪為二等公民，拉羅瓦也認同此觀點[73]。德國同樣一如往常十分憤慨。美國每有提議，他們必然視為「退出原子戰的第一步」[74]。一九六三年一月十日，季辛吉與史皮德（Hans Speidel）將軍見面，他是兩次大戰的老將，現任中歐北約地面部隊總司令。史皮德透露德國不安的根源：德國無法依賴法國支援（因此他建議艾德諾，要注意戴高樂秘密提議的核合作）；北約目前的傳統武力「只容許防禦，目前沿威悉河部署的東德境內蘇軍〔，〕……必須一開始就使用戰術核武〔，〕……〔且〕僅容許平均九天的防禦」[75]。義大利也有不平之鳴。季辛吉見到的義大利首長，包括總統塞尼（Antonio Segni）、總理范法尼（Amintore Fanfani）、國防部長安德烈奧蒂（Giulio Andreotti）、外交人員主管卡蒂尼（Attilio Cattani），他們此時已猜到，自土耳其撤出木星飛彈，是為古巴與蘇聯秘密交易的一部分。義大利的飛彈是不是下一個要撤出的？[76]義大利對多邊武力雖比法國熱衷，卻懷疑它實際上將如何運作。據范法尼說：「美國有可能提議，把義大利廚師派上那些潛艇，然後稱之為共同管控。」[77]結束古巴危機的交易，以許多微妙方式對北約產生負面效應，這是其一。當真相大白，對美國領導的信任便減弱。

季辛吉雖與邦迪決裂，義大利新聞界仍封他為「甘迺迪總統軍務特別顧問」[78]。其實如前所述，他不過是交給邦迪一份份他的會談錄，包含與史皮德談話的詳情，雖然季辛吉有明示，將軍是在「最嚴格保密」下發言，並「懇求我勿拿他給我的資訊做任何用途」[79]。季辛吉自歐洲回來後寫信給邦迪，仍保持積極態度。他承認：「雖然我幾度與政府看法不一致。但我相信〔給法國北極星的〕納索提議是認真的。誠然會有很多技術問題尚待排除。但在我看來，法國若以開放心胸、本著有取有捨態度參與討論，那些問題最後都可解決。」[80]反之，他寫給洛克菲勒的信便不留情面。甘迺迪政府的歐洲政策「亂糟糟」，原因在其「飄忽不定、猶豫搖擺的本質」[81]。他此刻堅定的結論是，多邊武力注定會失敗，因歐洲人知道，在多邊一詞的背後，是美國會更加宰制北約的戰略。不如，「我們應把歐洲核武力的內部組織交給歐洲人，並以協調此種歐洲武力與我們本身的武力為目標」[82]。

季辛吉也照慣例，喜歡用《外交事務》的篇幅闡述他的新立場。〈結盟的限制〉（Strains on the Alliance）一文先用典型心理學名詞，解釋德、法對美國外交政策的幻滅。就德國而言，柏林問題是關鍵，「主要並非由於柏林實質防衛不足，而是因為全德的心理防衛都不夠」。甘迺迪政府曾尋求，藉著實質給予東西德同等地位，以談成西柏林准入協議。但「沒有德國政治領袖可接受，永久讓一千七百萬德國人受制於共黨的槍下」，因此美國的提議即便可行，也令人厭惡。法國的情況也一樣，「我們把基本上屬於政治及心理問題之事，當做主要是技術問題來處理……〔顯示〕不了解某些歐洲盟邦的顧慮，即其生存居然完全仰賴在三千哩外所做的決定」。誤讀德、法國民心理，意外得到的結果是「鼓勵德法諒解」。在這些情況下，政府的多邊武力願景不太可能實現。最好「呼籲為歐洲各國武力，設立一個政治管控機制，然後把那些武力與我們的戰略武力加以協調」，同時設置某種形式的「大西洋協調組織」[83]。

季辛吉為說明艾德諾及戴高樂戰略思想的特點，再次提及理想主義與現實主義的差別。顯然那兩位都不是理想主義者。（其實德霍斯曾令人難忘地告訴他：「戴高樂認為，國家是只依據利己主義而運作的無感覺怪獸。」）[84]他與艾德諾是超級現實主義者。但「他們的現實是對未來的概念，或是對他們想促成的世界的結構，所抱持的想法。

> 我國有許多決策者過度務實的作法，在很多歐洲人看來，帶有潛在不穩定性的風險，就如同歐洲人的思想傾向，在我們的官員看來，是過度講究法律和理論。……〔艾德諾和戴高樂的〕下一代有看重技術超

過目的的危險，其程度不亞於與他們同世代的美國人。但在大西洋兩岸我們均應記得，有二種現實主義者：一種操弄事實，一種創造事實。西方所需要的莫過於能夠開創本身現實的人。[85]

與此種有願景的現實主義相反的，是麥納馬拉掌管的國防部喜好的那種技術官僚簡化主義（technocratic reductionism）。季辛吉在同時為《報導者》所寫的文章中，替自己的知識論戰開闢新戰線：對抗蘭德公司，特別是伍斯泰特（Albert Wohlstetter，譯註：冷戰時期美國具影響力及爭議性核戰略專家，1913-1997）。伍斯泰特主張核恐怖平衡是「脆弱的」；也認為即使在蘇聯突襲後，只要美國仍有能力摧毀所餘的蘇聯核武力，仍可贏得勝利[86]。麥納馬拉和吉爾派屈克十分贊同此種主張，並得出合邏輯的結論：因此唯一重要的是美國的戰略報復武力。所有其他的核武力：戰術飛彈、法英嚇阻武力，都無關緊要。所以「北約的一切核武必須受到緊密管控，甚至必須在單一指揮下，等於就是指由美國指揮」[87]。季辛吉的看法是，北約有雙重「核困境」。一則日後蘇聯可能採行同樣的理念，使麥納馬拉目前宣稱的優勢降低。二來堅持美國獨占核武，會帶來非所願的後果，使歐洲主要盟國疏遠美國。呼籲成立多邊武力，實際的目的卻在把所有核武力納入美國指揮鏈之下，只屬虛偽。同時又要歐洲增強傳統武力，沒有道理。季辛吉嘲諷地說：「歐洲人所住的大陸上，遍布見證人類先見之明不可靠的廢墟，他們從骨子裡感受到，歷史比系統分析來得複雜。」[88]

季辛吉籲請「接受英法國家級努力，鼓勵先有英法共同計畫，最終是歐洲計畫」，招致各方不同的反應。他在哈佛的親法同事霍夫曼很高興。他頻頻讚道：「你無與倫比，天下無敵。我只但願在華府那邊他們能多聽你的主張。」[89]可是如季辛吉所說，他的文章「在那邊」並未讓他交到「太多朋友」[90]。歐文在為國安會寫的評論中說，多邊武力的整個用意，是在抗拒「德國要求成為核武國家的壓力」，歐文說，季辛吉的計畫只會擴大那種壓力[91]。火力最強的公開反駁不是來自別人，正是季辛吉在國際事務中心名義上的主管鮑伊，他是多邊武力的堅定支持者[92]。這二人好像均未抓住季辛吉的核心重點。如他對史勒辛格所說：「我那幾個解決辦法的重要性，遠不如我們的作為迄今未能〔在歐洲〕建立真正的信心。單是這一點就注定我們的提議會失敗」[93]。他願意為前同事，針對法國指控「說謊且不真誠」去辯護[94]。他甚至願意在一九六三年五月訪波昂時，讓國務院知道他的會談內容：如他對邦迪說：「我與政府的歧見不會外揚到國外」[95]但他仍相信，政府的歐洲政策基本上「考慮欠周全」。

季辛吉路線可解釋為洛克菲勒路線嗎？那是倫敦《觀察家報》提出的問題。季辛吉不客氣地加以否認：

> 我單獨為我的公開發言負責。無論洛克菲勒州長或其任何同仁，連我要寫文章都不知道。他們事先未看過手稿或大樣或刊出的內容。自登出後他們並未與我討論過這篇文章。
>
> 我們在這方面，只是遵循長達近十年的友誼所一貫的方式。洛克菲勒州長及其任何同仁，均從未試圖直接或間接影響我的寫作。我從未事先給予他們關於我出版的東西的資訊。雙方不想讓此事成為問題，也都體認操弄思想有辱人格，而教授主要應對他所持的真理概念負責。[96]

一個月後在美國商會（Chamber of Commerce）的座談會上，發生類似事件，季辛吉和明尼蘇達州共和黨籍眾議員賈德（Walter Judd），被安排對上邦迪和康乃迪克州民主黨參議員達德（Thomas J. Dodd）。主持人是《會見新聞界》（*Meet the Press*，譯註：每週日早晨播出的新聞訪談節目，自一九四七年開播至今）的史畢瓦（Lawrence Spivak），當他介紹季辛吉是「洛克菲勒發言人」時，季辛吉生硬地的回以

> 我在此是哈佛教授，不是洛克菲勒州長的發言人。洛克菲勒州長是我的朋友，我欽佩他。他詢問我的意見時，我會回答。不過我出現在美國商會是以國際關係教授的身份，我說的任何話都不可當做是反映別人的看法。[97]

他刻意保持距離與實情不太相符。當時洛克菲勒在大多數外交政策議題上，都密切遵照季辛吉寫的腳本。四月二十五日在紐約對報紙發行人協會（Newspaper Publishers Association）的演講，大致是季辛吉二篇關於歐洲的文章的精要[98]；同樣情況是，洛克菲勒主張設立「最高層級的永久性組織，負責探究強化北大西洋週邊國家團結的方法」。也帶有季辛吉色彩的是，洛克菲勒那段期間對記者的標準說法：「推動人類前進的是理想與價值，不只是冷酷的算計。未來的樣貌不會自動形成。它是今日願景、膽識和勇氣的混合體。」[99]他與洛克菲勒經常連繫。一九六二年四月他對州長說：「無論是否願意見到，歐洲出現一個獨立的核決策中心，並透過政治諮商過程，協調它與我方的行動，我們都必須直接面對這個問題。我們目前的方向……傾向於歐洲非核化。我擔心這最終會產生中立主義。」[100]季辛吉此時投入甚深的是，在洛克菲勒按計畫參選一九六四年總統前，為他擬訂各種政策立場。

但季辛吉若這麼早就公開投身洛克菲勒，沒有戰術上的意義。亞利桑那州保守派參議員高華德對洛克菲勒的挑戰愈來愈強*。當「未經宣布」的高華德支持者威斯康辛州眾議員賴爾（Melvin Laird），請季辛吉為《保守論文集》（*The Conservative Papers*）提供文稿時，季辛吉認可合併並刪節其二篇關於歐洲的文章，成為〈西方聯盟團結基本要件〉（The Essentials of Solidarity in the Western Alliance）一文。再說，洛克菲勒或高華德一九六四年打敗甘迺迪，看來是機會渺茫。季辛吉一九六三年五月再訪波昂時告訴艾德諾：「現任總統的任期差不多就是八年。除非發生無法想像的大災難……甘迺迪總統會當選連任。」[101]

總之，季辛吉仍被當做是白宮顧問，對他能夠行走於大西洋對岸的權力走廊沒有壞處。一等哈佛的課程結束，他再次重返歐洲，見到德、法、比、英的關鍵決策人士。他們對多邊武力的意見依舊不一。比利時國防部長塞吉爾（Paul-Willem Segers）表示，比國願意贊同此議，「以免德國自行發展核武」[102]。艾德諾說，德國願意加入，「以免失去與美國的連繫」[103]。但因《明鏡周刊》事件被迫辭職的法蘭茲·史特勞斯，表示無法認同：他認為多邊武力是「個騙局」[104]。更直率的是最後一任印度總督蒙巴頓（Mountbatten）爵士，時任國防部參謀長，他告訴季辛吉，多邊武力是「一派胡言」。尤其「他一生中指揮過夠多的船艦，很清楚船員國籍混雜的概念是垃圾」[105]。工黨影子國防部長希利也客氣不到哪裡去[106]。然而最負面的看法來自法國。史戴林及德霍斯警告說，戴高樂正採取決定性步驟，要降低法國與北約的整合[107]。季辛吉把這些及其他見地傳給邦迪，只加一句評語，請他要「特別慎重地」處理法國情報[108]。

攻擊甘迺迪的困難處在於，他有能力自重大失敗的關卡中，奪得政治成功。其政府處理柏林問題不盡理想；它向蘇聯讓步；它讓柏林在違反時代潮流的四強協議下分治，那一直持續到一九八九年。但甘迺迪一九六三年六月，應布朗德之邀訪問柏林時，卻發表了他事業生涯中最偉大的演說之一[109]。實業家畢亨巴赫與千百萬德國人一樣，深受甘迺迪的「我是柏林人」（Ich bin ein Berliner）演講所感動，時間是六月二十六日，地點在西柏林參議會（West Berlin Senate）所在的舍恩貝格區（Schöneberg Rathaus）。甘迺迪挑戰那些視共產主義為「明日潮流」的人：「請他們到柏林來」（Lass'sie nach Berlin Kommen! Let them come

* 高華德雖是強烈社會保守派，但後來抗拒基督教右派，將墮胎及同性戀權力政治化的壓力，他爭取共和黨提名，得利於洛克菲勒的離婚再婚醜聞。更實質的是，高華德主張反新政的經濟自由主義，對比洛克菲勒擔任紐約州長的徵稅及花費紀錄。

to Berlin!），這句話感動人心，是洛克菲勒從過去到後來的演講均難以企及的。甘迺迪的主要論點表現得再適切不過。他對圍牆的蔑視照亮全場。他提到古羅馬——他說，〔拉丁文〕我是羅馬公民（civis Romanus sum），等於現在說「我是柏林人」——藉此巧妙地肯定泛大西洋美利堅和平（Pax Americana）。他並肯定表示，不止柏林，他的最終目標是德國統一，他表現得既真誠又鼓舞人心。畢亨巴赫告訴季辛吉，那次演講「令聽眾感動到我數十年所未見」，也提供「對法國的誘惑免疫」。（季辛吉在寫信給史勒辛格的附記中，挖苦地說：「我不確定我喜歡『數十年』代表的意思。可是事事豈能盡如人意。」）[110]

甘迺迪很難仿效，但洛克菲勒有樣學樣，在季辛吉建議及陪同下，僅數月後也到歐洲訪問二週。（此行正值哈佛開學期間，季辛吉要求勿發新聞稿，以免「哈佛校董會可能懷疑，本校教職員與政治人物周遊歐洲，是要做什麼」。）[111]但意義重大的是那二人避開德國。他們甚至刻意迴避季辛吉當白宮顧問時見過的人[112]。（他向魯斯克解釋，這是為「免於可能造成政府尷尬」，也「由於涉及有點微妙的面子問題」[113]。

洛克菲勒的難題不只在於甘迺迪的口才更好，或甘迺迪更善於利用季辛吉在歐洲的人脈。難題是甘迺迪在關鍵外交政策議題上都成功。蘇聯一九六一年八月恢復大氣層核試後，甘迺迪推翻邦迪不要跟進的建議[114]。但他同時提出，由國家查驗制度監督的大氣層禁試。季辛吉先是促請洛克菲勒勿對此議題亮出底牌，但思考過後，他與泰勒決定還是支持甘迺迪的提議較好[115]。洛克菲勒及其團隊自一九六二年八月至一九六三年七月，未與政府唱反調。一九六三年一月洛克菲勒發表聲明，呼籲不應長期單邊禁試，但因此引來的選民不滿信件多到令他氣餒[116]。四個月後季辛吉建議替代方案，包含「訂定輻射塵上限及對各國定出配額」，但那明顯太複雜在政治上不可行[117]。除泰勒外，洛克菲勒又延攬人才霍夫曼、布洛迪、蘭德公司郝格（Malcolm Hoag），甚至羅斯托[118]。最後，赫魯雪夫意外放棄反甘迺迪提議的立場，洛克菲勒才不情願地宣布，贊成局部禁試，即禁止在大氣層、外太空或水下，但不禁地下核試[119]。

局部禁試條約（Partial Test Ban Treaty），再加上設置直達克里姆林宮的熱線、恢復日內瓦的裁武談判，和解概念已成事實。那很難加以反對。洛克菲勒接受《美國新聞與世界報導》（*U.S. News and World Report*）訪問時，曾試圖全面否定甘迺迪在古巴、北約、拉美、外援、甚至越南的紀錄，指責他「優柔寡斷、搖擺不定、軟弱無能」[120]。但我們後會看到，甘迺迪並非看似自美國對南越的承諾退卻；正好相反。另一個抨擊方向是，在義大利「對左派開放」，范法尼企圖把左派勢力引進中央及地方政府，甘迺迪予以支持。但宣稱此舉是為「災難性」共黨接管開大門，似乎言過其實[121]。洛克菲勒唯一的領先之道，好像是「打擊……政府整體行事無章法和講話不實」[122]。其競選團隊十一月二十一日的「新聞資料」中說：「在外交政策領域，洛克菲勒州長認為甘迺迪政府『在種種權宜之計中迷失、出錯』。」「由如許多博學多才之士組成的政府」，怎會「誤入一個又一個的危機」？答案是「不了解國際政治本質」及傾向於「偏重權宜，不顧原則」[123]。

至此已無必要忸怩作態。《華盛頓郵報》現在稱季辛吉為「洛基的軍事顧問」[124]。但競選聲勢卻下滑。泰勒自加州報告說，洛克菲勒「沒希望了」，季辛吉只能回覆：「我對情勢發展憎惡的程度不下於你。」[125]離新罕布什爾州共和黨首波初選還有四個月，他的日子卻已「忙到難以形容」[126]。但就季辛吉所能判斷，洛克菲勒在關鍵州加州「除去私生活部分，幾乎毫無知名度」。西岸的共和黨員多半「支持高華德，但他們如果知道州長的主張，並非改變不了」[127]。季辛吉一直盼望，他和洛克菲勒的小圈子，在總統選舉進入火熱階段前，可確立洛克菲勒的主張。迄今他們始終未完成。

六

一九六三年十一月二十二日，奧斯華（Lee Harvey Oswald）在達拉斯刺殺約翰・甘迺迪，以永遠無法確知的方式，改變了美國歷史的方向。第二任甘迺迪政府，升高越戰的意願或許低於詹森，甚至可能改變方向，撤出而非增員，甘迺迪過世時已在越南的一萬二千美國人員[128]。它或許不會有詹森那麼大膽的作為，制訂有關民權及「大社會」（Great Society，譯註：詹森為內政擘畫的系列政策，要建立美國為偉大的社會）的立法，那是詹森最重要的內政成就*。其他方面則必然有連續性[129]。甘迺迪突然慘死的確切結果是，對其總統任內的批評有多年都很難以提出。對抨擊其外交政策最不遺餘力者，也有消音作用，即便只是一時的。季辛吉一聽到消息，立即打電報給邦迪：「願您知道在此悲傷時刻我深懷同情地想到您。」[130]無可否認那是平凡無奇、甚至陳腐老套的訊息。但值得注意的或許是，經過前三年的挫折與失望，季辛吉居然覺得有必要發電報給邦迪。

甘迺迪過世後，三十天暫停競選活動期間，季辛吉有時間思考，洛克菲勒該怎麼做出最佳回應。有趣的是，他在草稿裡納入明確肯定對民權的支持。季辛吉寫道：「對同黨同志，我要說……我們必須選擇領導爭取民權之戰。我們必須選擇領導確保人人享有更好的教育、像樣的工作、安全的住所及健康的身體。」全國因總統遭遇「無道理的暴力攻擊」，受到「深刻震撼」。但「我們看到人會逝去，體制卻存活。沒有子彈摧毀得了我們的憲政程序。……我們遭受損失。可是生命繼續」[131]。季辛吉已很清楚，洛克菲勒在外交政策議題上，難以冀望超越鷹派的高華德，他強烈支持「擊退」（敵人），對所有共黨政權的敵意毫不妥協[132]。但那造成公共辯論一個重要的缺口，後來證明是致命傷。甘迺迪如果不能批評，至少暫時如此，那就沒有機會去評價彈性回應的紀錄。季辛吉分析其在戰略及戰術上的缺失，就得暫時擱置；為柏林及古巴做出的讓步會被忽略，反擊力概念的各種矛盾會被放在一邊。

甘迺迪治理下的美國，選擇不為柏林也不為古巴打傳統戰，因擔心那可能升高為核戰。但和解降低了升高為核戰的風險。矛盾的是，美國選擇要打的傳統戰：約翰·甘迺迪已選定要打的那一場，在一九六〇年代其餘幾年，殘酷無情地升高並帶來災難的那一場，不是為了戰略要地柏林或美國的鄰國古巴而打，而是為了遠方戰略上不重要的前法國殖民地：越南。

* 若不是有如此進步的內政計畫，其後果尤其難以想像。在史蒂芬·金（Stephen King）的另類歷史小說《11/22/63》裡，甘迺迪當選連任，卻發現自己在指揮全美各地對民權運動的反制，終致使得阿拉巴馬州州長華萊士在一九六八年當選總統。華萊士接著升高越戰，以至於使用核武，造成災難性後果。

第四部

第16章　通往越南之路

我反對這場戰爭，季辛吉贊成。

——摩根索，一九六九年[1]

法勒齊：可是季辛吉博士，你不覺得那是無用的戰爭嗎？
季辛吉：這一點我同意。

——專訪，一九七二年[2]

美國不光彩地自越南撤出最後一兵一卒，十年後記者勒里維（Joseph Lelyveld）精準地觀察到：「我們講越南時，很少提到那國家的名稱，或當地人民的狀況。我們通常談自己。我們大概向來如此。我國領導人所以覺得很難形成適合我們，也適合我們所選地域的戰略，此乃一顯而易見的原因。」[3]美國為何對越南傷痛到如此令人側目，有很多種解釋。但清楚明白的事實總是叫人吃驚。美國不止人口比越南多五倍，經濟更大七十六倍。一九六四年除非洲撒哈拉沙漠以南，就人均國內生產總值（per capita gross domestic product）而論，世上僅有約十國比越南更貧窮，而美國當時僅次於瑞士，是第二富[4]。兩國間的科技差距，尤其在武器領域，大到幾乎無法計量。戰敗的卻是美國。無怪乎越戰不只對親身參與者，對那一代所有的美國人都是創傷。

麥納馬拉在整個軍事升高期均擔任國防部長，他羞愧地回顧起至少六重失敗，對這些他至少得負部分責任。失敗的是未能與盟國諮商，儘管東南亞公約組織自一九五四年即已存在；不懂得一個武裝民族能夠反抗且克服最先進的武器；看不出經援軍援在締造國家過程中有其限度；治理南越未能堅守民主原則；不了解使用武力與達成政治目標的複雜關係；最重要的是，美國決策過程本身失敗。決策者「未提出根本的問題，未因應有關政策選項的課題，未體認他們疏於做到這些」。麥納馬拉對此的解釋，是怪罪於時間不足、政府內的機構傳承記憶不足，及「有關干預越南的決策屬有增無減性質，從不容許決策者有退卻的機會」[5]。

前甘迺迪—詹森政府另一該自責者是麥克喬治．邦迪。遲至一九六七年五月，離開政府去主持福特基金會一年後，邦迪在所寫的備忘錄裡仍能夠向總統保證：「南越並未失守，將來也不會失守，這在亞、太及美國史上是無比重要的大事。」近三十年後邦迪在邊上加了簡單的註記：「麥邦（McGB）全錯了。」他對美國戰敗的解釋，是基本低估了「敵人的持久力」[6]。

加迪斯曾指出，像對越南這種干預是彈性回應戰略的合邏輯結果。沒必要不加批評地就贊同艾森豪的骨牌理論，以致「深信不疑」，如羅斯托一九六一年八月對巴比・甘迺迪所說，「解救東南亞並將美國軍事介入機率降至最低」的方法，「即總統很快做出〔有限軍事介入的〕大膽決定」。再者彈性回應意指精確劃分對武力的使用：看似小威脅就小規模介入，若發現威脅大於預期，就增加軍事壓力，一如越戰時期很普遍的電晶體收音機，可以加大音量。但實際執行結果卻「並非『微調』，而是笨拙的反應過度，並非協調，而是不均衡，並非戰略精準，而是到後來戰略真空」[7]。

系統分析師給充斥於國防部的技術官僚一種錯覺：測量勝利的進展可像通用汽車（General Motors）工廠計算產量那般準確。擁護升高美國軍事介入戰略最不遺餘力者，如羅斯托，也是行為心理學家稱為確認偏差（confirmation bias）情況的最嚴重者，就是「自動心理篩選……僅接受強化〔既有想法〕資訊，卻系統性一概拒絕所有反證，無論它多麼具說服力」[8]。未來無疑繼續會有，展現美國當年如何能夠贏得越戰的著作。但這類論點必會建立於太狹隘的勝利概念上。它們著重於作戰成功，卻忽略每次行動背後的重大戰略誤判[9]。克勞塞維茲教導我們，戰爭「不只是一種政策行動，更是真正的政治工具，是政治交手的延續，以其他手段進行」（《戰爭論》（*On War*）第一篇第一章）[10]。以此為本，任何指越戰為軍事勝利、政治失敗的論述都站不住腳。

自摩根索一九六九年首次斷言，亨利・季辛吉整個六〇年代都「支持」越戰，而且事實上那是尼克森要用他為國家安全顧問的一個關鍵原因，長久以來大家也這麼認為。這是不正確的。季辛吉起先確實像麥納馬拉，像邦迪，像羅斯托，認為需要保衛南越，反抗共黨侵略，但他比那些人快很多便發現，甘迺迪及詹森政府把防衛南越搞得亂七八糟。在公開場合，少數幾次他被請去為詹森政府辯護，他照做。但私底下，如檔案紀錄顯示，他批評得毫不留情。那他為何只在私下這麼做？答案是季辛吉不甘於只是隔岸觀火。從一九六五年開始他先後三度訪問越南，持續想要增進對越戰的了解，也試圖挽救當時的情勢。首先他建議如何改進美國的反叛亂戰略，後來他提出之前從未有學者認識到的大戰略，利用經由不只巴黎、還有莫斯科的與河內間接溝通管道，撮合與北越的某種和平協議。

二

越戰起源可上溯至一九五六年那麼早，但重要的是切記美國從當時到關鍵年一九六五年間，幾乎隨時都能改變路線，而詹森在那一年加大美國軍事壓力，到片面撤軍代價會太高的地步。

是艾森豪政府選擇不簽署一九五四年日內瓦協定（Geneva Accords）*，又因害怕共黨獲勝，坐視南越政府取消原訂一九五六年七月舉行的選舉。美國的目標是「支持友好的非共產南越」[11]，但實務上那意味著無限制提供軍援經援，給天主教徒、保守腐敗的吳廷琰總統，及其弟兼首席顧問吳廷瑈，他們曾合力以不公正的公投罷黜保大帝（Emperor Bao Dai，譯註：越南史上的末代君主）。

美國決策者在越南政策上受到的限制，有部分來自認為艾森豪對鄰國寮國太軟弱的普遍觀感。美國對寮國施壓曾足以把共黨巴特寮趕下台，卻未能阻止首相富馬親王（Souvanna Phouma）領導的中立政府，接受大量蘇聯援助，包括武器，以達成「掃除對本地區國際干預的來源，並使國家中立化」[12]。冷戰常見的對峙於焉發生，美蘇金援湧入寮國，蘇聯支持富馬，美國支持與他敵對的諾薩萬（Phoumi Nosavan）將軍。一九六〇年的軍事政變似在為諾薩萬接掌政權鋪路，但北越入侵迅速將一大部的寮國變成幹道路線（「胡志明小徑」（Ho Chi Minh Trail）），以供應物資支持南越的共黨滲透份子，人稱越共（Vietcong）[13]。艾森豪準備移交白宮給甘迺迪時曾警告他，寮國的分裂是「美國面臨的最重要的問題」，可能必須軍事介入[14]。

一九六一年春，為派駐至少若干美國領導的部隊到寮國，相關準備工作確已展開。但那是做個樣子。甘迺迪從豬玀灣大敗已學聰明，他很樂於接受英國提議，在日內瓦召開國際會議，以替有廣泛基礎的中立政府鋪路，仍由富馬領導，但現在加入巴特寮[15]。麥納馬拉和邦迪雖持保留意見，但哈里曼說服總統，即便有共黨當部長，但中立政府也比打內戰好[16]。經最後分析，甘迺迪不認為寮國「值得大國予以注意」，而赫魯雪夫則滿意於，等待寮國「像成熟的蘋果般落在我們的膝上」[17]。

甘迺迪首次針對寮國詢問副國安顧問羅斯托，是在一九六一年一月九日，羅斯托「對他說，我對當地情況不夠了解，無法給他一個判斷」[18]。基於目前不明的原因，羅斯托對於給總統過度自信的有關越南的判斷，卻不覺得有這種侷限。六一年後來他曾說：「我們在越南肯定脫不了身，我們當然應遵守對……東約組織的承諾。」[19]羅斯托正形成一種觀點，認為轟炸北越可摧毀其未發達的經濟[20]。他與政府裡的太多人一樣，他從未質疑的假設是，越共在南越進行的血腥游擊戰和恐怖活動，是由北方支持和運作。國安會人員柯默同意：「美國對持續侵略的回應將經過謹慎調整，以警告共黨，美國的政策是堅定支持非共的南越，

* 根據一九五四年日內瓦會議結束時達成的協議，法國同意自中南半島撤軍，當地分為越、柬、寮三國。越南暫時沿北緯十七度一切為二，直到能舉行選舉，選後國家統一。但美國未簽署協議，選舉也從未舉行。美國駐日內瓦代表華特・史密斯雖表現出華府承諾遵守那些協議，但實際上美國支持吳廷琰宣布南越為獨立國家。

美國有意願也有能力，針對共黨加大施壓南越採取軍事報復，若共黨壓力持續，軍事報復便會增強。」[21]到一九六一年五月，國安會達成共識：美國對非共南越的承諾不可或缺，也不會改變[22]。五月十一日國安行動備忘錄五二號，訂定政策目標為「防止共黨掌控南越；在該國建立可存續且日益民主的社會；並加速展開一連串具軍、政、經、心理及隱蔽性質的相互支援行動，以達成此一目標」。它也授權「國防部全面檢視……當美國可能承諾派兵至越南時，適切的軍力規模及組成」[23]。

一九六一年十月，與麥克斯威爾・泰勒將軍同行的越南之旅，證實羅斯托是「強硬鷹派」之首[24]。當助理國務卿哈里曼建議比照寮國，以談判解決越南問題，羅斯托立即回以：

> 要是我們為與共黨談判，延後在越南行動，保證會在越南和整個東南亞引起焦慮危機。因美國在寮國的表現，形成美國不願對抗共產主義的形象，這形象將就此徹底坐實。恐慌失序會出現。……如果我們現在談判，而滲透仍在持續，我們甚至會被評斷為比在寮國還軟弱。[25]

魯斯克好不容易才擋住泰勒－羅斯托的建議：要有八千美軍伴隨，目前派去整頓西貢政權的大批顧問、專家和教官。此建議麥納馬拉連某些國務院官員（尤其羅伯・強森（Robert H. Johnson））都表贊同[26]。邦迪也漸漸相信，「若為軍事目的（非為士氣）有其必要」，須投入「有限的美軍戰鬥部隊，以協助拯救南越」。他對甘迺迪說，問題已「變成對我國意志的某種試金石」[27]。隨著為古巴飛彈「對峙」明顯成功，鷹派膽子變大，魯斯克的壓力便愈來愈重。羅斯托試圖說服魯斯克空襲的好處，便解釋道：「包括最近的古巴危機，冷戰的整個教訓是，共黨不會以升高來回應我們的行動。」[28]

介入越南簡言之就是行動上的彈性回應。羅斯托在〈基本國安政策〉（Basic National Security Policy，一九六二年三月）中促請甘迺迪，「對深植於共黨意識形態及行事習性中的製造危機行為，我們若真心欲使之成為無利可圖的行業，便應擴大或明或暗的有限度反制措施的火力」[29]。反之他說，喪失重要地區「將使美國更難創造它想要的世界環境，……在非共世界的政府與民族間催生失敗主義，或在國內帶來挫折感」[30]。無可否認也有反對的聲音。加爾布雷斯預見到「隨之而來的危險，我們將取代法國成為當地的殖民勢力，並會像法國人一樣流血」[31]；連麥克阿瑟也警告甘迺迪：「亞洲是無底洞，即使我們投入百萬美國步兵到那個大陸，仍會發現四面八方的敵人都比我們多。」[32]反對沒什麼用處。在甘迺迪遇刺、詹森繼任總統前，從戰略村落到施用落葉劑，美國準備打仗的關鍵要素均已蓄勢待發。

季辛吉是矢志反抗共產主義擴張的理想主義者，也是「有限戰爭」擁護者，他或許會被預期為贊成對越南的強硬路線。他首次評論此一主題確實帶有鷹派語氣。早在一九六一年六月他便指斥李普曼的主張「不實」，李普曼說：「我們不應涉入東南亞，以免減弱在金、馬和柏林的防衛。」[33]翌年二月在巴基斯坦談及寮國時，他表達「我方軍事單位有多人不表認同的非正統看法……寮國是打傳統戰相當不錯之處。

> 我國空軍若能有所作為，我看不出中國在他們能使用的那一條路上，如何維持得了強大的軍力。我個人的意見是，如果問我什麼地區可以打傳統戰，什麼地區侵略者只有一、兩條連絡道路，且離其工業潛能相當遠，也不適合大規模行動，那寮國就是打這種仗不錯的地方。[34]

此時季辛吉正要離開甘迺迪政府，並已恢復當洛克斐勒顧問的工作。一九六二年二月，洛克斐勒要上電視前的一份簡報文件，再次顯現季辛吉的立場是有條件的。對老生常談的問題：「你是否贊成美國在南越的行動？」季辛吉所寫的答覆是：

> 所有歷史都證明，要戰勝游擊運動沒有廉價、輕而易舉的方法。南越自一九五四年獨立以來，始終深受越共攻擊之苦。唯有靠足夠軍力才能擊敗他們。我希望國人明白這一點，並在內部做出自我承諾，務必要做出足夠的軍事努力，以終止游擊隊攻擊；我們不可滿足於僅維持令人不安的和平。
>
> 不過，只是人身的安全並不能解決問題。南越人民若想獲得政、經穩定，就須培養對其政府的長期效忠。……
>
> 我很遺憾，甘迺迪政府似乎反轉了立場，原本要求在提供額外援助前政府必須改革，如今是沒有具體改革的證據仍給予援助。[35]

當洛克斐勒全力準備再次參選總統，有很多人參與草擬其重要立場聲明，但對一九六二年四月一份有關越南的文件，季辛吉顯然做了一些關鍵性修正，文件中再次強調打游擊戰的困難：

> 一、美國當前的軍事計畫似乎並非全心全意，也有欠完備，可能集大成每種行動方向最大的缺點。它可能讓我們慢慢陷入，現在若做決定性努力或許可防止的戰爭。
>
> 二、增強在南越的軍事努力會有風險。但我們要是不在此動用實力，便可能必須在東南亞的別處作戰〔加：〕且是在更糟的情況下。

三、許多有些人害怕主張，若美國大量增加軍援，情況可能升高為重大戰事。但必須考量，目前逐步增加使用小規模武力，本身就屬升高。最差的作法是，只做出大到可圍堵游擊隊、卻未足以殲滅他們的承諾。這幾乎勢必讓我們陷入大規模戰爭。[36]

同樣地，季辛吉建議洛克斐勒，強調美國在寮國「輸給蘇聯的計謀」，以致寮國現在遭利用為「向南越運送補給品的走廊」[37]。一九六二年五月的一份立場聲明，甚至建議「美國駐軍寮國」，其論點類似季辛吉對越南說過的話：「若我們不保衛寮國，日後可能被迫在更糟的情況下在別處作戰……我們或是必須決定保衛寮國，必須願意為這麼做投入足夠軍力，要不就必須願意後退，畫出防衛南越、柬埔寨和泰國的界線[38]。指當前徒勞無功的行動，可能導致「在更糟情況下」在另一地點的「大戰」，這種警告頗不同於無批評地支持甘迺迪政府的政策。

那一政策在一九六三年秋達到危機點。當時甘迺迪其實已認為，如其新聞發言人在十月二日所說：「美國（在越）軍事任務的主要部分可於一九六五年底完成……到本年底……有一千軍事人員可撤出」，那時駐越美軍總計一萬六千七百餘人[39]。這是麥納馬拉根據與泰勒同訪越南，所建議的「離越之道」，泰勒此時已獲任命為參謀長聯席會議主席。十月十一日的國安行動備忘錄二六三號，明白提到「執行計畫」自越南撤軍[40]。究竟哪裡出了錯？「甘迺迪遇刺」這答案太簡化，因它忽略了八月起在西貢啟動的一連串災難事件。當時國務院東亞事務主管希斯曼（Roger Hilsman）草擬了給美國駐西貢大使館的電報，言明吳廷琰總統必須「自行處置」其弟吳廷瑈（Ngo Dinh Nhu），否則便會失去美國支持。哈里曼批准電文，包括語帶威脅的這句：「假如你盡一切努力，琰仍頑強拒絕，則我們必須面對保不住琰的可能性。」

那是炎炎夏日。總統在海阿尼斯港。魯斯克在聯合國。麥納馬拉、邦迪、泰勒和麥康全不在華府。魯斯克在國務院的副手波爾，正在與艾力克斯·強森（Alexis Johnson）打高爾夫球，但哈里曼和希斯曼追到球場，得到波爾批准。波爾雖屬政府內的鴿派，但對琰、瑈只有蔑視，所以他敷衍地打給魯斯克後，將用字改得較和緩，再打給總統，與他「討論過全部內容」。甘迺迪的指示是，若吉爾派屈克代表國防部簽字同意，就發出電報。吉爾派屈克以為甘迺迪本人已批准，未曾猶豫便簽字[41]。麥納馬拉和泰勒獲悉這則電報時火冒三丈，魯斯克立即指示西貢撤銷命令。惱怒的甘迺迪向記者巴勒特（Charles Bartlett）喊道：「天啊！我的政府四分五裂了。」）[42]但新到任的大使對琰、瑈二人評價甚低，他自有推斷[43]。

小亨利·洛志是尼克森一九六〇年的競選夥伴。甘迺迪決定任命他為駐南越大使，是他想與共和黨溫和派搭起橋樑的許多嘗試之一。那是個錯誤。季辛吉喜歡洛志，但也知曉他才智上脾氣上的缺點。洛志在西貢，喜歡給訪客看他隨身攜帶的槍。他得知瑈有鴉片癮已很驚駭，對專橫的瑈夫人更是強烈反感。洛志很想行動，反琰政變的想法正中下懷。八月二十四日的電報被撤銷時，洛志向魯斯克抗議，並促請中止對琰的援助[44]。當西貢盛傳政變的謠言，美國總統也改變心意。十月六日他發電報給洛志：「美國不會阻撓政變。」[45]

十一月一日，琰打電話告知洛志，他自己的將領在威脅他。洛志答，此刻華府是清晨四時半，「美國政府不可能有看法」，但他若可「為你的人身安全」做些什麼，「請打給我」。琰、瑈兄弟遭射殺，雙手反綁在背後，屍首殘缺不全。謀反者聲稱他倆是自殺，此說可笑。據泰勒所說，甘迺迪聽到消息時「跳了起來，帶著震憾驚慌的表情衝進房間」。這當然是表演。經其國務卿批准，就等於是甘迺迪下令發動這場政變。兩年後洛志和季辛吉在西貢見面時，他告訴季辛吉，總統不只事先對政變知情；更要直接為它負責。季辛吉直率地回答：「我認為今日的好多困難都是那時期造成的。」[46]

吳廷琰被推翻不只是真正的罪行；也是戰略上的災難。此舉根本未能強化南越國，反造成完全的反效果，增加它對美國的依賴。政變使先前所提的減少軍隊員額全成空談，甘迺迪幾乎在方方面面都表明，西貢政府是美國扶植的，就如同布達佩斯政府是蘇聯扶植的。這兩國當政者的權力都來自超強支持的血腥政變。

季辛吉不同於當時的大多數觀察家，他知道這錯誤有多嚴重。早在一九六三年九月，他便促請洛克斐勒譴責甘迺迪，「公然鼓勵軍事叛變，及以其他方式破壞現任政府」[47]。一個月後他指責「美國政府公開抨擊琰政府」，只是「以新聞稿執行政策、並錯把公關花招當成外交的不宜作風」的最新例證。

任何游擊戰的主要目標均是打擊現任政府士氣。若我們動搖琰政權，等於是在替越共代勞。再者，我們鼓勵反琰政府的軍事叛變，又怎能對不贊成世上其他地方的軍事叛變自圓其說？……麥納馬拉部長公開宣布，我們在今年底要撤軍一千人，其餘到一九六五年會全數撤出，想必令越共備感安慰。想必已讓共產黨明白，只要他們撐得夠久，就一定會打贏。[48]

季辛吉顯然不支持在現階段自越南撤軍。他仍舊贊成打贏對越共游擊戰的戰略。但他比任何政府內部人士都清楚太多，游擊戰無法單靠火力取勝；它是一種心理戰，以此觀之，除去琰是自己害自己。

琰遭謀殺的消息曝光後，季辛吉很憤慨。一九六三年十一月六日他寫了一封生氣的信給洛克斐勒，信中總結了他的立場：

一、對越南有種模糊的道德不自在感，我覺得有人須將它具體說出來。
二、我們的政策可恥，若你是首位公開表示反對的國家級領導人，那將是一大貢獻。
三、依我判斷，越南的情況會惡化。對此提出警告很重要。
四、你選中的將是道德正確的議題，同時應能團結許多共和黨人。
相反的論點是，洛志無疑會支持政府。但我們要是在意這一點，從此就不能提起越南問題，而那是我們手上最有用的議題之一。[49]

季辛吉認定政府已犯下大錯，連忙替洛克斐勒撰寫聲明，若是發布，那會大大改寫越南論戰的標準：

有一盟國的政府，最初是在美國強烈支持下成立，現由我政府鼓勵的軍事政變推翻。其領導人遭刺殺。……幾無偽裝的軍事獨裁政府已成立。我對引發這些作法的美國政策深感憂慮。美國的榮譽及道德地位要求，目的與手段之間應有關係。……你能想像導致政變的軍隊動作，會在我們不知情的情況下發生？不到一個月前麥納馬拉與軍政府領袖談判時，要是讓他們知道，我們不只嫌惡拉丁美洲的軍事政變，那他們會叛變嗎？

季辛吉拿寮國的情況類比越南，寮國在蘇聯支持下成立了中立的聯合政府。越、寮的例子均未對美國其他盟國發出鼓舞的訊號。但越南更令人不安。「因琰政權並非只是眾多政府的其中之一。美國對它一九五五年成立得負大部分責任，又支持它奮力於分裂的國家中求生存。」但現在罷黜琰的合理化「說詞是，琰政府對抗共黨游擊隊作戰不力。這與美國政府對反越共鬥爭一而再、高度樂觀的說詞奇怪地相矛盾」。季辛吉身為「圈外人」，並未擅自「去判斷琰政權的作戰效能」，但他能夠指出「不論哪個政府執政，在南越政策要發揮效力的客觀障礙」，即寮越邊界對「游擊隊滲透」門戶大開，以及游擊隊享有「特權避難所」（privileged sanctuary，譯註：源自中世紀罪犯可躲入教堂等為庇護）的外援，那是天生的作戰優勢。如今又加上琰不曾面對的第三重障礙，：做「美國魁儡」的形象，那有可能「失去對打贏游擊戰十分重要的民心」。事實上矛盾的是，新政府處於「永遠比前任更強的不聽從我們的地位」，因為「我們曾公開捲入讓一個越南政府垮台，便很難向其繼任者施壓」。總而言之，原則因權宜而犧牲。相較於政壇上忽視道德的務實主義者，季辛吉所作結語再次突顯他是理想主義者：

> 我國政府與導致兩位領導人遭刺殺的事件有關聯，且那兩人曾與我們正式結盟，沒有美國人能以此為傲。我不願我國被視為不真誠的運用權力。我們的力量在講究原則，非操弄權術。我們的歷史角色是認同於理想及人類最深層的期望。若我們失去此一資產，一時的成功不會有意義。[50]

三

林登・貝恩斯・詹森不是什麼好人。當甘迺迪提議選他為一九六〇年民主黨副總統候選人時，他請幕僚去查過去百年來，有多少總統死在任上。答案是十八位總統中有五位。他對克萊兒・布恩・魯斯說：「克萊兒，我查過了，每四位總統就有一位死在任上。我是肯賭的人，親愛的，這是我唯一的機會。」[51] 調查其友人巴比·貝克（Bobby Baker）商業活動的記者們發現，詹森腐敗又下流。他像其父也是酒鬼，嗜飲卡提薩克（Cutty Sark）威士忌加冰塊，唯一不輸給酒癮的是咖啡及香煙癮。一九五五年他心臟病發作後，僅戒掉尼古丁。詹森從政早期，基於「喝酒使人失控」，會稀釋他喝的酒。但他希望別人失控。在他辦公室裡，訪客喝的酒一定是正常強度；他的卻不是。詹森唯有在他德州的農場上會狂飲。但當他辛苦爬上最高位時，他在華府喝掉的酒精不斷增加。某記者回憶，「我看過人們晚餐時抽煙喝酒」，但詹森「那種喝法好像要自殺」[52]。有一天會出現，對午餐飲酒如何影響越戰升高的完整研究，但至少有一個參與者會說，詹森每週二與高階顧問們一起午餐時不會喝酒。

詹森當參議員時形成的性格特色，是他能夠讓別人屈服於其意志。梅勒等人曾訝異於約翰·甘迺迪冷酷、超然的特質。詹森不冷酷、超然，他喜歡壓制別人，握手像要把骨頭捏斷是第一招。後來很討厭他的巴比·甘迺迪認為，他「卑鄙、邪惡、狠毒——在很多方面像是禽獸」[53]。但即使欣賞詹森者也應好奇，讓這樣一個霸凌者，距世上權力最大的位子僅數枚瞄得很準的子彈之遠，算得上有多謹慎。

起先詹森滿意於繼續甘迺迪的兩手政策。他首次對越南主題發表聲明，是毫不含糊的模稜兩可。美國對南越政策的「核心點」及「高於一切的目標」，仍是「協助當地新政府打贏對抗共黨越共滲透份子之戰」，但撤出千名美軍人員的目標也不變。那也是國安行動備忘錄二七三號的主要內容，不過又加入可能採取「到寮國境內至多五十公里線的軍事行動」[54]。甘迺迪的外交政策團隊留任，即便勞動到邦迪的母親去說服兒子留下[55]。波爾的印象是，詹森更看重他繼承的內政立法計畫，而非「層出不窮的越南問題」[56]。但當一九六三年十二月那段期間，自南越傳來的消息日漸惡化，以至於麥納馬拉警告，南越正朝向「頂多是中立化，最可能則是共黨控制國度」時，詹森開始苦惱。他比甘迺迪更是把外交當成以不同手段延伸內政。他問：「你還要另一個中國嗎？」他想起一九四九年毛澤東勝利後，共和黨人指責杜魯門「失去中國」。「我不想讓世界各地的那些人擔心我們，他們……他們擔心，你們的總統究竟是弱是強。」[57]如他向奈特里德（Knight Ridder）報系的奈特（John Knight）解釋，若他選擇「逃跑，讓骨牌開始倒下……上帝啊，比起他們現在會有的反應，當年他們怎麼說我們離開中國只是暖身」[58]。

平心而論，詹森勢必得關心國內政治。一九六四是選舉年，雖然投票日距他的前任被刺殺不到一年，但他不願依賴同情票。事後證明，他的勝算寄於歧見有可能撕裂共和黨。洛克斐勒再次是傾向自由派的東北部，即所謂「權勢集團」的候選人。挑戰者高華德是亞利桑那州出身的飛行員，一九五二年當選參議員，向來是不擇手段的保守派。（他曾主張「把人拋進克里姆林宮男廁所」，也很想取消「新政」。）高華德不像尼克森，他是意識形態右派的最愛。徵召高華德委員會（Draft Goldwater Committee）由德州共和黨主委歐唐尼爾（Peter O'Donnell）、共和黨青年軍領導人克里夫頓・懷特（F. Clifton White）、和《國家評論》的拉許（William Rusher）共同成立，他們都認為，尼克森是沒有原則的見風轉舵者[59]。

這兩位領先者各有一強項。洛克斐勒有錢。高華德有一群熱情年輕的「郊區戰士」，願敲遍全美每一家的大門，他們人手一本高華德請人代筆的宣言《保守者的良心》（*The Conscience of a Conservative*），內容令人頭昏地混雜了小政府、州權（反民權代號）*、及「誓死為自由」的反共主義。但他倆也各有嚴重弱點。高華德是他愛針對由民權到冷戰等各式議題信口開河，卻是公開發言，且偏向極端，甚至危言聳聽。洛克斐勒的罩門是私生活。若只是簡單的雙人競爭，洛克斐勒儘管離婚、再婚、又生子，仍可能出線。但選戰

* 高華德曾投票反對《一九六四民權法》（1964 Civil Right Act），理由是其第二和第七條過度擴張聯邦政府管理企業的權力。

從不如此簡單。尼克森雖自己表示不再參選，卻一再暗示（像四年前的洛克斐勒）若黨高層徵召，他也許會接受提名。亨利・洛志雖人在西貢，但在艾森豪鼓勵下也進入初選名單。賓州州長史克蘭頓（William W. Scranton）也是受艾森豪鼓勵加入初選，艾森豪從不無條件支持任何候選人，最後還有密西根州州長羅姆尼（George Romney）也是相同情況。這些多出來的候選人造成的實際效果，是對洛克斐勒的致命傷[60]。

洛克斐勒在角逐提名的競賽中的作為，有很多是考慮不周全。一九六三年夏，他指責「極端主義份子」，即「激進瘋狂的右翼布起協會及其他人」，其手法有「威脅信、抹黑及仇恨言論、強迫及暴力行為、炸彈要脅及投擲炸彈、以共黨及納粹技倆滲透並接管既有政治組織」，簡言之就是「極權手段」[61]。但效果不彰：高華德民調上升[62]。洛克斐勒也完全低估其婚姻鬧劇，對共和黨核心選民的效應：在初選開跑的關鍵舉行地農業州新罕布什爾州，那裡尚未進入「六〇年代」，民眾仍認為「拋棄糟糠之妻，另娶年輕女子是不對的」[63]。他又犯下忌諱尼克森的錯，儘管季辛吉建議他，「在尼克森自己宣布參選前，完全不要在意他」[64]，而真正的威脅是人不在國內的洛志，其熱心支持者發起替他寫信助選的運動極為成功，居然在使他新罕布什爾州初選以大幅差距獲勝，洛克斐勒始終未能自此一打擊充分復原[65]。（季辛吉後來責備洛志，「未退出新罕布什爾州初選，並呼籲其支持者支持洛克斐勒」。洛志說，他未預期會得到那麼多票。）[66]

一般常識都指向，所有政治都是地方性的，也沒有比新罕布什爾這類州的黨內初選，更地方性的政治。相較於國內經濟議題如社會福利（Social Security）及民權，外交政策議題的確在選民的優先事項上墊底[67]。但高華德在國際議題上挑釁洛克斐勒，似乎多此一舉。他把洛克斐勒支持政府打算出售小麥給蘇聯，指為是政治版的「跟風」（Me Too）[68]。他在《面對新聞界》（*Meet the Press*）節目上建議，應撤銷對蘇維埃社會主義共和國聯邦（USSR）的外交承認[69]。他主張武裝流亡海外的古巴人，以對其祖國發動再一次入侵[70]。

他呼籲政府違反《禁試條約》。他提議在發生危機時，北約指揮官應獲授權，可不必知會總統便使用戰術核彈。他提出修訂聯合國憲章，取消蘇聯在安理會否決權的構想[71]。他甚至中傷美國核彈的「可靠度」[72]。

季辛吉身為洛克斐勒的首席外交政策顧問，不斷忙著指正這些特異的想法。那是令人手忙腳亂的工作。他花費相當大的心力，確保洛克斐勒接受重量級專家如基夏柯斯基等，對太空競賽等國際議題的簡報[73]。但高華德有關科學方面的簡報，好似來自《瘋狂》（*MAD*）雜誌的艾弗瑞．紐曼（Alfred Neuman）。（「什麼，我會擔心？」）季辛吉承認，難處是洛克斐勒和高華德在某些議題上意見基本一致[74]。在他倆看法有別之處，洛克斐勒與《紐約時報》立場相同[75]。有一點洛克斐勒無法令共和黨選民信服，即他以「不負責」、「危險」、「激進」等字眼，來形容高華德較極端的立場。他對《時報》表示：「我不認為現任政府外交政策的失敗，可用不計後果的好戰來解決。」[76]一九六四年卻有許多共和黨人對戰爭堅信不疑。

季辛吉認為洛克斐勒應表達立場的是對越南。右派有高華德，他主張「把戰爭帶到北越」，並自說自話，十年前美國可逕自對河內投下低當量的原子彈。左派有詹森，繼續採行顯然自我矛盾的政策，一面保證撤軍，一面加強對西貢的掌控。選民們無所適從。一九六四年初，一項對共和黨及傾向共和黨的獨立人士的民調顯示，百分之四十六認為美國在越南的作為足夠，百分之十二希望更多，百分之二十二希望更少，百分之二十不知道[77]。就全體選民來看，僅約三分之一希望美國增強投入越南。矛盾的是，在「使國家免於戰爭」方面，詹森享有百分之六十八的淨支持率[78]。

早自一九六三年十月起，季辛吉便頻頻送給洛克斐勒有關越南的新論述，促請他與其他候選人區隔，並運用民眾的不確定心理。他應主張，現在是時候該迫使中國「對北越侵略性政策，發揮約束性影響力」。他應指出，寮、柬之間令人憂心的相似處，柬埔寨是又一個正被用於供給越共的衰弱王朝，最後有可能被「中立化」[79]。一九六四年一月十六日，柏金斯與他完成草擬聲明，洛克斐勒在聲明中將呼籲詹森，坦白告訴「美國人民，我國的東南亞政策及目標究竟是什麼」。這再次並非呼籲撤軍；反而其方針依舊是「我們未能擊敗越南的共黨游擊隊運動，將導致共產主義在整個東南亞蔓延」。但甘冒暗示還會進一步升高的風險，季辛吉此時要洛克斐勒要求詹森承認，越戰打得很不順利，並主張越戰打得辛苦，是因越共享有游擊隊獲外援的既得優勢[80]。

洛克斐勒爭取共和黨提名眼看要失敗，季辛吉如此認為當然正確。但對越南採取更批判的立場是否有助於選戰，是另一回事，只不過真正癥結不在於此。令人驚訝的是季辛吉多早便不再認同甘－詹的政策：甚至早於反琰的政變。不幸的是洛克斐勒競選團隊的政治專家，認為他所提議的全都風險太大。一月十六日對越南的聲明歷經八次草稿，到一月二十九日發布聲明時，它已不見蹤影。第二份較傳統的聲明歷經兩度草擬，儘管季辛吉「明白反對」，仍在二月二十三日發布。第三篇從未用到。直至四月二十六日，洛克斐勒才發表經季辛吉同意的越南聲明。三個月前季辛吉相信，這會是對民主黨政策極具先見之明的批評[81]。他堅稱，拖延在選戰策略及大戰略上都是大錯特錯。他指出：「外交政策是你與現任政府差別最明顯的領域。那可反制高華德可能把你貼上偏民主黨標籤的策略。」[82]

一九六四年二月初，季辛吉與洛克斐勒共進晚餐時，對選戰做了推心置腹的討論。季辛吉回到辦公桌後決心一吐為快，寫下毫不掩飾的備忘錄。季辛吉說：「你的主要對手不是高華德，而是所謂的『黑馬們』：史克蘭頓、洛志、尼克森。高華德會自取失敗。」至於詹森，「〔他〕最易攻的領域是外交政策。他在這方面的直覺最不發達。他承襲前人留下的爛攤子。許多危機非他所能控制。他的顧問正是造成現有危急情勢的同一批人」。然而洛克斐勒的其他顧問有計畫地阻撓季辛吉，一再試圖甚至只是「討論一下越南聲明」。其競選團隊反而隨意發表關於聯合國、太空競賽等等的聲明，完全不重視整體策略。季辛吉抱怨：「目前的程序太過看重短期公關考量，犧牲你參選的主要理由，即基本的道德關懷。為搶占明日報紙的頭條，將危及你在六個月後的領先能力。」[83]、「你對國家可做的最大貢獻是，擁護代表你最深切信念的那些計畫。考驗你的角色的並非明日的社論，而是三、五年後的社論。唯有這種態度始能反轉，我國戰後政策比比皆是的價值與思想淪落。」[84]

此一備忘錄在數日內改寫多次，每次重寫都標明「純屬私人且機密」，最後也都建議洛克斐勒，設立「高階顧問團，負責協調策略、內容及形象」。季辛吉在最後版本附加一項要求，請洛克斐勒勿拿給其他幕僚看，還增加關於柏金斯的曖昧說法[85]*。他的建議獲得重視。不久後洛克斐勒設立六人「獨立小組」（Substantive Group）。成員包括季辛吉和柏金斯[86]。

季辛吉現在完全身陷爭取共和黨提名的策略戰。他提議代替洛克斐勒到西岸助講（雖然他警告：「我通常在無黨派場合講得比有黨派場合好」）[87]。他反對雇請記者懷特海（Don Whitehead），在麻州發動最後一刻的挑戰（「一流政治投機份子」）[88]。他贊成以詹森「易怒」為目標，並稱讚「徹底激怒他」的政治好處[89]。不過，在內容問題上他始終如一。他在一月二十四日寫道：「我相信越南的情況是一團糟，但我也認為，詹森不會拖太久才有所行動。我強烈籲請我們在此要掌握先機。」[90]順應洛克斐勒對拉丁美洲了解更多，他願意擴大對政府政策的攻擊面，納入古巴、巴西、甚至巴拿馬，並宣稱有整體「領導落差」[91]。但洛克斐勒在新罕布什爾州的記者會上，事先擬好的答覆仍以越南為最有力的一句：「古巴是共黨堡壘，巴拿馬

* 「他的觀點不一定都是我的。他對執行他認為是你所希望之事，想法十分執著又很拼命。他的堅持有時使我非常緊張。」

在動亂中。寮國正悄悄落入竹幕後，柬埔寨可能步其後塵，在越南則是共黨顯然正占上風。」[92]

然而季辛吉在越南議題上仍是孤鳥。遲至一九六四年三月十七日，洛克斐勒陣營對越南仍無共識，只強調「南越對整個東南亞的重要性」，及「美國政策混淆……產生打擊士氣效應」[93]。季辛吉則早在二月二十四日就不耐地宣布，他「不再有信心，我對正確政策的了解，與批准這些聲明者所了解的」所見略同[94]。到四月他宣稱，那是「令人膽寒的……無用告白」，洛克斐勒在六個月的競選活動中，未能對此主題發表有實質意義的聲明，而越南及古巴是目前「我國外交事務最大的二個議題」[95]。備感挫折的他派倍利（Doug Bailey），去聽取美國新聞總署德洛吉（Dolf Droge）和洛克蘭（Donald Rockland）對越南的簡報。他們對越南情勢的看法，更加深季辛吉的信念，即對抗越共之戰情勢大壞，越戰如今已是全區域性衝突，寮柬均陷入其中，北越卻成功地拿蘇聯對付中國，以保證取得最多援助，受到最少束縛[96]。

情況不妙。洛克斐勒遲至四月二十六日才介入越南辯論，他呼籲美國空襲寮柬境內的越共補給線，所獲反應微乎其微，而在季辛吉看來空襲已是軍事上勢在必行。四月十四日高華德贏得伊利諾州初選，一週後洛志贏得紐澤西州，二十八日又拿下家鄉麻州。同一天史克蘭頓贏了賓州。接著高華德橫掃喬治亞州、德州、田納西州，再來是印地安納州和內布拉斯加州。洛克斐勒首勝是西維吉尼亞州，那不像是大富豪會贏的州。到此階段，洛克斐勒獲得的黨代表票遠遠落後，他開始說得好像，他參選唯一的目的是讓高華德不會偏離「主流」[97]。五月十五日洛克斐勒又贏得俄勒岡州，那對洛志是重大反轉，他在四月中旬時看似所向無敵[98]，但六月二日在決定性的加州初選中，高華德險勝洛克斐勒。

洛克斐勒未贏的部分原因，是數百個高華德保守派志工所打的「草根戰」，勝過辛曼（George Hinman）的策略：建立選自加州精英的最無懈可擊的黨代表名單[99]。不過五月三十日小尼爾森誕生，距洛克斐勒爭議性再婚才一年，就算選戰還是一模一樣地進行，小尼也可能使其父失去黨提名。（洛志後來說：「唯有像洛克斐勒那種有錢人會相信，他可以在同一年內愛情生活與總統提名兩得意。」）[100]數週後一個老經驗的記者告訴季辛吉：「尼洛加州初選失利部分是由於小尼爾森出世，部分是因為他缺乏實質訴求。」[101]後面這項缺失是季辛吉一直設法補救卻未成功的。

四

亨利．季辛吉對洛克斐勒承認敗選，反應充滿感情。他在手寫的便箋中告訴洛克斐勒，他「從未比這心碎的數週更欽佩你，你完全（獨自？）為你的原則奮戰。要是共和黨及我們的兩黨制度獲得挽救，那大部分應歸功於你」[102]。此言可能看似誇張，或許是刻意為吃敗仗的老闆打氣。但低估季辛吉此時的情緒多麼激昂就錯了。共和黨一九六四年全國大會七月在舊金山「牛宮」（Cow Palace）舉行，季辛吉是首次參加這類活動。他以前從未如此接近過美國的民主程序，從敲定各種交易的煙霧迷漫的房間，到大會會場的支持群眾。那是感受強烈的經驗，記錄在標示「私人且機密」的日記裡[103]。

季辛吉在會前一週抵達舊金山。他和洛克斐勒競選團隊其他成員並未期待能有多少收穫，但他們的老闆仍相信，他有辦法制得住高華德，即便是經由確保共和黨黨綱內，不會有這位可能被提名人較極端的立場。理論上仍需要投票確認高華德是被提名人，因史克蘭頓仍未認輸，不過結局已可預見。季辛吉在首次會議後記下：「整體氣氛使人灰心。這本可是尼洛的秀。看來在場每個人都有自己的遺憾和對失敗的說法。」[104]他對所見到的其他角逐者評價不高：史克蘭頓欠條理、不果決，羅姆尼爽快卻空洞而自負，洛志自以為重要但無知：「沒有一個……有提出原則問題的道德勇氣，各個都不放棄今年可能出現意外，或至少會是高華德派在一九六八年的推定繼任者」。季辛吉全力主張要採取立場，他敦促洛克斐勒「採取的論述是，不要讓林肯的政黨被以鼓掌通過移交給高華德的勢力」，以便在黨綱不符合他最起碼的要求時，強迫大會表決。他要求「（一）維持在聯合國的會員資格，（二）繼續承認蘇維埃社會主義共和國聯邦，（三）不可授權做動用核武的決定。」[105]他對沒那麼激動的柏金斯說：「反高華德團體不只是為此次大會，更是為歷史而奔走。」[106]季辛吉最重大的貢獻是設法讓大會修改黨綱中，建議將核武的控制權授權給北約指揮官的高華德條款[107]。他花費許多時間打電話和開會，試著集結前艾森豪政府官員，尤其是杜勒斯、蓋茲（Thomas Gates）、赫特、麥克洛伊，甚至艾森豪之弟米爾頓，只為讓前總統本人避開衝突，史克蘭頓臨陣退卻，羅姆尼乾脆背叛[108]。

大會幾乎每一方面都令季辛吉氣餒。有賴爾德（Mel Laird）在預期高華德會獲勝下，「強勢主導」黨綱委員會。有「所謂溫和派……無力、無能、自私」，最糟的是意見不一。有艾森豪政府的老人，太過狡猾而絕不會許諾季辛吉的任一原則。最最可怕的是高華德的支持者。季辛吉寫著，他們根本不是「穿著網球鞋的老婦人和退休將領」，而是「聰明、急切的年輕人」，喜歡「語義純淨……熱烈、有效率、不幽默、怪異地無安全感」。季辛吉一再不祥地憶起幼年時的德國政治。他在七月九日寫道：「溫和派今日的表現是典型的躊躇搖擺。其整體行為令人想起民主政黨面對希特勒時的表現：他們不願相信對手是認真的，傾向於計較小的利害關係，忽略基本問題。」相對而言，高華德的支持者是「中產階級且『值得尊敬』。他們覺得受到威脅，缺乏安全感。他們渴望完全承諾的安全。無論高華德『真正的』看法是什麼，他的運動呈現的現象類似歐洲法西斯主義」[109]。令季辛吉最不寒而慄的過於七月十三日週一一大早，與一個高華德支持者的邂逅。在那之前他徹夜開會，洛克斐勒、史克蘭頓和洛志試圖在會上，對核武條款修正案的文字達成協議。季辛吉在日記裡記下：「我們走出會議室時，有個高華德支持者在一份名單上對每個名字打勾。我不在上面。但他認識我，就說：『季辛吉——別以為我們會忘掉你的名字』」[110]那句話令逃離納粹德國的難民心中升起寒意*。

大會本身在同一天稍後開幕。現場無比混亂吵雜，充分無愧於它之前是加州家畜展示場（State Livestock Pavilion）。未如願的溫和派堅決繼續在大會上，對黨綱三項條文提出修正案：不只是總統對核武的控制權，還有民權（高華德拐彎抹角地反對）及「極端主義」。但他們發現處處遭計謀打壓。大會進行程序被改變，對修正案的辯論到晚上九時才開始，確保東岸的電視觀眾看不到。人數超出許多的洛克斐勒支持者，發現座位被排在會場邊遠的角落。據季辛吉估計，四分之三在門口站崗及引導的人員是「高華德支持者，別著炫耀的高華德徽章」；甚至有些警察也表現出公開支持「貝利」（Barry，譯註：高華德名）。大會主席肯塔基州參議員莫頓（Thruston Morton），對凡是妨礙已篤定被提名者的人公開表示蔑視。最精采的是，高華德死忠支持者的可笑舉動，係由高華德的競選總幹事克里夫頓．懷特，從停在會議廳後方的綠白色通信拖車上，以對講機指揮[111]。

不過，最令季辛吉驚恐的是群眾發乎自然的行為。他有一張票可坐在史克蘭頓的包廂裡，也有一張前座通行證，在現代最脫序的黨大會之一上，他擁有不止一個而是兩個近距離席位：

> 我立刻被大多數代表、其實是所有在場者的瘋狂、熱情和投入強度嚇到。那種氛圍更近似宗教復興佈道

* 那天後來季辛吉「在街上被眾議員、〔國會〕聯合原子能委員會（Joint Atomic Energy Committee）的眾院共和黨領袖何斯默（〔Graig〕Hosmer）搭訕。他攔住我說了這句話：『我注意到你已投向敵人。』」季辛吉過去從未見過何斯默。

會，而非政治集會。一場革命顯然正在醞釀。無論旁觀者或黨代表都不是來參與傳統的勝選。他們是要來此慶祝戰勝敵人。他們要粉碎對手，而非整合。……筆墨難以形容的女巫大鍋，正是今晚牛宮的寫照。貝—利，貝—利的呼喊聲響徹會議廳。[112]

當艾森豪在開場演說中，充滿種族意識地提及罪犯和彈簧刀*，「大多數〔代表〕視之為批評民權運動的委婉說法，在此精神下，他們對隨後的演講者提到這一點時都瘋狂地鼓掌」。參議員陶爾（John Tower）宣讀黨綱中，呼籲「解放」波羅的海三小國及解散南斯拉夫等部分時，出現「如雷掌聲」。最低潮卻是洛克斐勒贊同極端主義修正案的演講，其文字是當天早上商定的：

> 共和黨完全尊重負責任的批評的貢獻，也捍衛民主過程中表達異議的權利。但我們拒斥不負責任的極端團體，如布起協會、三K黨（Ku Klux Klan）、共產黨等等，藉努力滲透到要負責任的黨職，或依附於黨候選人，從而敗壞本黨名聲的作為。

洛克斐勒被喝倒彩，他講出「亂黨和納粹手法」的措辭時，被叫囂聲蓋過，有好幾分鐘幾乎全淹沒在「我們要貝利！」的叫喊聲中。他不為所動，繼續譴責「好鬥、奉行教條的少數，不論是共產黨、三K黨或布起會員」，並呼籲共和黨「抵制無論右翼或左翼的極端主義」。紐約州及新罕布什爾州的黨代表雖盡責地為這些話鼓掌，但當洛克斐勒攻擊「道不同」的右翼「少數」，並肯定他對「共和黨自由主義」的信念時，其餘與會者發出的噓聲更大。最後當他說出「極端主義威脅」這幾個字，高華德支持者暴怒，發出震耳欲聾的噪音，有擴音喇叭聲及反覆唱誦聲。洛克斐勒離去前，厲聲指控群眾「肆無忌憚的人身暴力威脅」，然後怒氣沖沖地走下講台[113]。幸好大部分美國觀眾此時已關掉電視。這種宣傳對政黨的反效果是對手求之不得的。懷特其實已控制不了他自己的群眾[114]。

季辛吉嚇壞了：

我看到的電視重播，似是淡化版反映著充斥於牛宮的惡毒、凶狠、歇斯底里的恨意。主席介紹尼洛時不帶任何形容詞，只是紐約州長，他甚至尚未開口，噓聲、嘲笑聲、倒彩聲先持續了好幾分鐘，主席並未制止。他每講幾個字就被令人作嘔的廉價、惡意喧鬧打斷，主席依舊未伸出援手。

反極端主義修正案在更為吵嚷的場面下，不出所料未能通過；羅姆尼的淡化版也一樣；民權修正案也一樣；季辛吉自己辛辛苦苦草擬的核武授權修正案也未通過。

大會最高潮是高華德誇張的接受提名演說。部分由於聽眾被激得狂亂失控，那次演講大家記得最清楚的是學者賈法（Harry Jaffa）替他寫的那幾句，賈法最著名的是以保守立場重新詮釋林肯。高華德雷鳴般高喊：「我要提醒大家，為保衛自由的極端主義不是罪惡。我還要提醒大家，追求正義時的溫和不是美德。」（並非人人都在歡呼，有個吃驚的記者咕噥道：「天啊。他要以貝利．高華德去競選。」臉色鐵青的尼克森

＊ 艾森豪警告勿「對罪犯懷婦人之仁，他們帶著彈簧刀和非法武器在街頭遊蕩，尋找無助的獵物，被捕時搖身一變成為窮困的被剝削者，仰賴社會愛心及太多法庭的寬鬆或軟弱，以寬恕其罪行」。

明顯未鼓掌。）[115]不過，此次演講的重要意義不止一端。高華德輕蔑地提及「集體主義沼澤地」及「共產主義霸凌」，並無什麼新意。但他講到外交政策的那些話，是有計畫地要刺激詹森：「昨天是韓國。今晚是越南……我們正在越南打仗。〔鼓掌〕但身為三軍統帥的總統拒絕說明……在那裡的目標是不是勝利。」同樣重要的是會議廳外的敵對群眾。有多達四萬名民權示威者占據市府廣場（City Hall Plaza），指責高華德是下一個希特勒。

高華德支持者特別喜歡以自由派媒體為目標。那些報紙報導此次大會時便還以顏色。有些報紙顯然不知高華德家族是猶太裔（其祖父來自波蘭科寧的猶太移民），怪誕地報導他計畫在會後訪問貝希特斯加登（Berchtesgaden）——希特勒在阿爾卑斯山的隱退處。《生活》雜誌提到一股「狂熱浪潮」。專欄作家德魯·皮爾森（Drew Pearson）聞到「法西斯主義的氣味」[116]。以共和黨合格黨員出席者中有一人傾向於同意。亨利·季辛吉對他所目睹的毫無懷疑：

牛宮狂熱的喝采令人憶起納粹時期。……他們〔高華德支持者〕是脫韁野馬的中產階級：技術官僚、白領工作者，受幾近瘋狂的熱情所驅使。他們是經過一個世代自由揭露真相、太多知識份子自鳴得意地裝出偽善的產物。……他們擁有信仰，而非政黨。有代表們別著踐踏杭特立與布林克立*的徽章四處走動是新現象。有個代表對我說，抱歉這徽章不夠大，擺不進史密斯（Howard K. Smith）和所有東部的報紙，此人是新形式的代表。這種團體一旦組織起來就很難趕走。它會試圖成為未來十年可能發生的各種危機的倖存受益人。……高華德的勝利是美國政治的新現象：是歐洲觀念裡的意識形態政黨獲勝。誰也無法預測最後結果，因為沒有前例可循。

對此次「悲喜劇」的報導足以使季辛吉的父親驚慌不安，當時他在瑞士阿爾卑斯山渡假，他寫信警告兒子，若「此人」在「不良內容」及「反動份子」協助下，在十一月當選，那將是「美國及整個世界的悲劇」[117]。但其子明白還有其他的危險。在政治左翼也可能集結同等的反對力量。他預言式寫下：「我們未來可能面對什麼，牛宮便是象徵。場外有高唱越南中立化、結束北約，及CORE種族平等會議，Congress of Racial Equality）的示威群眾。場內是右派極端份子。」[118]

數日後他告訴英國歷史學者豪爾德，那是「令人驚愕難過的經驗……比報紙能夠報導的更嚴重」[119]。豪爾德表示同情。此種第一手的政治生涯體驗是「磨練」。他寫道：「非理性的力量我們學者在理論上很清楚，但實際見到它時相當不舒服，也使你對能駕馭它的政治人物更加敬佩。」[120]但豪爾德拿高華德支持者，與當時英國的裁減核武運動（Campaign for Nuclear Disarmament）做比較，並不恰當[121]。美國發生的情況很特殊，季辛吉多加思索後認為，它至少與甘迺迪時代常見的知識份子背叛（*trahison des chercs*，譯註：原文為法文，在此意指為政治目的背叛知識份子尊嚴）有關，那時常春藤盟校最傑出的精英，深信自由主義不容置疑的正確性，紛紛湧向華府。

〔他寫道〕每個民主社會必須尊重多元化。但也必須知道其所為何來。容忍不必與道德中立劃上等號。反而假使相對主義變得太猖獗，偽價值即會取代已被摧毀的真價值。人不能靠陳舊的口號和自以為是的

* 杭特立（Chet Huntley）與布林克立（David Brinkley）是國家廣播公司夜間新聞節目《杭布報導》（*The Huntley-Brinkley Report*）的主持人，立場偏自由派。《史密斯新聞及評論》（*Howard K. Smith: News and Comment*）每星期天早晨在美國廣播公司播出。

祈願生存。真理的全貌在一九三〇年代並未對人類顯現。我有太多同僚（大概我也是）對待較不世故者的自鳴得意、高高在上、傲慢態度，必會造成情緒真空。……若高華德現象過關，則兩黨都有義務進行某種深切的自省。兩黨應捫心自問，為何事實證明和平繁榮還不夠；為何中產階級在物質豐足時代卻變得激進。兩黨須仔細思量，尊重多元化除非有強烈的使命感為基礎，否則民主無法存續。[122]

一九六〇年代的悲劇是，治理美國者說服自己，越戰可提供那種使命感。詹森政府升高越戰的災難性後果，是隨後十五年間，即使就選舉而言，高華德支持者的人數比左派極端份子多很多，但像是美國政治大戲的主角者，並非牛宮場內而是場外的極端份子，其原因在此。

五

越南民主共和國（Democratic Republic of Vietnam）政府，很難說是為其宣傳者及左翼為其辯護者所宣稱的，是美國侵略的無辜受害者。一九六三年十二月，在詹森致命地決定，大規模投入美國部隊至越戰前一年半，越南工人黨（Vietnam Workers Party）中央委員會第九次全體會議通過以下決議：「我黨若擊不敗敵軍部隊，便無法……使革命成功。因此武裝鬥爭居直接決定性地位。」[123]一九六四年十二月河內政權承諾，派出越南人民軍（People's Army of Vietnam）正規部隊南下胡志明小道，比詹森派陸戰隊在峴港（Da Nang）登陸早半年。越戰從頭到尾河內的目標都是，按一九六五年三月十二全會通過的決議：「致美帝……潰敗，保衛北方，解放南方，完成全國民族—民主革命」[124]。因此一九六四年八月二日及四日，美國驅逐艦馬多克斯號（Maddox）會在東京灣（Gulf of Tonkin）遭北越魚雷艇攻擊，實非意外。詹森指控北越「公開侵略」，也並非不合理。他尋求國會授權，採取「一切必要措施擊退對美軍的任何武裝攻擊，並防止進一步侵略」，也並非無正當性[125]。

詹森省略未告知國會的是，東京灣「事件」是作戰計畫（OPLAN）34-A的直接後果，那是美國國防部策畫、中情局支持的南越計畫，在北越沿岸進行突擊，還有同時進行的美國海軍偵察任務（所謂的德索托巡邏（Desoto patrols），是首次進行這類任務「德哈芬號青島外海特別作業」（DE Haven Special Operations off TsingtaO）的簡稱）」[126]。北越巡邏魚雷艇確實在八月二日，攻擊了在國際水域的馬多克斯號；航空母艦泰康德羅加號（Ticonderoga）派出的空中支援證實此事。因而詹森完全有權加派透納喬伊號（Turner Joy），與馬多克斯號一起巡邏。較令人存疑的是，他與其他政府官員如何處理八月四日收到的相衝突的報告。那兩艘戰艦雖都報告，魚雷艇似又重新攻擊，他們也以砲火還擊，但飛來支援的美國空軍，只看見「黑水及美軍火力」。馬多克斯號指揮官發急電至檀香山，怪罪於「反常天候影響到雷達及過於熱切的聲納員」，但他後來改變說法。只有一項攔截到的訊號情報指出，北越確曾攻擊。但詹森和麥納馬拉仍抓住此一微弱證據進行報復，為詹森所稱的「對美國三軍一再的暴力行動」發動首波空襲[127]。

詹森就是詹森。他原希望將越南排除於選戰之外；事實上他打算刪減一九六五年的國防開支[128]。但此次機會太好。他收到第二次攻擊的初步報告時，正與國會領袖開早餐會。他厲聲：「我告訴各位我要什麼。我不止要毀掉那些攻擊馬多克斯號的巡邏艇，我要毀掉那個港的一切；我要毀掉所有東西。我要給他們一點真正的顏色看看。」[129]這是他徹底反擊高華德在舊金山，指控他對越南問題軟弱的良機[130]。詹森八月四日發表全國演說前夕，曾打電話給高華德，獲得他支持「盡我們所能除掉所有那些船，及那些船停靠的所有基地[131]。哪個愛國志士會說不？從狹隘的選戰角度看，詹森這麼做是對的[132]。在憲法上他不需要〔國會的〕東京灣決議。但它增強他對國會的掌控。如詹森自己所說，它像「老祖母的睡衣。全都包了」。只有參議員摩斯（Wayne Morse，俄勒岡州）和格魯恩寧（Ernest Gruening，阿拉斯加州）投票反對授予總統相當於在越南完全自由行動的權力。那全屬於高明的競選策略，要把詹森塑造為領導反高華德「反挫力」（backlash）的「正向力」（frontlash）[133]。結果是壓倒性勝利，使詹森獲得有史以來最高比例的選票。連季辛吉都投給他[134]。共和黨大會令季辛吉怒不可遏，甚至在投票日前夕發表對高華德的尖刻批評[135]。

詹森不難把高華德形塑為「瘋狂……像水果蛋糕般混雜」，「狂人—瘋狗」[136]。這位共和黨候選人為其拙劣的判斷提供充分證據。詹森指稱「他想對每個人投下原子彈」，而史上最成功的電視攻擊廣告之一正是以此為本，即著名的「雛菊」（Daisy）廣告，描述一個小女孩被核彈化為灰燼[137]。但一九六四年共和黨輸掉的不只是總統選舉。在眾院也失去三十六席，使民主黨享有自一九四五年以來在眾院的最大多數；參院也少掉二席，導致民主黨又是極大多數（六十八對三十二席），也是二戰以來最大[138]。那是共和黨運勢的谷底。連黨內自由人士如洛克菲勒，似乎都抵擋不住左翼勢力：當詹森拒絕巴比·甘迺迪要求升任副總統或國務卿，他辭任司法部長時，洛克菲勒曾苦惱，甘迺迪可能來跟他競選紐約州長。民主黨勝選給予詹森二大助力。一是讓他能夠制訂一系列革新的立法：投票權法（Voting Rights Act）、醫療保險（Medicare）、醫療補助（Medicaid），及保護消費者與環境的法律。勝選似也去除對其越南政策的所有政治束縛。民主黨享有的權力，從未比越戰打得如火如荼之際更大[139]。諷刺的是詹森增強美軍涉入越戰的動機之一，是他害怕遭被他打敗的保守派運動，貼上「軟弱」的標籤[140]。

通往地獄的步驟很多，採取那些步驟的理由也很多。九月七日詹森下令，若有美軍遭到攻擊，要「一報還一報」做報復性空襲。但越共攻擊邊和（Bien Hoa）美國空軍基地後，他要時任亞太助理國務卿的邦迪弟弟威廉、主持的國安會工作小組，考慮另二個選項：李梅渴望的強勢空襲，或羅斯托倡議的漸進式轟炸。後者輕易便勝出。一九六五年三月，轟雷行動（Operation Rolling Thunder）展開第一階段，從此對北越的轟炸將持續八年，間或有暫停[141]。一九六五年三月也是美國首批協同作戰部隊在峴港附近登陸的月份。四月一日國安會決定部署這些部隊直接對抗越共。到五月越南境內已有美國戰鬥部隊四萬七千人[142]。六月七日魏摩蘭（William Westmoreland）增加其「索求」到四十四個營，那會使年底時美國駐軍總數來到十七萬五千人。麥納馬拉雖指這是「草率到愚蠢的地步」，但仍支持把總數增至十萬人[143]。

決定以「緩慢上升節奏」升高越戰（國安行動備忘錄三二八號）[144]，而非擬訂退場戰場，是美國冷戰期間最嚴重的戰略失誤。剛開始詹森本人對此戰略是有疑慮的，政府其他成員也有同感，特別是波爾[145]。但總統基於四項理由還是付諸實行。一，美國直接行動似是對付南越長期不穩的最簡單方式，南越「爭權奪利的政客」好像愈來愈難以靠自己獲得軍事勝利。阮慶（Nguyen Khanh）將軍企圖奪權，因學生及佛教僧侶走上街頭而受挫，但軍方重整旗鼓，慶很快恢復掌權，克服又一次政變後，他得以成立國家高等會議（High National Council），並根據它所制訂的憲法建立文人政府，由前西貢市長陳文香（Tran Van Huong）出任總理[146]。波爾後來說：「發生一整串卑劣的政變，令人感覺南越整個政治結構開始解體，我們若要讓這鬼東西免於崩解，就必須採取非常清楚而肯定的行動。」美國轟炸另一邊是「大力推南越一把」[147]。

二，由魏摩蘭將軍領導的軍方向詹森保證，「打有限目標的有限戰，以有限手段來打，並以運用有限資源制訂計畫」[148]。詹森認為，若做更大的承諾，特別是進攻北越，有引得中國參戰的風險；對韓戰重演的憂慮始終縈繞在其心頭，這是李梅主張用壓倒性武力不可能被採納的原因[149]。但魏摩蘭偏好的「搜尋再摧毀」

戰略，基本上會消耗戰力並使美軍曝露於高死傷人數，後來那高到動搖軍心的地步。*陸軍參謀長哈洛德·強生（Harold K. Johnson）及副手艾布倫斯（Creighton Abrams）所贊成的替代方案，即由美軍清理並控制關鍵村落，將大部分戰鬥任務交給南越人，並未獲得充分考量[150]。

三，「緩慢升高」軍力是詹森頂多能做到的，以免損及他更快速升高的國內施政。詹森推動社福及民權速度之快，儘管其政黨控制著國會，卻使他幾乎應付不過來。六月三十日給貧窮家庭房租補貼的法案差一點無法通過；投票權及醫療保險法案，預定七月底要進行國會兩院協商，看來也不易通過。對預算立場保守的共和黨與南方狄西派（Dixiecrats）結盟，似乎危及大社會計畫。因此詹森不敢向國會要求升高越戰真正必要的措施：新決議、授權召集更多後備軍人、大筆額外撥款及增稅。詹森並非在黃金時段發表演說，而是在中午的記者會上若無其事地宣布，已增加在越南部署的軍隊，並堅稱那不「代表政策有任何改變」[151]。他向麥納馬拉解釋，若向「國會……提出更大要求……這會斷送〔我們的〕內政立法計畫」。詹森決心不讓國會選擇要槍彈還是奶油，特別是因為他們可能選擇前者而非後者。在這一點上他獲參院多數黨領袖曼斯菲爾（Mike Mansfield）支持[152]。

最後且關鍵的是，對緩步升高戰略有疑慮者，可悲地未能提出服人的論述。詹森並非如某些說法，關閉了辯論之門[153]。按照最近幾任總統為標準，一九六五年的辯論是百花齊放。麥康（John McCone，中央情報局局長）在那年四月二日的備忘錄中，準確預測會有「日益強大要求停止轟炸的壓力……來自美國民間各方力量、新聞界、聯合國及全球輿論」，正確推斷，北越正「指望這趨勢」；並警告，即使「不斷增加投入的美軍人員」，政府仍會發現自己「在贏不了的軍事努力中身陷叢林戰，我們將極難自其中抽身」。另一有先見之明的懷疑者是助理國防部長麥克諾頓（John T. McNaughton）[154]。他一九六五年春訪問西貢後，心灰意冷地回國，他認定美國是「『好醫生』，只是失去一個救治無望的病人」[155]。同年六月他直率地指出：「黃種人的麻煩應該黃種人解決。」[156]克利福德（Clark ClHord）早在一九六五年五月十七日便警告，若投入大批地面部隊，會有「無法脫身的困境」[157]。七月二十三日他在大衛營對詹森說：「我討厭這場戰爭。我不相信我們會贏……它會毀掉我們。五年，五萬人陣亡，幾千億美元——我們根本不值得這麼做。」[158]波爾二戰後在法國待過，比大多數美國官員更清楚法國人的遭遇，對他而言，越南只是個「爛國家」。他也質疑「逐步升高那東西」是否明智。七月二十一日在白宮一場關鍵會議上，波爾毫不避諱地主張「減少我方損失」，理由很簡單：「強國打不過游擊隊」。派出更多美軍就像「給癌末病人做鈷治療（譯註：一九五〇年代開始的療法，以鈷六十的伽瑪射線殺死癌細胞，現已被更新的技術所取代）」。誠然這意味著失去南越。但「更糟的打擊將是，〔曝露〕世界上最強大國家無法擊敗游擊隊」[159]。

所有這些預測後來均有事件證明其無誤。但波爾後來承認：「我有一種無法制止它發生的宿命感。它真的發生了。那種事一旦起了頭，就像喝點小酒；你就會想喝更多。那是抗拒不了的事。」[160]反之，羅斯托的樂觀絲毫不減，他不斷向詹森保證可以打贏越戰[161]。麥納馬拉情急之下轉錯方向，對個人名譽及日後內心的平靜造成致命傷。他重提骨牌理論，最終贏得一九六五年七月的關鍵辯論。他預言在越南戰敗將導致「共黨掌控」不止「寮、柬、泰、緬、馬來西亞」，還可能包括日本、印度。他晦暗地警告，巴基斯坦「會更接近中國。希臘、土耳其會向中立立場移動。共黨對非洲的煽動會增加」[162]。

於是在「美國若失去南越，便會失去第三世界」的胡亂預測下，前途已定。

* 越戰每月陣亡人數約四百六十九人，而韓戰是九〇九人。

六

季辛吉對升高越戰的致命決定，應負的責任少得不能再少。兩度失利的洛克斐勒在共和黨大會上反極端主義的演講，曾被叫囂的群眾湮沒，季辛吉身為其主要外交政策顧問，顯然已出局。詹森不像前任總統，不會任用忠於對手的顧問。

不論如何，就在詹森排除將使美國退出越南的退場戰略之際，季辛吉卻忙著自家的退場戰略。一九六四年八月，他與安在內華達州雷諾（Reno）獲准離婚。即便如此「速戰速決」的離異，也免不了耗時及耗費心力。約在此時他不止一次抱怨，他因「私人問題加上無法預見的事業問題」，生活「異常」或「不可思議地忙碌」[163]。搬出在劍橋的家，代表在車庫上方特別蓋的書房裡，所有書籍和文件都要移出，這不可能是樂事。當然最大的挑戰是子女，雖然父母離婚時他們才五歲和三歲，但已大到能夠分辨不可挽回的裂痕。祖父母擔心季辛吉捨不得他們[164]。有時確是如此，離婚使他成為更關心孩子的父親，因為如今他與伊莉莎白和大衛在一起時，必須把所有的注意力都放在他們身上。

離婚也使季辛吉與父母更接近。一九六四年二月，其父寫信感謝他送的生日禮物：「我很感謝你字裡行間表現的溫暖。」

我很高興你對我們似乎不再那麼討厭，你的厭惡顯然已有一段時間。

亨利請相信我，我倆都感覺得到，你的情況十分悲哀。我們做父母的不會期待，你做決定要考慮我們，以致那無法帶給你最終的幸福。我們太清楚，沒有人能夠輕鬆愉快地放棄如此美好的房產，而內心沒有最深的依戀，那麼棒的書房，那麼舒適愜意的自己的家。……

什麼對你最好，你是唯一的裁判。祈求上帝，你很快會找到能帶給你內心滿足和幸福之路。

目前你身負很大的經濟負擔。……我們深感同情，唯願我們能夠幫助你。[165]

雖然路易斯．季辛吉不能給兩個兒子什麼經濟支援，但設法給他們情感支援。他特別努力保持兒子與德國和猶太傳統的連結。典型的光明節（Hanukkah）禮物是德國作曲家選集黑膠唱片：貝多芬第八和第九號交響曲，卡拉揚（Karajan）指揮，柏林愛樂（Berliner Philharmonic）演奏；舒伯特第五和第八號（未完成）交響曲、舒曼萊茵河交響曲、馬勒第二號交響曲，伯恩斯坦（Bernstein）指揮，紐約愛樂（New York Philharmonic）演奏。一年後是兩首海頓交響曲和莫札特的協奏交響曲（Sinfonia Concertante）。同時路易斯敦促兒子，讓他們的子女「在希伯來學校受猶太教教育」[166]。那二人令父親極為失望，華特甚至比亨利更甚，他們義無反顧地走向美式世俗生活。

離婚的確很花錢，但也許每一分錢都值得。季辛吉此時住在波士頓燈塔街（Beacon Street）四一九號的雅致公寓裡。他也經常去紐約和華府，有時是為換換環境，不一定每次都為工作而去。季辛吉父親無疑會希望他去卡耐基音樂廳（Carnegie Hall，譯註：紐約古典與流行音樂的代表性建築）；但他卻買票去看滑稽音樂劇《往廣場路上的趣事》（*A Funny Thing Happened on the Way to the Forum*），由席洛莫斯泰（Zero Mostel）主演。季辛吉本身的幽默感愈來愈顯眼。他告訴一個新來的洛克菲勒助理：「我只對很喜歡和很尊敬的人才說風涼話。」[167]這種詞句證明在派對上效果不錯。其父對他現在擅長交際不以為然。季辛吉四十二歲生日前兩天，父親對他未能依家中往例陪父母吃飯，寫信表達遺憾。他們想過要打電話，但「我想你不願我在雞尾酒會上宣揚你的生日」[168]。別人也注意到他的改變。謝林曾向倫敦的一個同事形容季辛吉：「胖胖、圓圓、蒼白、無精打采」。但季辛吉抵達希斯洛（Heathrow）機場，要參加國際戰略研究所（International Institute for Strategic Studies）的會議時，不符合那種描述。他減重成功，臉孔曬出古銅色，西裝現在搆得上麥廸遜大道（Madison Avenue，譯註：美國廣告業重鎮所在）的水準[169]。法蘭克·林賽的妻子瑪歌（Margot）也看出來。以前的季辛吉「正經八百」。現在瘦下來的季辛吉「有趣又能言善道」[170]。

路易斯·季辛吉即使看不慣兒子的新生活方式，卻不免以兒子的成就為傲。當「我們的葛柏格（Goldberg）拉比上個安息日，在附近的會堂特萊恩堡猶太中心講道時提到你，還引用你新書中的幾句話」，路易斯很高興[171]。一九六五年十二月季辛吉現身哥倫比亞廣播公司的越南辯論節目，使他尤為得意（見頁）：

> 有人打電話來，或是在街上、家裡、捷運上遇見我時，會主動跟我說話。德裔猶太人感到驕傲，因為「他們」當中有一個出色到可以代表國家，有人感謝你設法解說美國的政策，但大家都對你的表現刮目相看，即使不贊成美國在越南行動的人也一樣。有個律師今天告訴我說：你太棒了。我很高興你言談如此不慍不火，一點都沒有殺伐味。[172]

季辛吉的回報是，讓父母到瑞士渡假時獲得紅地毯待遇[173]。

如前所見，季辛吉參加一九六四年共和黨大會，幾乎在各方面都是悲慘的經驗。但在高華德的烏雲籠罩之下，季辛吉仍見到一絲光明：他在那裡，在舊金山的一個夏日，首次認識了南希·麥金斯：美麗、聰慧、相對於季辛吉個子極高的法國史專家，三年前開始兼職替洛克菲勒工作[174]。在舊金山點燃的火花燒得很慢。直到一九六七年一月十八日，他才寫信請她來做全職的外交政策研究員。他在信的最後寫道：「現在容我說一句，很高興與你再次同事。」[175]我們現在知道，他倆的羅曼史其實在一九六四年共和黨大會後不久便已開始，季辛吉見到她後驚為天人，以致曾在會議廳裡一排排尋覓她[176]。但以季辛吉才剛離婚，還有其父母對長子可能娶非猶太教徒會有什反應，所以他們決定秘密交往。

七

路易斯．季辛吉一九六五年十二月看到兒子上電視時，並不知道他費了多大力氣，才回到美國外交政策的公共辯論，而且不只回到公共辯論，還回到決策過程。或有人認為，季辛吉在越南議題上對甘迺迪和詹森多所批評，他應該很難進入決策過程。不過在某一方面他的任務變簡單了。在一九六五年七月的關鍵辯論中，麥納馬拉的得勝論述是一種版本的骨牌效應：在越南失敗會有傳染作用，會鼓動世界各地的共黨叛亂份子。季辛吉靠自身見地得出類似的結論。一九六四年九月他為洛克菲勒草擬的演講稿，仍隱含對政府的批評，指政府「誤解共黨挑戰」，且在越南「混亂、搖擺、不坦誠」，可是那篇演講仍為他鋪好重返華府之路。

艾森豪的骨牌效應意指，共產主義會跨邊界散播，像軍隊行軍由一國傳染到另一國。但季辛吉此時提出不同的架構，是較適合洲際噴射機和飛彈時代的更新版。

面對共黨在寮、越的進展，對採取堅定不動搖立場的猶豫不決，增強了東約盟國往中立發展的趨

> 勢。……但應同樣顯而易見的是，我們未能讓蘇卡諾（Sukarno，譯註：印尼建國領袖，一九四五至六七年長期實行軍事獨裁統治）為其侵略付出代價，等於是鼓勵納瑟，而對柏林圍牆軟弱，導致有古巴的飛彈來進一步測試我們的實力。

> 互不相干的問題或國家不復存在。也不再有單一簡易的解決藥方。各個事件都有全球性後果。177

這突出的全球化提示，使季辛吉意識到一個矛盾現象，他此後在事業生涯中曾一再提到。「現代科技雖建立起不同民族的共同體，但政治觀念和工具仍關在民族國家的牢籠裡……民族自決的勝利雖受到歡迎，但它發生的時刻，恰是世界史上民族國家無法再單獨存在之時。」換言之，後殖民世界的政治分歧，與科技和經濟的趨勢背道而馳，科技和經濟是增進國際整合及相互依存。季辛吉由此推論，這意味著國際秩序需要新的「更寬廣的架構」。

季辛吉依然比他批評的那些人更理想主義。原則上他如同威爾遜，贊成「一個全球的安全及成長體系」。但那「受阻於共黨敵意」。因此「我國外交政策面臨的最大挑戰」，必定是創建「自由世界聯盟」（Union of the Free）。朝此方向的第一步，是設立「北約最高層級的永久性組織，負責擬訂共同談判立場及為西方未來的共同政策」。此一實體可「向全世界表明，侵略的受害者——在馬來西亞、南越、泰國、委內瑞拉、中東——不論何時何地，均可仰仗我們的支援」。它無疑也能促進這些國家的經濟發展，但季辛吉很清楚地表示，他有更大的抱負：

> 效率絕不可是自由民族唯一的目標。物質主義本身便會破壞自由。儘管有各種一廂情願的想法，但物質

福祉與民主價值之間沒有必然的關聯……西方各大民主國家接受民主價值，都先於工業化過程。無論思想有多不可靠，我們都無法只講物質福祉，以之對抗思想。人人都嚮往能使軀體存在變得有意義的那些價值。我們經不起讓自由民主失敗。

我們應加以肯定，不必感到尷尬，即我們戮力於實現使民主成為明日浪潮的目標。

- 透過在我國土地上，使民主成為每個人的現實；
- 透過向世人展現信念，相信在世界各地都能實現人性價值；
- 透過以精神而非物質標準去衡量民主的價值；
- 透過在民主中找到，它賦予我們祖先想像力、主動性和勤奮的原因。[178]

此種誇張的言詞，當然是為了讓洛克斐勒去說*，它至少表面上符合，詹森及國安團隊此時合理化升高越戰的訴求。（他們的行動未得到歐洲任何支持，是顯著差異。但至少現在那可以掩飾過去。）

一九六五年春，季辛吉積極行動，拼命向現任及前任政府官員，發出演講邀請、請吃晚餐、寫信鼓勵。他邀請麥克諾頓在國防政策研討會（Defense Policy Seminar）上[179]†，就反游擊戰做「無拘束的交流」。他與現為紐約州參議員的羅伯·甘迺迪共進晚餐[180]。三月三十日他寫信向邦迪保證：「我認為我們當前在越南的

---

* 讀者可發出合理的疑問，像這篇草擬的演講稿，與洛克斐勒想表達的觀點相反，辛吉也知道，所以能否視為他在表達自己的看法。但季辛吉並非只負責撰稿。儘管他在文中使用的某些詞句，顯然是為配合洛克斐勒高尚的演說風格，但那些想法顯然是季辛吉自己的。洛克斐勒是為他的想法，非為華麗的詞藻，付他酬勞。

† 哈佛國防政策研討會由李奇（Barton Leach）在法學院創辦，至季辛吉接管後仍繼續舉行。

行動基本上正確，並對政府的行動勇氣表達我的敬意。」[181]二週後邦迪回覆表示感謝，並指出季辛吉對政府的支持，可能使他「在我們所有的哈佛友人當中，感到有些寂寞」[182]。季辛吉看到他的機會來了。

〔他次日寫道〕不顧被誤解的風險，我要告訴你，我認為總統在其演說中概述的越南計畫十分正確：適當地結合了堅定與彈性。我這麼說是因為，你在哈佛的某些前同事找碴兒，或許會誤導大家以為我們全體立場一致。我將盡快找機會公開陳述我的看法。[183]

一切都獲得原諒。四月三十日邦迪寫道：「有人想知道，是否有高名望的教授贊同我們，我對他們提過你的名字，但未獲回應。」[184]季辛吉適時地重申，他「強烈支持政府的越南政策」，並譴責大學榮譽學生會成員的「粗暴抨擊」，那些學生在邦迪拒絕受邀，不加入激進的「罷教」（teach-in）後，指控他「藐視學術圈內外的批評者」[185]。

不過，在季辛吉出任甘迺迪的兼職顧問失敗後，是共和黨而非民主黨人，為他找到首份政府工作。亨利・洛志爭取共和黨總統提名未成功，但詹森卻再次任命他為駐西貢大使，季辛吉對此決定大表歡迎[186]。他的魅力攻勢之一，是邀請洛志參加國防政策研討會，但因南越內政又再度轉趨惡化，他不得不取消。好在還有另一位洛志可請：大使的長子喬治，那時是哈佛商學院資淺教授，寫過一本關於開發中國家勞工的書。一九六二年季辛吉曾支持他，參選麻州的二席參議員之一，但未當選，對手是三十歲的愛德華・甘迺迪。（當時季辛吉半認真地對漢克斯說，與甘迺迪家的人對壘，可能代表「我八年的政治生涯告終」。）[187]現在季辛吉要找青年才俊學者，到國際研究班去講幾次，美國國內快速激化的世代衝突，便想起喬治・洛志。兩人在世紀俱樂部（Century Club）吃午餐討論此事。但洛志有個更好的主意。由他和季辛吉自願到越南去服務，擔任洛志父親的顧問，如何？[188]

這個邀請正中季辛吉下懷。他幾乎馬上申請並獲准自哈佛休假一年。（要不是邦迪請他延後一個月，洛志回電，十月「沒問題」，他幾乎立即要出發前往西貢。）[189]但很難說他這麼做是出於野心，因為駐西貢大使的特別顧問絕非德高望重的職位。再者，後面會看到這份工作並非沒有風險；當時越共在西貢的恐怖攻擊愈加頻繁，他父母有很好的理由為兒子的安全祈禱[190]。有哈佛的同事公開表示懷疑。謝林嘲諷地對《哈佛校刊》表示：「在哈佛沒有人知道，季辛吉會不會走出西貢去工作，在叢林裡跋涉，在航空母艦上蟄伏。」[191]有人坦白表示好奇如霍夫曼，也會在他回來時逼著他提供情報。但大部分人如季辛吉所說，已相信北越人是「貧窮、被欺壓的無辜受害者」，而在西貢工作是為虎作倀[192]。足以代表一九六五年夏天暗沈氛圍的，是刊登在《哈佛校刊》上，參加季辛吉國際研討班的三位法國人，對美國政策的譴責。他們指出，就像一九五〇年代的法國，美國堅持是為自由而戰，那是自欺欺人。事實上，他們有效地「捍衛著當地社會的封建結構、對農民的壓迫、及領導階級的腐敗。

> 我們應考慮的事實是，只因外來勢力不許其社會制度有所變革，越南已受戰爭蹂躪二十餘年，而大多數越南居民盼望改革。……主要強國〔須承認〕，每個國家必得自行選擇其命運及政府形式，無論那形式是什麼。」[193]

不管季辛吉協助美國政府在南越的代表，希望得到什麼，都不會是要在麻州劍橋大受歡迎。他真正的動機似乎更為直接。一九六五年夏，越南已成為不只是最重要而且是唯一，美國面對的外交政策挑戰，他渴望更了解這個問題。

季辛吉從未去過越南。對越南的歷史所知有限，對越南文則一竅不通。可是一九六五年八月，他開始準備漫長辛苦的西貢行時，已經知道一件事。這不是可用軍事手段打贏的戰爭。唯一值得討論的問題是如何以談判結束它。

那是他此後八年注定要致力於回答的問題。

第17章　不沉靜的美國人

季辛吉建議以下討論架構：

（一）從事與談判相關的軍事行動。

——一九六五年八月哈佛某次討論的紀錄[1]

我們要面對現實。走到這條路的某一點，我們勢必得割斷目前支持的越南人的氣球，如果你想做真正建設性的研究，就應該針對怎麼割斷氣球的問題。

——麥克諾頓對季辛吉，一九六五年九月[2]

一

葛林（Graham Greene）寫作小說《沉靜的美國人》時，法國在中南半島的殖民地政權已敗象畢露，但美國對是否要撐住它還三心兩意，而書中主人翁派爾（Alden Pyle）體現了美國在冷戰中的困境。對主述者老練的英籍戰地記者而言，派爾天真得令人發噱：

> 他講起老殖民大國英、法，還有別期待贏得亞洲人民的信心。美國現在是清白地進到那裡。
>
> 我說：「夏威夷、波多黎各、新墨西哥」……
>
> 他說……總可以找到非共產主義，也沒有殖民主義污點的第三勢力：他稱之為民族主義式民主；你只須找個領導人，保護其安全，使他免受制於舊殖民強國。[3]

派爾不懂的是，尋找本土合作者便是不折不扣的帝國主義。他也不明白，安插這種「第三勢力」，又對此國家沒有長期承諾，最後必然是以災難收場。葛林的主述者為說服他這一點，舉英國在印、緬為明顯的類比。

> 我到過印度，派爾，我也知道自由派造成的傷害。我們已不再有單一的自由黨：自由主義已染遍所有其他政黨。我們大家不是自由保守黨，就是自由社會黨：我們都很有良心。……我們出兵侵入某國：當地部族支持我們：我們獲勝：但……〔在緬甸〕我們求和……丟下盟友，讓他們遭迫害及酷刑。他們很無

辜。他們以為我們會留下。但我們是自由派，而且我們不想良心不安。[4]

原來派爾並不像前面表現的那般天真。但他參與的中情局邪惡行動，不夠隱密到讓他免於慘死。《沉靜的美國人》是預言甚至先知性作品。距詹森下令戰鬥部隊和B-52轟炸機開始行動的十年前，葛林已有預感，在越南等著美國的是什麼。

一九六五年十一月飛往越南的季辛吉，很易於被描繪為又一個「沉靜的美國人」，願用盡一切可用的辦法取得勝利，又存著辦不到的奢望，不想承認美國帝國的存在。但季辛吉首訪越南最出人意表的面向，包括他完全沒有派爾體現的那種讓人受不了的自信。季辛吉是帶著問題而非答案前往西貢。

二

時間是一九六五年八月四日。地點在哈佛某研討室。在場的有哈佛——麻省理工武管研討會、未去渡假的成員，最顯眼的是生化學家朵提、漢學家費正清、政治學家杭亭頓、國際法律師凱茲、當過三年甘迺迪副國安顧問、後回到哈佛的經濟學家凱森。討論主題是越南，主席是季辛吉。他建議的議程大出意料之外。第一項是「從事與談判相關的軍事行動」。在此標題下季辛吉提出三個問題：

一、談判是否應等待軍情有所改變？

二、軍事行動能否配合支持促成談判的目標？

三、軍事行動期間可採取什麼非軍事措施，以支持上談判桌的目標？

第四個更吸睛的問題，是用括弧附加在後：「（若西貢政權垮台，我們該怎麼辦？）」。季辛吉議程上的第二項是某些程序問題，仍與談判有關：

一、誰應率先提議談判？若由美國以外的強國發起，共產國家是否較能接受？
二、誰應參與談判？

第三、或許也是最重要的，季辛吉提出關於「談判實質與目的」的問題：

一、標準：我們想要達成什麼？彰顯民族解放戰爭將徒勞無功？遏止中國擴張？利用中蘇衝突？（這些並不相互排斥。）詹森及魯斯克說，我們是在為越南人民保留自由選擇權。那我們對抗的是某種改變方法（民族解放戰爭），還是改變的事實？
二、對「一個自由獨立的南越」此一號召，我們能賦予它內容嗎？談判主題僅限南越，還是其他問題地區也應納入？
三、需要哪些保障？誰必須參與提供保障？[5]

換言之，季辛吉討論越戰的出發點——其實他此後所做關於越戰的工作也是以此為本——即越戰必須以談判結束。詹森的指揮官一再向他保證的勝利，季辛吉已視為妄想。

在越戰即將於北美和西歐各大學的校園，掀起大規模世代暴動前夕，隨後的討論有趣地透露出，哈佛教職員中的「佼佼者」對這場戰爭的想法。有三件事顯而易見。一是在場沒有一位，對即將發生的學生反戰示威狂潮略有所悉。討論中甚至根本未提及美國民意。二是大多數參與者持悲觀態度，但無人像麻省理工的政治學家佩德福（Norman Padelford）那麼嚴重，他唯一的發言指越南為「在不對的時間，不對的地點，打不對的戰爭」，最早說這句話的是奧瑪・布萊德利（Omar Bradley）將軍，一九五一年為反對擴大韓戰至中國而說。三是對美國在越南應如何走下去，全然沒有共識。

討論圍繞著三項主要議題。首先，談判的目標究竟是什麼？麻省理工的派伊（Lucian Pye）是在場的樂觀主義者，他建議，「〔談判〕首要目標是讓北越停止援助叛亂活動」。他認為越共可以打得敗；事實上對抗越共之戰正接近「真正關鍵時刻」。杭亭頓大膽提議，或許目標應是「分開對待越共與河內，並與越共談判在西貢建立有共黨參與而非共黨獨霸的政府」。老於世故的凱森是參與者當中政府經驗最多的，他主張，由於「我們無法為南越找到長久之計的自由政府，所以最佳解決之道也許是「不斷地談判」：時而坐下來談，時而有盤算地打一打，交錯運用，如寮國。哈佛俄國研究中心的舒爾曼（Marshall Shulman）表示同意。事不宜遲，「為談判而談判」應盡速展開，「目標不要太確切可能比較好」。但派伊不贊同。他說：「我們應考慮談判會使參與各方採取強硬路線的可能性」，特別是若有某種「轟炸與談判的連結」。凱茲強調：「若我們不知目標是什麼就去談判，會窘態畢露，輸得顏面盡失」。

研討會上的第二辯論議題，如一位參與者所說，是在南越設置「安全飛地（enclaves，譯註：在某國境內有屬於另一國的領土），讓仰仗我們保護的人民得到保護」的構想。凱森以政壇老道的自信表示反對，認為美國可做得更好：「我們如果願意付出代價，可以把南越隔離開來。在南、北越邊界及沿寮國邊界部署七、八個師即可。」但大家的共識是，這麼做的死傷及財政代價太高。在朵提看來，顯然「我們將不得不接受飛地式解決辦法」。那是「我們正在走的方向」。〔哈佛〕費森登（Fessenden）法學教授凱弗斯（David Cavers）反對道，在越南設美國飛地只會「增加……緊張」。他贊成由聯合國介入的想法。

第三辯論主軸是中國的角色。費正清提出基本屬失敗主義的論述：「越南像韓國，屬中國文化區。越南民主共和國與北韓政府均建立在中國模式上。重點不在共產主義而在中國。中國模式輸出到中國文化區的邊陲地帶，歷史上所在多有。若沒有毛澤東，就不會有越共」。費正清說，在馬來西亞或泰國「對共黨侵略設限」較有道理。美國連長期「分治的越南」或許都維持不了。他的結論是：「主要在於設法讓中國參與世局，使它有在世界上扮演負責任角色的想法，讓它進入聯合國，盡可能與它建立最多層級和最多層面的聯繫。」

凱茲基本上同意。美國在越南沒有「關鍵戰略利益」。美國駐軍越南只因「中國這個幽靈，在美國是可怕的國內政治因素。……如果我們釐清優先要務，就會看出當我們守不住時，我們經得起斷尾求生」。有幾個其他人表示贊同。連派伊都願意考慮讓中國代表坐上「談判桌」。

季辛吉仔細聆聽大家的發言。他只在討論約進行到一半時插話一次，但發言十分有力。他說：「除非我們知道目標是什麼，至少在廣義範圍內，否則無法進入談判。我們必須知道，（一）從我方觀點最想達成什麼，（二）可勉強接受什麼。」至於「建立飛地——『新香港』」，季辛吉「不感興趣」，因為那「只會永久凝眼。如果到這步田地，我們應該退出」[6]。

三

最想達成什麼？可勉強接受什麼？不為哈佛教授們所知的是，詹森政府已開始尋求藉談判離開越南之道[7]。癥結是他們與北越對以上問題的答案相衝突。一九六四年十二月詹森成立的工作小組提出報告，指美國應「準備探討，能夠以可接受方式保有美國目標，經談判取得的解決方案」。但美方目標是終止北越支持及指揮越共，並「以適當國際保護措施，包含接受美國及其他必要外援的自由，重建獨立安全的南越」[8]。北越認為這些目標無法接受。這在第三方想要調停時立刻顯現。為執行一九五四年日內瓦協議而成立的國際管制委員會（International Control Commission），其加拿大委員是席柏恩（Blair Seaborn）。一九六四年六月至一九六五年六月，他訪問河內五次，並轉達在當地聽到的訊息給華府[9]。訊息直截了當：北越要統一的越南。聯合國秘書長吳丹曾嘗試在一九六四年秋展開談判，引起媒體大肆報導但未成功，失敗的原因也大同小異[10]。

詹森雖授權轟炸北越，卻也擺出對和談持開放的態度，試圖防堵國內對轟炸一事日益高漲的敵意。一九六五年三月二十五日他演講時表示，「只要有可能推動光榮的和平，願在任何時候，到任何地方，與任何人會面」[11]。四月七日他到約翰霍普金斯大學演講時重申這一訊息，同時提及「無條件的討論」[12]。一天後河內回以四點要求（Four Points），那是河內政權首次對和平目標（或應說是戰爭目標）的正式聲明。那四點幾乎與詹森的目標正好相反。美軍必須撤離南越。越南再度統一前不應與外國結盟。民族解放陣線（National Liberation Front，共黨在南越的傀儡組織，其武裝側翼即越共）應在西貢享有過渡權威，而再度統一應以自決為基礎[13]。詹森基於派伊正確質疑的內政因素，決定對此毫不妥協的文件，回以暫停五天轟雷行動的轟炸[14]。

詹森政府有多次結合軍事及外交、可惜規劃錯誤又執行笨拙的嘗試，打頭陣的是五月花（Mayflower）。

規劃不當是由於詹森好像以為，在德州酒吧裡行得通的招數：打人，然後停下來威脅他：「投降吧，不然再讓你吃拳頭」，在越南也會有用[15]。規劃不良是源於詹森仍擔心右派的批評，根本未聲張他在做什麼：僅河內和莫斯科知道，他提議美國繼續停止轟炸，條件是那要促成有成效的討論，且河內不會藉此占軍事上的便宜（後來這提議稱為「階段A—階段B」（Phase A-Phase B））。執行笨拙是當北越做出對第三點軟化的回應，完全不提民族解放陣線，只說美國應「讓南越人民決定自己的內部事務」時，美國情報分析人員未注意到。又一次失誤是，奧塞碼頭（Quai d'Orsay，譯註：法國外交部的別稱）亞洲司長馬納克（Étienne Manac'h）自巴黎轉達可能很重要的訊息，即他讓北越駐法大使梅文博接受，「具體實現」美國撤軍將與「談判結論相連結」[16]，威廉・邦迪卻不假思索便不予理會。詹森在「五月花」失敗二個月後，對波爾、克利福德、麥納馬拉、魯斯克等人說：「我們必須保持和平提議於不墜。那就好比職業拳擊賽。我們右手是軍力，但左手必須是和平提議。」[17]他從未真正了解，外交不像拳擊。一而再、再而三，詹森的右手做起事來，彷彿不知左手在做什麼。他對河內的軍事和外交出拳往往相互抵消。

四

邦迪和洛志延後讓季辛吉離開是對的。那讓他有時間加深對越南的認識，尤其可請教哈佛教授以外的智囊。他的收穫出乎原本預期。在季辛吉尚未踏上越南土地前，他對詹森政府戰略的十足混亂，已獲得震憾的啟蒙。

洛志前助理唐恩（John Micheal Dunn）上校略帶嘲諷的軍事簡報，預示了他會有的遭遇[18]。九月十三日季辛吉在華府與亞太助卿威廉．邦迪午餐。他問邦迪，對有關越共滲透政府控制區的情報報告有多大信心，邦迪答，他認為「要除以三」[19]。季辛吉又到中情局，為他簡報的是副局長克萊恩（Ray S. Cline）及遠東組組長、該局前西貢站主任柯比（William Colby）。他倆相對樂觀：向季辛吉保證，他們正在招募五萬名南越情報員，到各省省會做親政府的骨幹，並無困難，這令他感到困惑，而他們對蘭斯岱爾（Edward Lansdale）將軍「全屬敵意」的評論，則令他十足不安，蘭斯岱爾是著名的反叛亂專家，他已以西貢大使館公使身份回到南越[20]。

季辛吉的驚愕程度，在見過中情局長拉布恩（William Raborn）海軍上將後達到頂點，拉布恩給他：

> 國際現勢的概述……簡單到近乎不可思議，大約是大二的程度。他介紹到南非時說，在那裡「他們試圖讓我們把國家從白人手裡拿走，交給已證明什麼都治理不了的黑人」。他也不懂為何「必須把事情交給黑人，明明有反共黨的白人能夠治理國家」。我終於讓他專注於東南亞。他講到越南時，把主要人物的姓名都搞混；例如他以為總理〔阮高〕祺將軍（Nguyen Cao Ky，譯註：越南人習慣以名而非姓來稱呼一個人）是第一兵團司令，又以為第一兵團司令詩（Thi）將軍是執政委員會（Directory）委員長，而那恰巧是紹將軍。他也不知怎麼稱呼佛教領袖。總之，中央情報局長對外交政策最大的難題之一，知識不足到令人驚奇。[21]

但拉布恩確實知道，中情局在寮國活動的成本效益遠高過海軍陸戰隊。而中情局克服不了的是，「東南亞沒有誠實的人這回事」。他告訴季辛吉，他和〔聯邦調查局長〕胡佛都認為越南是「天殺的混亂」，更別說詹森政府也派軍前往的多明尼加[22]。

次日，情況並未改善，季辛吉輪到走訪國防部。麥克諾頓的情勢說明是悲觀的。因美國對南越的承諾已如此之大，一旦亞洲爆發其他危機，美國將面臨必須回應的強大壓力。但即使有二十萬部隊，麥克諾頓仍認為戰勝的機率小於一半：

> 他給我看一些他為停火可能性、為越共可能做及做不到的事所準備的報告。我對他說，我的印象是他稱為妥協方案B（Compromise Package B）的……實際上等於把南越分割，並承認民陣是合法單位。他說沒有錯。

季辛吉至此所讀到的資料均不曾提到這些。但不止於此：

> 然後他給我看一篇他準備的報告，其中對各種軍力水準的各種結果，分別估計其機率。沒有任何情況、任何水準的贏面機率超過百分之四十。每種情況他都給妥協結果最高的機率，而妥協都包含承認越共區這個基本要件。

當季辛吉氣急敗壞起說：「照這些條件，越共很可能接管南越。」麥克諾頓的回答令人。他說：「我們要面對現實。走到這條路的某一點，我們勢必得割斷目前支持的越南人的氣球，如果你想做真正建設性的研究，就應該針對怎麼割斷氣球的問題。」[23]

經過此次會面，季辛吉下午赴國務院與羅斯托之約，就只能是超現實的，因為當麥克諾頓對越戰漸漸陷入絕望，羅斯托卻是樂觀得「冒泡」。越共的「主力」終究必須「粉碎」。北越終究必須「被迫……停止指揮及供給」越共。達成這些目標後，游擊隊「終將凋零消失」。然後允許共黨「以個人身份」，非有組織的群體，參與南越政治，民陣即可裂解。當安克志（Leonard Unger）出現，現實感才又回來，他不久前剛自寮國返國，來領導國務院越南專案小組。安克志警告：「任何談判都會極為困難，因南越政府不夠團結，且越南人的心理複雜到必會認定，這是被美國出賣的開始。」更麻煩的是，美方對想要藉談判達成什麼「沒有清楚的概念」。

簡單說，季辛吉不論到華府哪裡，均聽到不同程度的惡意中傷。麥克斯·泰勒現任總統特別顧問，但也當過參謀長聯席會議主席及駐西貢大使。他忍不住要挖苦麥納馬拉，「他要接管那整個國家」，讓美國涉入「不知多少年的帝國主義冒險」。

季辛吉不可能預期看到水乳交融的和諧。畢竟當年美國身陷韓戰泥淖時，便不缺相互反訴。然而令季辛吉最氣餒的是，高階官員彼此隱瞞資訊的作風。威廉·邦迪在午餐時承認，「重要文件……保存在他辦室，未在〔國務〕院內流通」[24]。他自麥納馬拉助理亞莫林斯基聽到類似說法，對方表示願給他看「相當保密」的麥納馬拉寫的越南報告[25]。季辛吉去見麥克諾頓時，他也拿出「活頁筆記本的卷宗，那些從不許離開其辦公室，也從未拿給國務院過目。事實上只有麥克·邦迪、麥納馬拉和麥克諾頓看過。很諷刺地對年輕的季辛吉而言，所有這種秘而不宣的作風很奇怪。他在開始寫的日記中記著：「我不懂，每個主要次閣員級官員保護自家文件，只供個人使用，不與幕僚或關鍵部門分享，這樣你怎能制訂國家政策。」[26]

麥克諾頓提出解釋。麥納馬拉雖把其「妥協概念分享到某種程度」，卻必須「嚴加保密，因參謀長聯席會議激烈反對任何此種概念，所以他懇求我，絕不可向軍方將領提及這類論調」。季辛吉開始明白，美國的越南政策並非大戰略思想而是「官僚鬥爭」的產物。沒有全盤計畫，沒有中心概念，只有「基本上屬自行其是」所產生的「分散報告」。因此「很可能不同機構遵循著不同理念，只是避開公開競爭」。季辛吉最後寫下，拉布恩將軍有不少是胡說八道，但有一點他是對的。政府需要一種「管理—諮商式作法，對每一片拼圖都要加以研究，然後再拼出整體」。他對洛志說的話，洛志聽了不可能感到驚訝：「華府對目前正進行的多種不同行動，好像不存在長期的整合。名義上是跨部會規劃，實質上是在協調本質屬各自為政的作為，而且可能根據不同概念和假設而來。」[27]

假使華府的狀態如此，那西貢會是什麼情況？九月七日季辛吉在給洛志的初步報告中，嘗試說明其初步看法的要點。首先，南越政府〔官方文件中慣用縮寫越府（GVN）〕必須加以強化而非破壞。必不可再談政變，更不可對越南人持「輕蔑的態度」。同理，不可以其宣傳性名稱「民族解放陣線」去抬高越共。其次，政府若不說明談判的真正意義，就應停止提及「談判」；政府亟需「具體的計畫」。這具有雙重重要性。太寬容的談判提議等於讓北越自由選擇：「他們要是知道，總是上得了談判桌，談判條件基本上無差別，便有繼續軍事行動的一切誘因。」無論如何，預期共黨會帶著「結束戰爭」的意圖參與談判是不對的；他們加入談判，「目標是要在會議桌上贏得戰場上得不到的東西」。同時頻頻提到談判，可能影響南越政府與人民的士氣。季辛吉自柏林危機，學到一些關於這種和平過程的寶貴教訓：

> 「無條件談判」、「停火」、「暗中相互退讓」等，若被賦予具體意義，便是有用的詞彙。否則可能被用來反制我們，並令我們的友人混淆及氣餒。我們確實無法事先知道，某一談判立場的所有要素。但我們

確實知道，必須對民陣採取某種態度；我們必須曉得，是否要努力達成全越南或只是南越的解決方案；我們必須對如何監督協議有些構想。若無法確切面對這些課題，則會有使談判變成以我方讓步程度為主的嚴重危險。……〔我們〕必須體認，談判將開啓鬥爭的新階段，而非為鬥爭劃上句點。[28]

季辛吉離開西貢前，所得到的第三、或許也是最重要的洞見是，越戰最主要乃一場內戰。這個見解很重要，因內戰是「最難以透過談判結束的，而維持大致均衡的『解決方案』也許很脆弱。

這並非意外。內戰通常會激起最強烈的激情。涉入其中的人有相同背景與文化，居住在同一地區，因而協議條款極難以執行。那些自二戰以來結束的內戰，通常最後都是某一邊主宰了另一邊，但戰敗邊並不正式承認，如希臘、馬來亞、菲律賓、或中國，其原因在此。像寮國或塞浦路斯等的內戰正式解決後，幾乎一律都成為新衝突的起點。

他為這項分析所下的結論出人意表：「沒有正式結束但達成重要和解，或許並非越戰最糟的結果」[29]。如洛志所說，季辛吉的報告「對從未到過此地的人是了不起的貢獻」[30]。但它最值得注意之處是事前的悲觀。近三週後完成的第二篇報告也未樂觀多少[31]。此時季辛吉的公事包已塞得滿滿的，他又再訪問了十七位政府內外的專家，主題從大戰略到打擊越共行動的小細節，無所不包。這些訪談如今雖僅存留片斷的筆記，有些受訪者也無從辨認（季辛吉在筆記中以單一字母代表受訪者），但有些論點影響到他的想法。「A」顯然是高階軍人，強調對「維持鄉間掌控能力」及「美國各機構在越角力」，應加上「問號」[32]。「B」問到兩個難答的問題：「為什麼我們未控制更多道路？遠在萬哩外的人說要留下，比起無處可去的當地居民，他怎能令人信服？」[33]，「C」是艾力克斯．強森，剛自西貢回來，擔任主管政治事務的副國務次卿（deputy undersecretary），他警告季辛吉南越有五個明顯的問題。

> 就將領們而言，他們會順應〔任何談判〕卻對談判一無所知。他們最害怕的是和平。他們是對的。……
>
> 越南領導人完全欠缺政治經驗。這類經驗是權謀。……
>
> 越南人有參孫（Samson）情結：推倒他們周遭的寺廟（譯註：聖經中記載參孫為對抗敵人，用其神力抱住敵人神廟支柱，造成神廟倒塌，結果他與敵人同歸於盡）。……擋不住的現實情勢是地方掌權。……中央政府控制力弱。兵團司令及省長隨自身喜好執行命令。……
>
> 美國人不應進行綏靖（肅清百姓中的游擊隊員，以清理和控制游擊隊為患的地區）。那是外國人做不來的角色。[34]

強森認為季辛吉應設法避開三件事：「正襟危坐的日內瓦」會議：這種國際會議的結果必會比一九五四年的更糟；先停火再談判：那等於「認輸」；堅持以北越停止向南越武力滲透為交換條件：這根本查證不了[35]。

季辛吉為訪越所做的準備中，最後一項突出的特點是，不乏官員給的有用的忠告。「D」〔國務院中國專家懷汀（Allen Whiting）〕敏銳地指出，一九六五年「越民共（DRV）正在考慮時，增強空中行動」是個錯誤，那「令他們感覺，我們企圖以轟炸迫使他們談判」。他說，共黨「從不懷疑我們短期內的決心。但確實懷疑我們能否持續五年」[36]。國安會的古柏（Chester Cooper）明顯看出，須節制美國人的期待：

這種戰爭無勝利可言，若是能夠怎麼進去就怎麼出來，算是打得很好，必須讓公眾支持這個看法。必須體認即使戰爭獲得解決，仍意味著

一、越民共繼續存在，

二、越共繼續存在。

季辛吉記下：「必須明白，唯一可能的結果是有限的……越共在其中有某種角色」。此種妥協的解決之道是唯一可選的好選項。在南越得不到絕對勝利，因為「我們對建國一無所知」[37]。這不會是史上最後一次令人費解，我們至今仍不明白，有那麼多位高權重的公僕，對所面對的問題本質如此了解，為何美國的戰略會荒腔走板至此。

因此，季辛吉絕非天真無知地抵達西貢，他自華府返家途中，對越南之事已更悲觀也更明智。副國務次卿艾力克斯．強森的觀點特別令他印象深刻，強森設想的最佳情況是，河內及西貢政府的代表召開「技術性軍事會議」，西貢代表在會上要求越共「主力」部隊撤出其領土。但要促成這種會議，有兩個基本條件：西貢是有能力的政府，河內是戰敗的政府。在一九六五年秋，這兩種情況都不太可能。季辛吉對強森說：「我唯一的問題是，我發現自己非常同意你，我不知道對你的報告能夠能增益什麼。」[38]洛志的政務顧問哈比布（Philip Habib）從西貢來信，更強調季辛吉任務的極度困難。「如總統所言」，美國「最終的長期目標」可歸結為「獨立的南越，安全獲得保障，可自由形成關係等等」。若經談判而來的解決方案要達成那一目標，「在

擊退越共部隊及破壞〔民族〕解放陣線的公開組織，恢復地方政府及自我防衛能力等」，相關基礎條件必須大幅改進[39]。

哥倫比亞廣播公司一九六六年開播的長壽影集：《不可能的任務》（*Mission: Impossible*，譯註：此影集在台灣播出時名為《虎膽妙算》，電影則用上述譯名），劇情是智慧過人、著平民便服的中年男子們，對抗背景不明的極權政權。季辛吉一九六五年訪越的任務性質有點類似。

五

那是漫長的旅途。季辛吉十月七日離開波士頓。行程相當辛苦，需要在五地等候轉機：紐約、匹茲堡、舊金山、檀香山——他在此短暫停留，到太平洋司令部（CINCPAC）*總部聽取簡報——然後是香港。他於十月十五日抵達。他是國務院顧問，必須全程坐經濟艙，他自付較長旅段的升等費用。他在越南預計停留的時間只有三週[40]。但他對洛志表示：「我不在意，其實我寧可在越南期間每天工作十五小時（包括週末）。」[41]以他見到的美、越重要人士，包含平民與軍人，由那一長串名單來判斷，他是說到做到[42]。此次任務很可能最後證明不可能完成，但亨利．季辛吉決心奮力一試。

這位不沉靜的美國人偏好的作風，是提出令人無法沉靜的問題。在檀香山為他簡報美國在越行動計畫的，是太平洋司令部參謀長艾姆瑞克（Paul S. Emrick）中將。美國一九六五年尾的主要攻勢，是摧毀越共「主力」部隊。季辛吉的問題很簡單：「我問他，要是越共不以營的規模來打會怎麼樣。」將軍答，那問題就變成「綏靖」而非戰鬥。但季辛吉問，那南越在一九六一年面對的豈不正是同樣的挑戰？

艾姆瑞克將軍則說，所有在越南的士兵都受過做親善大使的訓練，會拿出糖果並保衛村落。美、法士兵有極大的差別，因法國人是冷淡的殖民者態度，美國士兵卻是以朋友身份過來。我說，問題或許不只是友誼，還有對抗刺殺的人身安全。美國各城市有好多人付保護費給歹徒。那並不表示他們愛歹徒，那只證明警察保護不了他們。[43]

季辛吉不像葛林筆下的派爾，他從未有那種錯覺，以為在越南的美國人與在中南半島的法國人，有某種深切的道德差異。

艾姆瑞克為美國轟炸北越辯護，他說那已使可能進到南邊的敵軍減少一半。但有關轟炸最令人恍然大悟而震驚的分析，來自哈佛國際事務中心前研究員沃特（John W. Vogt）將軍。他告訴季辛吉，B-52的空襲極可能「什麼也沒炸中」。不管怎麼說，進行那些空襲不是為了摧毀敵軍。「用B-52去轟炸相當於某種最廉價的運用我方軍力的方法。炸彈實際上是無限量供應；反正B-52也要從事時間長短類似的訓練任務，這給他們在近乎完美的條件下，絕佳的瞄準目標的練習……換言之，戰略空軍支援越戰所花的經費，不會多過它反正要為訓練支付的費用」。就現實而言，轟炸行動「並非真為支援南越的直接戰況，而是要達到迫使越南人上會議桌的政治目標」。

季辛吉離開檀香山時只再度確認了一點。中國以韓戰模式介入的可能性小之又小。儘管人民解放軍部隊

* Commander in Chief, Pacific Command〔的縮寫〕。

及戰機集結於中越邊界附近，但美國反攻擊敗他們並不難（尤其季辛吉寫著，「如果動用核武的話」）。但所有其他方面的軍方簡報都令他忐忑不安。事實是「即便基於對越戰最有利的假設，也無人能夠確實向我說明，〔戰爭〕會怎麼結束」。沒有人真正握有綏靖計畫。沒有人真正知道滲透是如何發生的。他的結論悲觀卻有先見之明：

我十分相信，政府的太多規劃及軍方的一大堆規劃，是假設敵人很笨，敵人會打你準備得最完備的那種仗。然而……游擊戰的本質就是絕不打對手預期的那種仗。我們已派出大規模部隊到越南……此刻必不可受制於大軍心態。否則我認為我們會面臨心理枯竭的問題。

也許所有這些最令人難安的，是沃特給季辛吉的警語，要他盡可能離美國大使館及其他安全的軍事設施近一點，因為「西貢恐怖活動造成的損傷，比對外宣布的要多很多」[44]。

六

一九六〇年代的西貢是地獄。至少那是好多美國記者喜歡傳達的印象。《基督教科學箴言報》的基弗（Beverly Deepe Keever）一九六二年首次見到西貢，對其巴黎式大道、高聳大教堂、及「天氣悶熱不得不放鬆步調」深感著迷。但隨著戰事升高，西貢「充斥著危險與不確定性交織的氛圍」。當地生活因「熟人逃離、危機四伏、明天是未知數」而變得一團模糊。不久難民湧進西貢，其街道「乞丐、黑市商人、出賣肉體的窮困女子龍蛇雜處……像貧民窟般蔓延，使這迷人的法國化都市蒙塵。……蜷縮在豪華旅館外骯髒襤褸的孩童，被稱為『灰生』（*bui dui*, dust of life）」[45]。替《紐約客》撰稿的費茲傑羅（Frances Fitzgerald）寫道：「季風時節，市內有些地方整個陷入一片汪洋。某些區有如巨型排水溝、髒水湖，蓋在高柱上的茅草屋突出於其上，只以破爛木板相連結。在其他地方難民還來不及豎起柱子，污水甚至泛濫到屋內。」[46]從眾多孤兒招募而來的街頭混混「像狼群般遊蕩，從不在同一地點睡上兩次，不是翻垃圾堆就是偷盜」。[47]

赫爾（Michael Herr）替《君子》（*Esquire*）雜誌採訪越南。（老實說他比季辛吉晚兩年到西貢，但西貢不可能在那麼短的時間內就改變很多。）赫爾覺得自己是在煉獄裡：

早上七點三十分，自行車多到亂成一團，空氣有如洛杉磯的排水管都阻塞了，這越戰中的微妙都市戰又開啓另一天的交鋒……成千上萬的越南人把餵食管插進自己心臟，緊抓不放，拼命吃喝；來此出差的美國窮鄉僻壤年輕人，滿懷恨意及基於對越南人的懼怕；成千上萬的美國人坐在辦公室裡，厭煩地異口同聲吼道：「叫這些人做點狗屁事都叫不動，叫這些人做點狗屁事都叫不動。」

有難民家庭住在紙箱裡和垃圾堆上。有失業「學生」在寶塔（La Pagode）一類的咖啡廳裡，讀著七星詩社版（Pléiade）的普魯斯特（Proust）、馬爾羅（Malraux）和卡繆（Camus），並比較美國帝國與羅馬帝國。有藍山廣場（Lam Son Square）兇猛的皮包手錶扒手，會「像老鷹攻擊地鼠般搶走你手腕上的勞力士錶」。有大陸飯店（Hotel Continental）酒吧裡喝醉的土木工程師，當地人在他們眼裡只是「黑鬼」。有「西貢堤岸（Cholon）區四個已知的越共工兵大隊，可怕的挖掘手、游擊隊超級明星，連什麼都不必做就能製造恐懼」。

有「認真的虎女，騎著本田機車，在街頭用點四五手槍射殺美國官員」。赫爾要讓讀者了解，西貢有異國風情，也有致命風險：

坐在西貢就像坐在有毒花朵的交疊花瓣裡，無論你想追溯到多久以前，其有毒史均已根深蒂固……西貢……呼吸，像毒素般排出，屎尿及貪腐。鋪了路的沼澤，有氣無力的熱風，吹不走任何東西，柴油燃料上方散不開的熱氣流，霉、垃圾、排泄物、空氣。在其中走上五條街可使你元氣盡失，你回到旅館，頭部感覺像一顆巧克力橘子（譯註：加入橘油並包裝成橘子狀的巧克力，食用時在堅硬平面上用力敲打才會分開），用力拍打正確的點，它就會四分五裂。西貢……有時你就地佇立，一動不動，眼前一片空白，心想：我在什麼鬼地方？[48]

像這種文章在六〇年代後半期銷路很好，它更強化自由派媒體愈來愈明顯的訊息：越戰是百分之百的壞事。

季辛吉為自身用途所寫的私人日記裡，其筆下的西貢整體而言沒有那麼可憎，也比較接近真實。他是一場規模大很多、死傷慘重很多的戰爭的老兵（也看過「行動」中的戰地記者），無閒工夫去理會自吹自擂、想成為下一個伍爾夫（Tom Wolfe，譯註：美國作家兼記者，致力於新形式的新聞寫作，有新新聞寫作之父的美譽）的記者。他幾乎藏不住心中的蔑視，他在波來古（Pleiku）機場遇到「一群十足荒謬的報社人員，直升機曾送他們到〔波來梅（Plei Me）〕戰場，那裡絕對安全，他們的舉止卻像是剛從恐怖的苦難中被救出來。蓬頭垢面、鬍子未刮，一副骯髒的樣子，他們必定把所有時間都花在彼此潑沙土上，因為戰鬥部隊看起來乾淨俐落」。他毫無時間搭理那些「荒謬可笑版的厄尼·派爾（Ernie Pyle）」，他是美國最出名的二戰戰地特派員[49]。

西貢對季辛吉來說不是地獄，只是「像八月的華盛頓……雖基於某種原因，〔那種潮溼〕不太會像熱浪侵襲美國時令人懶得動。他感覺當地夏末的熱度「溫和而籠罩一切……幾乎彷彿你能感觸到空氣」。唯一的問題是，「不斷進出有空調的個別辦公室與外面略熱的空氣，造成幾乎人人都染上感冒」[50]。季辛吉到西貢運動中心（Cercle Sportif）去游泳，「那裡可謂西貢唯一的游泳俱樂部」。它「像當地的其他設施一樣……老舊，有點年久失修」，但做消暑之用很不錯。當聽到在池邊遇見的法國女孩說，西貢北方瑰麗的海灘因被當做「越共休養渡假區」，所以不再安全，他頗感失望[51]。對一九四四─四五年在歐洲北部，看過一個個村鎮全是廢墟，一九五〇年代初在殘破的韓國也看過類似景像的人，西貢的氛圍不像在打仗，令人不解：

> 二次大戰期間我在戰場上，一九五一年我為陸軍部訪問韓國時，明確知道自己是在危險區，置身危險區遭到攻擊的機率大致相同，比如說一至二成。在西貢和整個越南，你某種程度是一直處於危險區，但表面上看不出什麼具體危險。在二戰或韓戰的前線你會聽到槍砲聲，也幾乎嗅得出有形危險正在接近。在西貢一切看似完全正常，除去像是身在紐約市區，如常照做該做的事外，你其實別無選擇。萬一真正發生危險，它會突如其來，出人意料，且幾乎百分之百成功。夠奇怪地是，其結果從不會造成特別人心惶惶。

他來此首日唯一見到的不安感跡象，是「當汽車在路口停下時，人們會四下打量鄰近的車輛，若有人走近時會開始緊張……因為要朝車內丟手榴彈當然很容易，你永遠不知道走近的越南駕駛人，是否故意帶著一個準備伏擊」。季辛吉本人感到安全。提心吊膽的是其餘那些人。有天夜裡他被「連發的槍聲」吵醒，但那是大使館有個警衛意外誤射步槍，「於是所有警衛，尤其使館區外的越南人，即使無目標可射，仍開始發瘋似的射擊。他對使館的安全措施漏洞如此之大備感詫異，前門防護嚴密，但對街道的另一頭則是零。在那邊架起迫擊砲對使館射擊，再容易不過。但無人這麼做[52]。他此行最不幸的遭遇是口袋被扒，皮夾及所帶的二百四十七美元現金被偷[53]。別人帶著會做惡夢的記憶離開西貢，季辛吉帶回家的卻是，一個漆器盒子、一個「很醜的」花瓶（要做成檯燈）、及幾件共值四十美元的「山地原住民小東西」[54]。（他自承「品味俗氣」）[55]

季辛吉也不像很多美國平民甘於只待在西貢，覺得這裡較安全。十月二十六日他飛往順化（Hue），那是一八〇二至一九四五年的越南首都，也是東南亞最吸引人的都市之一，它位處香江（Perfume River）岸邊，是四周高山環繞的河谷。季辛吉和國務院隨行人員步行探索此城時，無法不注意到，他倆是街上唯二的美國人[56]。順化距離分隔南北越的非軍事區僅六十哩多，在其南方，剛過北緯十七度。季辛吉不致行事莽撞，至少一開始不是。順化大學校長聳恿他到城外不及三哩處，去參觀一座皇家陵墓，但那一帶集結眾多越共，他聽說要護送他過去需動用三個排，便婉拒了。他在日記中記著：「後來我沒有時間去試試看，總之……我大概沒那麼勇敢。」[57]但他的膽量沒有話說。他想訪問的一位佛教領袖，堅持在與市中心有點距離的寺塔見面。季辛吉消沉地說：「若越共真像情勢顯示地那般無所不在，那要在路上解決我們很容易。」大使館陪同人員年輕的尼格羅龐提（John Negroponte，譯註：美國職業外交家，曾任駐伊朗大使、聯合國代表、國家情報總監及副國務卿）答：「越共從不會無差別行刺，假如他們對我們開槍，我們可以感到安慰，因為我們是特別被挑上的目標。」[58]

季辛吉也搭乘比奇一八型（Beechcraft Model 18）雙引擎飛機，穿過大雷雨，抵達「令人生畏」的波來古臨時機場。這裡之前在同年發生過猛烈的迫擊砲攻擊（在詹森政府升高戰事的論述中，這是一次關鍵事件）。波來古是連絡海岸的戰略命脈十九號道路的終點，也是南越第二兵團的總部所在，季辛吉來訪時由兩個越南師、一個美國師、一個南韓師占領。它基本上是被包圍住：距市中心半徑僅十哩外，晚上開車就很危險。美軍營區周遭圍著沙包、鐵絲網及迫擊砲陣地。季辛吉寫著，它看來「像電視上西部片裡那種有柵欄的邊疆城鎮」。他來訪時，位在南方約二十五哩的波來梅剛發生過重大戰役，越南人民軍（PAVN）的第三三和三二〇團攻擊某特種部隊（Special Forces）營區，被越南共和國軍（ARVN）在美國空軍第一裝甲師支援下擊退*。季辛吉不以到此為滿足，又與中情局陪同人員前往更偏遠的特種部隊前哨基地，距波來古北邊七十哩、寮國邊界二十哩，以便親眼目睹北越滲透如何遭到反制[59]。

季辛吉在僅僅三週內看到不少越南人。也見到不少重要決策者，從最高階開始，十月十六日是軍援越南司令部（Military Assistance Command, Vietnam，MACV）司令官魏摩蘭（William Westmoreland）將軍，到他一九六八年結束駐越時，這支部隊會增至超過五十萬人。他認為季辛吉唯一需要關注的問題是：「我們有計畫的軍事努力需要多久時間，可達成綏靖南越的目標。」答案是十九個月，不是十八或二十個月以內，會有六成人口在政府控制之下，再過十八個月，比例會升到八成[60]。季辛吉從其他高階軍官聽到類似的說法。他對洛志評論道：「如果我聽信每個人自詡多麼成功的敘述，我就想不通越共怎麼生存得下去。」[61]在波來

* PAVN：People's Army of Vietnam，是北越軍隊。ARVN：Army of the Republic of Vietnam，是南越軍隊。

古聽到的也一樣，「第二兵團司令部的簡報人員宣稱，有六成八的人口在政府控制之下」。季辛吉感到厭煩。他不滿地指出：「自我上次與陸軍接觸以來它退步了。他們組成一群擅長做簡報的專家，那些人的主要興趣是用大量無意義的統計數字壓過你，不是騙自己，就是故意來騙你。」當他問波來古的簡報人員，「理論上在他們控制下，到晚上也是如此的人口有多少」時，他們回答僅有三成。季辛吉並不採信，但就算真是如此，「那顯示問題的嚴重性。也顯示我們可以在理論上勝利又勝利，但對取得全體人口的掌控權這一主要問題卻無實質進展」[62]。

事實上，季辛吉在越南訪談過的美國人，大多數遠不及魏摩蘭將軍及援越美軍的發言者那麼樂觀。蘭斯岱爾顯然被邊緣化，但至少他很坦白，那很可能那是他被邊緣化的原因。他對季辛吉說：「他發現越南的情況比他預期的不曉得差多少。」越南政府「稱不上是任何正常意義下的政府」——其「法令很難出得了西貢」。至於軍方的綏靖報告，均是「根據完全形式化的標準，只提發生事件及大規模部隊作戰的數目」。未曾克服的真正問題是，「組織嚴密的越共政治機關，已滲透至南越人生活的每一層面，有如存在於每個村落的實質政府」。在蘭斯岱爾看來，最起碼要五年才能打破越共的政治機關[63]。季辛吉從中情局駐站主任喬金森（Gordon Jorgensen），聽到大致相似的分析。雖然官方報告指出，僅四分之一的人口由越共控制，但「以越共夜間在村落活動，並可選擇性執行其意志的地位而言」，實際的比例接近一半。來訪的季辛吉照例提出令人不舒服的問題：他們是否發現「任何跡象顯示，在美國設有基地區的地帶，越共的控制力是否正在破解中」。答案是否定的。美國尚有在村落裡對越共的政治戰要打，須「透過仔細、強韌、嚴密的行動」才能贏，且至少要三年時間。越共究竟是些什麼人？季辛吉天真地問到。「他們說他們知道省級的越共，但不知道在各區及作戰層級的越共的名字，許多情況下他們只知道代號。」[64]季辛吉在順化見到的中情局幹員甚至更悲觀。就他們所能確認的，該省有八成的人口夜間在越共控制下，而那些村落已列為完成綏靖，「村落當局在屋內藏著保護武力，並祈禱越共不會攻擊他們」[65]。以終止滲透為條件的和平協議將無從查證。停火只會意味著潰敗。

西貢也像華府的情況一樣，中情局怪軍方「太拘泥……太慢行動，太過小心，從越共的角度看也太過不出所料」，大使館怪中情局「把時間耗費在實屬鄉間重建工作上，以合理化他們的存在」[66]。但大使館政治組大致都同意中情局的看法：談判非正確行動，會造成反效果。哈比布及其二十人團隊告訴季辛吉：「祺若試圖談判，七十二小時內就會有政變……若民陣獲得正式承認，它很快就會接管政府。……對越共任何特赦，並給予參與政治程序的自由，將導致崩解。……至少要九個月政府才可穩定到，能夠提出談判的構想……要三〔至〕五年政治結構才可強化到，能夠與共黨和平競爭。」[67]較低階軍官也不會更樂觀。在波來古便有一位對季辛吉指出：「他們在距波來古二十哩的波來梅，設法集結了六個營或二個團。我們直到他們打過來才知道這件事。那裡的地形根本無法巡查滲透路線。我問簡報人員，他們認為要多久才能完成任務；他們說最少五年，較可能的是十年」[68]。

季辛吉出發前就注意到，現在也不以為然地發現，美國人對越南人有很深的偏見。在當地中情局負責人眼中，「越南人是世上最不坦率的民族」，相較之下「中國人是嚴謹且直言無隱的典範」。據大使館的哈布比團隊，南越人「從不相信別人說的話，〔總是〕認為」事事「都有某種扭曲的理由」。疲累的美國駐順化領事朗迪（Walter Lundy）只說，在越南「什麼事都可能發生」；或如季辛吉所說，他已「接受越南人的態度……奇蹟也變成尋常事件」[69]。但季辛吉自己對所遇到的越南人有截然不同的反應。他訝異於「一般越南人的自尊自重。你看不到印度那種髒亂及……狂熱。看不到粗俗的越南人。這是個堅韌且令人敬佩的民族；

即便不見得是極為吸引人的民族」[70]。季辛吉願意對越南人表示尊重，並未遭到忽視。當他回國時，南越外長自發地到機場為他送行（雖然未能找到他）。

季辛吉對越南人的正面看法，是根據與政府官員及非共黨反對派人士約十二次的會面。他們對季辛吉的言談中，坦率的成分大於拐彎抹角。有一位說出許多南越人的想法，他說：「當和平達成時，你們會瞬間對我們失去興趣，你們會丟下我們自生自滅；你們會減少援助；你們會撤回人員，那我們要怎麼辦〔？〕」[71]教育委員陳玉寧（Tran Ngoc Ninh）直截了當地問季辛吉，「美國政府正試圖成立願與越民共談判的文人政府，且美國政府正施以經濟壓力促成此種改變」，是否屬實？[72]這些都是很公平的問題。即使還這麼早期，南越政府已明白，正如麥克諾頓所言，談判對他們不是好兆頭。

阮高祺總理曾在芽莊市（Nha Trang）的午餐桌上，設法向季辛吉解釋，南越長期在兩方面居於弱勢。一是因「長年的地域主義和宗教差異問題」，造成國家政治分歧。（唯一能超越那些分歧的勢力當然是軍隊。）二是政府尚未琢磨出，如何「在鄉間很多地方與越共競爭——並非因越共受人民歡迎，而是他們殘酷的組織」。因此，連「宣布接受談判都可能使對抗共產主義的士氣和意志，被削弱至危險的程度，甚至造成南越軍隊失去鬥志，『許多士兵不想再戰，打算回家』」。再者，停火只會「便宜越共，方便他們進一步鞏固對目前已控制地區的掌控」，有效地分裂南越[73]。

令季辛吉印象最深刻的越南部長是外長陳文杜（Tran Van Do），「身材瘦小，但擁有有教養的越南人細致而近乎飄逸的特質」。他也強調南越內部的分裂，尤其是南方人與北方人的齟齬，他擔心只有像印度國大黨（Congress Party）那種組織才克服得了這問題。季辛吉問他，「他是否認為民陣內部有些民族主義人士可爭取過來」。杜的回答很直接：「民陣就是越共；兩者沒有差別。」季辛吉問，「與他們談判到底會不會有任何意義」。杜「直接拒斥此概念，並說這將是越南的終點」。

> 我問陳文杜，他想像中戰爭會如何結束。他說，此時絕非談判時機。該國尚未準備好談判……南越政府也承受不起在政治競爭中面對越共。他們需要好多年時間，以復原已瓦解的社會整體結構。[74]

季辛吉離開前不久他們再次會面時，杜表明其政府認為不受日內瓦協議約束，也絕未承諾透過選舉再統一。他表示，再統一「是從長計議之事……越南分立為二個不同國家應維持無限定時間」，意指「南越須保有守衛其領土的權利……在邊界內對叛亂份子採取行動、不受北邊阻撓的權利。若北邊願撤走其部隊及對越共的援助，這一點可辦到。那時才可考慮停止對北邊轟炸。」[75]

在另一次會面上，鄉間重建部部長詳述，在鄉間「恢復文人當局」的困難。「癥結在於越共十年前已開始滲入鄉下，並在全國建立基礎架構。如今政府必須自十年前越共起步之處，設法自越共手中贏回國家。」[76]而難民危機不會使問題減輕。第一步兵師師長阮文川（Nguyen Van Chuan）將軍在順化向季辛吉說明，為避戰禍逃往南方的人又成為越共吸收的對象，「挑起動蕩及叛亂」[77]。

與范春秋（Pham Xuan Chieu）少將的會面使問題變得清晰，此即南越軍政府除基本生存外，欠缺自身的明確目標。范將軍承認，其政府需要向人民提出「『新理念』，以提供共產主義之外的選擇」，但他「十分坦白地說，他希望得到教授〔在離越前〕的一些澄清（*Quelques éclaircissements*），顯然他心中想的是政治理念的規劃」[78]。從美國大使那裡當然無法指望得到澄清。在為外長陳文杜舉行的晚宴上，季辛吉不敢置信地聽著洛志堅稱：「美式選舉制同樣適用於越南，甚至南北分裂在美國也不是沒聽說過。」哈比布建議，或許南韓的選舉制較合適。（朴正熙雖以軍事政變取得政權，但一九六三年已舉行國會大選。）季辛吉在日記裡寫著，從頭到尾「陳文杜面帶順從表情坐在那裡，洛志和哈比布則辯論是麻州選舉制還是韓國選舉制，更適於越共恰巧控制過半數人口的國家。」[79]

在此出現一個明顯疑問：若現有的越南軍政府一律敵視各種談判構想，南越是否有其他人士較願意妥協。答案似是沒有。資深民間政治家潘輝括（Phan Huy Quat）那一年曾短暫出任總理，他「相當有力地」傳達出，「全然絕對相信，南越非共黨勢力完全未準備好，與共黨少數進行和平的政治對抗」。他對和平全無興趣，卻促請美國「升高」對北邊的空襲及在南邊的地面戰。「當我們的軍事努力使共黨最後的勝利指望破滅，他們就會謀和。」[80]被逼問談判這主題時，潘輝括「相當直白地」說，「他優先偏好的是，南北越政府以最低喧嚷進行雙邊對話」。但除非所有可辨識北越部隊均自南邊撤出，美國不應以任何低於此的條件停止轟炸[81]。前社福部部長陳光順（Tran Quang Thuan）並未更願妥協。南越根本缺少談判和約的社會凝聚力；欲改變須這情勢須進行「社會革命」。陳光順不像季辛吉交談過的其他人，他對於美國打算與河內進行秘密雙邊談判，持開放態度，對此季辛吉答道：「他非常強烈地覺得，美國不能這麼做，我們不能像這樣把小國當成棋子，任何與另一方的討論必須納入越政府。」[82]此話只會令南越人覺得天真（或虛偽）。如前副總理陳文宣（Tran Van Tuyen）向季辛吉解釋，河內與西貢已有定期接觸：

> 在西貢以外……他確定有很多相互交流。在巴黎經由第三方也有很多接觸。（他未排除，他與（民族解放）陣線代表以此方式接觸的可能性，並提到事實上其友人有這種接觸。）在巴黎，各與兩邊是盟友的越南人會自由見面，以便「交換意見」。此種交流無法有效加以限制，它一直在進行。[83]

這確實是引人深思之事。

季辛吉未畫地自限於只見政治人物和將領。他為了解南越複雜的宗教組成，也與天主教與佛教領袖見面。胡文（Ho Van Vui）神父對越南政治及越戰均感悲觀，也認為不可能對越共獲得軍事勝利[84]。佛教南方研究會（Buddhist Southern Studies Association）會長梅壽傳（Mai Tho Truyen）預言，「不是共黨同意簽訂類似一九五四年日內瓦協定的和約，就是戰爭會升高到第三次世界大戰」，這警醒了季辛吉[85]。（也許世界大戰並未發生，可謂詹森政策中唯一可視為成功的部分。）另一位佛教人物釋志光（Thich Tri Quang）建議他：「對美國轟炸機而言，中國是比越南人民更適合的目標」，但又說「〔南越〕一切都仰仗貪腐和影響力，社會已爛到骨子裡」[86]。有時季辛吉的訪談彷彿是在比比看，哪個專家最悲觀。角逐第一名的有《政論》報（*Chinh Luan*）發行人鄧文松（Dang Van Sung），他直斥西貢政府為「軍頭，除其成員外，不代表任何人」，並「缺乏任何民意基礎或對人民的善意」[87]。

季辛吉準備離開越南前心情沮喪。美國在越南的整體困境，總結於順化大學校長裴（Bui Tuong Huan）的激烈言論。季辛吉在日記中記下：

> 他對美國經費興建的學校建築，從未有一次表達過些許感謝。反而他抱怨建築的風格，指稱那不符越南傳統。……交談中有一度討論到美援的整體問題，我對他說，有些美國人認為，在越南的主要努力其實應放在經濟領域，經援可創造彼此的謝意。該校校長隨即表示，一般越南人得到的唯一美援是美國子彈和砲彈。無論美國〔援助〕重建或興建什麼……均因他們曾經摧毀才有此必要。[88]

是快要離開的時候了。

七

最好別譏笑記者。對他們講話別太坦白也才算明智。季辛吉首次經歷新聞界之險，是一九六二年訪問巴基斯坦時。幾句判斷欠佳的話使他身陷水深火熱，足以讓他學到痛苦的一課。因此一九六五年訪越時，他盡可能避開記者。但十一月一日在洛志大使及其首席發言人佐西安（Barry Zorthian）的壓力下，季辛吉態度軟化。他同意出席在佐西安家的午餐會，美國主要媒體駐西貢的特派員也都受邀參加。那天在場的有《芝加哥每日新聞》（*Chicago Daily News*）畢奇（Keyes Beech）、美國廣播公司布朗（Malcolm Browne）、《巴爾的摩太陽報》（*The Baltimore Sun*）昆帕（Peter Kumpa）、《紐約時報》莫爾（Charles Mohr）、《華盛頓郵報》麥夫瑞（John Maffre）、《紐約客》夏普倫（Robert Shaplen）、《新聞周刊》杜奧希（William Tuohy）。最後抵達的是《洛杉磯時報》（*Los Angeles Times*）弗伊希（Jack Foisie）。弗伊希是魯斯克的姻親，對於替魯斯克的國務院工作的顧問，他的威脅想必應該最小。事實上他卻差一點讓季辛吉無望重回政府工作。

午餐會剛結束弗伊希便發出稿件，次日以「越政權危矣，詹森特使發現」的標題刊出。

> 白宮近日派出的特使表示，當前的南越政府領導人，幾乎完全欠缺政治成熟度或非自私的政治動機。
>
> 雖然他們本身並未發言，但據悉此為著名政治學者亨利．季辛吉教授，及華府律師兼總統顧問克利福德的發現，兩人近期均曾訪問西貢。

克利福德與季辛吉由總統詹森派至此地，就美國在南越政治政策應採取的方向，進行獨立評估。

有權威報導指出，季辛吉將告知白宮，此地尚未有團結的全國政府，主因在於國家領導人欠缺為國奉獻的確切觀念。季辛吉的研究顯示，對家族部族的忠誠先於對國家的責任感。

接著是對阮高祺政府貪腐、處理難民問題不當、及輕視農民等的詳細批評。弗伊希用盡新聞業的各種筆法，把話放進季辛吉嘴裡。他寫道：「儘管季辛吉並未表明，他對當前美援趨勢的反應，但他已得知，此地許多美國決策者認為，將其意願施加於越南官場的時機已到。……據了解，季辛吉頻頻接獲美國應改變態度的建議，以針對矯正越南政府的若干缺失施壓。此地據聞，他不厭其煩聽取分歧的觀點。

季辛吉傾聽。自他應詹森總統之請來此，一直在注意他的外交觀察家，對他願意傾聽留下深刻印象。……

季辛吉在越時與他最接近的人士認為，他會帶回的總結是……越南政府尚不見效能，僅是表面穩定。89

另一版本的同樣報導也出現在《華盛頓郵報》，標題是「詹森特使發現西貢根本缺乏政治成熟度」。季辛吉嚇壞了。他離開西貢前，發回華府二封憤怒的電報，極力否認那則報導正確代表他的看法。但最糟的還在後面。他在舊金山降落時，「詫異地」讀到關於他訪越的白宮聲明（由莫耶斯（Bill Moyers）發布），否認他有任何官方角色。此時極度激動的季辛吉潦草地寫下二頁信給邦迪：

> 我是決心默默、勿引人注目地執行，三年來的首次政府任務。因此在越停留期間一概拒絕見新聞界。最後在倒數第二天，經大使和佐西安堅持要求下，以他們承諾會告訴我，他們對越南的看法，我確實見了幾位。那天午餐時我說過的話恐怕不到三句。……那些說成是我的觀點的是……無中生有。
>
> 我停留期間……不遺餘力地支持政府的政策。關於西貢政府，我竭盡所能強調政府穩定的重要性。……白宮抨擊我未說過的事，或許不經意地破壞了我確實說過的話的可信度。基於我是銜政府命出訪，並在大使館的辦公室工作，不知越南人對我此行非屬官方的聲明會怎麼想。

季辛吉承認，他對越南情勢的看法比去之前所相信的「較不令人鼓舞」。但問題不在西貢政府軟弱，那只是「病徵」。無論如何，現任政府「與其他可選的替代者一樣好」。他不懂白宮為何反射式地決定，要否認「一向支持政府越南政策」的人。受傷而憤慨的季辛吉要求正式更正[90]。

季辛吉在華府與西貢均曾親眼目睹詹森政府的病態，尤其是政府不同部門為越南情勢的惡化相互指摘，他為何自認可免疫於此並不清楚。邦迪心中無疑想著：「又來了」，他未加評語便把季辛吉「氣憤的抨擊」轉給弟弟威廉[91]。季辛吉所有的會面都有西貢大使館人員在場，洛志也發電報為他的行為辯護，這些都對他有幫助[92]。但不會有白宮的更正[93]。所以季辛吉決定自行公開表示否認[94]。有些季辛吉看重其意見的人，包括《外交事務》主編阿姆斯壯，他堅持邦迪對他們說明，以洗刷他被認為「至少是輕率，並可能是不忠」。（邦迪答應了）[95]唯一另一件令季辛吉滿意的事，是收到莫耶斯的便條，對其聲明造成的「尷尬」表示「遺憾」[96]。十一月十一日季辛吉去華府時，已能夠給洛志報告，「弗伊希的報導已安然平息」[97]。

弗伊希曾提到克利福德的名字，彷彿暗指對季辛吉被指稱的負面看法，他有同感。以白宮並未否認克利福德直接對總統負責，可見這是真正令詹森「惱火」之事[98]。季辛吉寫了一封長信給克利福德，為自身的行為辯護。但兩人的情況有個關鍵差別。他曾與記者團一起吃飯；克利福德沒有。據季辛吉，他開啟佐西安家的討論時只說了

> 我覺得未向大使報告前，我不宜提出任何結論；我確實仍在整理個人印象的過程中。不過若有對越南情勢有經驗者提出看法，特別是有關強化政府正當性及延續性這個問題，我會非常感謝。其餘午餐時間，我實際上什麼都沒說，只是聆聽記者之間經常很熱烈的討論。

他甚至從未提過克利福德的名字。他對那天午餐主要的記憶是，「被記者反西貢政府的言論之猛烈嚇到」。他「對我想有助於政府及洛志大使的努力，如此不光彩地告終，深感抱歉」且「沮喪、震驚。過去數日我拼命苦思，我原可有什麼其他作法，而我仍舊不明白這是怎麼回事」[99]。

所以究竟怎麼回事？有兩種可能的解釋。克利福德的說法是，弗伊希參加季辛吉的午餐會遲到，所以不知道談話內容是不可報導的[100]。但佐西安記得的不一樣。他後來告訴艾薩克森：「亨利說了很多話，並對西貢領導階層表達十分悲觀，指他們既不得民心又腐敗。我必須說，弗伊希的報導是正確的。亨利持悲觀想法也沒錯。」[101]換言之，季辛吉再次犯下對新聞界說話太坦白的大錯。這種說法似乎可信的原因是，實情根本不像季辛吉對克利福德所說，他本身的觀點，如同在給洛志的報告中所表達的，「截然不同」且「大為相反於」弗伊希歸給他的意見。如前所述，季辛吉對越南行沒有寫過一個字，顯示他「強烈相信西貢政府的穩定性」[102]。恰好相反。他犯下很典型的錯誤：向記者透露真正的想法，然後四處加以否認，只會引起對其錯誤

更多注意。

八

到底對越南該怎麼辦？季辛吉發現，他與國務院威廉．邦迪、艾力克斯．強森、安克志；國防部麥納馬拉、麥克諾頓、亞莫林斯基；中情局拉布恩及其高階幕僚等人的初步簡報會議上，他的意見與比他早到華府的克利福德不合。季辛吉向洛志報告：「克利福德出發前是最極端的『鴿派』。回來後他卻一直說，「無條件談判」一詞外交上不明智，政治上不審慎。照克利福德所說，我們需要一句更著重於結果及共黨讓步的口號。借用一句老話：剽竊是最真誠的奉承[103]。季辛吉被南越人說服：僅是空談與北越談判是不夠的，甚至肯定是危險的。華府雖宣稱有意願，但「並未就談判做好知識上的準備」。另一個他此行得出的主要結論是，中情局的綏靖計畫——將越共趕出所占據村落的反叛亂行動的委婉說法——必須逐步增強，因人民行動隊（People's Action Teams，PATs，忠於西貢的反越共幹部）擴張太快，可能「破壞整個計畫」[104]。

季辛吉如今自詡為西貢在華府的代表人。他給洛志的報告受到歡迎，被評為「睿智而有用」[105]。〔前駐韓大使〕波特（William Porter）督促他「密切注意此問題」，並說：「我們需要你。」[106]哈比布稱他訪越帶來「一股清新空氣」，並促請他明年夏天再來。他寫道：「別的專案沒有一個有這一半吸引人，連你經營的馬戲團都沒有」，想必是指國際研討班。「這是個大賭場，沒有玩家擔得起不加入。」[107]哈比布熱切想看到季辛吉給洛志的最終報告，「還是它太可怕，老闆不讓我好奇的眼睛看到它？」答案是，季辛吉的越南報告可怕到他甚至未送給洛志。唯一一份「粗略草稿」季辛吉自己保存著，由此可見他首次訪越後，看法有多麼負面。那是對美國處境的詛咒式控訴，僅因季辛吉希望多少能投洛志所好，才有所緩和。

季辛吉寫道，軍事情勢有可能改善，甚至接納軍方「過度樂觀」的預測。但成功有賴於「能夠創造政治架構，填補二十年內戰、十年越共有系統刺殺重要官員、兩年西貢政治動盪，所造成的真空」。西貢政府「地位不穩」，缺少凝聚力，在鄉間的權威「仍弱」，中央集權的官僚體系「疊床架屋」。

在各省，內戰與西貢的政治紛亂產生……士氣低迷加冷漠痲痺。刺殺、無能、政府變化，都使兩面討好較為可取。當你從西貢追蹤計畫到鄉下，有多少計畫消失無蹤，有多少可找到殘餘痕跡的計畫已偏離宗旨，你會大吃一驚。……單是許多立意崇高的計畫展開後卻徹底失敗，已引來譏諷和士氣低迷的整體氛圍。

這一弱點是解決越南難題的關鍵，因它說明了擊敗越共的極度困難，季辛吉此時估計，越共夜間對鄉下地區的控制高達八成五。他確實懷疑「政府在許多地區存活的唯一途徑，是與越共有默契，雙方和平共存，不妨礙彼此」。在這些地區，反叛亂像是「職業摔角賽」。在其他地區，南越兵團司令則享有「近乎軍閥統治的自治權」。省政府是「統治鏈中最弱的環節」。

在這種情況下，美方的努力造成反效果的可能性大於正面效果。他寫下：「我們膨脹的官僚組織導致計畫不斷增加」，那往往同時壓倒和破壞南越政權本身的努力。艾力克斯．強森的印象是美援有如消防龍頭；南越的治國能力有如澆花水管。季辛吉瀏覽過與南越相關的美國機構完整清單，並依他的觀察給予評價，首先是國際開發總署（Agency for International Development, AID）轄下的美國行動代表處（United States

Operations Mission, USOM）。他認為其最高層「表現優異」，但在各省的人員是「能力最差的美國團體」，它「不斷增長的組織」試圖推動野心過大的全國性開發計畫，那不僅超出越南官僚的能力，在越共控制地區也可能只會「擴大共黨的稅基」。中情局駐站主任給季辛吉留下好印象，但在當地「滲透越共組織的工作整體而言極差……僅約三成〔綏靖〕隊伍是照設置宗旨在運作」。由魏摩蘭指揮的軍援越南司令部，企圖「同時做太多事」；作風過度官僚；太過看重可「用數字表達」的成果。於是忽略「依賴無形特質的努力，如發掘在地領導團體」。尤其它缺乏有效執行綏靖的技巧，或如季辛吉客氣的說法：「十年以上戰鬥訓練培養出的特質，不包括歧視在複雜多變的情況中所做的政治判斷。」

相對的，季辛吉對蘭斯岱爾印象很好：「與亞洲人打交道的藝術家……有耐心、鼓舞力、想像力」，他對其年輕團隊也頗看好，其中有一位是出色的哈佛博奕理論家艾斯柏格（Daniel Ellsberg），此人開始對國安問題感興趣，是在季辛吉的國防政策研討會上。但如季辛吉很適切的形容，他們「藝術家且高度個人主義的氣質」，使他們與其他機構產生疏離。他也精明地注意到，蘭斯岱爾誇大一九六〇年代越南與一九五〇年代菲律賓的相似處（蘭斯岱爾曾協助菲律賓政府，敉平共黨虎克軍的叛亂）。最後季辛吉轉向美國大使館本身。考慮會讀他報告的人，他對於所謂「我造訪過的各地美國使館中即使不是最強，也是最強之一者」，或許免不了要給予相對正面的評價。但他仍有所批評，特別是西貢大使館喜歡同時推動多項計畫，「規劃時彼此互不相干，也不與美國代表團隊所有成員普遍接受的整體標準完全相關」，反而是「西貢的某個人或某省級官員的個人偏好」。

季辛吉對美國作為的整體評估同樣敏銳而不留情。問題很簡單，跨機構的合作嚴重不足：

由於各機關最熱衷的是推動本身的計畫，因此有透過實際上是一系列互不侵犯條約來做事的傾向。除非有某機構的計畫直接侵犯到代表團的另一個單位，否則別挑戰它較好，免得個人珍視的專案會遭到全面監督。這種過程避開直接競爭；也鼓勵官僚機構增生，及每個可能選項都去試行以逃避做選擇的傾向，以可用資源匱乏，特別是訓練有素的人力，如此作法必然會造成失望。

美國所承擔的挑戰是，要設法「在內戰期間，在分裂的社會建立一個國家」。但概念與執行間長期存在著落差，因「各省越南地方政府實質上已瓦解，美國又有做得太多、太快、規模太大的傾向」。季辛吉盡其所能，在結論中提出一些正面的建議：更仔細規劃試行方案、計畫一旦展開最好執行到底、徹底調查省級人力、成立由單位副主管組成的計畫檢討委員會。不過他的最好的提議也是最簡單的。現在該是有人畫一幅南越地圖的時候，要「反映非適用於軍事單位，而是會影響平民百姓的安全情勢」。也是該放棄綏靖一詞的時候。季辛吉說：「那有太過被動甚至傲慢的含義，太令人憶起殖民戰爭，那時你是去綏靖『土著』」[108]。確實太讓人想起過去，正如葛林所預見的。

季辛吉草擬的報告處處是太強烈的打擊，無法送出。兩天後他送給洛志大幅改動後的版本，有些較嚴厲的批評刪除，結論也略有不同，包含第一版顯然欠缺的該有的肯定：「我深信越南是我國行動的樞紐，其成敗將決定我們未來數十年的世界角色」[109]。季辛吉完成修正的報告後，加入兩個後續想法。可否成立越南版的和平隊（Peace Corps，譯註：美國政府主持的志工計畫，宗旨為對外國提供技術援助，促進社經發展），以對抗「學生及知識份子普遍不願投入戰事」，把他們送去協助在鄉間的綏靖？為達同樣目的，讓南越與美國的大學建立「密切關係」不也是個好主意？

有一件事季辛吉是對的：美國面臨的一個「基本問題」，是「發展能爭取民眾、特別是知識份子支持的意識形態……能肯定而非只能排斥的東西」[110]。但隨著一九六五年即將結束，若他認真相信，此種意識形態會從哈佛與順化的學術交流中產生，那便是他在作夢。時機都早已錯過。

第18章 徒勞無功

我們只是白費工夫。

——艾斯柏格對季辛吉，一九六六年七月[1]

我從未懷疑越南人能夠好好處理複雜的事。我不太有把握的是他們能不能好好處理簡單的事。

——季辛吉對柏克，一九六六年九月[2]

一

春季學期開始時，在哈佛—麻省理工武器管制研討會上演講的，是一位不一樣的亨利・季辛吉。一九六五年八月他提問並聽取同僚的答覆。一九六六年一月十二日他則是提供答案者。不同於幾乎每個與會者，他去過越南，親眼目睹過美國在那裡的困境。以這是一場學術會議，無法真正保證保密，再者，有去年十一月他在西貢自由發言的不愉快經驗，此刻他無所保留地開講頗讓人意外。

他告訴大家，好消息是「鑑於我們在空戰實力及其他形式的技術裝備上享有極大優勢，我們顯然不會在軍事上吃敗仗，眼前也不像會有奠邊府那種災難」。可惜好消息到此為止。壞消息則有他為洛志大使列舉的那麼多。一，不清楚越共會投入傳統作戰，還是完全掌控一個關鍵省會，再由美國人把他們趕出去，從而與美軍交手。他解釋：「我國軍方往往預期，可用在里文沃斯堡（Fort Leavenworth，譯註：位於肯塔基州的美國陸軍基地，有「陸軍智能中心」之稱）學到的戰法去打越戰，但對手不會做這種事。越共秉持的是政治及心理學準則，我們秉持的卻是一些非常傳統的軍事準則。」他的確日益擔心：「我們正被誘入鬥牛時牛的角色，不斷逼使對方棄甲，但在此過程中慢慢耗盡自身的力氣。」只要美軍專注於用他們被教導的方法去作戰，就不會促進鄉間的綏靖。美國這麼做或許不會輸，但也無法結束戰爭。

二，南越深陷「分裂與混亂」，其政府缺乏一貫而正面的計畫，首長間又有相互傾軋的敗事惡習。而在省級，有「政治勢力及團結顯著解體」的現象，以致在某些地區地方政府與越共沆瀣一氣，越共在此可抽稅，甚至靠美國經援獲利。三，美國「對如何從事反游擊軍事行動及如何建國，缺乏整體概念」。它以源源不絕的資源及複雜的官僚組織做為慣用解方，是大大地不合適[3]。

季辛吉公開承認，他呈現的是「殘忍的真相」。同樣殘忍的是有些他被問到的問題很天真。凱茲問，為何不能像二戰後在德、日那樣，「由美國全面占領南越並成立軍政府」。季辛吉反駁指出，就算軍方曾這麼想，也沒有美國可接收的政府架構，而實際上軍方並無此打算。李普賽想知道，為何直升機不「允許我們包圍越共，而是追逐他們」。季辛吉耐心地解釋，滿布叢林的地形如何易於藏身。謝林設法往好處想，指「在季辛吉描繪下越共也是黯然無光……就痛苦、耗費等等而言，我們須記得越共的日子也不好過。現在河內跟華府一樣很辛苦……我們不應低估另一邊的窘況」。以當時情況，兩邊均不可能靠武力達到目標，但升高戰鬥對越共的威脅相對較大。這完美說明賽局理論與實地得到知識差在哪裡。季辛吉回覆道，真正的關鍵不在於衝突升高，而在於拖延。「也許他們比我們更有耐心，或是對進行鬥爭而非完成鬥爭更有興奮感。我們必須展現持久力，而非只求快速打垮敵人，以挫挫他們自以為能撐得比我們久的預期。」但如他已證明的，要這麼做知易行難[4]。

季辛吉一從越南回來，便發現自己處於不討喜的地位。私底下在劍橋與華府的專家聚會上，他可吐露對越戰走向深切的焦慮。但在公開場合，他曾向邦迪、洛志及其他人承諾，會為政府辯護。參謀長聯席會議主席惠勒（Earle Wheeler）一九六五年十二月曾說，季辛吉「私下對博學多聞、有智慧者很具說服力」，但「不適合上電視」[5]。以一九六五和六六年的情況，這是正確的評估，因為季辛吉不管怎麼公開替美國的越南政策辯護，勢必不會完全說真話。常被指為口是心非的亨利．季辛吉，卻非常不擅於對東南亞漸顯現的危難說謊。例如他回到美國後不久，便發現要與伍爾夫同台演講，伍爾夫剛出版文集《糖果色橘片流線型寶貝》（*The Kandy-Kolored Tangerine-Flake Streamline Baby*，譯註：當年的新式新聞寫作代表作品），並正要與因迷幻藥（LSD）而錯亂的基賽（Ken Kesey）＊一起出發巡迴。同台者尚有愛譏諷的《紐約客》撰述瑪雅．曼斯（Marya Mannes），她次年會發表反戰詩〈任務〉（Assignment）（「讓我們看看子宮／村裡的母親們，已種下取代之子／小生命長得細長，交纏糾結殘缺／因這場戰爭）[6]。突然間季辛吉變得最正經，留短髮，穿鈕扣領襯衫，告訴曼斯，「批評為〔越南〕決策極度苦惱的人很不對」。他堅稱，知識份子談理想政策很容易。「疲於應付且承受極大壓力的官員沒那麼幸運。」[7]三週後季辛吉在波士頓某公共論壇上演講。他對聽眾說：「我們若〔保衛越南〕失敗，將被他國視為，象徵著美國無法保護他們免受此種共黨攻擊。」但此次重提骨牌理論，無論它以往對美國聽眾有多大說服力，如今已不復有效。有個聽眾問了一個簡單的問題：

> 「季辛吉博士，以您訪問越南的心得，你相信可達成最後的解決方案嗎？假如不能，你建議採取什麼步驟？」
>
> 季辛吉聳聳肩，笑著說：「對不起，可是我真的無法回答。」[8]

美國校園的氣氛愈來愈晦暗，包括哈佛在內。爭民主學生會（Students for a Democratic Society, SDS，譯註：一九六〇年成立的左翼激進學生團體）的哈佛分會於一九六四年成立，到六五年秋，其代表呼籲公然反抗徵兵，引起大眾注意[9]。有學生與數位教職員到華府去參加當年的重大反戰示威。無論季辛吉私下對越戰的進行有何疑慮，隨著反戰運動發展快速，他很清楚自身的立場。對曾打過二戰的人來說，反戰是失敗主義。一九六五年十二月十日，有一百九十位學者在《紐約時報》發表公開信，他是其中一位，信中表達支持政府的政策，也關切「知識界很少數人」的喧嚷戰術，可能造成「北京及河內嚴重低估美國承諾的強度」，以致使戰事延宕。顯然哈佛其餘的連署人只有畢爾和哈佩林[10]。日後出任哈佛校長的波克（Derek Bok）後來說，教職員們開始分裂為左派、「退縮派」、保守派、和極少數「未隨波逐流者」[11]。

季辛吉公開為政府辯護的谷底出現在十一天後，在哈佛對牛津的電視辯論賽上。他與二位哈佛法學院學生：後擔任麥高文（George McGovern，譯註：曾任美國參、眾議員，一九七二年總統大選輸給尼克森）文膽的施朗姆（Robert Shrum），及後為哈佛法學教授的特萊布（Lawrence Tribe）；要對上英國工黨國會議員富特（Michael Foot）與二位年輕的牛津畢業生：巴基斯坦出生、剛當上牛津辯論社（Oxford Union）社長的阿里（Tariq Ali），及前牛津大學勞工社（Oxford Labour Club）社長馬爾克斯（Stephen Marks）。美方是贊成「美國應兌現對越南的承諾」。那雖屬哥倫比亞廣播公司的系列節目《世界鄉民大會》（*Town Meeting of the World*），但辯論方式採牛津辯論社規則。季辛吉碰到的對手中，不幸有二個反辯高手。他從官方的說法開場：美國的承諾是給南越人民「不受外來干預，決定自己未來的機會」。此時放棄承諾將「使無數生靈面對殘酷的命運」。不錯，越戰是「殘忍無望的鬥爭」，但「我們在越南並非為了要留駐。而是為了要撤走才留下。一等南越人民的自由選擇權獲得保障，我們就會撤出」。英方反辯道，美國違反一九五四年日內瓦協定，且迴避與河內談判的機會。這第二點不難反駁。河內一再拒絕聯合國調停；「透過吳丹的試探」並非「明確的談判提議」；「自那時起美國已提出十五個以上的提議，那些應可開啟另一次對話」。

但在日內瓦上季辛吉失言了。他說：「我相信美國應接受，以日內瓦方案做為解決當前戰爭的基礎……

* 基賽是伍爾夫後來所著《Electric Kool-Aid Acid Test》中的主人翁（譯註：迷幻藥又有「酸劑」（acid）之稱。加州至一九六六年十月才禁止迷幻藥）。一九六五年秋，他曾以越南為題發表不連貫的漫談，結語是：「只有一件事可做。只有一件事可能有任何好處……就是大家只看著它，看著戰爭，然後轉過身說……管它去死。」

而我的印象是美國政府已表達願意這麼做。」富特猛攻：

> 富特：我想以季辛吉教授這種有名望的專家，說美國會接受是他的印象——美國為何不十分明確地表示，會接受整個日內瓦方案？
>
> 季辛吉：我用「我的印象」，是為遵從——英國朋友的辯論技巧。我有一切理由相信，不論過去發生過什麼，美國政府現在接受日內瓦方案。只是萬一有人要我拿出確切的文字，我手上沒有那份文件。

此時富特知道他們這邊贏了。因為如他勝利地指出，魯斯克幾天前才說過：「美國仍希望就越南進行和談，但唯有南越的獨立及領土完整獲得保障。」富特揚揚得意地說，此言「與日內瓦方案相反」[12]。季辛吉說，美國接受以日內瓦協議為越南和平的基礎，但該協議設想的是統一的越南，這使他犯下真心相信而為詹森政策辯護者，不會出的錯。

與富特及阿里這種人辯論並不好玩。他們飄垂的髮型和犀利的言詞，簡直所向無敵，特別是在人群面前。很快地美國版的辯論高手也現身。一九六六年六月在北卡羅萊納大學的活動上，季辛吉與喬治·洛志一同參加辯論，他發現自己要對抗的是「持高度異議的和平主義者」[13]。問題出在為美國越南政策辯護的論述，聽眾毫不領情。數月前季辛吉在北卡州溫斯頓塞勒姆（Winston-Salem）對聽眾說，「我們現在別無選擇，只能信守防止共黨接管南方的承諾」，並向聽眾保證，「要是能夠培養持久的精神力量，就能永久防止共黨接管」。如當地報紙報導：「如此一來，我們介入越南就並非基於冠冕堂皇的理由，如『捍衛自由』，而是在諸惡中做選擇，選出想必最不邪惡的。」[14]這實在說的太真切。然而如季辛吉在《瞭望》（*Look*）雜誌八月號為文指出，越戰如今是「美國成熟度的關鍵考驗。……我們並不享有某種特權，可決定只接受最符合我們道德成見的挑戰[15]。在他看來，暗指美國可逕自離開南越，並非理想主義。那是不負責任，背叛美國的理想。

二

季辛吉首訪越南的報告最明顯欠缺的，甚至在地雷處處的第一版草稿也沒有，是關於以談判解決越戰的討論。季辛吉基本上排除談判。如他唯一提及可能以外交結束衝突時所說，西貢政府太弱，「只是提議的動作（這在談判領域尤其如此）」，便可能使它變得更弱[16]。但他在哈佛演講，就無法那麼輕易地逃避此問題，尤其在他訪越前曾明白認定，唯有談判可終止越戰。

他同意……如果可能，我們也許應該談判。但我們也必須看出所涉及的複雜面向，要是政府更穩定就不會出現這些複雜的事……只要無法確定有任何一條線，可區隔全為越共控制區與全為我方控制區，那單純的停火概念或許會帶來更多動亂。[17]

當布利南（與康恩同為哈德遜研究所創辦人）問，是什麼阻礙了談判，季辛吉說，可能是「北越要求美軍先撤出，他們有時對此態度曖昧，因此也許這是可以談的」。第二個絆腳石是，「兩邊都有不斷要向盟國保證的問題」，意指河內可能受到同樣的束縛（來自北京？），如同來自西貢對華府的束縛。但短期內的主要障礙是美國似乎無法「詳細明確說出，我們同意的談判條件是什麼」。再者，若美國「給人越共接管近在眉睫並在預期中的印象」，可能導致「南越政權崩潰。……危險的是，我們如果真的向越共提議緩慢撤軍，或許反而使我方軍心渙散，撤退得更快」[18]。

由此產生左右為難的情況：由於南越政府太弱而有必要談判，但也由於南越政府太弱而不能談判。季辛吉為《瞭望》雜誌寫的文章，立場大致上親詹森，同時刊出的是較批判性的史勒辛格和摩根索的文章。季辛吉在文中談到「撤軍不可能」和「談判不可免」。但他加了一個關鍵的附帶條件。「當河內明白，其鄉間政治組織正被有系統地削減，而戰爭持續愈久這過程會愈快」，唯如此才有可能談判。基於此，他現在主張，「軍事行動的主要目標應是建立安全區」。畢竟「對國內四成土地有百分之百的控制權，好過對百分之百的土地有四成控制權」。另一方面，外交的努力方向並非試圖「在大型會議上，同時處理所有議題，以結束戰爭」，而是「把議題切割成區塊，由各區塊主要涉及方自行加以解決」[19]。若與一九六五年八月季辛吉未訪越前的立場相比較，這種提議很叫人意外，那時他斷然拒絕在南越建立美國控制的飛地的主張。這也奇怪地不同於他在其他場合說，時間在河內那一邊。

值此重要關頭，季辛吉在華府仍是小角色。不過隨著詹森政府拼命想贏得贏不了的戰爭，他的名字愈來愈常被提起。情報及研究局副局長丹尼（George C. Denney），向魯斯克引用季辛吉來支持自己的論點。他說，對手是馬克思主義者，又是越南人，其「深沈的多疑性格及以『真理』為工具的態度……外國觀察家……長久以來都曾提及（最近的是季辛吉教授）」，他們絕不會真誠地參與談判[20]。參謀長聯席會議主席要求，讓季辛吉向「參議員曼斯菲爾、參議員傅爾布萊特等人」解釋，為何停止轟炸不會有用[21]。洛志有信心「綏靖」正有所進展，也反對終止對北方的轟炸[22]。

為季辛吉所不知的是，政府內部正激烈辯論，美國下一步該怎麼做。一邊是將領們，他們認為除了增強美國在南邊的地面部隊及對北邊的空襲，別無他法。一九六五年十一月底麥納馬拉在西貢見魏摩蘭時，其「兵力要求」是到一九六六年底有四十萬部隊，六七年或許再加二十萬。另一邊是懷疑派。克利福德在一九六五年十二月初問到：「我們到底要走到哪一步？我覺得我們愈來愈陷入這場戰爭，沒有回頭的指望。我們正在打毛澤東要我們打的仗。我同意我們必須完成任務，這一點我很確定。但我們不能只用空中力量，讓地面部隊處於較防禦性位置嗎？我們可避免派六十萬人到這些叢林去作戰嗎？我們必須設法用代價較低的手段完成任務。」[23]麥納馬拉如今也遭到質疑，他出人意表地主張，「我們應準備，在暫停期間對話時，無論是談判或單邊……向對手提出停火」[24]。十二月十八日他令詹森詫異地說出：「我估計有三分之一或二分之一，無法確定用軍事解決得了這問題」。詹森問：「你是指不論我們在軍事方面怎麼做，你都認為不會得到確切的勝利？」麥納馬拉答：「對。」[25]

麥納馬拉趨於消極，他因麥克諾頓對南越人愈加輕視而更退縮。（「在那裡我們腳下的土地是泥漿……南越政府……完全無能於端正其行為，這至少應構成我們放棄他們最起碼的正當理由」。）[26]邦迪漸漸改變立場，也持相同看法。但一九六五年十二月邦迪離開白宮，詹森選政府中最鷹派的文人：羅斯托，來接替他，令他很沮喪。（如邦迪後來所說）此人認為，他必須「在思考過以前」就對問題下決定[27]。照詹森特有的講法，羅斯托將成為「我的他媽的知識份子，完全受我擺布。……我們這裡不要再有一個邦迪」，換言之，再有一個政治上首要效忠對象仍是約翰·甘迺迪的人[28]。羅斯托獲任命為國家安全顧問，保證詹森仍可把越戰看成一場職業拳賽，只要以充足武力猛攻對手，逼他認輸，就能打勝仗[29]。

越戰根本不是拳賽。有各種別的演員參與其事，且個個都至少有可能對河內施加影響力。詹森政府有點慢才領會到，蘇聯或中華人民共和國對河內的支持並非毫無保留。北越要統一越南於共黨統治下的絕不妥協的野心，顯然令蘇聯喜憂參半，尤其由於他們將此歸因於北京；藉談判達成妥協他們不會不高興。一九六五年五月轟炸暫歇時，魯斯克試圖請蘇聯擔任對河內的使者，儘管蘇聯堅決拒絕，卻暗示某個東歐衛星國或可擔任此角色[30]。四個月後魯斯克偶遇匈牙利外長彼德（János Péter）[31]，看似令人鼓舞，但匈牙利使館代辦瑞德凡伊（János Radványi）投誠後透露，事實上彼德「與河內並無有效連繫」[32]。中國確實更有意挑唆河內：毛澤東視胡志明的鬥爭，為他自己一九四〇年代鬥爭的翻版，但周恩來小心地示意，除非中國領土遭到攻擊，否則北京不會直接干預[33]。

然後還有法國人，他們不相信，以他們對中南半島了解之深卻失敗的事，美國還企圖要做。他們擁有西方在河內最佳的聯絡管道。（畢竟北越自胡志明以降的領導班子，大多受法式教育）[34]。懂越南的資深外交官吉伊恩（Edmund Gullion,「X」），企圖恢復快瓦解的日內瓦協定，即代號為XYZ的胎死腹中的計畫時，其聯絡對象便是北越大使梅文博。

自一九六五年耶誕夜起，美國又嘗試另一次轟炸「暫停」。總是迎合國內氛圍多於地緣政治現實的詹森，宣布發動「和平攻勢」，派遣哈里曼到布達佩斯和華沙，另外又加上貝爾格勒、開羅、德里。此次亂槍打鳥的努力也出動副總統韓佛瑞和助理國務卿曼南·威廉斯（G. Mennen Williams）。美國此時有自己的十四點，對北越的四要點，（如魯斯克所說）那「把除南越投降外的一切，全放進和平的籃子裡」[35]。此次暫停轟炸的意義透過二個管道傳達：PINTAL，美國駐緬甸大使貝洛德（Henry Byroade）與北越駐緬甸大使禹友平（Vu Huu Binh）的交流[36]；LUMBAGO，波蘭特使麥可洛斯基（Jerzy Michalowski）經莫斯科和北京訪問河內[37]。

但河內未表現任何興趣。麥可洛斯基發自河內的報告說，民陣的代表「十分好戰」，「無心談判」，深信可對這新外敵重演一次奠邊府[38]。北越外交部的聲明譴責暫停轟炸是詭計。一九六六年一月廿八日國家電台播出胡志明書信，指美國奸詐虛偽，要求美軍撤出，並堅持任何解決方案須根據北越的四點要求，包含承認民陣為「南越人民唯一代表」。一月卅一日，持續三十七天的暫停轟炸終止[39]。到三月加拿大退休外交官隆寧（Chester A. Ronning）再次嘗試，但無進展。北越總理要求，開始談判前美國須「無條件永久」停止轟炸；華府回以要求河內承諾，對等降低衝突[40]。波爾後來說，所有這些運作都「注定白費力氣，因我們尚未打算做任何實質讓步。那時候的談判仍很像是在對河內說：『我們來談個由你低頭的協議。』」[41]可是河內「很像在說」同樣的話。

各種外交方案此時紛紛出籠。美國駐寮國大使沙利文（William Sullivan）建議，美國提議給南北越雙重聯合國會籍，結合聯合國大會「雙重接納」中國與台灣，或許也給東德會員資格。曼斯菲爾建議與中國「面對面」談判。這些意見均止於構想階段。情勢似乎愈來愈明顯，連羅斯托都不得不承認，「最可能使談判有所進展的，是透過與河內極機密的對話」。但以什麼為基礎？[42]一九六六年四月底，麥克斯威爾．泰勒提出交換條件。為交換停止轟炸北越，美國應要求「越共及……北越在南邊的活動，有某種程度的減少或消失，或停止來自北邊的滲透，或二者皆要」[43]。後來這稱為「高值籌碼」（blue chips）交換，看來是最佳對策。戴高樂總統派至河內的前法國內閣部長讓•聖特尼（Jean Sainteny），在會見過胡志明及總理范文同（Pham Van Dong）後，證實此議有潛在的可行性[44]。讓•聖特尼對美國駐巴黎大使波倫表示，這類協議必須經由「不太出名的個人，以秘密管道，或許就在此地巴黎」來完成[45]。

然而季辛吉並不信服。一九六六年五月他參加在迪奇利莊園（Ditchley Park）*舉行的會議，有機會與首相哈洛德．威爾遜（Harold Wilson）的外相史都華（Michael Stewart）討論越南。史都華對季辛吉的坦白有些訝異，他報告說，季辛吉「對南邊當前的政治情勢確實很悲觀：

他看不出阮高祺政府有真正的未來，也嘲笑羅斯托……樂觀的印象，把阮高祺當做是……某種南越的朴將軍†。

在季辛吉看來，選舉不太可能證明任何事。美國想要炒作選舉以達成對自身有利的政權只是空想。……

季辛吉說他也關切，美國政府覺得有義務要強調，它願意參與廣泛的日內瓦式談判。顯然這是宣傳上很好的公開立場，但實務上另一邊若表示願意參加此種談判，將給美國政府帶來很嚴重的難題。首先是越共代表權問題。這衍生出民選的南越政府與越共，有可能在南越進行內部談判。……他明顯傾向於希望選後出現某種國際協商，是比全面日內瓦式會議更有利於維持顏面的安排，以便於美國最後能夠撤軍。[46]

這與季辛吉在電視上與富特和阿里辯論時的發言，支持某種新的日內瓦協議，是十分強烈的對比。季辛吉也對泰勒的「高值籌碼」構想有「嚴重疑慮」，他覺得那基本上是提議，以「全面停火取代美國單邊終止轟炸」。這很易於產生反效果。只要開始任何談判，顯然會使華府承受無比的停止轟炸壓力，尤其來自國內輿論和盟國政府。美國停止空襲很好確認。相對地，可不可能設計出可監控越共刺殺、破壞等戰術的查驗系統？停火難道不會促使越共有效控制南越大片地區——意指南越實際上會分割？季辛吉認為，較好的停止空戰交換條件是，「北方（一）保證放棄對南方滲透，（二）同意沿胡志明小徑及越寮邊界設立管制站」。他說，這有把「停止轟炸與其明言的目的——制止補給」加以連結的好處[47]。

三

季辛吉反對談判的論述在一個地方受到歡迎，就是西貢。當洛志讀到季辛吉對泰勒提議的批評，他寫信驚嘆於他倆得出「那麼多相同的結論」[48]。早在一九六六年四月，兩人即開始討論季辛吉二訪南越，此議獲國務院安克志的支持[49]。他對威廉．邦迪說，季辛吉打算調研「三個問題（：）（一）綏靖方面的進展……（二）調查內部政治情勢……（三）草擬憲法的問題」[50]。而國務院的正式指令其實是與洛志討論，談判的「假設情況」及「因可能展開談判而衍生的其他問題，包含停火及終止敵對、應堅持的立場、由國際管制委員會或其他組織查驗等等」[51]。那是理論。實際上季辛吉繼續扮演西貢在華府的探子。他對此次訪越將同住的哈比布說：「你知道，我跟大使館的看法真的非常接近。（我會說無差別）」[52]洛志或季辛吉都還不相信談判是明智的；他倆仍然認為南越根本未準備好。有鑑於此，季辛吉大部分時間會花在重估西貢政權的狀況，及負責協助它的美國機關。

* 戰時邱吉爾在牛津郡查爾貝利（Charlbury）附近的避靜地，原是十八世紀初為里奇菲伯爵（Earl of Litchfield）所建，後於一九五八年由威爾斯（David Wills）爵士設立為國際（特別是英美）關係的會議中心。

† 指南韓獨裁者朴正熙，他自一九六一至一九七九年被刺，一直統治南韓。

季辛吉於一九六六年七月十六日抵達，他很興奮又回到「有奇特魅力的南越」，街道骯亂，交通無可救藥的堵塞，然而人民「十分優雅」[53]。當地的變化不大。洛志「非常爽朗，如去年十月已說過的，再次向我描述戰爭等於是贏了」。魏摩蘭「身材高大，有禮貌，聲音略顯柔和，相當官僚……〔但〕誠實、得體」，他解說他如何「讓越共主力部隊不斷疲於奔命」，同時轟炸集結於邊界附近的北越軍隊。

有件事令我不解，去年他主張增強武力到目前的水準，現在又用許多當時的論點來要求增兵至新水準。去年他對我說，若拿到目前所得的武力，他在一年、最多二年內就能獲勝。現在他又說，以當前的武力他可以避免戰敗，但除去很緩慢的進展外，他無法保證任何事。[54]

軍援司令部簡報人員，嘰嘰咕咕報出慣常的綏靖統計數字，把各地區分為「肅清」、「正進行清理」、「正進行掌控」、或「在越共控制下」。中情局的新團隊向他保證，「越共士氣在動搖中，未來數月會較易於滲透」。普遍而「全然不切實際」的假設是達成和平解決後，會有「很大規模的美軍」留在南越。蘭斯岱爾的「勇猛〔及〕不畏冒險戰士」，是「確實懂得如何應對越南人，確實有耐心和奉獻心、不會官僚的一群人」，如今已「被擠出相關行動」。其他華府來的訪客，會受到行禮如儀的接待，他們「完全與現實脫節」。

另一方面南越的部長們更勝以往地糟糕，對腐敗和效率不彰不以為意，彷彿那是「天經地義」。鄉間重建部長好像有意利用綏靖計畫，建立自己的私人軍隊[55]。季辛吉前次來訪結交的朋友外長陳文杜，抱怨其「處境有如一個男人有十個岳母」，暗指執政委員會的將領們習於避開文人部長，另行集會[56]。季辛吉現在理解，杜只是名義上的部長，實權掌握在其副手「狡猾操縱者裴琰（Bui Diem）」──「祺總理的邦迪」*[57]

手中。至於鄉間情勢，艾斯柏格「描繪出可怕的景象」。安插骨幹的計畫「幾乎毫無用處」。若季辛吉去抽查，會「發現他們無所事事」。事實上村民遭到「另一幫掠奪者」為害，因指定給幹部用的經費遭挪用於圖利私人。南越軍隊在「對抗主力部隊的行動中幾乎不堪一擊」。若省級政府不能改善，那「我們只是白費工夫」[58]。

季辛吉從不逃避前線，他出發去親身查訪。第一站是距西貢僅十六哩的邊和（Bien Hoa），那裡是重要的美國軍事基地。儘管這麼近，他要求乘車過去卻遭拒，因「路上出現過狙擊手……那太危險」。令人緊張難安，也是「情勢危急的另一徵兆」，是他搭乘的直升機「左右各有二挺機關槍，前方也有一挺。我們接近〔小機場〕時，機關槍是對準地面」。他在邊和與援外總署及中情局人員交談，他們證實幹部制度是個鬧劇。那些幹部不是「閒蕩」，就是強奪村民，或一看到有麻煩就跑；「〔他們〕一移出村子，越共馬上回來，並採取可怕的懲罰」。中情局派駐邊和的人尤其讓人洩氣：「他不得不說全省沒有一個村子，是他願意自己一人，晚上在那裡正常睡覺。儘管有一半的村落列為已敉平，但他願意睡上一晚的地方不超過其中四分之一。」

至於南越軍隊，他們與越共間「似有不少暗通款曲的動作」。季辛吉在某野戰部隊指揮所，獲得如今已很熟悉的戰事簡報：「基於迫使敵人疲於作戰的前提，並因此先消耗其補給，也為破壞他們也許正在策畫的行動……我問若越共不挺身應戰，而是延遲行動，那會怎麼樣。這被視為不大可能，因為我猜想那太違反他

* 裴琰回以嘲諷的恭維。在他與季辛吉首次見面的晚宴後，別的越南賓客「好奇他在越南做什麼，他則用發音奇特的英語，問遍他想問的問題。無論他的理由是什麼，根據那次晚宴及我也在座的祺與季辛吉的會面，我自己的看法見是，此人十分聰明。以對越南事務相對無知的人而言，他的問題實際而尖銳，完全不像我預期學者會問的。

們的計畫」[59]。

季辛吉返回直升機，又飛往第一師的總部，那裡距柬埔寨邊界三十哩，在一橡膠園中。向下望，他可以看見叢林中的越共小徑、越共路障、及沿縱貫南北的第十三號公路被炸毀的橋樑。

我們很可以覺得奇怪，國務院的顧問在西貢，理應試探當地人對談判的觀感，為何卻覺得有必要如此冒著生命危險。但季辛吉確實這麼做了。數日後他與第九陸戰團，在距峴港西南十哩的五五丘（Hill 55）*共度一晚，那是一片「十五哩縱深，或許三十哩長」理論上為美方控制區的焦點[60]。這裡正進行著不同於魏摩蘭向他描述的那種戰爭：以肅清小股游擊隊為目標的反叛亂行動，而非「搜尋並殲滅」大隊人馬的越共。但季辛吉在日記中記述，「此處的任務緩慢、骯髒而磨人」。非常慢：早餐時有二位陸戰隊上校承認，「在一開始便是陸戰隊控制區所佈的地雷，並不少於新近才完成綏靖的地區」[61]。季辛吉再飛到沿海的歸仁（Quin Nhon），它曾是「窮困的小漁村」，在成為南越北部主要補給基地後，轉變為「聲色犬馬的大本營」。他坐的是噴射機，因他原本要搭的比奇型飛機墜毀，他驚險逃過一劫，「只差約三呎」，因颶風級狂風從外海吹來。

回顧那一段，季辛吉承認，決定當晚飛回西貢是「瘋了」[62]。其實是越南喚醒了這位教授內在沈睡已久的行動欲望。比起無聊至極的劍橋，越南有可能致命但真切的能量在躍動。比起哈佛校本部的沈悶，這裡的美國大使館讓你又哭又笑。那季辛吉究竟為何趕回西貢？只為參加洛志家的晚宴，與完全無關緊要的荷蘭、韓國、義大利大使同席，好在有洛志的一位助理在餐後表演，使活動生色不少，他「以吉他自彈自唱二首他在順化寫的歌，詞義格外充滿機智，〔也〕極為辛辣，兼容並蓄美國人提出的樂觀報告，及報紙對實際情況所下的標題。那些歌太切中要害了」[63]。

僅二日後季辛吉回到重武裝的直升機，飛上三千呎高空以避開狙擊火力，此次是前往厚義省（Hau Nghia）的廿五步兵師總部，那裡基本上是越共「強盜國家」中的一個飛地，在胡柏（Ho Bo）森林及惡名昭彰的「鐵三角」（Iron Triangle，譯註：越南平陽省的濃密叢林裡，滿佈詭雷和越共地下通道的惡劣戰地）[64]正南方。他走訪省會：「一處被圍困的要塞」，完全不像他受引導而預期的已敉平城鎮，然後他及時趕回與蘭斯岱爾將軍吃晚飯，蘭斯岱爾播放「一些越南民謠及越南人以越南語唱美國民謠的錄音帶」，圓滿結束又一個超現實的日子[65]。季辛吉開始明白，記者團為何覺得西貢如此令人難以抗拒。他甚至建議由他和弗朗西絲・費茲傑羅「組一個越南浪人傳奇故事協會」[66]。

回到西貢，季辛吉盡責地拜訪當地政治人物和宗教領袖[67]。因制憲大會（Constitutional Assembly）選舉定九月十一日舉行，會談主要話題便放在誰會出線成為南越下一任總統。季辛吉職在試探南越政治精英對談判議題的意向[68]，但他進展有限。某些政府成員堅持根本不切實際的條件（「所有北越部隊撤出北緯十七度線，殘餘越共份子最後要清算」），日漸不滿的佛教領袖，言談間彷彿等不及要把權力交給民陣。季辛吉好像為強調政治氛圍的易燃性，他報告了與一位和尚的爭執，那人「面帶奇特表情，眼睛咕溜咕溜轉，袈裟下帶著一個罐子」，之後就點火自焚。同樣令人難安的是與秘密警察頭子阮玉灣（Nguyen Ngoc Loan）上校的會面。季辛吉在日記中寫著：「他幾乎沒有下巴，笑容陰沈，被問到尷尬議題時，差不多都以笑聲帶過，並好像是油灰做的，站都站不穩。」[69]像其他接近權力重心者，包括副總理阮有固（Nguyen Huu Co）在內，灣預言下一任總統是阮文紹，他是法國人訓練出來的天主教徒軍官，擅於政治謀略[70]。即將下台的阮高祺像

* 這座滿布地雷的山丘又名叻山（Nui Dat Son）或穆爾營（Camp Muir），是紀念前一年九月在此被刺的第三陸戰團第三營指揮官繆爾（Joseph Muir）中校。

在唸華府準備好的稿子，他向季辛吉保證，阮文紹會是「韓國式」總統[71]。但就季辛吉所見，南越要奇蹟式改變為南韓，差距豈止十萬八千里。

總而言之，你不可能看不出情況比一年前更惡化。也許季辛吉二訪越南最重大的收穫是，得知外長杜〔曾〕在巴黎接觸過民陣代表數次」，杜認為「巴黎是……越政府接觸民陣最合適的地方」[72]。季辛吉由此事及其他細節推論出兩點，有一點後來證明是對的。推論錯的是第一點，即或許有可能離間河內與越共。二是若有通往和平協議之路，那應是經由巴黎。可惜他回到華府後，選擇強調的是第一點洞見。

伸出試探和平的觸角一事，現在是託付給哈里曼負責，他擔任新組成的談判委員會主委。季辛吉在八月一日向他和其助理戴維森（Daniel Davidson）報告。他有三項建議。第一是（根據戴維森所記會談錄）徹底改變軍事戰略：

> 季辛吉認為，河內與越共幾乎可無限期地接受十比一的陣亡率……他認為越共離最糟的狀況還很遠……我們的戰略錯誤。「我們最佳的自耗實力方式，即花時間在柬埔寨邊界附近追逐主力部隊」。唯有陸戰隊已明白，必須打擊游擊隊而非主力部隊，才能戰勝……〔但〕這是緩慢而艱難的工作，不為西貢的將領們所喜……〔且〕他們才剛開始學習如何從事反游擊戰。我國軍方打這種仗的訓練或經驗都不足。[73]

這意味著呼籲撤換魏摩蘭，它固然確實是正確的建議，但未獲採納。季辛吉第二個建議是延長派駐越南的時間，這也是正確但政治上不可行：限制駐越期間僅一年半，保證無法累積在地的專長，「因為需要約一年半，才能足夠了解當地情勢以影響它」。無人打算著手延長派駐海外期間。令哈里曼豎起耳朵的是季辛吉的第三個看法：

季辛吉說，美國若要說服世人，我們是認真在設法找出和平解決之道，就應別再提「無條件」談判。……我們應……公開聲明我們的條件是什麼。……季辛吉指出，與民陣—越共談判成功的機率，大於與河內談，或依照日內瓦協議進行多邊談判……

他同意核心問題在於，在南方進行談判但不致造成被民陣接管的結果。

此時此刻季辛吉放下「西貢駐華府大使」的角色，原因是（如他很快向哈里曼承認的）「要讓洛志大使接受與民陣—越共談判極為困難。……洛志完全相信阮高祺，也不喜歡對他施壓」[74]。

華盛頓是會亂引伸的城市。季辛吉認為，哈里曼對即將舉行的南越選舉寄予太多期望[75]。哈里曼以為季辛吉的意思，不只是或有辦法拆散越共與北越，也可能有辦法讓越共份子完全脫離共黨那一邊。兩天後，洛志接到不可能令他高興的魯斯克電報。電文中說：「最近來自西貢的報告引起此間高層強烈的興趣，即有可能促使越政府主動出擊，挑起越共與民陣分裂，刺激更大規模投誠，最終為越政府—越共／民陣談判鋪路，以為越南衝突談出條件有利的解決方案。」奇怪的是魯斯克引用了季辛吉與前副總理陳文宣的談話，儘管他倆均不曾提及策反的可能性。（他們主要是談佛學院是否遭共黨滲透。）[76]季辛吉無意間引發了一場白費心思之舉。華府突然找到答案：結束越戰要靠說服越共與民陣份子來投誠[77]。其實已有現成的鼓勵投誠計畫：

名為召會（Chieu Hoi）*。不過其重心是在戰場上，而哈里曼現在設想的是更廣泛的努力，「朝向最後有相當多的越共與越政府人員得以和解」。他告訴詹森和魯斯克，希望「選舉後，或許在十月初，條件會成熟，由越政府提議全面特赦那些投誠者，給他們完整的社、經及政治地位。我們的目標是非共黨的越共。」[78]這是空中樓閣。

四

> 我總是覺得訪問越南發人深省。在今日世界我想像不出更關鍵的任務。越南已成為美國作為的核心焦點。我們若在那裡失敗，我預見數十年內危機會日益嚴重。若我們成功，那會是戰後時代的歷史性轉捩點。正如古巴—柏林衝突或許已令蘇聯相信，以軍事手段尋求政治突破將是枉費心機，越南也可終結中國訴諸武力或以武力為要脅的擴張主義。[79]

季辛吉一九六六年寫下這段文字時，他所言並非衷心的信念。而是在傳達一些痛苦的國內實情前，先對洛志加以安撫。第一件實情是美國為設法在越南「重建政治架構」，正企圖完成不可能的任務。「歐洲由封建社會過渡到現代國家花費三百年」，而且那還是在沒有「百年殖民統治」的額外糾葛下。二是美國想完成不可能的任務，卻不具任何殖民者的優勢。他最近一次訪越時，「發現幾乎沒有人知道一九六五年十月的狀況」。根本「缺少集體記憶。……新人滿懷熱情的起步，但歷練不足。等他們懂得自己的工作時，也是要離開的時候」。第三綏靖是幻想：「有一省在我們的地圖上顯示，已七成獲得綏靖，但防區顧問告訴我，那裡八成的人口向越共繳稅。」[80]

不止如此。哈里曼與同僚草擬了「談判工作文件」，卻尚未回答最最重要的問題：「我們能提供河內什麼誘餌？」到八月底，他們重提原來的構想，以美國終止轟炸北越，交換河內「保證」停止軍隊滲透至南方。問題是如今就任總統的紹，始終反對談判[81]。南越選舉過後五天，柏克自西貢興奮地寫信告訴季辛吉，此次「最複雜的政治操演，遠超過我的預期」[82]。季辛吉冷嘲式的回答充分表露他對越南情勢真正的看法：「我從未懷疑越南人能夠好好處理複雜的事。我不太有把握的是他們能不能好好處理簡單的事。」[83]

連季辛吉的學生都知道老師真正如何看待越南。他的課政府系一八〇「國際關係原理」（Principles of International Relations），此時在哈佛以「強烈批評甘迺迪及詹森政府的外交政策聞名」[84]。但情況變得愈糟，季辛吉愈渴望再回越南。一九六六年十月他三度訪越，只停留十天，但得向學校請假，須獲文理學院院長法蘭克林．福特（Franklin Ford）批准[85]。請假事由是協助大使館進行「國家和解計畫」，那是他之前對哈里曼提及與民陣談判的可能性，如今已快速成長為此計畫[86]。此次他飛得很有氣派，不過是粗獷型那一種，搭乘麥納馬拉長途飛行喜歡使用的改裝波音七〇七加油機，機上設有上下鋪床位。與國防部長本人同行的，是返回蘭斯岱爾團隊的艾斯柏格，及國務次卿凱森巴契（Nicholas Katzenbach），他歡喜地記得季辛吉穿著鮮橘色跳傘服，高談闊論蘇聯、冷戰和相關事務[87]。季辛吉雖向哈里曼做出保證，他卻完全明白，這又是一次注定失敗的新行動。不僅越共投誠的人數從不可能達到，足以改變越南政治平衡的水準。不僅阮文紹及擁立他上台的裴琰反對此計畫，因它有引發新政府與新選出的制憲大會攤牌的風險[88]。也由於季辛吉所要

* 也拼作Chu Hoi，約略譯為「展開雙手」。號召投誠的文宣置於放M-16子彈的防水袋裡，在戰區散發。到一九六七年有登載的投誠案約七萬五千件，但並非全都是真的。

幫忙協調其工作的多個美國單位，互相角力，根本肩負不了這項任務。

辛苦奔走九天卻無結果，他對哈里曼說：「我愈來愈擔心，在越南知道該做什麼，比懂得該怎麼做相對簡單。」理論上，國家和解計畫若成功，會「使越南內部結構問題與其國際面向脫勾」，並「大為改善我們的外交地位」。實際上連現有的召會計畫，「國際開發總署、聯合公共事務局（JUSPAO）*、軍援司令部〔下分心戰（Psywar）†及作戰（J-33）‡單位〕、密集空中支援（CAS）§等都步調不一」。「沒有明確的責任劃分」。而其他事務無不「隨意、無系統、尤其是分散地進行」。季辛吉盡職地規劃出改進跨單位協調的計畫，但其報告的基調卻絲毫不樂觀[89]。他回國後與哈里曼開會時，總結問題所在：「軍方有組織但無心；大使館有心但無組織」，且那只適用於即將離開的哈比布而非洛志，洛志仍「傾向於描繪民陣—越共為盜匪及謀殺者」[90]。十一月底季辛吉聽說，阮文紹已延後計畫中要宣布的國家和解，同時不是哈比布而是佐西安獲指派負責跨單位協調，這些應該都不出他所料。後者再清楚不過地顯示，和解計畫不論還剩下什麼，均已沈淪至公關領域[91]。

耶誕節快到了，哈里曼寄給季辛吉一張簽名照，上面寫著：「給亨利・季辛吉，仁慈而堅定的師長，感恩的學生敬上。致上熱烈的祝福。」[92]季辛吉在短短數月內所教給他的是，對越南不可抱著一廂情願的想法。

---

* Joint United States Public Affairs Office，其職責應是協調軍方與文職單位間的「新聞作業」。

† 特種部隊與中情局被歸類為「心戰」的行動，如刺殺民陣份子的鳳凰（Phoenix）計畫。

‡ J-3革命發展處（Revolutionary Development Division），軍援越南司令部的作戰處（Operations Division）。

§ Close Air Support。

第五部

第19章 反俾斯麥

我……不太明白你的建議，你説我們應該回到俾斯麥那種外交。我雖曾計畫撰寫有關俾斯麥外交的書，也確實寫完一半，但對當前的情勢，我想不出〔比俾斯麥的〕更可能導致大災難的政策。

—季辛吉對豪爾德，一九六一年[1]

法國政策的種種全為配合與莫斯科保持良好關係。法國的官方理論……是當今世界共有三極。一個中心在華盛頓，一個在主導東亞的北京，第三在莫斯科—巴黎主導的歐洲……戴高樂曾對柯西金説：「越戰使美國在歐洲日益不受歡迎。我們要藉此團結歐洲。」

—格蘭維對季辛吉，一九六七年[2]

一

就算最敏銳的季辛吉著作的私淑弟子，均曾誤以為他密切認同德意志〔第二〕帝國（German Reich）首任首相俾斯麥（Otto von Bismarck）。但季辛吉從未嚮往成為「美國俾斯麥」，在冷戰備置的世界舞台上，「施行政治現實主義原則」[3]。一九六一年夏，其友人英國軍事史學家豪爾德曾建議，美國應考慮採取更俾斯麥式的外交政策。當時有許多英國人，特別是首相麥克米倫，（誤）以為甘迺迪實行魯莽的理想主義，使他們備感焦慮。豪爾德解釋：

> 我選〔俾斯麥〕為格萊斯頓（Gladstone，譯註：英國自由黨政治家，十九世紀後期曾四度出任首相）的一般抗衡者，一位相信權力政治的現實，相對另一位則相信以道德領導世事的力量；〔前者〕在擔任首相大多數時間，曾運用其權力保存及調整歐洲和平所依恃的均勢，達成他嚴格限定的目標……當我說需要對利益做冷靜的計算時，就是要表達這個意思，那遠比企圖主張「道德領導」更能讓外界理解，道德領導很確定會在國外遭致誤解。……我們希望在美國到的並非道德熱情，而是輕鬆、有禮、對實力有自信的立場，看來甘迺迪似乎漸有同感。[4]

季辛吉坦承「不太明白」豪爾德的論述。他答：「我雖曾計畫撰寫有關俾斯麥外交的書，也確實寫完一半，但對當前的情勢，我想不出更可能導致大災難的政策。」[5]

季辛吉對俾斯麥甚為矛盾的評價，他從不質疑俾斯麥的才幹，卻認為俾斯麥的成就有致命缺陷，欲加以了解，不能只讀他一九六八年夏發表的，討論此主題的出名文章〈白色革命〉（The White Revolution）。該文雖寫得鞭辟入裡，但看不出全貌。如季辛吉對豪爾德說，一九六一年時他其實已寫就「半本……關於俾斯麥外交的書」，那大部分很可能是一九五〇年代後期寫成的。（一九六七年二月，他把未完成的草稿寄給瑪莉昂·頓霍夫看時，曾促請她「記得這是十多年前寫的」。但他也表明仍打算「再寫下去」。）[6]此書原定為《重建的世界》二部續集的第一部，第二部要寫一八九〇年俾斯麥去職到一次大戰爆發。換言之，關於俾斯麥的書將是「討論以均勢為基礎的結盟制、維持歐洲百年和平」的三部曲的中心著作。總之，那是季辛吉給其倫敦出版商韋登費的期待。當第一部「銷量慘淡」後，此人便「目中無」季辛吉，直到《重建的世界》問世十二年後才再見他，此時作者已獲任命為尼克森的國家安全顧問。韋登費憶道：「他的美國出版商暗示我，他可能快寫完俾斯麥那一部了。」但季辛吉帶來的消息令他失望。季辛吉說：「我要把手稿燒了。接近權力中心才幾週已讓我領悟到，對政策究竟是如何制定的，有待我學習的地方還很多。」[7]

此話不全屬實，儘管韋登費未說錯，那是「為未寫完此書所說的好聽藉口」。季辛吉的確從未寫完有關俾斯麥的書；但也沒燒掉。未完成的手稿仍在，在其私人文稿裡，有半世紀多無人讀過。經瀏覽草稿各章節，證實季辛吉以〈白色革命〉為題發表的文章，只代表他打算發表的部分論述。

誠然我們知道季辛吉後來對俾斯麥的看法，因《大外交》（*Diplomacy*）及《世界秩序》裡，均曾大篇幅討論這位鐵血首相。在季辛吉成熟的觀點中，卡斯爾雷與梅特涅在維也納會議建立的歐洲秩序，到俾斯麥締建德意志帝國後瓦解，因「德國統一，法國又是其固定對手，此體制失去彈性」[8]。一八七一年後，更嚴密的五強聯盟（借用馮蘭克（Leopold von Ranke，譯註：十九世紀德國史學大家，並有近代史之父之稱）的說法，指　、英、法、德、俄），依賴高手外交家俾斯麥維持聯盟的均衡。在此無需長篇討論，一八七〇、八〇年代俾斯麥維持和平的輝煌戰績。但有一項謀略在季辛吉離開公職期間，對他似乎變得格外重要：即俾斯麥與俄國外長吉爾斯（Nikolay Girs）一八八七年六月簽訂的再保證秘約（Secret Reinsurance Treaty）。根據其條款，德俄若有一方涉入與第三國的戰爭，另一方同意保持中立，除非是德國攻擊法國，或俄國攻擊奧匈帝國。這使俄國若意圖取得對黑海（Black Sea）海峽的控制權，德國承諾保持中立。但真正的用意是，防阻俄國欲與法國簽訂互相防禦條約，而俾斯麥失勢導致再保證密約未續約，之後法俄果真結盟。如季辛吉後來所說：「矛盾的是，正是那種曖昧保留了歐洲均勢的彈性。以透明為由放棄它，開啟一連串愈來愈多的衝突，以至第一次世界大戰達到頂點」[9]。季辛吉認為俾斯麥走後，強國體系的爭執「加劇」而非「減緩」。久而久之「政治領袖對本身戰術失去控制」，「到最後軍事計畫與外交均脫離掌控」[10]。但這後期的外交藝術傑作，並非季辛吉年輕時對俾斯麥事業最感興趣的一面。

刊於《戴達羅斯》雜誌的〈白色革命〉如同《重建的世界》，文中滿是獨到的見解[11]。季辛吉寫到俾斯麥的歐洲：「對保守派太民主，對自由派太極權，對正統主義者（legitimists，譯註：主張法國君主應由波旁王朝持續傳承）太權力導向，新秩序是為天才人物打造，此人主張針對相爭鬥的勢力，包含國內國外，藉操縱其敵意來加以約束」[12]。或：「俾斯麥並非靠說謊，那是太不自然的舉動，而是他善於順應任何環境中最微妙的暗流，並拿出準確因應需求的措施，才得以勝出。俾斯麥的成功關鍵在於他總是很真誠」[13]。俾斯麥對德國在普魯士領導下統一的構想，「並非革命者因對手不信其革命目標合乎現實，而獲得成功的首例」[14]。俾斯麥是機會主義者嗎？那還用說！「凡欲影響大局者必是某種程度的機會主義者。實際差別在於有人會讓目標去順應現實，有人則試圖照目標去塑造現實。」俾斯麥否定「任何國家有為原則犧牲機會的權利」。但「革命人士（含「白色」革命者）的盲點是，他們相信他們奮力追求的世界，會集新觀念所有好處及被推翻架構的優點於一身」[17]。

以上句句話擲地有聲。但對主要論述只屬附帶或錦上添花。核心主題共有三個。一，俾斯麥不僅是天才，也是魔鬼（現已少用的古字魔鬼的（demoniac）一再被用來指稱他）[18]。這說明季辛吉為何花那麼多時間，講述俾斯麥在塔登家族（Thadens）和普特卡默家族（Puttkammers）影響下，由自然神論和泛神論轉向虔信派（Pietism，譯註：十七世紀路德教派一支）的心路歷程，這一枝節起先似與主論述無明顯相關。但季辛吉指明，俾斯麥的宗教覺醒是表相，其背後是他轉變為地緣政治的達爾文主義者：

梅特涅體制因十八世紀的宇宙概念而起，即宇宙是一座龐大的鐘錶機械：各部分複雜地齧合在一起，其中之一若被擾亂便會影響其他部分的平衡。俾斯麥代表新時代。均勢並非和諧加機械式平衡，而是不斷變化的各種勢力數字上的平衡。適合它的哲學是達爾文的適者生存概念。俾斯麥是政治概念由理性主義轉向經驗主義的代表人物。……俾斯麥宣揚所有信念的相對性；他把信念詮釋為勢力，勢力要以它能發揮多大力量來評價。[19]

因此「白色革命家」只是表面上的保守派。而首次以此稱呼俾斯麥的，是一八六七年的猶太銀行家班柏格（Ludwig Bamberger）[20]。

第二主題是俾斯麥的歐洲新秩序，取決於他有能力「操縱其他強國的承諾，使普魯士與彼此相爭的任一方，永遠比他們雙方之間更接近」——後面會看到，這是季辛吉十分關鍵的洞見[21]。俾斯麥得以如此，是由於他不再受梅特涅式正當性概念所束縛。他能與所選定的任何對象結盟或予以攻擊。但這麼做「需要冷靜沈著，因為那是藉著鎮定接受極大風險、被孤立、或突然達成協議但犧牲普魯士等，以求達成目標」[22]。

第三主題是俾斯麥的成就雖大，卻因未能體制化而難以持久。季辛吉寫道：「體制是為一般表現標準而設計。它很少能容得下天才或魔鬼的力量。一個社會若須世世代代出現偉人，始能維持其國內或國際地位，則注定會衰微。」反之，「功績可傳世的政治家，會將個人的開創之舉，轉化為以一般表現標準即可維持的體制」。俾斯麥未能做到這一點，季辛吉認為是他的悲劇。「正是他的成功使德國永久不可缺少高超手腕……〔並〕留下偉大無法融入社會的傳統。……每一代都需要偉人的制度，為其本身帶來幾乎無法克服的挑戰，只因偉人往往表現出驚人的強勢性格」[23]。尤其俾斯麥的後繼者無能力「適切分析……國家利益的要件」：「由於俾斯麥極擅長掌握權力關係的細微處，所以他在其哲學中看到自我限制原則。繼任者和仿效者卻看不出這些細微處，以致應用俾斯麥的教誨卻導致武器競賽和世界大戰」

的確，因併吞亞爾薩斯—洛林，使俾斯麥與後繼者失去一個選項，那是他擔任普魯士宰相（minister president）時曾享有的：可與法國結盟，不論多麼短暫。一八七一年後德國有可能結盟的只有三強，其中大英帝國已偏向「光榮孤立」（splendid isolation）。但才幹可比俾斯麥的領導人或許仍可避免災難。問題在於東施效顰者眼中只有現實政治的無情，沒有自制這個要素。他們為對抗「合縱連橫的夢魘」，不惜訴諸武力恫嚇、搶奪殖民地、增建海軍，結果卻鞏固了法俄結盟。「於是德國等於招徠本身最害怕的後果。」[24]就此而言，「德國近代首屈一指的人物……撒下了二十世紀悲劇的種子」。

所以〈白色革命〉一文的重要意義，很肯定無關乎季辛吉認同俾斯麥。使季辛吉本身家族受害多過大多數人的，正是他在文中所描述，俾斯麥為德國留下的傲慢「悲劇」。相反地：季辛吉哀嘆「魔鬼」俾斯麥的程度至少不亞於景仰。真正的要點是季辛吉把俾斯麥與戴高樂相提並論：

> 正如戴高樂冷酷的嘲諷，是依附在對法國歷史使命近乎感性的概念上，俾斯麥實事求是的馬基維利思想則認定，是普魯士獨特的團結觀使它得以主導德國。俾斯麥像戴高樂一樣，相信通往政治整合之路，並非專注於合法的方案，而是強調曾輝煌的古國的驕傲與尊嚴。俾斯麥呼籲外交政策不可感情用事，應憑藉對實力的評估。……政策依賴計算而非情緒。國家利益提供超越個人偏好的客觀必達使命。[25]

不諳世事的現代人在一九六八年讀到這些字句，也許不明其所以。俾斯麥和戴高樂是超級現實主義者，認為本國「成為強權的要件」凌駕所有其他勢力，尤其是意識形態，無論是十九世紀自由主義或二十世紀共產主義。俾斯麥也像戴高樂，「認定國際關係的充分彈性，僅受國家利益要求所限制」[26]。

就上述重點對照未寫完的書稿，足證這是對季辛吉論述俾斯麥的正確解讀，因已刊出的文章並非書稿的精華部分[27]。目前共有六章書稿存在，有些不止一個版本，前四章大致是《戴達羅斯》那篇文章的原始材料。第五章〔「克里米亞戰爭」（The Crimean War）〕及第六章〔「正當性的偶然」（The Contingency of Legitimacy）〕最能深入認識，要不是當時被即刻的行動所吸引，使他放下寧靜地研究過往，季辛吉有可能寫成的本書。季辛吉在書稿中比節略版文章說的更清楚，他認為現實政治是很危險地不道德。季辛吉寫道：「他〔自克里米亞危機〕得到的務實推論始終不變，即唯有冷靜計算權力關係，不摻入感情，才可激起普魯士許下承諾。因此，俾斯麥自……危機剛一開始，所有的調度均可化約為實力的演算。」但「新世界的本質」令人非常不安，那是「他〔吉拉哈（Leopold von Gerlach，譯註：普魯士將軍，與俾斯麥同屬保守派）〕魔鬼式衝鋒召喚而來的世界，在其中唯有計算錯誤是邪惡的，唯有失敗是罪行。那個世界沒有錯覺，唯有巨人和虛無主義者能夠生存」。季辛吉寫著，俾斯麥是「科學家，衡量各種因素，考慮可能組合，設法操作出反映實際權力關係的架構」[28]。德國統一後，「即便歐洲能有共識，也是衍生自實力的計算，其正當性取決於計算的準確度」。

書稿中還談到更多可選擇性的重要性。季辛吉說，俾斯麥採取「維持所有選項到最後一刻的政策」；因而有「令人困惑的坦白」與「大膽的審慎」等矛盾情況。季辛吉有時的確好像因仰慕而迷失。「最終判別政治家的高下是他對替代方案的構思。俾斯麥就有這種本領，能發覺超過一世代被認為不可能的組合。這位不講原則的德國貴族，在季辛吉式金句形成的一世紀前，就以某種方式得出那些體悟：政治家必須總是在「所知不足」的情況下行動，「因為他若等到所有事實齊備，再採取行動已太遲」；政治藝術是「找出適當行動時機的藝術」[29]。但季辛吉在最後分析中，支持反白色革命者的真正保守派。在題為「正當性的偶然」這未完成的最後一章裡，季辛吉努力想解開他所說的「保守派與俾斯麥辯論中的糾結因素」。有兩大段落他顯然花了不少工夫，以下重現刪除和手寫*插入部分，從中可看出太多端倪：他努力想要闡明，站在批評俾斯麥者那一邊的理由：

> 俾斯麥所持的是置身事外旁觀者的觀點，仔細評估事件的實質，嚴謹地下結論，冷酷地加以應用。另一方面保守派的立場包含一種近乎直覺的信念，因此陳述得笨拙，那便是由分析而來的心得不一定必會導致行動。分析的力量在於不涉及個人對分析主題的態度；而行動的衝勁卻出於個人的執念。對分析而言，人只是許多力量之一，是一種可操作的工具。對直覺而言，人代表目的。~~主張自利總是能驅使人，不過是老生常談，因關鍵問題正在於人的自利本性。宣揚承諾的價值同樣空洞，除非能賦予承諾某種內~~

容。分析的弔詭處在於它或許會迴避削弱鼓動行為的信念，而了解更多或許只導致意志麻痺。行動的弔詭處則是無法使人與外在勢力產生聯結，他看得見外力的形成，但外力的動機他只能藉類推去理解。保守派總是堅持，人類行為這二邊面向的平衡，衍生自一種敬畏感，承認超越人類的各勢力那是承認個人對現實的理解受限的相反面。偉大的反叛者否認這一點並堅持在自身魔鬼的天性中，找出足夠的承諾動機。在保守者眼中，社會聯結是神話，是甘於用優於分析性現實的類推，去看待把人當成工具的觀點及人對自己的經驗。而對反叛者來說，神話是弱者的工具。

季辛吉接著在第二段劃下兩條交叉線；但仍很值得重現於此：

但無論反叛者覺得他的經驗多麼不言自明，其前提都是要有幾近超乎常人的抽象能力，那種能力不止當他人，也當自己為一種勢力，為外人，為外人，以免個人偏好妨礙最佳計算。是俾斯麥革命特質的本性，使他得到的所有結果均從其多疑而來，因此所有信仰於他都變成可操縱的因素。所以並不讓人意外於是，俾斯麥愈賣力地倡導其信念，他與常人的距離就愈遠；他愈精確地運用其心得，他對同時代的人就變得愈難以理解。保守派逐漸在他身上看到魔鬼發聲也不足為奇。因魔鬼是墮落的天使，會利用各式虔敬摧毀它。不論俾斯麥的分析多麼精闢，社會不會有勇氣去嘲諷。堅持人是小分子，社會是勢力，向來會導致迴避削弱一切自我設限的傑作。由於社會靠大約近似而運作，也由於社會無法做細膩區別，主

* 原稿中手寫插入的文字確實也用大寫。（譯註：中文以黑體字表示）

張以權力為工具的信念，最後可能變成以權力為目標。有鑑於此，儘管俾斯麥在理智辯論上勝出，但很可能是保守派體現了更多社會真相。[30]

如此嚴厲地否定俾斯麥，以季辛吉迄今寫過，不可能僅依務實主義設定戰略的文字而言，只是小巫見大巫。這位理想主義者仍抗拒現實主義。但這一段被刪除確實有其意義；一本有關俾斯麥的書寫到這裡便擱筆，並出現非尋常地拿不定主意的刪除與插入的糾結，也確實有其意義。

二

乍看之下，德國統一時代的例子，幾乎無可類比於美國在越南時代的情況。有人也許認為，俾斯麥與胡志明的共通處多於與詹森，因俾、胡均藉由鐵血締造出統一的國家。然而季辛吉在一九六〇年代重新研究俾斯麥，有助於他自四個不同方向去思考越南問題。

一，詹森政府最根本的大錯顯然是，任令自己不光彩地在外交上遭到孤立。除南韓和遠方的澳大利亞，幾乎沒有一個盟國在越南給予美國有意義的支持。（菲律賓、泰國、台灣也有適度貢獻。）升高越戰的對立效應是，一九四五年後的美國聯盟體系衰微。不只東南亞公約組織證明有如雞肋；北約亦復如此。反之，河內享有可在盟國中蘇二強間運作得利的幸運地位。

二、季辛吉明白，俾斯麥得以在一八四〇、五〇年代，讓普魯士脫離長期處於劣勢的地位，靠的是冷靜盤算自家利益，美國須以同樣的盤算擺脫弱勢地位。華府其他人都認為，美國為合理化其在越南的作為所高唱的理想，戴高樂是歐洲領袖中對此最嗤之以鼻者。但季辛吉明白，就國家利益而言，法國最有可能在它比其他西方強國更了解的地區，向美國伸出援手。

三，研究俾斯麥，重起季辛吉對德國統一問題一輩子的興趣。雖然大多數美國人認為，戴高樂是對大西洋兩岸和諧的主要威脅，季辛吉卻看出真正的威脅，來自日後所謂的東方政策（*Ostpolitik*，譯註：西德自一九六九年起推行的政策），即與蘇聯集團——含德意志民主共和國——恢復友好關係。對越南如此，對德國也一樣：無法脫離地緣政治背景來了解其統一。不論是越南或德國，務必不可讓統一產生一個更大的蘇聯衛星國。

最後，季辛吉因研究俾斯麥的成功及後繼者的失敗，或應該說是研究俾斯麥成就的難以持久性，使他體認到，讓強國關係體系維持某種程度的彈性至關緊要。俾斯麥在德國首相任內最高明巧妙的謀略，是結合二項看似不相容的承諾：與奧匈帝國基於相互防衛而結盟，又與俄國簽訂再保證密約（Secret Reinsurance Treaty）。美國是否有辦法甘冒做矛盾承諾的風險，與其他大國建立類似的關係，以增強其地位？季辛吉逐漸相信答案是肯定的。他自一九六〇年代中期開始擘劃的大戰略，分為三個不同階段。首先他尋求恢復並活化美國與西歐的聯盟—北約，並設法讓美國與歐洲三大強法、德、英的雙邊關係重現生機，以抗衡歐洲整合的強大勢力。再來他試圖把和解之議拓展為不止是空泛言論，作法是為美蘇合作找尋實際目標，以越南打頭陣。最後他開始察覺，儘管中華人民共和國具明顯革命特質，但也可納入權力均勢的範圍內。他對此與許多其他想法一樣，是受戴高樂及採行務實主義的歷史先驅俾斯麥所引領。

季辛吉想向戴高樂學習，與一九六〇年代的美國外交政策格格不入。在甘迺迪和詹森政府的美國決策者眼中，戴高樂是問題而非解答，尤其是對越南。前面提過，戴高樂對美國的倡議如多邊武力，反應都是負面的。他也拒絕遵守一九六三年《限制核試條約》（Limited Test Ban Treaty），對大氣層核試的禁令。在甘迺迪政府看來，戴高樂似乎刻意要離間大西洋兩岸的聯盟，加深法德關係，疏遠對美關係，又否決讓英國加入共同市場（Common Market）[31]。不止如此。戴高樂早在一九六三年八月便昭告，法國希望見到越南「獨立……於外力，內部和平團結，與鄰國保持和諧」[32]。一九六四年四月，他令美國駐巴黎大使資深外交官波倫大吃一驚，他對波倫說：「軍事上的穩定唯有獲中國同意才辦得到，也唯有中國同意才會有真正的中立」。美國雖提出抗議，但顯然戴高樂設想的只是南越而非全越南中立化[33]。二個月後，輪到波爾被戴高樂告知：「儘管美國享有軍事優勢，但他不相信美國〔在越南〕會贏，就算美國決定發動全面戰爭亦然。」[34]戴高樂日益逼促召開國際會議，藉以解決越南衝突。他明講的目標是，由中、法、蘇、美四強承諾不干預東南亞。他未怎麼掩飾的意圖是，承認前法屬中南半島的領土為中國的勢力範圍。（法國已於一九六四年一月正式承認中華人民共和國）。戴高樂拒絕在美國明確承諾撤軍前，協助促成河內與華盛頓展開談判。最嚴重的羞辱是一九六六年九月他在金邊的演說，他直指是美國讓戰爭沒完沒了。在此之前，戴高樂讓法國完全退出東南亞公約組織及北約指揮架構。對幾乎每個美國決策者而言，這都是駭人聽聞的不忠行為[35]。

若說戴高樂與甘迺迪的關係緊繃，那戴高樂與詹森的關係根本不存在。他倆只見過三次面，每次都在國家元首的喪禮上：甘迺迪、艾德諾和艾森豪。（參議員曼斯菲爾曾建議他倆在巴黎會面，艾麗榭宮（Élysée，譯註：法國總統府）的反應很差，使季辛吉得以在一九六六年一月的報告中說：「特別當曼斯菲爾參議員說，戴高樂與詹森一起站在陽台上，將出現二位英挺人物〔令法方尤其不滿〕。」）[36]詹森的顧問中關注越南者，特別是魯斯克、邦迪兄弟和洛志，一致主張勿理會法國總統不斷呼籲的中立化。唯有尼斯（Davis Nes）領悟到，戴高樂提供的是比升高軍事行動更好的選擇。他曾在一九六四年大選把洛志召回美國前，在西貢短暫擔任過其副手[37]。

如前所述，季辛吉幾乎從一開始，對甘迺迪和詹森政府處理美國與西歐主要強國的關係，一直多所批評。他一九六四年為洛克菲勒準備過不少講稿，其中有一篇他寫道：「北大西洋盟約陷入混亂中。民主黨政府……不懂得歐洲發生的重大變化。它採取的政策自相矛盾，有時呼籲盟國團結，有時又單邊行動。」[38]一方面華府未適當諮詢盟國便自行其是（如當印尼與荷蘭為荷屬新幾內亞起爭端時，選擇站在印尼那一邊）。另一方面美國對多邊武力一頭熱，是出於對歐洲的核安態度基本解讀錯誤。尤其甘迺迪和詹森傾向於與蘇聯進行雙邊和解，引起歐洲主要大國情有可原的憂慮，擔心美國為羅斯所說的「美蘇調解」（U.S-Soviet accommodation）而犧牲它們[39]。季辛吉在波昂聽到同樣的怨言，來自前德國情報局副局長里特（Klaus Ritter），和前北約地面部隊總司令史皮德將軍[40]。在此背景下，美國對盟國發出思慮不周的協助越南的呼籲，必然有如耳邊風[41]。

季辛吉的歐洲地圖是俾斯麥的地圖。當他每年照例飛越大西洋（通常都在五、六月，哈佛春季班結束時），一定會到波昂和巴黎；倫敦排第三，再來是布魯塞爾、海牙、羅馬。他很少走訪其他歐洲國家的首都。北歐是未知的地域。伊比利半島也是。對羅馬條約（Treaty of Rome，譯註：此約正式名稱為《建立歐洲經濟共同體條約》，簽約國有法、義、荷、比、盧、西德）於一九五七年簽訂後，推動西歐統合的經濟力量，季辛吉不感興趣，他心目中的歐洲仍是蘭克所指五強聯盟的歐洲：英、法、德，加不長進的義大利和死火山的中立奧地利[42]。在仍存活的三強中，他對德國最有興趣，對英國最無興趣。但他很快發現，通往河內之路是經過巴黎，不是波昂。

當然不會經過倫敦。如季辛吉與富特、阿里的電視辯論所透露，在英國對越戰的敵意幾乎增長得與在美國一樣快。一九六六年二月季辛吉訪問倫敦，「以獨立可敬的觀察家身份發言」，他在一連串與國會議員和政府官員的會面中，儘可能替美國政府辯解，但他遭到不止左翼〔特別是副相喬治・布朗（George Brown）〕，還有右翼〔影子國防部長伊尼克・鮑爾（Enoch Powell）〕，甚至中間派〔自由黨黨魁格里蒙（Jo Grimond）〕的反對。僅有幾位「中級官員」認為，美國「應更強硬」，他們大概是記起在馬來亞的勝利，英國曾在那裡打過本身的叢林戰，擊敗共黨游擊隊，贏回英國的越南[43]。季辛吉強作鎮定去向安克志報告：「幾乎無一例外，英國人願意加入我們在越南的政策與行動，即使他們發現該做什麼，但並不熱衷做那些事。他說，連左翼的工黨都呼應這種看法，而且他發現英國人中就算最負面的，也比在哈佛的學界同僚好溝通得多。」但以劍橋日益高漲的反戰氛圍，那並不代表英方的反應好。實情是連反對黨保守黨都反越南。新任保守黨領袖奚斯（Edward Heath）在早餐會上告訴他：「他雖大致覺得情勢樂觀……但他看不出我們在越南的軍事戰略有什麼道理。」影子國防部長鮑爾「是最負面的，他贊成我們現在就撤出越南」。在倫敦這種說法或可被接受：越南的重要性「不止在其本身地域，也關係到我們的全球地位，及印、日未來的走向及角色」，但宣稱這場戰爭是「為遏阻共產主義在全球散播」而打，則完全沒有市場[44]。鮑爾後來聲稱，威爾遜考慮派英軍至越南，他百分之百明確、百分之百看得出來，〔行事〕像美國的附庸，這番話獲輿論正面回應，甚至可能足以令威爾遜改變心意[45]。

三

一九九六年代中期的德國，辯論的議題不一樣。一方面大部分德國人看得出來，其本身處境與越南相似。兩國都是分裂；北越像東德是共黨控制的國家，對非共黨的鄰國構成潛在的軍事及政治威脅。但這種論述的說服力並未充分到令德國人願助美國一臂之力。反而許多與季辛吉談過此一主題的德國政、軍領導人，都開誠布公的表明，他們認為德國分裂為他們帶來的問題已令人夠頭痛，別無時間和資源去擔憂越南。

季辛吉往往愛對西德的走向提出預警，但他指的前進方向通常是對的。早在一九六四年十一月他就警告邦迪，美國「強推多邊武力」又「把事情逼到無轉圜餘地」，有「讓基民黨垮臺」的風險。他預測：「這繼而又會使社民黨轉向更偏左、更偏民族主義的路線。我真正掛念的並非多邊武力，而是三、四年後德國的情況也許會變成像今日的義大利」，亦即政治的重心發生根本變化，轉向偏左[46]。兩年後社民黨加入基民黨共組大聯合政府，並任命布朗德為副總理兼外長。

一九六五年四月，季辛吉首次與布朗德的新聞發言人巴爾（Egon Bahr）見面，此人後來成為東方政策的建構者。巴爾錯生在鐵幕另一邊的圖林根邦，一九五六年加入社民黨，原因並非他是社會主義者，而在於他是民族主義者，他（正確地）懷疑基民黨與美國均無誠意追求德國統一。巴爾經布朗德聳恿，熱切想與季辛吉見面，便特地來到波士頓。（季辛吉其實想避開他。）依季辛吉的報告，巴爾興奮地說明，其上司一等社民黨在波昂上台就打算做的事：

> 布朗德決心全速前進。我問朝什麼方向。巴爾說，朝向大幅增加與東邊包括東德的聯繫。他還說，最優先目標之一是草擬和平條約。他與布朗德正考慮的方案會有下列特點：統一後的德國將退出北約。聲明放棄擁有核武。外國軍隊退出其領土。德國武裝部隊維持現有規模。由四強保證德國領土的完整。還要簽互助條約，根據此約，四強同意彼此協助對抗德國的侵略。[47]

季辛吉聽著心驚。「我問巴爾是否擔心，這種保證也許使共黨不斷有正當理由介入德國事務。巴爾答，我還是以冷戰角度在思考。」巴爾此話意指季辛吉認定，「蘇聯有無止境擴張勢力範圍的欲望」，而「柏林社民黨的看法……認為蘇聯會愈來愈顧及國家本身」，並變得「重視與德國的友誼而非向它施壓」。但蘇聯若真的施壓，那「現有德軍可打拖延戰，等候北約馳援」。

季辛吉聽不下去這種胡言亂語：

我指出，若巴爾的方案要仰賴強大的北約，他大概免不了會理想幻滅。照巴爾描述的情況，不止德國會退出北約，北約本身恐怕都自身難保。有可能同時與蘇聯簽下互助條約，又針對假想的蘇聯危險組成聯盟，那似乎很難想像。巴爾答，他不認為北約有那麼大的作用；北約主要的重大意義在於美國的保證，而他認為即使沒有北約，那項保證也可維持下去。[48]

接下去更可怕，季辛吉問巴爾建議如何達成德國統一。巴爾的回答是：「透過與東邊包含東德最緊密的聯繫。」統一須等到東西德的經濟差距消除，避免東德人遭受「難以忍受的屈辱」，但那「也許在西德對民主共和國大力經援五年，以拉平生活水準」後即能達成。季辛吉不以為然：「那民主共和國就能在未開發國家更為活躍」，但巴爾回道：「這是他願意冒的風險」，因為「柏林社民黨的整個概念就是東德人先是德國人，其次才是共產黨」[49]。

季辛吉被巴爾驚嚇到快筆為《報導者》，寫下一篇強有力且在某些方面有如預言的文章：〈德國統一的代價〉（The Price of German Unity）[50]。季辛吉研究俾斯麥，所以無須說服他，德國是「歐洲均勢的關鍵」。

如他在〈白色革命〉中所說，「若德國太凝聚或太強大，會促成行擴張主義的法、俄聯手來抗衡它。若德國太分裂，則會引來不斷的壓力」。德國須「強大到足以反抗來自東、西兩方的攻擊，但不可強大到令鄰國不安，統一到足以為國防而動員，但不可凝聚到形成攻擊性威脅」[51]。巴爾的設想表面上聽起來或許很有道理。其實很多美國人也贊同：「兩德加強聯繫會促進東德政權被蠶食」。但實際上東方政策必定推著德國不只朝統一，也朝「民族主義或中立主義或兩者皆是」的方向走[52]。首先，巴爾的作法有可能提高東德政權的地位。不是德國的分裂愈演愈烈，就是「逐漸幾乎不知不覺地接受蘇聯的德國統一框架，即由兩德直接談判」[53]。

反之，季辛吉主張，對此問題採取北約一致行動。若要成立聯邦共和國與民主共和國的某種邦聯，就須設下條件，如保障以自由選舉選出邦聯政府，其領土全面非軍事化，十五年後舉行統一公投。兩德須承諾以奧得河—尼斯河為德國東界。簡言之季辛吉的論點是，德國統一唯有在跨大西洋及泛歐洲整合的大框架內才可發生：

> 德國統一的長期希望，繫於西邊的演進可對東歐國家產生磁吸力。當西歐達成政治統一，對任何單一國家的恐懼便會消失。再者，統一的歐洲對東歐國家將有強大吸力。當東西歐的聯結加深，東德衛星國便會愈來愈像逝去的時代的遺跡。統一後的歐洲繼而應加入一種緊密而自信的大西洋關係。因此有遠見的西方政策會設法把所謂的德國問題，轉化為努力建立歐洲及大西洋架構，聯邦共和國則可成為其平等且受重視的一員。[54]

以二〇一五年的後見之明來看，這段文字幾乎是先知預言。之後布朗德確曾試行東方政策；蘇聯也確曾試圖破壞它及利用它為工具；統一確實在二十年後在基民黨總理領導下發生，並正是以復經肯定的大西洋盟約及更深更廣的歐洲聯盟為基礎。

但在一九六〇年代中期，需要一個潘格羅士博士（Doctor Pangloss，譯註：法國哲學家伏爾泰，所著諷刺小說中永遠抱持樂觀主義的人物）才會讓人相信，很可能有皆大歡喜的結果。一九六五年六月，季辛吉聽到社民黨主席韋納（Herber Wehner）不祥的預示，使他益發警覺。這位堅強的前共產黨員先剖析西德主要的政治人物，包括他自己黨的總理候選人：

> 艾哈德是烘焙師，喜歡烤大蛋糕並在上面插蠟燭；施洛德有潔癖，使他因美學而非道德因素反納粹。如果我們惹上麻煩，他的潔癖會再出現。布朗德遇上棘手之事，就開始猛打有膽量者的肩膀；厄勒極會攏絡人，每樣東西他都能賣兩次；孟德，韋納曾獲告知，美國新聞界稱讚過那位虛無主義者有彈性。這證明美國人是政治白癡。[55]

然後他轉向歐洲其他國家：前比利時總理史帕克（Paul-Henri Spaak），是「不綁住就會飛走的氣球，輕輕扎一下就會刺破」，剛過世不久的工黨領袖蓋茲克爾，是「誤把走上講台當成邁向歷史的迂腐學究」。至於戴高樂，他是「過去數百年的遺老」。以上全只是熱身。韋納也像巴爾，先講民族主義，再談社會主義。他熱切相信，「若德國繼續分裂，它在精神上會崩壞」，也同意，其他西方強國對統一只有口惠。但韋納不像巴爾，他非常不信任蘇聯。他贊同季辛吉，承認東德政權只會導致兩個民族主義國家相角力。然而聯邦共和國若不想失去所有精神上的凝聚力，也不願看到左、右翼再出現極端政黨，便須推行非常積極的統一政策。他說，新世代不再病態地害怕共產黨，他們也許會開始與東邊玩玩。像「那個半吊子」巴爾那些人已在隨意這類想法。[56]

季辛在德國，不論到哪裡都聽到同樣的話。韋納對他說：「越南不是戰爭，是無底深淵。」老傢伙（*Der Alte*）——已退休但仍閃耀光芒的艾德諾——同意：「越戰是個災難。決定性地區在歐洲，我們卻在東南亞的泥淖中陷得更深。我說我們是在東南亞保衛歐洲。艾德諾答，我們若繼續目前的步伐，歐洲亞洲都保不住。」[57]

德國的怨言，國會議長蓋斯登麥爾（Eugen Gerstenmaier）也這麼說，即美國人一直要他們「在法、美之間選邊站」，對此他想回答：「我們做出選擇後，法國會不會自歐洲消失？」[58]季辛吉試著向邦迪解釋，沒有道理利用聯邦共和國「替〔國務院〕一面倒、近乎執念的反法偏見……當急先鋒。……若德國不斷被要求在美法間做選擇，它終將選出勢必具破壞性的統一方法。……為阻撓法國而拉攏聯邦共和國……最後會是巴黎和波昂都疏離」[59]。

當季辛吉聽到麥納馬拉終於放棄多邊武力，贊同設立「核子事務執委會」之議時，鬆了一口氣[60]。（如季辛吉所獲轉達：詹森一九六五年十二月與艾哈德見面時對他說：「魯威，我願為你做任何事，但別要求核

* 此處提到的是總理艾哈德，外長施洛德（Gerhard Schröder），柏林市長及社民黨總理候選人布朗德，社民黨國會領袖厄勒，自民黨領袖兼副總理孟德。

武，那會讓我的日子很難過。」從此多邊武力便壽終正寢。）[61]但季辛吉指責那些「北約早年的大人物」，因誤信「歐洲長期的危險」在於「歐洲的意志過於堅定」，所以意圖妨礙那麼做。真正的危險，如季辛吉正確地預見：「正好相反，在於一種放棄所有責任的傾向。……十年後歐洲也許會陷入義大利的狀況：太亟於把外交政策交給我們，但碰到緊張時刻卻不可靠。若我們是西方國家中唯一執行認真的外交政策者，我不相信那符合我們的利益。」[62]

這是一年後他又重拾的主題，那時美國政策再次轉彎，產生所謂「硬體方案」，美國將藉此出售核潛艇給北約，交由北約聯合控制，之後艇上將配置多國人員。這基本上是多邊武力重起爐灶，季辛吉毫不客氣加以奚落[63]。北約真正的問題，用軍事上太狹隘、整體上又毫無意義的整合形式，無法加以解決。有必要的是歐洲「為其政策與防禦負起更大責任」：

> 若歐洲成為我們羅馬的希臘：政治閉塞，文化令人感興趣，卻無法扮演積極角色，那既不符合我們也不符合歐洲的利益。霸權長期而言是有損士氣的，所以這不會有益於我們。我呼籲，我們維持影響力唯一的方法，是降低正式的控制地位。……目前的體制鼓勵太多盟國，把共同防禦的費用和責任轉嫁給我們。[64]

美國不可再反對，歐洲致力於集結其包含核武的防禦能力。尤其主張德國連分歐洲核嚇阻力的一杯羹都不許，一定要取消。「一直堅持北約主要功能之一，是約束某重要會員國的潛在威脅」，那怎能「有利於北約的團結」[65]。

此一呼籲如石沈大海。詹森政府未朝季辛吉贊成的方向去走，使北約政治上更整合、軍事上更平衡，反而繼續走和解之路，似乎對莫斯科的信心大於對波昂。一九六七年美國宣布，樂於接受（原為愛爾蘭所提）不擴散核武條約（nuclear nonproliferation treaty，NPT）的構想，又引發德國情緒激動。美國的理論是，根據前副國防部長吉爾派崔克詳盡的研究，防止世界核強國由四個，到一九七〇年代中期偷偷變成十五到二十個，沒有比這更好的辦法[66]。如蓋文已指出，美國對不擴散議題的想法，範圍擴及全球並迂迴曲折：「美國需要在與主要敵人（蘇聯）和解及合作期間，到幾無戰略利益的地區（越南）打傳統戰，以說服盟國（日本）和中立國（印度）勿發展核武，因他們若發展，西德的壓力會加重，與蘇聯的緊張會升高，和解會遭致破壞。」[67]從詹森的觀點看，幾乎不必多說，不擴散條約有其內政上的吸引力；當巴比．甘迺迪一表示對此構想有興趣，詹森就須把它據為己有。西德人對美國說理的複雜內容不感興趣；他們只看到做為忠誠的盟友，怎會被拿來與中國相提並論，再怎麼說中國已在一九六四年成功完成一次核試。德國負責裁武的資深外交官施尼本柯特（Swidbert Schnippenkötter），一九六七年一月告訴季辛吉，這是「德國對美關係的轉捩點，而且許多方面的損害已無法修補」[68]。又回鍋政府出任財政部長的法蘭茲．史特勞斯，好鬥性格猶勝以往：「他說不擴散條約是超級雅爾達。……美國的行為讓他覺得像是，老酒鬼對不喝酒的人說，喝一小口就要處死。不擴散條約等於美蘇在核事務上永享霸權。」[69]艾德諾以二十一年的資歷，講話不必有所顧忌，他對季辛吉說：

> 詹森總統提出的是，與蘇聯建立霸權關係，與全世界其他國家對立。兩大「擁有國」試圖針對所有「未有國」將世界一分為二。美國介入亞洲。美國的優先要務，第一是亞洲，其次是和解；歐洲不吵不鬧

> 時，只當做某種方便的工具利用一下。……美國居然考慮簽訂，會使聯邦共和國永久處於受歧視地位的條約，實在令人憤慨。[70]

老傢伙警告，他會「公開表達反對你們」。美國雖有些經驗老到者傾向於同意德國人，尤其麥克洛伊和鮑伊，季辛吉本人對不擴散的立場是矛盾的。當他試圖對史特勞斯談起，此約與德國統一問題有關，得到的是充耳不聞：「他〔史特勞斯〕厭煩一直聽人提起，和解將促成德國統一。實情是達成德國統一不符合任何國家的利益。俾斯麥很幸運，由於周遭強國全誤以為奧地利比普魯士強大，他才得以創建統一的德國。」[71] 當然那是巴伐利亞的觀點，但並非沒有其歷史價值。

對艾德諾，季辛吉試著打越南牌。他問：「讓美國的聲望徹底崩潰，使共產世界最死硬派受到鼓舞」，真的符合德國利益嗎〔？〕美國若被北越打敗，烏布利希（Walter Ulbricht，東德領導人）要是想對柏林施壓，蘇聯能如何回應他？

> 艾德諾看著我，說：你認為我相信你們會保護我們嗎？我說是。他說我不再相信你們會保護我們。近年來你們的行動表現得很清楚，和解對你們而言比什麼都重要。我不相信任何美國總統會為柏林干冒核戰的風險；現在唯一保護我們安全的，是蘇聯不確定美國會不會。[72]

季辛吉問到德國統一。艾德諾反擊道，就他所見，「那無法靠與美國聯手或透過美國來達成。」真相是

「美國人在政治上最不可靠」。在他看來，「法國或許還能替聯邦共和國完成德國統一」，只因從國家利益角度看，「盡可能把共產主義自歐洲中央趕得愈遠愈好，對法國很重要」。

> 美國傾其全力，破壞大西洋區的政治後盾，摧毀西方安全體系基石者的自信。他說數週內會拜訪戴高樂，並促請他推動歐洲政治聯盟。純經濟聯盟根本不夠，民族國家也不適合。[73]

值得注意的是，聽到跨政治光譜和跨世代均有此種感受。巴爾基本上與史特勞斯和艾德諾一樣，不看好不擴散條約，不過在他眼中，那只是使西德成為「東西橋樑」*，並成為瑞典、日本、印度等國新夥伴的新論述，那條約顯然是針對這類國家而來[74]。新任社民黨國會黨團主席施密特採取同樣立場：他認為美國「想要和解是為其本身利益，不惜可能犧牲最親密的盟友之一……北約的終結正在加速」[75]。美國的出發點若是要訂立政策，鞏固基民黨與社民黨不到兩個月前，在基辛格（Kurt Georg Kiesinger）領導下組成大聯合政府而成立的新聯盟，那想出不擴散條約這個點子真是再好不過。

簡單說，西德沒什麼可助美國之處，尤其是越南。季辛吉在一連串只是令人沮喪的會面後，回報麥克諾頓：「我不確定，對當前波昂自怨自艾的氛圍和剛發端的民族主義，這些對話究竟能否充分加以反映。」[76]

* 當季辛吉搶白：「橋樑被人踩踏的危險始終存在。」巴爾有修養地笑了。

四

季辛吉只在一方面認可西德的走向。如他首次與巴爾見面時所說：「我覺得整個〔東方政策的〕概念很有戴高樂的味道。巴爾答，布朗德非常欣賞戴高樂。」[77]巴黎再次是關鍵。除去德國問題，柏林和波昂那些人對其他問題沒什麼可貢獻的。一九六五年德國部長孔納（Heinrich Krone，季辛吉形容他是「艾德諾最親近的親信及德國版國安會的主席」），提出了無新意的「憂懼……美國可能變得太專注於東南亞，而降低對歐洲的興趣」[78]。季辛吉曾對瑪莉昂・頓霍夫說，他已有一段時間，對於「把純德美關係看得那麼重要感到懷疑」[79]。德國太過於只在意自己，對美國的關注很難有所回報。所以關鍵在法國。

早自一九六四年七月，季辛吉便開始對戴高樂表現出非主流看法的同情。季辛吉有一篇刊於《外交事務》的文章，對北約出了什麼差錯有透徹的批評，他在文中為戴高樂主義辯解。經過近二十年核武暴增，不但數量龐大，殺傷力也更強，卻從未實際使用過，於是政治獨立「新精神」與「多中心主義」，便完全能理解。正因嚇阻策略收效，最後大決戰的威脅看似消退，勢必造成跨大西洋的連結不再緊密。季辛吉說：「戴高樂總統絕非懷疑美國對歐洲的軍事承諾，而是對它極有把握，所以才不會認為政治獨立有風險」[80]。無論如何法國有正當理由，批評詹森政府的政策。多邊武力是走巧門。它「基本上是使美國核霸權能被接受的謀略」。依照彈性回應理論，歐洲人理應默認「由美國一手掌控核戰略」，他們只要擴增自己的傳統武力就好。戴高樂卻「準確指出……北約的關鍵問題。若缺乏共同的外交政策，至少也要有協議過的政策歧異範圍，否則企圖訂定共同的戰略到頭來不免徒勞無功」[81]。季辛吉不僅贊成戴高樂先前提議，成立強國「執政委員會」；他也支持法國對歐洲統合的願景，以「制度化外長會議及次內閣級官員會議」為基礎，而非德國式的聯邦制，特別是因為那「最符合英國參與的方式」[82]。像這類評論顯示，季辛吉從未完全信服洛克菲勒的主張，以跨大西洋聯邦來解決北約的問題[83]。

在一篇題為〈錯覺者〉（Illusionist），刻意帶挑釁意味的文章中，季辛吉指責美國人「錯誤解讀」戴高樂[84]。連志同道合者如瑪莉昂・頓霍夫都對感到震驚。（她因憎惡而不再讀下去。）但季辛吉不為所動。他對她說：「我雖很不同意他的某些答案，但他提出一些重要無比的問題。」[85]季辛吉企圖得出自己的答案，由一九六五年出版的《出問題的夥伴關係》（*The Troubled Partnership*）可見一斑[86]。這本獻給其子女的著作，源自一九六四年三月在外交關係協會，連續三次的演講，由該協會贊助與另二本著作同時出版：布里辛斯基的《分割的替代選項》（*Alternative to Partition*）及史丹利（Timothy W. Stanley）的《北約轉型：大西洋盟約的未來》（*NATO in Transition: The Future of the Atlantic Alliance*）。那是匆忙寫就的書。就算有年輕的羅德曼提供「能幹無比」的研究協助，還有謝林給予「深刻且高明的建議」，仍無法彌補其為文倉促（書中出現數次Britians（譯註：可能是Britain之誤），並至少有一次雖寫的是Franco-German（法德），但明顯是指Franco-American（法美），由此可見）。全書有太多章是出自更早寫就的單篇文章，所以無法顯現針對北約前途完全一致的論述。然而有一重要主題闡述得透徹。美國須更認真看待戴高樂主義。「美國作主、歐洲無力」的日子已成為過去，卻留下後遺症，有一方「自以為是又無耐性」，另一方則「滿腹怨言又無安全感」。戴高樂只是歐洲領袖人物中首位領悟到，在美國實質主宰核戰略及美蘇和解等條件下，「政治獨立的風險小，卻有可能獲得很大的好處」。[88]

季辛吉寫戴高樂的那一章明白顯示，他此時的想法有多麼重視以俾斯麥做類比。美國人（尤其國務院的波爾）[89]雖逐漸認為，歐洲應整合為一個歐洲合眾國（United States of Europe），這一實體會是美利堅合眾國更好的夥伴，戴高樂卻也看穿這一點。他雖真誠希望歐洲團結，但只想要一個民族國家的邦聯，並不再依賴美國保護其安全。季辛吉認同此願景：

> 戴高樂行事，雖常似就是以反對美國政策為目標，但他更深層的目的是為教育：教育其人民或許還有其大陸，對獨立和自力更生的態度。……他的外交是俾斯麥式風格，俾斯麥為達成他認為是普魯士的正當地位，毫不留情地合縱連橫，後來又設法透過深謀遠慮、約束和節制來維繫新均勢。[90]

他整本書中，對這位法國總統的一切舉措，即使曾引起華府惱怒者，均表支持。於是乎，戴高樂拒絕讓英國申請成為共同市場會員是對的；藉一九六三年法德合作條約，使法國成為「聯邦共和國利益的守護者」是對的；堅持法國擁有獨立的核嚇阻力量是對的（「投保火險不代表喜歡玩火」）；拒絕多邊武力也是對的[91]。基本上季辛吉的新提議：「由美、英、法、聯邦共和國、義大利及小國輪值代表，組成北約理事會（NATO Council）執委會」，是戴高樂胎死腹中的三邊執政委員會構想的精修版[92]。唯一可議的是，戴高樂也像俾斯麥，或許是在創建人去政息的架構。

> 政治家必須就手邊現成的資材來執政。若他的構思範圍超出環境的吸收能力，則不論其見地是否正確都會失敗。若他的作風使他格格不入，那其主張是對是錯都無關緊要。偉人唯有記得，他要靠才智不及他但可能步其後塵的人來延續其成就，這樣才會真正有建樹。只靠每一代都出現偉人才維持得住的架構，本質上是脆弱的。這或許是戴高樂成就的天譴。[93]

有些書籍叫座得歸功於時機好。《核武與外交政策》便是如此。反之《出問題的夥伴關係》出版時機很糟。季辛吉父親以道地德式欠圓滑地寫道：「可惜此書出版於一切注意力都集中於亞洲、不在歐洲之際。」[94]但書評反應不錯。《紐約時報》的評論由資深記者密德頓（Drew Middleton）撰寫，他才剛結束派駐德國六年。密德頓以見多識廣、資歷深的身份表示恭維：「季辛吉先生是專家，也太常好像是為其他專家而寫。」他大致支持季辛吉對多邊武力的批評，及對德國難題最近復發的分析[95]。布洛迪（Bernard Brodie）太欣賞此書，共寫了兩次書評，說它「很可能是季辛吉迄今的最佳傑作，也是我所知討論北約的最優作品」[96]。另一位書評家稱讚季辛吉「對政治現實的靈敏度」[97]。而最認真的批評或許是，指季辛吉或多或少忽略了跨大西洋關係的經濟面向。書中隻字未提設於巴黎的經濟合作組織，未觸及「援助未開發國家、國際貨幣流動性的錯綜複雜、或貿易關係與關貿協定（GATT）〔關稅暨貿易總協定〕談判」等議題[98]。但此書最顯著的缺點大半未被注意到，即季辛吉的願景——「成立大西洋國協（Atlantic Commonwealth），讓接壤北大西洋的各民族均能實現其理想」[99]，與戴高樂願景所面臨的現實根本不相容，戴氏願景只在其堂皇但日益孤立的艾麗榭宮裡逐步發展。到季辛吉應參院外委會之請就大西洋盟約作證時，距《出問題的夥伴關係》出版已整整一年，書的本身已過時，而北約的夥伴關係更是問題多之又多[100]。

五

歐洲對北約失去信心是以多種口味呈現。一九六五年盛行於巴黎的氛圍是總統級的傲慢。奧塞碼頭（Quai D'Orsay，譯註：法國外交部所在地）全權大使（*ministre plénipotentiaire*）格蘭維（Jean de la Grandville）在五月對季辛吉說

> 戴高樂決心降低美國對北約的主導地位，甚至把北約改為舊式傳統聯盟。格蘭維今年大部分的時間，將用於為他擔心會比以往更急迫的攻勢，做奠基工作。他的印象是戴高樂認為，他可擾亂美國在歐洲的駐軍，直至其規模縮小到當前維安所需，而非戴高樂眼中，是打算在政治上支配我們的軍力部署。簡言之，戴高樂目前主打的政策，是降低美國在全球的地位。他曾聽到戴高樂說：「我們會戳破美國在越南的氣球。」[101]

格蘭維承認，「對西方的趨勢沒有信心，尤其是他本國的政策」。戴高樂不僅打算「戳破美國的氣球」；他也決心阻止歐洲朝聯邦制方向有進一步動作，而最令人震驚的是，要直接與蘇聯打交道，談的主題（如戴高樂曾非常刻意地對葛羅米柯說）是「兩個德國……對不起。我是指德國的美國占領區和蘇聯占領區」[102]。季辛吉大吃一驚。他對格蘭維說：「我向來認為戴高樂基本上是西方人。我一直認同他的努力，甚至相信那符合所有盟國長久的利益。如今我開始有疑慮。」[103]

如前所述，不到一年戴高樂即讓法國退出整合後的北約指揮架構。他拒簽不擴散條約也在意料之中。一九六七年一月季辛吉重回巴黎時，他再次聽到格蘭維說起戴高樂的瘋狂之舉：

> 法國官方的理論，如官方文件中所載，是當今世界共有三極。一個中心在華盛頓，一個在主導東亞的

北京，第三在莫斯科—巴黎主導的歐洲。因此柯西金訪法期間，戴高樂對他說：「我們必須持續關注德國，如有必要，每天會面二次。……美國在歐洲日益不受歡迎。我們要藉此團結歐洲。」柯西金答：「有人告訴我你是這麼想的，可是我想聽你親口說。」[104]

然而戴高樂同時也試圖利用，「對美國的不滿——必要時加以煽動——來建立自主的歐洲。戴高樂……曾告訴〔德國總理〕基辛格，他遲早得走這條路，他自己只是比基辛格先上路」。格蘭維認為，這「太瘋狂，因法國將是這種德國政策的頭號受害者」[105]。最後還有亞洲，在此「法國的政策不會挑戰北京在東亞的霸權」。

格蘭維說，我們必須面對法國在越南不中立的事實。他曾聽〔法國外長〕庫夫〔德穆維〕說，要在東南亞給美國一點教訓，這可幫忙影響美國在別地方的虛假。法國官員經常與胡見面，並促請他採取更彈性的立場，令美國感到更難以應對。法國也力促民陣成立正式的政府並尋求承認。[106]

於是季辛吉對法國俾斯麥新生起的仰慕，此時受到終極的考驗。他〔戴高樂〕不但堅決反對美國的和解大戰略，試圖重建一九一四年之前的舊法俄同盟。他不但決心誘導德國走出美國的懷抱，還把英國排除於歐洲之外。最可惡的是，他積極努力協助北越在越南打敗美國。他這些作為的動機，是為達成貨真價實的俾斯麥式世界劃分，由中國主宰東亞，美國只能留在西半球（譯註：目前通常是指南北美洲及周圍水域，非字面上的整個地球的西半部），法國與俄國結為泛歐夥伴關係，恢復強國地位。若通往河內之路不只經由巴黎，也經過北京，會如何？

戴高樂不在乎意識形態，他比大多數人更快預見到中蘇分裂，並認為可加利用，使法國受惠。季辛吉也曾想到過此事。他在一九六一年出版的《選擇的必要》裡，曾直指「常被提出的看法：我們做外交，應以製造共產中國與蘇聯不和為目標」。但他對此說持懷疑立場：「當然起嫌隙的可能性絕不可忽略。萬一發生，我們應善加利用，不要因不肯妥協，逼得那二個昔日夥伴再次結盟。但這完全不同於我們能促成分裂的主張。」[107]他在書中另一處採取傳統立場，譴責「表現出如此藐視人命冷酷無情的國家」。季辛吉其實是最早提出以下論述的美國作者之一：中國若取得核能力，其後果將令人「不寒而慄」。

如今世人所謂的恐怖平衡，對領導六億人口國家的狂人而言，可能不是那麼可怕。即使明顯針對人口聚集區發動的戰爭，它或許也覺得承受得了，更說不定是主宰世界的最佳途徑。據說周恩來曾告訴南斯拉夫某外交官，一場全面核戰會留下一千萬美國人，二千萬俄國人，三億五千萬中國人。[108]

季辛吉在一九六二年二月被問到：「中俄哪一國對和平的威脅更大？」他的回答模稜兩可：

我會說，長期來看，共產中國也許比蘇維埃俄國更會處於擴張主義階段。另一方面，近期內大部分的危機都是蘇聯指使。……依我所見，這兩國對世界和平均是威脅，有部分原因在於共黨教條。……在戰術上，中共很可能威脅大些。就發生的可能性而言，俄國的威脅較大。他們兩邊的辯論，有很多地方有點像兩個竊賊在爭辯，應先殺人再搶皮夾，還是不必打頭皮夾也能得手。不管誰對誰錯，你的皮夾都保不住。[109]

兩個月後，季辛吉在研究一份替洛克菲勒撰寫的立場聲明，第一句是：「我國政策……應測試共產中國對改善與我關係的興趣」，主張用詞要更嚴厲的是他：

我們應試著若共產中國同意聲明放棄在台灣海峽使用武力，我們可考慮開放非官方聯繫管道……記者、學生、觀光客等等。

若這些措施有進展，我們應設法可能建立商業聯繫，先是藉著取消武器禁運，並對共產中國實施，相同於對共產集團其他成員的限制。

若共產中國證明它是國際社會負責任的成員，並能表現在同意武器管制上，則加入聯合國的問題，可在兩個中國解決方案的基礎上，以新觀點重新加以檢視。[110]

這成為洛克菲勒的主張。在北京宣布放棄，對東南亞和台灣海峽的「好戰及擴張主義外交政策」前，美國不應接受中華人民共和國加入聯合國[111]。季辛吉建議，法國承認「赤色中國」的決定應「受到譴責」。[112]

在季辛吉和尼克森均看出，美國對中國開放將為冷戰帶來外交革命後，無論季辛吉後來的想法如何，他在一九六〇年代中期的主張是，西方「對共黨內部分裂之事不能掉以輕心……其實這種分裂使我方的問題減半或倍增同樣容易」[113]。一九六四年十月在為洛克菲勒草擬的講稿中，季辛吉指出：「中蘇分裂在世界各地形成敵對派系，削弱了共產主義。……對各共產政權採取差別待遇，它〔「大西洋世界」〕可加重共產世界的分裂。」但此一新情勢也有其危險。「從今以後西方不是交替面對而是同時面對，敵對與和平共存時期。」再說，共黨分裂將「產生很大誘因，促使西方國家採取雙邊外交路線」。這也許「可讓共黨藉操弄各盟國自相對立，因而逃脫其本身的困境」[114]。季辛吉居然不為韋納的報告所動，著實令人難以相信，報告中說：「蘇聯駐波昂大使告訴韋納，中國不再是共產國家，而是納粹國家，那是蘇聯詞彙中最難聽的稱號。」[115]關於毛澤東未來在國際關係中的角色，沒有出自中國的可靠報告能鼓舞樂觀的看法，尤其在文化大革命啟動後。

對季辛吉日後立場唯一有跡可循的是，是一九六六年他在〈內政架構與外交政策〉（Domestic Structure and Foreign Policy）中的一段言論：中國人雖仍比蘇聯人「更熱衷於意識形態」，

> 矛盾的是，中國的架構可能給予重新出發更寬廣的空間。戰術不妥協與意識形態強烈，不應與架構僵硬混為一談。由於領導階層以超越官僚權威的聲譽為統治基礎，它尚未使許多人受制於行政架構。要是領導階層想改變，或其態度有所修正，共產中國的政策變動，很可能比較體制化的共產國家劇烈很多。[116]

季辛吉喜歡稱作「推測問題」（problem of conjecture）的典型例子，此處就有一個，他再以一九三六年的希特勒為例加以說明，當年無人說得準，希特勒是「遭誤解的民族主義者還是瘋子」。

> 當行動的範圍最大，行動能依據的知識卻很少或含混不清。當有知識可用，但影響事件的能力通常少之又少。……則外交政策的推測元素，即須根據當下無法求證對錯的評估採取行動，其最為關鍵的時刻莫

過於革命期間。此時舊秩序顯然在崩解，但取而代之者的樣貌高度不確定。因此一切均取決於對未來的某種概念。[117]

但中國的未來是什麼？戴高樂或許是法國的俾斯麥，但毛若是中國的希特勒，將會如何？要在一九六六年預見他未來的罪行，其困難度不下於在一九三六年對希特勒。那該怎麼辦？

六

研究俾斯麥與戴高樂，對季辛吉的理想主義形成挑戰。他首度被迫面對一種可能性，即現實主義的戰略，是根據對權力關係的純粹計算而來——純粹是指不在意道德，對意識形態中立——這可能是美國在越南荒謬的處境：史上最大強國打不過第三世界共產小國，要予以擺脫唯一的辦法。所餘的限制，俾斯麥曾超越但一九六九年會拉下戴高樂的，就是內政。季辛吉在一九六六年刊於《戴達羅斯》的〈內政架構與外交政策〉裡，曾提出一些對決策過程的洞見，那絕非待在哈佛研究室裡能得出的心得。

季辛吉指出，第一個問題出在官僚體系，它會「刻意將某個問題的相關要素，僅以一般表現標準去看待」。唯有當「它界定為例行的作為，應付不了最重要的問題範圍，或它擬定的行動模式證明與問題無關」，才會變得棘手。此時官僚體系「為使預期與實際情況相符」，開始吸取最高階官員的精力[118]。注意力「由做抉擇轉移至累積事實，但做抉擇才是政治才能的終極考驗」，而對規劃的誤解使之墮落為「把熟悉的東西投射到未來」[119]。

第二個問題是，允許達成成果的時間區間愈來愈短，或如季辛吉所說：「衡量政府政績的時間區間，比判定歷史成就的區間短了很多。」[120] 決策在壓力下匆忙做出，使決策者易受簡報的「戲劇性」效力所左右。但「並非所有聽來有道理的事都是對的，許多對的事情一開始提出來時，也許並不中聽」。[121]

第三，因此「官僚角力」往往成為產生決策的唯一途徑，不然就是體系內各單位做出「一連串互不侵犯約定，讓決策者做個憲政太平皇帝」。於是總統發表外交政策演說的主要意義，也許是為「擺平華府內部的辯論」[122]。然後總統回應的作法，可能是把責任轉移給特使或駐外使節，以規避官僚體系。

第四也是最後一個問題，季辛吉在一年後的另一篇文章裡提出，即在很多國家，要坐上高位的條件與在高位行使權力需要的才幹，兩者間存在著很大的差距。

> 當取得顯赫地位須經過無止境的鬥爭，領導人可能在最上位因創意枯竭而失能，也可能仍愛用以往獲取權位的方法。當政治領袖的主要特徵是追逐權力，當他們決定先取得位子，再尋找課題，那他們維持權位的技法必定是短視和操弄的。[123]

假使每個現代國家大致都循這些路線訂定外交政策，就算沒有意識形態分歧，「要與他國做有意義的諮商」機率仍很低。當「官僚—務實型」國家（如美國），想要與「意識形態型」（如中、蘇）及革命—魅力型（如古巴）等國打交道，能達成任何協議都是奇蹟。

雖屬間接但季辛吉的結論是，這便是越南問題的所在。一邊是美國，其談判代表往往「對談判桌上的戰術要求極度敏感，有時反犧牲長期考量」。在內部討論時，美國代表「經常變為贊同最大範圍的讓步，法律背景會讓他們的行為，彷彿華府與談判對手國之間的調人」，還會應用那句名言：「若雙方意見不合，真理通常在兩端中間的某處。」[124]與拘泥於法律同時存在的是，「對歷史因素的評價相對低」。（「美國領導團隊在處理技術問題上展現高度才幹，在主控歷史進程上卻遜色很多。」）[125]另一邊是北越。與羅斯托等樂觀主義者相反，河內領導階層對「提升國民生產毛額」沒有很大興趣，那「只能經由緩慢、刻苦、高技術性的措施達成，而相對的是爭取獨立的英雄式奮戰」[126]。他們「相信冒險式外交政策不會傷害，甚至可能促成經濟發展前景」，這種看法部分是基於兩大超強相互競爭，必會導致其中一方提供經援。（「外交政策愈不親善，主要競爭者來拉攏的希望就愈大。」）[127]

場景已布置好。除去表面上講的目標，這兩邊的作業模式更相差豈止千萬里。但嘗試讓雙方碰面的時機已來臨。為達此目的，季辛吉現在明白，沒必要回到西貢。這趟追求越南和平之旅，將帶他到華沙、維也納、布拉格，但最主要的是巴黎。

第20章 等待河內

亨利最後說：「我不相信短短一段時間，不轟炸一個五流國家的首都十哩範圍內，就會危及美國的安全。」詹森怒視著他說：「好，我們照教授說的做。但（瞪著季辛吉）如果沒有用，我會親手把你閹了。」

——史勒辛格日記，一九六七年十二月[1]

通往高峰的奮鬥本身，即足以滿足人類心靈。我們須想像薛西弗斯（Sisyphus，譯註：希臘神話中受懲罰，不斷將巨石推上山的人物）是幸福的。

——卡繆《薛西弗斯的神話》（*Le Mythe de Sisyphe*），一九四二年[2]

一

阿嘉莎・克莉絲蒂（Agatha Christie，譯註：著名英國偵探小說家）的《捕鼠器》（*The Mousetrap*）及貝克特（Samuel Beckett，譯註：愛爾蘭文學大師，諾貝爾文學獎得主）的《等待果陀》（*Waiting for Godot*），或可說是代表冷戰時代戲劇作品的兩極。這二齣戲最早搬上舞台的時間只差幾個月：《捕鼠器》一九五二年十月在諾丁漢（Nottingham），《等待果陀》一九五三年一月在巴黎，但彼此幾乎在各方面都相對立。兩者固然均屬懸疑劇，也都受歡迎歷久不衰，相似處卻到此為止。克莉絲蒂的劇中，誰殺害摩琳・賴洪（Maureen Lyon）和博約爾太太（Mrs. Boyle）的謎團，是在第二幕結束時，以對觀眾討喜的「反轉」來解開。貝克特的劇中，觀眾卻始終不明白艾斯特崗（Estragon）和維拉迪米（Vladimir）〔或如他倆彼此相稱的「果果」（Gogo）和「迪迪」（Didi）〕，為何要等待果陀。他倆的身份或關係其實也不清楚。《捕鼠器》有動作，包括一次謀殺（雖是在劇院燈光變暗時進行）。《等待果陀》則如《哈佛校刊》劇評者所抱怨：「幾乎沒有動作，只有等待和交談，交談使等待過得較快……果果說：『我不能再繼續這樣下去』，迪迪答：『那是你的想法。』那便是整齣戲的重點。」[3]

一九六七年的外交史，初看之下像貝克特遠多於克莉絲蒂。季辛吉曾枯坐巴黎，渡過漫長的日子，等待的並非果陀，而是北越駐法使節梅文博。但他倆從未見面。那段期間常見的對話，沒有貝克特劇中某些台詞那麼荒謬，卻有時幾乎同樣晦澀不明。季辛吉在數不清的電報、電話和會議上，拼命想找出有魔法的字句，好讓梅文博肯走上舞台，並展開華府與河內的直接談判，或應說是「對談」；當時在他看來，談判是結束越戰唯一的辦法。有一度東南亞的和平，彷彿取決於二個法文字的差別：*pourraient*〔「當可」（could）〕與

peuvent〔「可以」（can）〕。

但我們現在看得出來，一九六七年在巴黎上演的戲碼其實是老式偵探劇，兇手的身份始終對觀眾保持懸疑，直到劇終時仍未揭曉，還得再等上快要半世紀。此期間大多時候，史學家因麥納馬拉等人的言論，往往主張是美國「殺死」後名為賓夕法尼亞（PENNSYLVANIA）的和平倡議，及在它之前的金盞花（MARIGOLD）計畫（後詳）。以詹森總統口不擇言，脾氣暴躁，向來被當做頭號嫌犯，而過度自信的羅斯托和過度嚴苛的魯斯克，則是手染鮮血的共犯。謀殺兇器是B-52轟炸機，總在最不恰當的時機，頻頻對北越投下強力炸藥。季辛吉自己在《重建的世界》裡曾解釋，外交的藝術在於維持武力威脅「有其可能，但強弱程度不明，並只當做最後手段」，因威脅一旦「付諸實現」若無法發揮效果，討價還價的地位將蕩然無存。[4]一般普遍認為，是詹森與其顧問犯下如此重罪。但這看法不對。其實這齣戲的壞人不是別人，正是有魅力的博先生。

正如《時代》雜誌對他的描寫，這位北越駐巴黎的代表「頭髮斑白，衣著時尚，因狡獪的魅力和可親的機智討喜，而被女主人們用高級料理養得身材微胖」。他是藝術鑑賞家，講一口道地法語，喜歡引述〔法國著名文學家〕巴爾札克。博「是老煙槍，愛喝濃茶」，在維利耶（Verrier）街的辦公室接待訪客，那裡位於環境優雅的第六區，緊鄰盧森堡公園（Jardin du Luxembourg），「距愛麗絲·托克拉斯（Alice B. Toklas）與歌楚德·史坦恩（Gertrude Stein，譯註：美國作家，與托克拉斯皆生於美國，後定居巴黎，並為終身伴侶）接待訪客的宅邸（譯註：現代主義文學家、藝術家如畢卡索、海明威等等均是座上賓）僅幾步路」[5]。博是現代馬列主義者的標準典範。他是把法國人逐出中南半島的越盟（Viet Minh，譯註：越南獨立同盟會簡稱）運動的老將，也是精於宣傳的高手，極擅長把西方帝國主義者指為壞人，而他本國暴虐、濫殺無辜的政府是好人。季辛吉研究俾斯麥，景仰戴高樂，努力於多了解馬基維利心態。但對梅文博的城府心計和兩面手法毫無招架之力。季辛吉太熱切於達成外交突破，亟欲結束好似讓美國脫不了身的僵局：只能沒完沒了地僵持下去，或是危險地擴大戰事，以致他諷刺地未能察覺，北越人打從開頭便在戲弄他。

我們今日由越南的消息來源得知，河內政權在一九六七年並無任何謀和的意向。我們也知道，梅文博與其同黨的作為不只在爭取時間。在「談談判」的漫長時日裡，他們從頭到尾利用所察覺的鷹派鴿派分裂，對詹森政府進行心理戰。不止如此：他們預先仔細策畫好大規模進攻計畫，巧妙地予以偽裝，期望一舉定下越戰勝負，且由他們獲勝。

二

自一九六五年秋開始，在隨後的一年當中，季辛吉三訪越南，有時不免驚險重重，但他也成為越南專家。在當地的所見所聞使他相信，美國須靠外交手段自越南抽身。美國顯然無法期望，能以可接受的代價，在可接受的時間範圍內，打贏有外力支持的游擊運動。更麻煩的是，美國想要維護的那個政府，看不出一點能被保護、更別說值得保護的跡象。所以季辛吉的角色須改變。先前他問的是：美國可否改進作戰？西貢是否扶得起來？如今他的問題變成：我們如何不屈辱的離開？自一九六六年八月起，到將近九年後西貢陷落，季辛吉在此問題上，投入極大比例的個人時間和精力。首先應承認那原本就辦不到。但光榮求和的主要絆腳石，並非有時被認為的美國反戰運動。而是北越死硬的決心，無論對它造成多大損傷，它只接受全面勝利和兩越統一於共黨統治下，其餘免談。

一九六六年八月十七日，季辛吉的薛西弗斯苦勞開始。起先儘管他沒有正式顧問職位，但應威廉．邦迪和其特別助理戴維森之請，要在即將於波蘭舉行的西方與蘇聯集團學者的普格瓦希會議上，說明美國對與河內談判的立場[6]。次日由哈里曼主持的談判委員會決議，季辛吉也是與前法國部長讓・聖特尼*對談的「適當人選」，據聞他曾見過北越總理范文同[7]。詹森政府的立場乍看之下簡單明瞭：「只要南越獨立獲得確保，美國立即自南越撤軍。」詹森總統在同年十月於馬尼拉舉行的亞洲領袖峰會上，也表明他不想在南越設立永久基地。季辛吉漸漸明白，問題出在一個以上的其他主要強國，有多大能耐可說服或以其他方式勸導北越，接受以美方立場為本的和平協議。有初步證據令人相信，美蘇「在遏止中國大陸擴大對東南亞的影響力上具共同利益」。同時很明顯的是，即使很難想像戴高樂將軍會助美國一臂之力，但法國在河內的人脈強過他國[8]。

季辛吉逐步發現，要放出試探和平觸角並不簡單。首先是找到適當中間人的挑戰。理論上透過不止一人或許看似明智，但實際上一個管道可能被另一管道破壞或阻擋。其次是保密有其必要，這種運作是在完成最後協議前，你不想在《紐約時報》讀到的，但保密也是障礙，使得眾多與美國戰務相關的單位，難免無法協調整體的行動。第三是季辛吉在〈內政架構與外交政策〉中曾說明的，所有主要演員都有其內政的考量：不止是輿論，還有對手政黨、派系、利益團體[9]。第四是外交常見的頭痛事：當此過程的參與者講多種語言時（含捷克語、英語、法語、波蘭語、俄語、越語），關鍵概念可能因翻譯而流失。第五，後來引起爭議不休的文件，不僅是為談判而寫，也為左右明日的史家並透過他們影響後世的子孫，因此有些話是為留下紀錄，

* 聖特尼夫人曾參加哈佛國際研究班，是季辛吉的得意門生，也不無幫助。

非為當前有迫切的理由而說。最後，也是事實證明極重要的，是敵情不明：借威廉．邦迪的說法即「河內心裡的盤算」不明。儘管中情局掌握各種資源，美國人在查明這一點上卻遇到最大困難，他們欠缺可靠資訊，通常只講蠻力，即他們的摧毀力比敵人強許多，由此做出不正確的推斷。

三

索波特（Sopot）是波羅的海沿岸一個頗荒涼的海邊度假地，一度屬普魯士，現在屬波蘭。一九六六年的普格瓦希會議便在此舉行，季辛吉也是在這裡，在乘船到格但斯克（Gdansk，譯註：即但澤）港的旅途中，理解到中蘇真正分裂到什麼程度。蘇聯數學家艾米利亞諾夫（Stanislav Emelyanov）對他說：「中國不再是共產主義，而是法西斯。紅衛兵只讓他想到希特勒青年團。美蘇有防堵中國擴張的共同利益。」季辛吉看到切入點：「我說，若果真如此，那我不了解蘇聯為何不願協助結束越戰。艾米利亞諾夫說，我們要有耐心。自赫魯雪夫的去史達林化演說後，他不曾見過蘇聯政府如此不知所措。有些史達林派認為越戰是捲土重來的機會；有些人根本不知該做什麼。」[10] 季辛吉自會場外能交談的其他蘇聯代表，也聽到差不多的說法。九月十六日泰林斯基將軍告訴他：

世上真正的威脅是中國。美蘇為越南而交戰很荒謬。真正的癥結是勿讓東南亞落入中國之手。中國人是法西斯主義者。「假如他們有兩枚核子彈可發射，他們會都射向我們，還是有一枚會打你們？」……（沒錯，）仍有軍人認為可能打仗；蘇聯對黨派戰鬥的記憶，使他們自然而然會同情越共。然而美蘇和平對防止中國宰制世界，及允許蘇聯繼續發展民生工業十分重要。

但正如蘇聯外交官舒斯托夫（Vladimir Shustov）二天前所承認，美國「過大高估莫斯科對河內的影響力」。再者「中國的情況使莫斯科極難採取行動」[11]。這可解釋為何在普格瓦希全體會議上，替蘇聯發聲者重拾傳統「無節制、高度情緒化的語言」，也譴責美國在東南亞及其他地方的帝國主義[12]。舒斯托夫明白地對季辛吉說，莫斯科在和解進程的主要優先目標是不擴散條約，他們打算藉此確保永久排除德國於核武俱樂部之外。越南在其優先事項清單上排在很後面[13]。的確，美國立場一再出現的弱點，正是越南在蘇聯人眼中不重要。他們提供河內武器和顧問，並非基於關切越南，而是基於那是困住美國資源的便宜之計，並基於不這麼做有使越南變成中國附庸國的風險。

蘇方之前曾暗示，或許有某個東歐衛星國會更適於協助河內。季辛吉對此了然於心地由索波特前往華沙，（在美國大使館）與前波蘭駐華府大使館參事杜布洛希爾斯基（Marian Dobrosielski）午餐，他此時主管波蘭相當於國務院政策計畫處的單位。杜布洛希爾斯基是皮爾斯哲學的權威，他向季辛吉保證，「河內想要和平」。他呼應蘇聯人在索波特的說法，指出河內堅持視越共為南越唯一合法代表（北越四要點中的第三點），僅是「開啟談判和討價還價的第一步」。他說更重要的是，「若美國逐步減少轟炸北越，最終完全停止，河內會回報以停止由北越滲透」[14]。季辛吉在其會談錄中記著，精確地說：「我們應不經宣布停炸二週。然後觀察各道路，看看我們所說的滲透是否停止。若沒有，我們可恢復轟炸。他認為滲透會停止」[15]。

次日，季辛吉在布拉格的聽聞更令人好奇。他在普格瓦希會議，對捷克科學家表達的同情之意頗感驚訝。著名微生物學家馬列克（Ivan Málek），也是中央生物研究所（Central Institute of Biology）所長及捷克共黨中央委員，那時在午餐桌上告訴季辛吉：「捷克極度渴望越戰結束，因越戰只會延宕緩解歐洲的緊張。」可是情況「很困難」。捷克政府曾在今年二月私下力促北越談判，卻遭到「蠻橫地回絕」[16]。以參加「中歐問題討論」為名，季辛吉、朵提和舒爾曼一同來到布拉格，與史尼達瑞克（Antonín Šnejdárek）見面，他曾主管捷克在德國的情報工作，現任捷克國際政經研究所（Institute of International Politics and Economics）所長[17]。十九日晚餐後，史尼達瑞克告訴季辛吉，有一個捷克高階代表團明日將前往河內，打算「盡可能強力為和平解決說項」。但這位捷克人坦白指出，其政府的行動自由多麼有限：

捷克只能做到勿因越南惹得蘇聯不悅的程度。在布加勒斯特的華沙公約會議上，捷克曾因促請對越南節制而得罪蘇聯。……他所告訴我的任何事都可能被蘇聯否決，因捷克不可能為越南，冒著失去蘇聯支持中歐的風險。捷克完全無法確定，蘇聯是想要越戰獲得解決。緊張緩解或許會使蘇聯放鬆對中歐的控制，這一點是他們最不放心的。至於河內，捷克所有的外交和黨報告，一律指出它堅決不妥協。[18]

捷克想知道，美國謀和的誠意有多大，「抑或和平提議只是繼續升高的障眼法？」還有中間人可能扮演什麼角色。季辛吉答，華府「毫無疑問是誠心尋求光榮和平」，第三方會「受到確切重用」，史尼達瑞克再提出三個問題，顯然是直接來自捷克中央委員會。

一、北越若同意停止滲透，以交換停止轟炸，美國在南越的增兵行動會如何？

二、除聯合政府外，有哪些保障可防止民陣成員遭受印尼共黨的命運（印共在一九六五年政變失敗後被消滅）？

三、捷克如何把河內之行的結果傳達給美國？

這顯然超出季辛吉參與的深度，於是他隨機應變。美國雖「無法停止人員的補充和輪調」，但某些「對部隊人數增加的限制」，在他看來確屬「適當的討論主題」，由國際保障的構想也是。但當季辛吉建議，利用美國駐布拉格大使館進行將來的溝通，史尼達瑞克糾正他。要小心蘇聯的矛盾心態，「中央委員會不願與美國人有官方接觸，並要求這些對話盡可能保持最少人數」。也就是他要季辛吉，當捷克背後對華府的管道[19]。

十天後季辛吉和史尼達瑞克在維也納見面，共同參加設於倫敦的戰略研究中心*年會。經莫斯科到河內之旅令捷克感到灰心。季辛吉報告說，蘇聯的想法「似乎極為混亂」。起先他以為，「越戰對蘇聯想要的和解是障礙」。如今他開始懷疑，「蘇聯是否真的想要緩解緊張，甚且他們是否真心對結束越戰很有興趣」。

> 照蘇聯看來，美國在越南亂局愈陷愈深。遲早美國會對它感到厭煩，然後就會接受比當前設想超出許多的條件。我插話道，越戰對我們不構成經濟或軍事上的壓力，我們可以無限期打下去。……但蘇聯的回應是，美國從未打過長期戰，即便打的理由更清楚。他們指望美國會心理耗竭。

* 該中心由季辛吉友人豪爾德與工黨政治人物希利、記者布肯（Alastair Buchan），於一九五八年成立（後更名為國際戰略研究所），兼容兩黨，也像普格瓦希是穿透鐵幕的途徑，但不只是針對學者。

這或可解釋捷克代表團在河內，企圖說動北越朝「更和平的方向」走時，受到冷淡的接待。「布拉格的印象是，民陣內部正發生親河內與親北京派大鬥爭。……蘇聯顯然想利用北越阻礙中國擴張，所以不想看到北越變得太弱。」

當季辛吉指出，「如此說來美蘇利益似乎相同」，史尼達瑞克解釋：「這是蘇聯兩難的另一難；他們不能承認與美國利益一致〔，〕他們為此不斷遭到中國抨擊，更是不能這麼做。」東南亞的危機最後確實可能成為，「〔莫斯科〕加緊控制東歐的好藉口」。杜布切克（Alexander Dubcek，譯註：布拉格之春運動推手）一九六三年被任命為斯洛伐克第一書記，此刻那裡已在醞釀改革。季辛吉並不知道，但他與史尼達瑞克坦誠的交談，預示了不久後的布拉格之春（Prague Spring），那是一場政治解凍運動，捷克事先已猜到無法為蘇聯所接受。

到一九六六年底，至少有四項不同的和平提議，全屬機密，其中三項取決於蘇聯，而哈里曼仍認為，蘇聯是「能讓談判展開的最佳寄望」[20]。季辛吉在維也納的年會上，向一位英國代表解釋：「愈多人曉得有可能談判，尤其是也許幫得上忙的朋友愈刻意多出力，就愈不可能真正坐上談判桌。」季辛吉的確「在暗示，目前華府傾向於運作小而秘密的」程序[21]。難處在於他並非知情人士，不清楚所有在運作中的部分。他知道史尼達瑞克和讓・聖特尼。但對代號「金盞花」和「向日葵」（SUNFLOWER）的和平方案一無所知。

金盞花的源頭是一九六六年六月，國際管制委員會的波蘭籍委員勒凡道夫斯基（Janusz Lewandowski），找上義大利駐西貢大使杜蘭迪（Giovanni D'Orlandi），聲稱是受託來傳達范文同的「非常明確的和平提議」。十一月杜蘭迪在義大利見哈里曼時，稱許勒凡道夫斯基是「可靠的管道和精準的報告者」。仍主持美國駐西貢大使館的洛志，因此獲授權在杜蘭迪的公寓裡，與杜蘭迪及勒凡道夫斯基見面，安排再提最新版的「階段A—階段B」美國方案，據此，華府與河內將同意「合理的減緩措施」，分二階段進行。階段A是美國暫停轟炸。經「若干適當時期」後是階段B，包含一連串事先商議好的減緩步驟[22]。洛志對勒凡道夫斯基詳加說明，期待他能忠實正確傳達這些話給河內。不出所料，管道仍舊經過莫斯科，或應說是索菲亞，波蘭外長拉帕茨基（Adam Rapacki）在此對蘇聯新領導人布里茲涅夫（Leonid Brezhnev）*簡報，再由他把談判提議告知北越外長阮維楨（Nguyen Duy Trinh）。布里茲涅夫很熱心。他對楨說：「這是美國的最大限度」、「很難預測結果，但情勢是有利的：美國在十字路口，越南在十字路口，中華人民共和國忙著『文化大革命』。」[23]

北越似乎有興趣。阮維楨對拉帕茨基說：「得知這提議的內容，沒有人藏得了有些驚訝。」他取消訪問布達佩斯的計畫，直接飛往莫斯科，另一位政治局委員黎筍（Le Duan）會在那裡與他會合[24]。在河內，勒凡道夫斯基又與范文同會面，同告訴他，美國政府此時若「願意確認，洛志大使與勒凡道夫斯基大使對談時表達的看法，應直接與華沙的越民共大使會談提出確認」[25]。勒凡道夫斯基興奮地趕到西貢，告知洛志，洛志再把這明顯的突破轉達給華府[26]。

美國歷史學者尤其如赫希柏（James Hershber），責怪美國「斷送」金盞花。勒凡道夫斯基把洛志要他對北越說的話，有點隨意地演繹為「十點」，要是國務院不曾對他吹毛求疵，堅持「有特定幾點具重要解讀差

* 布里茲涅夫是一九六四年陰謀推翻赫魯雪夫的帶頭者之一，他倆同為烏克蘭人且赫魯雪夫很支持他。布里茲涅夫接任權力更大的黨職總書記，柯西金成為蘇聯政府元首（總理）。赫魯雪夫遭罷黜後，表面上採類似集體領導；實際上權力重心移向布里茲涅夫。

異」，結果或許會不一樣[27]。要是詹森未下令恢復轟炸，並以河內郊外的文田（Van Dien，譯音）車輛集中地及安員（Yen Vien）鐵路調度站為目標，金盞花或許會盛開[28]。美國人的確把波蘭的倡議弄得事倍功半。他們先是把勒凡道夫斯基誤認為另一位同姓者，波蘭外交部主管聯合國事務的官員波格登・勒凡道夫斯基（BogdanLewandowski）。後又顯然攪亂了在華沙的會談。美國駐波蘭大使葛洛努斯基（John A. Gronouski）原應在十二月六日，與北越的代表：北越駐華沙大使杜發廣（Do Phat Quang，譯音）及北越特使阮廷方（Nguyen Dinh Phuong，譯音）見面。但葛洛努斯基未出現，他誤信波蘭人的話，以為越方還不準備要談[29]。最主要的是秘密談判的最大問題已顯現，即顧名思義不能讓魏摩蘭將軍和其在越南的指揮官得知[30]。不過我們有理由懷疑，是華府謀殺金盞花的說法。考量洛志本身的看法，他說明美方提議應是再客氣不過，波蘭的紀錄即呈現如此。他告訴勒凡道夫斯基，他

> 明白在談判開始前，轟炸須停止，且停炸不可有條件。只要確定會帶來走向談判的實際步驟，他們願在「任何時候」停止。他們理解河內不會接受，將停止轟炸宣揚為美國成功那種情況，因那會使轟炸被視為是在強迫越方談判。所以他們願接受無條件，並只在一段時間〔過〕後開始談判。……
>
> 他們〔美方〕了解，民陣與河內有很好的理由不信任美國。因此他們〔美國〕願考慮並可能執行某些具體措施，以讓越方相信，他們確實想結束衝突。[31]

次日，洛志甚至更大方地對勒凡道夫斯基說，美方明確訂下六個月為期，自南越撤軍，因「某『東歐消息來源』告知他們，那會使談判更容易」。他們不會干預南越將來的選舉，也會讓「越南統一問題……由越

南人民決定」，只要它保持中立。洛志最後說，華府願「仔細考慮所有正式或非正式、但具體的提議。不可期待他們會隨便地對〔北越的〕四要點說OK」[32]。

蘇聯同意。波蘭也同意。拉帕茨基表示，「可公平的下結論」，美國已「前所未有地進一步擴大其彈性，也許那已是美方最大極限」。然而當他們向北越提出這談判之議時，卻一無進展。布里茲涅夫抱怨，他與河內政府個別人士談時，「獲得諒解」，但「集體決策卻與個人看法相左」。還有「非常嚴重而我們所知甚少的越民共與越共的關係問題」[33]。波蘭出手協調，強力敦促北越說出其「具體、實際……在戰爭現階段的目標」。但阮維楨依舊不肯承諾，只說他會「轉達訊息及我附帶的評語給河內，以做進一步深入的分析」[34]。在河內這邊，同對於打算怎麼做尚無定論。他和同志們有「耐心」。只要美國退出南越，就「沒有理由著急。他們願意等」。但「停止轟炸」仍是「開始任何談判的必要條件」[35]。

事實上不只在河內，在北京也有相當大反對展開談判的意見。副外長阮基石「自稱堅決反對接受」美國提議；周恩來對黎筍說時機「尚未成熟」[36]。十二月七日華沙之會原應舉行的翌日，范文同「怒責美國最近對河內駐波蘭大使的所作所為，是「傲慢、詐欺的行為」[37]。羅斯托並非事事都看錯。當他表示懷疑，「共黨有任何願為促成談判而做必要讓步的傾向」，他幾乎確定言中[38]。這一次，如同一九六七年一整年，北越態度並不熱衷。以北越始終堅持對金盞花保密，不到一個月後，河內卻對《紐約時報》表示，它有興趣展開談判，此舉應視為支持以上看法的證據而非反證[39]。繼而有匈牙利投誠者拉迪凡尼（János Radványi）指控，「勒凡道夫斯基是波蘭情報人員，他擅自行動，而金盞花倡議是騙局」，基於此魯斯克傾向於否定這整件事[40]。但較正確的評估是談判委員會當時所做的：「在金盞花行動中河內試圖發現，在逼不得已要與我們談判前，它可獲得美國多大的讓步。」[41]雙方駐莫斯科大使館在一月交手也是同樣用意：美國副大使葛斯里

（John Guthrie）提議，全面討論各項議題，北越公使答，唯有華府「立即無條件」停止對北邊的「轟炸及所有其他戰爭行為」，河內才會與華盛頓「交換意見」[42]。

季辛吉一九六七年一月底再回布拉格，與史尼達瑞克進一步討論時，對以上一無所知[43]。此時美捷關係因卡桑—柯馬瑞克（Vladimir Kazan-Komarek）一案變得複雜，他是捷克出生的美國公民，正好又是哈佛旅行社負責人，因一架由莫斯科飛往巴黎的蘇聯班機，在布拉格做非預定的停留，遭捷克當局逮捕*。史尼達瑞克對此案的解讀很清楚：那是蘇聯強迫捷克「阻止東西關係解凍」。他解釋說，蘇聯「對東歐國家日益自由行動愈來愈敏感，尤其是捷克努力想減少對莫斯科的經濟依賴。接著史尼達瑞克問了一個問題：他是否認為有某種「中美協議正在形成中」，季辛吉不得不（不太正確地）承認「我從未想到過」。美方被貶抑為在虛張聲勢：「我決定不動聲色，並說每個國家總會設法建立最多的外交選項。他們不必期待我會討論未宣布的美國可能動向。」史尼達瑞克對此答覆不滿意，他繼續解說哈里曼想經由莫斯科尋求越南和平，其失敗的關鍵為何在中國。那是一堂地緣政治的大師講習：

> 蘇聯極認真看待中國對他們的攻擊〔毛的文化大革命特徵之一〕。他們無法輕易甘於接受社會主義的團結結束，而他們是列寧思想主要詮釋者的地位更不容挑戰。所以他們企圖影響中國內部發展到什麼程度，外人不見得都能掌握。他們以兩種均與越南有關的方式，支持反毛的黨組織：一、號召黨員創立社會主義聯合陣線，反對美國對越南的作為。蘇聯不願為結束越戰出一分力……這是一個理由。二、以運送武器到越南為藉口，強化被視為贊同此觀點的軍事單位。
>
> 這又可解釋另二項相關的發展：一、蘇聯政策舉棋不定，且只要有機會利用越南重新鞏固社會主義團

結，蘇聯便不肯協助謀和，甚至不肯減緩歐洲的緊張。（另一限制〔二〕是擔心東歐國家享有太大獨立性。）

這分析既十分吸引人，也令人氣餒。蘇聯在中國支持黨組織反對毛派，但他們眼看要輸。此時輪到毛派拼命想要「把蘇聯人完全逐出中國。只有全面與蘇聯決裂，他們才會覺得安全」。文化大革命的確有如意識形態的分裂，且中方像是更激進的馬克思主義者。但

> 無論毛熱衷於哪種意識形態，他可掌握的人力會迫使他走民族主義方向，那是假定他仍主控他的運動。儘管毛派說話狂妄，但說不定他們對美國會比對手更有彈性。他們無論如何都得隔絕中國，以重新樹立政府權威，而與美國簽訂某種互不侵犯條約，或許很適合此種目的。他們當然也恨美國；但……沒有共產黨人忘得了希特勒與史達林的條約（譯註：一九三九年他們簽訂互不侵犯條約以瓜分波蘭）。

自捷克的角度來看，若有這種「詹—毛條約」將是警訊，因「美中若獲得解決，將加大〔蘇聯〕對歐洲的壓力」。蘇聯害怕被孤立，將壓制史尼達瑞克轉彎抹角所說的「東歐國家發展前景」。

季辛吉頭昏腦脹。在他事業生涯之前或之後，都不曾有過比他超前那麼多步的對話者。事後他雖對史尼

* 卡桑—柯馬瑞克被控叛國、間諜和謀殺，這些罪行被控是在一九四〇年代後期犯下，當時他曾協助人們逃出捷克。對他的審判始於一九六七年一月三十日，季辛吉抵達布拉格那天。經美國外交施壓，他被控較輕的顛覆罪，然後驅逐出境。五年後其腐屍在西班牙鄉下，海邊村落埃斯特波納（Estepona）其住家附近被發現。

達瑞克的政治重要性輕描淡寫[44]，但他無法忽略自己的所聽所聞，在戰略上深遠的重要性。他的捷克東道主顯然很認真；他們害怕「美—毛協議看來真實而深切」。季辛吉「以教授身分」發言，回以華府的官方立場：「關鍵在莫斯科」，因「美國若可選擇要與莫斯科還是北京達成協議，它或許寧可選前者，理由也只是蘇聯比較可預測」。這是他自己曾形諸文字的論點。然而他停了一下。「另一方面，莫斯科若企圖整合全球的壓力來反對我們，在越南羞辱我們，把我們逐出歐洲，基本的自我保護會迫使我們設法去孤立它。」

此次辯論是史尼達瑞克贏了。如今季辛吉可以明白，捷克代表團為何在河內多次遭到回絕，最後空手而歸。他總結北越的立場：「河內和民陣均宣稱，他們確信會獲勝〔，〕並提到必要時可鬥爭二十年。他們說，美國人用武力進來，就須用武力趕走。」[45]河內無心談判，因其兩大支持者此時都對和平不感興趣。美國對莫斯科是浪費時間。史尼達瑞克告訴季辛吉的是，可讓美國獲得拯救的地方在瘋人院，即正值文化大革命高峰的北京。

公平地說，季辛吉曾如實記下史尼達瑞克的論點，但當時那與他的主張不合[46]。無跡象顯示，華府有任何人收到相關訊息（雖然尼克森次月訪問布拉格時，幾可確定有收到，因他也是由史尼達瑞克接待）。反而五個月後，邦迪（已離開白宮但仍提供諮詢）幾乎完全反轉季辛吉在捷克聽聞所得的感受，邦迪對魯斯克說：「捷克方面表示，河內不見得會拒絕為停炸採互惠行動。」[47]總統肯聽從的圈子持續縮小，而圈內那些人已說服自己，蘇聯會在越南放過美國，他們並篩檢掉相反的證據。於是產生向日葵方案，想讓英國政府加入向莫斯科推銷「階段A—階段B」的行列，但一無所獲。

哈洛德．威爾遜（譯註：當時的英國首相）是聰明人；他進入政界前是牛津大學教授。那也造成他高傲自負。他對蘇聯總理柯西金表示：「我們必須運用謀略，在說明時把停止轟炸與接續行動脫鉤。但你我皆知，若要讓轟炸停止，接續行動是關鍵。」[48]此次華府確實又犯下大錯。羅斯托企圖回到先前的立場，洛志曾明白表達，如今庫柏又重申：美國會先行減緩行動，不過是基於北越在階段B會有相對行動的諒解。二月八日詹森在羅斯托促請下，寫了私人信函給胡志明，保證「一待我獲確認由海、陸向南越的滲透已停止」，美國會立刻停止轟炸。到最後一刻華府發電報給倫敦，指出這是正確的用詞。威爾遜以牛津眼光對美國人的看法，如今獲得證實，他氣的不得了。*

從史學角度，也是唐寧街的角度，此次計畫失敗應怪罪美國政府[49]。誰也沒想到，無論華府怎麼說，河內的回答都是不[50]。這整個過程的荒謬處在於，詹森其實已同意越南新年期間暫停轟炸，並持續到二月十三日，屆時已難以無視於北越如何趁機坐大[51]。經常在一群人當中，不見得是最聰明的人會看出事實真相。威爾遜嗜杯中物的外相喬治・布朗的結論是：「我覺得俄國人在引誘大家，包括我們。」[52]魯斯克認為「已停止」這幾個字無關緊要，也是對的：「要是河內當真對談判感興趣，這種誤解可以排除。」[53]

若莫斯科行不通，連帶布拉格及華沙也行不通，更別說倫敦，北京又不得其門而入，那只剩下巴黎。一九六六年十二月，讓・聖特尼被哈里曼引介為季辛吉「在巴黎的友人」。讓・聖特尼自告奮勇要去河內了解范文同對達成關於南越的協議，會要求什麼「重要代價」。問題出在戴高樂，季辛吉說得好：他「出名地會做嘲諷和殘忍之事」[54]。這位法國總統在金邊的演說，「已確立法國是正式的調停者」。他「走的路線顯然是，要向我們強取解決方案，還有一種風險，即他可能用任何正式的作法，以達其本身的目的」[55]。問題是像讓・聖特尼這麼高層級的人，很難不在戴高樂同意下就前往越南[56]。所以那不會成行。法國反而讓巴

* 喬治・布朗說：「十號（譯註：英國首相府在唐寧街十號）與白宮之間的『熱線』，過去或後來，從未像那段時期那麼熱過。」

比．甘迺迪帶話返回華府：先無條件停炸，然後才會談判（《新聞周刊》曾報導這則新聞）。詹森忍無可忍。他對甘迺迪咆哮：「我要在六個月內摧毀所有你那些鴿派朋友。六個月內你的政治生命會完蛋……叫我這麼做絕不可能，門都沒有。」甘迺迪曾對朋友說：「他對我暴怒成那樣，怎麼跟河內談判？」但真正的重點是，詹森已極接近要做正是法國所建議的行動[57]。令他大為氣惱的是，他不能告訴任何人，他做了，但是無效。

四

我們進行了數十次深入調查。我們已與教宗、吳丹秘書長及聯合國聯繫。我們的立場完全清楚，重點載於已公開的十四點文件。另一方不感興趣。我們未接獲他們的回音。我們借助第三方不成……所有的努力換來無聲無息。沒有認真的回覆，不論私下或公開……無證據顯示，河內準備停戰。北越想要北邊避開戰火卻毫不讓步，同時繼續在南越作戰。[58]

魯斯克一九六七年二月八日，在國安會的會議上這麼說。說的都是實話。但他與同僚們的處境如何？若說詹森政府意見不合的成員，曾因與河內有可能談判而齊心協力，那談判未能實現險些造成四分五裂。早在一九六六年十一月十日，麥克諾頓已注意到，「麥納馬拉手中的權力、影響力在降低」，因總統與國防部長對繼續轟炸北越的問題意見相左[59]。麥納馬拉很快變為鴿派，建議美國片面調降對河內轟炸。他不客氣地說：「世上最大超級強國，每週殺害或重傷上千個非戰鬥人員，同時企圖重擊落後小國，逼它在價值引起熱議的問題上低頭，那幅畫面不會太好看。」[60]羅斯托則變得益發鷹派，他勸詹森在海防港佈地雷，並全面對

1963年美國大使洛志與南越總統吳廷琰見面。甘迺迪政府縱容琰被推翻、處決。其始料未及的結果是造成西貢更加依賴華府。

經濟學者兼博奕理論家謝林攝於1964年。他和季辛吉在1960年代雖並不友好，但兩人關係後來因謝林想與越戰保持距離而惡化。

第二次不幸：1964年6月1日，洛克菲勒與手持競選海報的長子洛德曼（Rodman）。洛克菲勒三次角逐共和黨總統提名未成，但季辛吉每次都支持他。

馬丁・路德・金恩1965年1月在劍橋的哈佛紀念教堂客座講道。

1964年舊金山共和黨全國大會上，高華德成功獲得總統候選人提名，圖為其支持者。

最後的普魯士貴族：西德《時代》周報主編瑪莉昂．頓霍夫女伯爵，後出任發行人。

季辛吉置身德國人當中：向西德國防軍軍官簡報，包括西德第五裝甲師指揮官，時約1965年。

平順的夥伴關係：1965年亨利．季辛吉與父親路易斯，參加《出問題的夥伴關係》出版活動。其父表示：「很可惜這本書出版時，所有的注意力都在亞洲，不在歐洲。」

邦迪與詹森在白宮。前哈佛文理學院院長邦迪，歷任詹森及甘迺迪的「總統國安事務特別助理」，簡稱國安顧問。

邦迪1965年2月4日在新山一（Tan Son Nhut）空軍基地，受到麥克斯威爾．泰勒大使（邦迪身後）迎接。

1965年3月30日越共恐怖份子炸毀西貢美國大使館。

1965年10月越南（Xom Chua），南越士兵腳踢可疑越共游擊隊。

1965年季辛吉在越南。此次首度越南行使他相信，美國已陷入自身難保的境地。他說：「單是許多立意崇高的計畫展開後卻徹底失敗，已引來譏諷和士氣低迷的整體氛圍。」

艾斯柏格在越南，替美國反叛亂最高將領蘭斯戴將軍工作。他開始對國安問題感興趣，是在季辛吉的哈佛國防政策研討會。艾斯柏格後來將越戰機密文件洩露，成為著名的「五角大廈文件」。

越南之痛：1966年10月南北越在非軍事區以南交火，美國陸戰隊員抬著受傷同袍。

1966年10月美國傷兵在戰地接受醫治。三個月前季辛吉訪問某陸戰隊基地後說：「這裡的工作緩慢、骯髒、磨人。」

1966年7月28日季辛吉與南越總統阮文紹。此時在總理阮高祺為首的雙頭統治中，紹被視為第二號人物。他是受法國訓練的陸軍軍官，天主教徒，擅於政治謀略。但如國務卿魯斯克所承認，紹有「一切權利懷疑」在之後的巴黎和談「河內目的何在」。

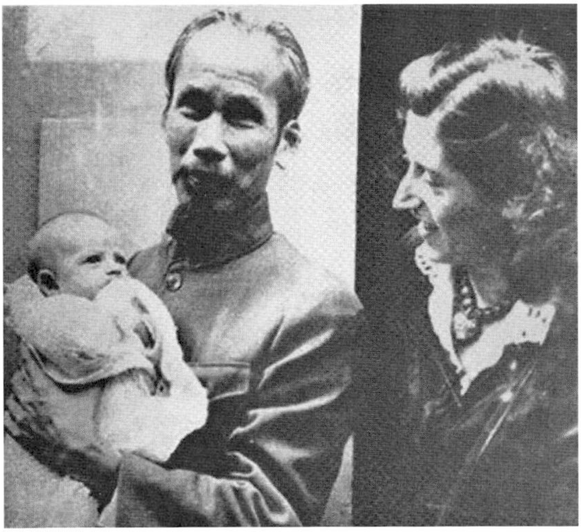

1946年在巴黎，胡志明抱著教女芭貝特，旁為其母露西．歐布拉克。芭貝特父親歐布拉克，後來是欲替季辛吉和北越政府建立溝通管道的兩位法國中間人之一。

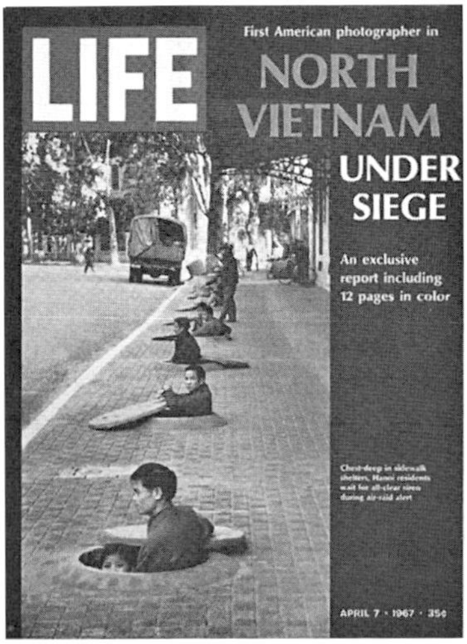

「北越遭襲擊」：《生活》雜誌1967年4月7日的封面，顯示河內居民躲避美國空襲。若認為是美國轟炸破壞了1967年可能達成的和平方案，其前提必須是北越政府當時真心想要以談判結束戰爭。

在喬治亞州班寧堡（Fort Benning）與高階軍官及傘兵新兵。

西德總統呂布克1967年4月25日在艾德諾喪禮上，試圖讓詹森總統與戴高樂總統握手。

尼克森1967年3月在布拉格伏爾塔瓦河（Vltava River）附近接受訪問。邀請他來訪的是捷克國際政經研究所所長史尼達瑞克，兩個月前他曾就中蘇關係提供季辛吉具啟發性的見地。

1968年邁阿密共和黨全國大會，尼克森支持者與象寶寶一起做日光浴（譯注：象是共和黨標誌）。

1968年8月7日尼克森與福特接受共和黨提名為總統、副總統候選人。

1969年倫敦政經學院，富特（最左）發言，阿里（最右）抗議。這兩個英國左派辯論高手，在1965年一場關於越南的電視辯論中打敗季辛吉。

1968年10月14日在內閣會議室，魯斯克吸煙，詹森傾聽，國防部長克利福比手勢。左邊也在場的是參議員羅素（Richard Russel）。

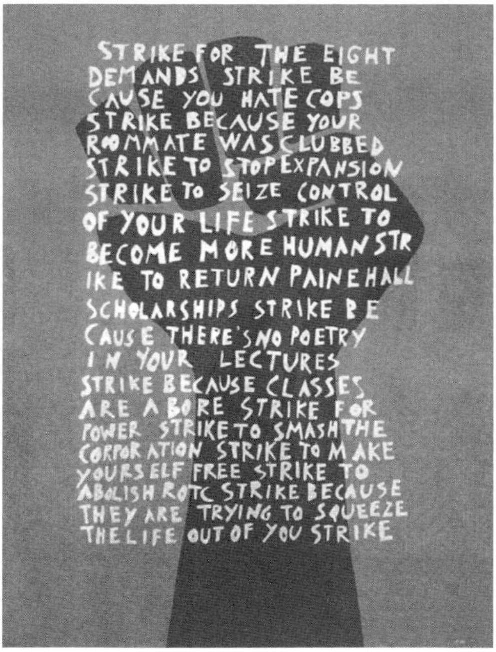
STRIKE FOR THE EIGHT
DEMANDS STRIKE BE
CAUSE YOU HATE COPS
STRIKE BECAUSE YOUR
ROOMMATE WAS CLUBBED
STRIKE TO STOP EXPANSION
STRIKE TO SEIZE CONTROL
OF YOUR LIFE STRIKE TO
BECOME MORE HUMAN STR
IKE TO RETURN PAINE HALL
SCHOLARSHIPS STRIKE BE
CAUSE THERE'S NO POETRY
IN YOUR LECTURES
STRIKE BECAUSE CLASSES
ARE A BORE STRIKE FOR
POWER STRIKE TO SMASH THE
CORPORATION STRIKE TO MAKE
YOURSELF FREE STRIKE TO
ABOLISH ROTC STRIKE BECAUSE
THEY ARE TRYING TO SQUEEZE
THE LIFE OUT OF YOU STRIKE

哈佛之拳，1969年：反越戰和許多其他的校園抗議標記。

前為尼克森，後是艾倫，季辛吉準備被介紹給記者團。艾倫在競選期間曾是尼克森的外交政策顧問，對季辛吉的任命案跳過他感到不平。

獲任命為國家安全顧問那天，與尼克森在紐約市皮埃爾酒店。

與尼克森，他面對的哈里曼，還有墨菲（Robert Murphy），1968年底在紐約市皮埃爾酒店。詹森曾選擇資深外交官哈里曼，領導巴黎越南和談的美國代表團。墨菲是尼克森的顧問，曾在艾森豪時期擔任主管政治事務的國務次卿。季辛吉與這些老將相比雖看似新人，但他已贏得哈里曼的稱讚，說他是有關越南的「好心又實在的老師」。

1968年12月5日重入白宮，與詹森總統和即將卸任的國安顧問羅斯托。詹森對季辛吉說：「要看專欄作家的文章，若他們說你的某個幕僚思慮周密、盡忠職守、或用其他友善的形容詞，立即開除此人。他是洩密者。」

1969年耐心聆聽滔滔不絕的前德國財政部長法蘭茲・史特勞斯。

公共知識份子成為漸露頭角的媒體明星：剛獲任命的國安顧問1969年為《生活》雜誌所攝。

1973年季辛吉與南希·麥金斯。他倆成功保密戀情長達近十年，1967年季辛吉待在巴黎那麼久的原因是南希，不是希望不大的與河內開始談判。

北邊「投以更多重量」。他刻意訴求總統拿出男子氣概，聲稱：「應是他們感到警長正慢慢走過來，準備收拾他們，而非我們感到焦慮或迫不及待。」[61]詹森在中情局和魏摩蘭鼓勵下，同意擴大美方行動，首次針對寮國境內的滲透路線為目標，但他不願做到羅斯托那種地步，羅斯托已打算進攻北越本土。詹森一再拒絕這個選項，他擔心會引發中國介入，再來一次韓戰，讓他自己變成杜魯門[62]。

此時詹森的決策似乎因鷹派鴿派的歧見而分裂。他接受麥納馬拉的意見，自五月二十二日起，暫停攻擊河內方圓十哩內的目標，這一直持續到八月九日[63]。之後他同意針對「幾個重要目標」再轟炸二週，到八月二十四日又停止在河內一帶的活動。與此同時，他批准再次增兵，使美國在南越的總兵力首次超過五十萬人。麥納馬拉再度去越南視察回來後，詹森問道：「我們到底贏不贏得了這場鬼戰爭？」得到的是魏摩蘭並不令人放心的回答：「情況並非僵持不下。我方緩慢但持續獲勝中，若乘勝增強武力，可以加快步伐。」[64]

然而在白宮外，潮水轉向了。三月二日巴比．甘迺迪發表，終結美國涉入越南的三點計畫，第一點即無條件停炸。魯斯克正確地回應道：「越南新年之前、其間和之後，有十分類似的數個提議」，經過「試探，全無結果」，但詹森卻怒責甘迺迪的計畫，是「不名譽的方案，為投民意所好偽裝成是好交易」，他並對《華盛頓郵報》專欄作家德魯．皮爾森簡短表示，甘迺迪的動機是出於罪惡感，他曾謀刺卡斯楚，結果「反噬到他過世的兄長」[65]。

那是一九六七年。那是寶瓶座時代（Age of Aquarius）。那是英語世界文化創造力大爆發時代的巔峰，所產生的音樂核融合彈，結合塞爾特（Celtic）民謠和聲、密西西比三角洲十二小節藍調、及若干由拉維香卡（Ravi Shankar，譯註：印度傳統音樂作曲家、西塔琴演奏家）敲出的西塔琴反覆樂句，遵循著大英東方主義傳統。有四個頭髮愈來愈長的利物浦人，以專輯《派伯中士寂寞芳心俱樂部樂隊》（*Sgt. Pepper's Lonely*

Hearts Club Band）及單曲〈你只需要愛〉（All You Need Is Love）等，雄霸大西洋兩岸流行音樂排行榜。反文化音樂劇《毛髮》（*Hair*）在百老匯上演，其情節明顯反戰，有裸露場景，並提及毒品，還有關於異族性關係的歌曲。安迪．沃荷〔Andy Warhol，譯註：美國藝術家，視覺藝術運動普普藝術（Pop art）開創者之一〕支持的紐約樂隊「地下絲絨」（The Velvet Underground），在〈等待那個人〉（Waiting for the Man）。「平克佛洛伊德」樂團（Pink Floyd）發行專輯《黎明門前的風笛手》（*The Piper at the Gates of Dawn*）。「門戶」樂團（The Doors）同名的出道專輯，主打歌是催眠式延長版的〈點燃我的火〉（Light My Fire）。

第一波反戰示威的確一九六五年即已發生，但如今火苗已點燃全美。反越戰的聲勢日益浩大，當時其他民怨沸騰的議題也參與其中，燒成全國性一把熊熊烈火。四月四日金恩在紐約河邊教堂（Riverside Church），譴責越戰「把被社會害得難以生存的黑人青年，送往八千哩外去保障東南亞的自由，而他們自己在喬治亞州西南部及東哈林區卻享受不到」[66]。剛過三週後世界重量級拳王阿里〔Muhammad Ali，他加入伊斯蘭國（Nation of Islam）時取的名字〕，「以我身為穆斯林教長的良心及個人信念」拒絕奉召入伍*。四月紐約和舊金山有反戰示威，六月在洛杉磯，十月在華盛頓。（華府這場令政府極為擔心，麥納馬拉還曾勸詹森出城。）[67]七月紐瓦克、明尼阿波利斯、底特律、米爾瓦基發生種族暴動。年輕人高唱「愛的夏季」（Summer of Love）一時蔚為風潮，紛紛到海特—艾什伯里朝聖〔Haight-Ashbury，譯註：舊金山市的一個區，以嬉皮反文化發源地著稱，簡稱「海什伯里」（Hashbury）〕，去「啟動，內省，脫離」（turn on, turn in, drop out，譯註：意指啟動內在感知各種意識層的能力，這可藉藥物之助；內省以便與外在世界和諧相處，表達新的內在觀點；脫離意指不假外求，擺脫非自願羈絆，展現自我特點）。〔此一說法由前哈佛心理學講師里瑞（Timothy Leary）所創，他因吸食迷幻（psilocybin）蘑菇被學校開除。〕

河內也沒有愛的夏季。要是嬉皮的心智未曾因吸毒而混亂，要是反戰示威者不曾一口咬定是詹森在拖延戰爭，那他們或許會注意到，是北越，不是美國，否決了吳丹三月所提的和平倡議[68]。另二次瑞典和挪威駐北京大使嘗試調停〔代號亞斯本（ASPEN）及俄亥俄（OHIO）〕，也無功而返[69]。詹森一九六七年六月在紐澤西州格拉斯波洛（Glassboro）格拉斯波洛（Glassboro）與柯西金見面時，最後一次嘗試蘇聯管道。北越方的反應依舊是負面的，俄方從此相信，「多管美越的事不會有結果」[70]。

反戰示威者不知道，其實詹森政府也一樣，北越政治局一九六七年六月，已支持阮志清（Nguyen Chi Thanh）將軍的「全面進攻全面起義」（General Offensive General Uprising）計畫，為在一九六八年贏得勝利，要大舉攻擊南越政權。後來稱為越南新春攻勢（Tet Offensive）的備戰責任交付武元甲（Vo Nguyen Giap）將軍。其餘河內政權中贊同親蘇戰略者，在一九六七年七、十、十二月連續數次，由黎筍和黎德壽幕後操縱的清算中，遭無情地剷除[71]。唯有在亞洲習慣於反共的人，才料得出另一邊的虛實。新加坡總理李光耀一九六七年十月，參訪哈佛剛改名的甘迺迪政府學院（John F. Kennedy School of Government）。他與資深教職員座談時，先請大家對越戰發表意見。季辛吉後來回憶：「教職員，我屬於持異議那一邊，主要對詹森總統是戰犯還是精神病的問題立場分歧。」聽完一長串對詹森政策的抨擊，其中罵得最兇的是，美國早該離開越南，李光耀簡單回答一句：「你們令我失望。」[72]他對《哈佛校刊》說，美國對此地區在進行寶貴的服務，替南越周遭維護「軍事盾牌」。他表示：「西貢可以像新加坡那麼做。」他對當斯特宿舍（Dunster House）的學生聽眾說：「要是你們離開，我們會頑強地堅持下去。我只想告訴各位，撤軍會有什麼惡果。」[73]

* 阿里被判有期徒刑五年，罰鍰一萬美元，並被剝奪世界拳王頭銜，在美國禁賽。

五

讓季辛吉建立起執業外交家聲譽的賓夕法尼亞和平倡議，普遍常見的看法很清楚：啟動談判的主要障礙是美國轟炸北越。河內已表明，轟炸須先停止，談判才可能展開，美國則要求停炸的交換條件，是河內必須採取步驟結束、減少、至少不增加，對南越的人員及物資滲透[74]。有一種主張是，一九六七年和平垂手可得。但每當和平彷彿就在眼前，美國卻轟炸河內。

根據北越及其他來源的證據，相對的主張是，一九六七年根本連最小的和平機會都沒有，因河內政權正在專心準備越南新春攻勢。美國人以為在演《等待果陀》，果陀的化身梅文博遲早會現身。北越人知道大家都在演《捕鼠器》，犯人就是他們自己[75]。

那段經過多半發生在巴黎。季辛吉一九六七年六月到巴黎，參加普格瓦希執委會擴大會議，召集人是普格瓦希秘書長、波蘭出生的物理學家羅布拉特（Joseph Rotblat），及法國微生物學家、巴斯德研究所（Institut Pasteur）所長馬柯維奇（Herbert Marcovitch）。*[76] 議程上的第一案雖是以、阿剛打完的六日戰爭（Six-Day War），但會上也決議找出在越南「停止戰事升高的方案」[77]。季辛吉對此已胸有成竹。其方案對「階段A—階段B」做了詳細修正：「經由適當管道傳達給另一方（河內與莫斯科），我們打算中止全面轟炸北越（直接涉及滲透行動的有限地區可能除外），無須他們那邊對等的正面行動，但我們可能因其後續作為重新考慮。」[78]

最後決定由馬柯維奇去做傳達工作，他將經柬埔寨到河內，名義上是為重建巴斯德研究所與東南亞前附屬機構的科學聯繫[79]。在布埃爾建議下，馬柯維奇將與其老友歐布拉克（Raymond Aubrac）同行前往北越，此人是位於羅馬的聯合國糧農組織（UN Food and Agriculture Organization）資深官員。胡志明一九四六年曾與歐布拉克一家同住，也是其女芭貝特（Babette）的教父[80]。美方提議因此可在對北越主席的社交拜訪中謹慎地傳達。

先有三點必須特別強調。常在越南文獻裡被形容為「反抗軍英雄」的歐布拉克，是忠誠共產黨員。他自惡名昭彰的「里昂屠夫」（Butcher of Lyon）克勞斯・巴比（Klaus Barbie）魔掌中逃出的故事，至今傳誦於法國，尤其加上露西・歐布拉克（Lucie Aubrac）英勇救夫的浪漫角色。他原姓薩繆埃（Raymond Samuel）（「歐布拉克」是戰時的化名之一），戰前學生時代已涉足左派政治，法國淪陷後他加入反抗軍「解放團」（Libération）。其妻已是活躍的共產黨員；早在一九三五年即獲共產國際（Comintern）選派至莫斯科受訓。雖有從未獲證實的傳言，指歐布拉克是線民，在一九四三年出賣反抗軍領袖穆蘭（Jean Moulin），但毫無疑問歐布拉克第一效忠的是法國共產黨。歐布拉克的父母及許多友人死於納粹之手，若他心存報復情有可原。但在戰後清算（*épuration*）期間（針對曾與德國通敵者），他擔任馬賽「執行官」時的行為，更像紅色恐怖而非只是算舊帳；戴高樂曾將歐布拉克解職，他指控共黨建立了「無名氏獨裁統治」[81]。歐布拉克成為「胡伯伯」的私人朋友並非偶然。他自戰後始終是忠貞的共產黨員，自其回憶錄看得出來，他對「轉達美國政府的提議」，即使是他認為「得體」的，也頂多只能說是勉為其難[82]。

第二點要注意的是，賓夕法尼亞倡議出自季辛吉本人。他曾告知魯斯克他打算擬的方案，但國務院未加

* 其他出席者有蘇聯經濟學家安德烈奧森（Ruben Andreossian）、布埃爾（Étienne Bauer 任職於法國原子能委員會）、杜提、麻省理工學院物理學家費德（Bernard Feld）、蘇聯科學院副院長米里翁席可夫（Mikhail Millionshikov）、及法國物理學家佩杭（Francis Perrin）。

重視。總統亦然。總統和魯斯克都認為：那「只是又一個走不通的死巷。我們不是沒走過。別理它」。在收到季辛吉最早給魯斯克的電報之一的副本後，麥納馬拉給了他所需要的官方支持，麥納馬拉現在多少有點相信，美國須減少在越南的損失[83]。

第三點是美軍出動轟炸的時機，對賓夕法尼亞案加倍重要，原因是調停人確實去了河內，也打算再回去。美方對此再度犯下可怕的大錯：就在馬柯維奇和歐布拉克預定抵達北越首都日之前，美國飛機在八月二十日攻擊河內和海防，並且詹森前一天才授權季辛吉說出：「自八月二十四日起，對河內近郊的轟炸型態會有顯著改變，以保證兩人人身安全並象徵我方善意。」[84]詹森管外交的左手與管戰事的右手，好像從未像一九六七年八月協調得那麼亂七八糟。這大大有助於河內的兩面手法。

歐布拉克與馬柯維奇在七月十九日抵達柬埔寨。花兩天時間說服北越駐金邊使館，發給他倆前往河內的簽證。二十一日他們乘國際管制委員會飛機飛到河內。二十四日下午見到范文同和已上年紀的胡志明[85]。次日與他們會面的是范文同及衛生部長范玉石（Pham Ngoc Thach）（推測他在場是為讓此行表面上像科學性拜會）。他倆也有時間親自去看美國轟炸河內造成的慘狀。這兩個法國人一回巴黎，立即與季辛吉見面，並報告在河內的談話，也提供歐布拉克的會談筆記。季辛吉連忙一絲不苟地把此二人告訴他的回報給華府。

此行有幾方面確實看似有所突破。在預期中的初步交談（法國人轉達最新版的「階段A—階段B」，接著范文同譴責美國）後，對話變得有趣。歐布拉克問同，他是否想要「正式宣布轟炸停止，還是實質停炸便能令他滿意」，這位越南總理答：「實質停止可以接受。」歐布拉克再問，停炸與開始談判間是否應有些時間間隔，同有點簡略地答：「這不是問題。」接著歐布拉克又問該用什麼管道，同答這也「不是問題，但應是獲雙方授權的人」。他對法國訪客說，初步談判可「針對影響美國和北越的事務為主」，唯有談到會影響南越的議題時，民陣才須在場。歐、馬由所有這些交談推論出：「范文同設想的場景是美國停止轟炸，接著在數日內，在可接受的安排下展開談判」范文同的態度顯然是鼓舞的。「兩位也許認為你們風塵僕僕未起作用。其實你們給了我們很多可思考的東西。」

反之，次日會面時，范文同讓他們聽到，挑釁式斷言北越軍方的決心：

白宮和五角大廈似決心繼續對北邊作戰。所以我們認為對北邊的攻擊可能增強。我們已為對我方屏障的攻擊做好防備；我們願接受在自己的土地上打仗。我方軍事潛能，因蘇聯及其他社會主義國家援助，正增長中。……至於戰況，它時時刻刻都在改善。……我們只在選擇要打時才打；我們有效利用資源；只為政治目的而戰。……我們可輕易升高〔西貢〕內部的行動。但我們只採取具政治意義且人命損傷小的行動。……我們為獨立已打了四千年仗。我們曾三度擊敗蒙古人。美國陸軍儘管強大，不會比成吉思汗可怕。

但這僅是重覆前一日談話重點的序曲：河內「願接受實質的停止」，無須公開承認。美方若停止空襲，「我方也了解他們願意談」，那就「沒有延後的問題」。談判本身可保密。只要談判不觸及南越，民陣可不必參加。然後范文同新加入一點：「他明白，有些美軍須留到政治解決過程結束後。……我們不想令美國難堪。」話還沒說完。

我方立場是：北越是社會主義，要繼續保持如此。至於南邊，我方目標是國家獨立、民主、和平及中

> 立。有人認為我們要強加社會主義於南邊。我們相信，民陣不會犯這種錯誤。民陣設想的是大聯合政府，容納所有重要團體和宗教，不考慮過去的活動，包括傀儡政府成員及傀儡軍隊幹部。……重點是是忘掉過去。
>
> 至於統一，我方認知，重要的第一步是以政治方式處理南邊。我們同意不強推統一。一旦南邊的戰事解決，我們當與南邊討論，找出最佳方法。[86]

季辛吉坐在〔巴黎郊區〕聖克盧（Saint-Cloud）的馬柯維奇家中，認真地聽著這些。法語非其強項，所以不時得要求翻成英語。兩人說完後，他只表示：「你們帶來了新東西。」[87]他發出報告並飛回國。談判委員會的反應更為興奮，他們察覺至少有四個理由，可視與范文同的對談為「具相當大潛在重要意義」[88]。麥納馬拉更進一步，稱之為「有關談判之事，我們迄今收到的最值得玩味的訊息」[89]。可想而知，詹森、羅斯托、威廉·邦迪均表懷疑（尤其聽說過歐布拉克的「政治傾向」）[90]。詹森確實更看重已有規劃的升高轟炸行動[91]。但季辛吉仍奉派再回巴黎，由庫柏（Chester Cooper）以類似國務院監軍身份陪同，「去討論報告中的某些面向，並可能提出若干須進一步澄清的問題」[92]。

季辛吉隨身攜帶第一版草擬的回覆，要由歐布拉克及馬柯維奇帶給北越，其內容清楚明確：

> 若此舉能加速美國及越民共代表有成效的討論，以求解決雙方問題，美方願停止海、空轟炸北越。我方將認定，討論進行期間，無論對外公開或保密，越民共不會利用停炸或限炸的可趁之機。[93]

但季辛吉小心奕奕地解釋：

一、「趁機」是指「人員或物資進入南方增加」；

二、「有成效」的討論是指，決心避免韓戰式不降低軍事行動但談判拖延許久；

三、暫停轟炸或許無法讓談判一事，在外觀上保密超過三週，但我方當然可保證其內容不外洩。因此在轟炸頓數、地點或種類發生受限或減少之際，雙方也許願先進行初步會談，待轟炸完全停止，則開始最後正式談判。[94]

那兩個法國人答，他們願回到河內，但希望法文版的美國回覆中的si（若），改成en comprnant que。經討論如何將這片語譯為英文最貼切，結果勝出的是「with the understanding that」（基於理解……），此更動獲接受[95]。

現在等待果陀開始了。歐布拉克和馬柯維奇通知北越公使館，他們打算再訪河內，但被告知因美方持續轟炸，他們無法成行。歐、馬合理地要求季辛吉取得保證，轟炸至少會暫時停止。如前所述，八月十八日詹森同意，停炸河內周遭半徑十哩範圍內。如魯斯克所說：「那兩人二十五日會到，他們在那裡的時候不好打他們。」他此刻認為，有五十分之一的機會，季辛吉正在建立「秘密連繫」；麥納馬拉認為機率有十分之一[96]。（那是個機率隨口說的時代）。因此他授權季辛吉說出：「自八月二十四日起，對河內近郊的會有顯著改變，以保證兩人人身安全並象徵我方善意。」。季辛吉刻意對「轟炸型態改變」的地理範圍和持續期間保持模糊，以「避免給人最後通牒的印象」，歐布拉克和馬柯維奇都明白，明講會刺痛北越的神經，但麥納馬拉堅持他明確說出，空襲河內會在九月四日恢復[97]。此時麥納馬拉與哈里曼已私下同意，美國應準備接受，南越會有「包含越共的聯合政府，非共但中立」[98]。

那全屬紙上談兵。北越斷然拒發簽證，儘管有明顯跡象，歐、馬兩人帶著重要訊息，但仍堅持拒發[99]。麥納馬拉認定，這是八月二十至二十三日，因北越天氣變好而執行的一波美國空襲，所導致的回應[100]。但除了以此為拒絕簽證申請的藉口外，很難說還有其他用意。八月二十五日歐、馬與梅文博見面時，他對來自華府的最新通訊及季辛吉的角色，表現出「明顯興趣」，但他只保證會以電報將此傳給河內，便請他們離去[101]。隨後一週沒有一天博未與歐、馬聯繫，但總帶來「沒有答案的答案」。他未接獲河內回音（八月二十九日）。與河內的通訊因技術問題中斷（八月三十日）。他倆雖因美國升高轟炸拿不到簽證，但歐布拉克仍應留在巴黎（八月三十一日、九月二日）。九月二日博要求，對河內停炸再延續「數日」；季辛吉獲授權表示，會再延七十二小時。到了四日，博又恢復拖延並責怪是美國空襲造成推遲[102]。馬柯維奇於九月六日見到博，他得到的印象是，博認為延長三天「暫停轟炸河內」，有「最後通牒性質」，但這是從博「冰冷的」回應推論而來。事實上，即使停炸時間再有兩倍或三倍長，博也照樣會用拖延戰術[103]。

季辛吉未在巴黎等候果陀。他放棄蒙塔龍貝街（Montalembert）皇家港口酒店（Hotel Port Royal）日復一日的舒適生活，回到劍橋準備哈佛開學。歐布拉克返回羅馬。這卻產生不協調的通訊問題。馬柯維奇擔心其獨立性受影響，拒用美國外交郵包，寄送他與博見面的手書記述，以致至少有一則關鍵訊息是用正規航空信寄送的。八日晚季辛吉飛回巴黎，將轉往德國去做先前安排好的演講。博曾很關鍵地對馬柯維奇說過，季辛吉若再回巴黎，他會向河內要求允許去見他[104]。

賓夕法尼亞案如今已認真到值得總統重視。九月五日他要求調閱「這季辛吉專案全部的檔案」[105]，然後要羅斯托請中情局長郝姆斯（Richard Helms）予以評估[106]。郝姆斯評估後沒有定論。北越拖延回覆季辛吉的訊息，或許反映「時機加解讀兩項因素，又因對美國在當地的動機深懷疑慮，更是火上加油」。另一方面，河內「仍持續堅持無條件停炸及依據其四要點為解決方案。尚無任何他們願就那些目標妥協的跡象」[107]。威廉．邦迪也同樣無法下定論。美國這則訊息已「使河內要直接負起責任」，因「這些交流若有一天公開，大多數人會認為〔那〕是合理的提議，反映出對我方過去的公開立場有很大變動」。但他仍舊無法「完全排除，河內有可能在耍弄我們，只是試圖展延豁免河內〔轟炸〕[108]。詹森現在對季辛吉的管道「十分感興趣」[109]，但羅斯托和魯斯克提醒他，雖然「樓梯上響聲頻頻……卻卻不見有人進來」[110]。大家同意季辛吉現在應加重壓力，透過馬柯維奇傳達，「美國對未能收到河內任何回覆漸失耐心」，並「對比美國至今的節制，與美國在南邊承受的無數攻擊」[111]。季辛吉為加重力道，也對歐布拉克（在季辛吉要求下已自羅馬回來）說：「我方官員已得到與河內溝通是單向道的印象。不可只要求我方長期單方面節制，卻無來自河內對我方提議的任何訊號。」[112]但他也說了好話，把八月底對河內的空襲歸咎於官僚壞事，並提到「唯一能理解我國決策過程多麼複雜的另一政府，恐怕就是蘇聯」，挖苦莫斯科無疑很能入博之耳[113]。

仔細研究博在隨後數日的行為，顯示邦迪再次推斷正確：河內確實在耍弄華府。八日，梅文博問馬柯維奇，季辛吉會在巴黎待多久；答案是十天。博的回應是，此期間不炸河內，「很可能有事會發生」。九日博聽到歐布拉克和馬柯維奇警告，美方愈來愈沒耐心，便「詢問這訊息是否經羅斯托放行」。歐、馬不知此人是何方神聖。博解釋說，他其實是要問八月二十五日的訊息是否「依然有效」。然後他警告，美方若企圖製造「麥納馬拉線」（McNamara Line，在南北越間畫類似南北韓的界線），會被視為「要使兄弟永久分家的政治動作」[114]。這兩點顯然是要傳達給美方，河內的情報很靈光，同時也為爭取時間。

九月十一日博終於給歐、馬正式回覆。內容全屬負面，指控美方發出最後通牒，並提出現已耳熟能詳的要求：無條件停炸，撤出美軍，承認民陣。

六

「斯德哥爾摩症候群」（*Stockholm syndrome*）一詞還要六年才會出現。創造此名詞的靈感來自一九七三年，發生於瑞典首都的信貸銀行（Kreditbanken）搶案，人質的行為是被綁架後反而對搶匪產生情感，如今這已是演化心理學上一個熟悉的概念。季辛吉的確有私人不得不的理由，要盡可能待在巴黎：他愛上當時正在巴黎大學進修的南希・麥金斯。其住處在王子先生街（Monsieur le Prince），距梅文博先生的北越公使館只隔幾條街。然而季辛吉一九六七年擔任談判代表的舉止，可謂書信版斯德哥爾摩症候群。此個案的奇怪之處在於，被綁架者從未見過綁架他的人。季辛吉為與梅文博見面投注太多心力，居然因此對他有了感情，或者該說是，對他自己啟動的外交過程產生感情。博始終拒絕。但季辛吉對北越回覆八月二十五日美方信函的評論，是標準斯德哥爾摩症無誤：

> 比起我所熟知的先前那些交流，其最後一段代表三方面的進步：一、河內首次回覆了美國的提議，且未關上進一步談判的大門；二、河內要求承認民族解放陣線，但似已放棄過去堅持，須接受民陣為「最真實的代表」……三、回覆中說談判會在轟炸停止後開始。

他促請華府不要「只看此訊息的表面意義，並切斷歐—馬管道」，要「視之為複雜的討價還價過程的第一步」，並把握機會「更充分地探究河內的氣氛和意圖」，及「改善公開的紀錄」[115]。

此處顯露出他的外交經驗不足。九月十一日應是調頭而去的日子。如羅斯托所說，季辛吉認為河內的回覆是「第一步」，「很難叫人相信」他是對的[116]。季辛吉是「好的分析家……〔但〕在關鍵時刻也許有點軟弱」。魯斯克頗有同感。他說，季辛吉「基本上是為我們好」，只是被騙了[117]。他倆說的沒錯。不斷懇求河內讓季—博會面[118]，不斷為轟炸海防找藉口，明顯是軟弱的表現[119]。季辛吉此時實在等不及要見博，特別想出錦囊妙計，由馬柯維奇交給北越公使一張字條，「放在密封的信封裡，用普通紙張，沒有署名」，內容是說季辛吉不止帶著美方的新訊息，還有對它的評論，「因評論中提到，我們承諾不洩漏的與河內的其他討論」，所以他奉「指示要親自……遞交」[120]。博顯然覺得這一招極為有趣。他對馬柯維奇說，雖無法與季辛吉會面，但如有必要，他很樂意為密封的未署名信件，「維持管道」暢通。「我們可能正緩緩接近某種交流」，是季辛吉傳給華府一貫懷抱希望的訊息[121]。此時美國要是放緩腳步，保留「主要訊息」，博也許會因好奇所吸引而願意會面[122]。不然由馬柯維奇告訴博，季辛吉即將離開巴黎……但那會不會被高度敏感的北越，解讀為另一種形式的最後通牒？[123]季辛吉愈是告訴華府，不要給河內「我們焦慮不已的印象」，他自己卻愈是在那麼做[124]。

如今有雙重麻煩。不僅梅文博從未打算見季辛吉；那兩個法國苦力也開始不聽指揮。馬柯維奇已揚言要向法國政府透露關於談判的事，十三日他又對季辛吉抱怨：「每次我帶著訊息，我們就轟炸北越某個市中心。要是再發生一次，他就不打算再當管道了。」歐布拉克比他厲害得多很多，每當他在羅馬，季辛吉便會想念他的「政治機智」[125]。他一回巴黎，討論即明顯變得銳利。（「A. 評論說，依他所見，華府是提議，若河內保證談判就停炸，河內則是提議，華府若先停炸它就談判。」。）[126]但胡伯伯的老友再次現身，給博施展魅力的機會。他與馬柯維奇在九月十六日帶著「主要訊息」抵達時，博招待他們威士忌、茶和糕點[127]。歐布拉克向博示警，他與馬柯維奇現在「已忍無可忍」，但博嬉笑怒罵地暗示，與季辛吉見面即將實現。馬柯維奇此時揚言，要把他們的談話透露給艾麗榭宮（有點難以置信地暗示著，法國當局不曉得在其地盤上發生的事）。博和顏悅色地勸他別這麼做，並向他保證：「你們這個管道可用之處尚未結束。」當歐布拉克準備回羅馬時，博再提出保證：「事情似乎進行得很慢。其實是照這類往來的『正常』速度在走。」歐布拉克為此又滿懷希望，覺得河內其實是在「曲折地摸索與美國對話之路」。但九月二十日他飛回巴黎時，建議由他、博和季辛吉一起共進晚餐，卻只引來博大笑。即便季辛吉要飛往漢諾威，再回劍橋，他最多只肯說，這個管道「對我們很方便」。

自博接到美國第一封訊息，至今已過去二十五天，他對兩個疲乏的法國人就只有這些可說：

> 美國人在玩兩面手法。一方面向我們提議談和；另方面又增加轟炸。……〔但〕我隨時可接受訊息。我一有東西可對你們說就會聯絡。……別擔心。如果我們最後決定，不想透過季辛吉溝通，一定會告知你們。萬一我們認為你倆不該再繼續，也會毫不猶豫地告知你們。但我們要你倆和季辛吉繼續。[128]

兩天後他又猛烈抨擊美國的行為，譴責持續轟炸河內以外的目標，及尋求談判、又實際升高衝突到「滅絕」程度的「兩面政策」[129]。九月三十日他再次重申，美國八月二十五日的信函暗中附帶條件，所以無法接受。唯有美國全面停止轟炸，季辛吉才可「憑著他的身份，立即到巴黎來」[130]。「華府愈來愈無耐心」的威脅，像是諺語說的船過水無痕。博大可用「會談」可在「停炸後幾乎立即」展開，以抵擋那些威脅，但「會談」不應與「正式談判」混為一談[131]。

十月二日在馬柯維奇主動要求下，博與他見面，那彷彿預報果陀要來了。馬柯維奇寫給季辛吉傳達博所言的信，以快遞郵件寄出，因馬柯維奇堅持不用官方管道。其內容如羅斯托所承認，確實看似象徵「我們首次有所進展」[132]。信中提出三種可能情況，其一是河內會接受，在停炸前做「正式但非公開的宣布」，以做為轟炸無條件「停止」的指標，那可由「季／歐—馬管道（正式）傳達——又不那麼正式」，馬柯維奇小心選用這詞令，以突顯季辛吉的半官方地位。他也推論：「公開或非公開的正式聯繫，可在停炸後短時間內起步」，也許短至三、四天[133]。這次仍有充分理由持懷疑態度。如郝姆斯說：「我們是讓不太懂法語的美國人，去跟不太懂英語的法國人，打越大西洋的電話。」[134]馬柯維奇剛寄出給季辛吉的信，博就開始變卦，否認他曾講過「鄭重約定」（solemn engagement），馬柯維奇卻發誓他說過。博也拒絕證實馬柯維奇所說三種可能情況中的二種[135]。至此羅斯托有很好的理由改變看法：最新來自巴黎的訊息就算不是「欺騙」，也是「含糊和虛應故事」[136]。魯斯克抱怨：「他們還是在對我們虛以委蛇」。一如往常，詹森對外交失望的反應是，指示麥納馬拉「儘可能擊中全部〔目標〕」[137]。他始終視外交與戰爭為相互替代品，而非屬於同一政治過程。（他一度曾抱怨：「只因兩位教授要會面，河內便逃過轟炸。」）[138]但即使更細心更有學問的頭腦，也不會得到更多進展。

貝克特在中篇小說《沃斯沃何》（*Worstward Ho*, 1983）裡，有一段他最著名的書寫之一：「嘗試過。失敗過。沒關係。再嘗試。再失敗。從失敗中進步。」這多少總結了賓夕法尼亞的最後階段。巴黎又傳來一封前後不一的信，收件人「亨利」，由梅文博口述，馬柯維奇記錄，法、英文混雜：

> 我不知在此階段我這麼說是否恰當；你比我更清楚。
> 你的政府……將透過我們傳送首則訊息，明確宣布無條件停止終止目前正在進行的行動。
> 一旦確實完成此事項，第二則訊息，同樣透過我們，將建議在合適的日期和地點，展開對話。[139]

深夜在白宮，詹森、麥納馬拉、羅斯托和魯斯克，絞盡腦汁草擬回函，以替詹森防備萬一，北越一等美國轟炸停止，便背信升高其軍事攻勢[140]。最後得出季辛吉奉命交給博的草擬回函：

> 美國政府理解越南民主共和國立場如下：在美國不表達任何條件，終止一切形式對越南民主共和國的轟炸時，越南民主共和國會迅速與美國進入有成效的討論。此種討論的目的是為解決美國與越南民主共和國間的問題。
>
> 假定對越南民主共和國立場的此項理解正確，美國政府準備依其八月二十五日提議，事先向越南民主共和國傳達，對越南民主共和國轟炸將終止的確切日期，並建議展開討論的日期及地點。[141]

有此為基礎，詹森準備停止轟炸北越。他督促麥納馬拉說服將領們接受新的暫停計畫，「否則我就是一個沒有國家的人」。魯斯克心中仍存疑。他在會議結束時宣告：「我只想讓大家知道，我的探測器尚未嗅到和平的氣息。」[142]但連他也樂觀到足以加入討論，將來歷史性會談應在哪裡舉行。奇怪的是國務卿建議到莫斯科。羅斯托想到仰光。至於最適合代表美國去談的人，麥納馬拉贊成換掉已退休的哈里曼，以眼前人物亨利．季辛吉取而代之[143]。

所有這些當然言之過早。歐、馬二人才見到美國的回覆，便立刻開始抱怨：博會拒絕「依其八月二十五日提議」這句，因那提議已遭河內拒絕[144]。一九六七年十月八日上午歐、馬與博見面，博馬上反對道：「在第一句說美國願無條件停炸後，以下所有出現的字句其實都構成條件。博特別指出『快速』、『有成效的』、『依其八月二十五日提議』等，就是『條件』[145]。他斷然否定，十月八日的訊息有「任何新意」[146]。十月十七日他對馬柯維奇清楚講明，他們又回到原點：美方的「和平提議」都是「虛偽的」[147]。

羅斯托很厭煩。他向詹森抱怨：「我們的中間人……像是兩顆墨西哥跳豆。但願他們能坐得住一下。」[148]季辛吉延後已計畫好的巴黎行。香檳又放回冷藏室[149]。白宮的氣氛再趨晦暗。他們現在是否仍應逕自暫停轟炸，只因那可給「內政加分」？

郝姆斯局長：我不認為賓夕法尼亞管道會有任何結果。它會把資訊傳回河內。但我不預期能從中得到什麼。

魯斯克國務卿：我們向他們提出的建議簡直是太過合理了。

總統：那我們到底怎麼才能獲勝？

麥納馬拉部長：我們有進展。但緩慢。我沒把握在未來十二個月內能贏得了。

我們必須設法提高全國對這場戰爭的支持。我不知道有比暫停更好的辦法。

總統：如果暫停，我們可能輸掉。我不認為暫停會改變那些傢伙的任何一個。[150]

看來現在所能做的，只剩下向新聞界洩露在巴黎的努力，設法拿到其功勞。

但斯德哥爾摩症候群威力強大。十月十七日季辛吉打給羅斯托，為拯救賓夕法尼亞做最後一搏的求情。對最新來自巴黎的通訊，他「完全不同意……完全負面的……解讀」：

被問到他發現訊息中有什麼正面之處，他說：對照去看討論「當可」與「可以舉行」（即*peuvent*與*pourraient*理論上的關鍵差別）。他還說，若假設北越是個政府分裂、前途不明的小國，又面對不了解或不信任其意圖的超強大國，那這則訊息可解讀如下：若你們無條件結束轟炸，我們會談判；若你們減緩強度，我們可能進一步探究你們的立場。

季辛吉建議對博表示：

我方解讀你們的訊息意指，當轟炸無條件停止時，你們願進入有成效的討論；你們也願將一段減緩期，視為探討舉行此種討論的時間地點的時機。我方基於此已減少對，譬如北緯二十度的轟炸；若你們確認我方解讀正確，我方準備無條件終止轟炸。[151]

他的假設是，「外人看似故意拖延，實際上或許反映遊走於北京與莫斯科之間並不容易，加上不確定在談判壓力下，內部能否團結（尤其因北京不贊成）。」北越的政策是，「在政治上使盡權謀求生的個人間的一堆妥協」；勢必「扭曲複雜，不會清楚明確」[152]。

十月十八日傍晚，季辛吉受邀至白宮參加，日後證明很特別的一次詹森內圈會議。出席者有克利福德和最高法院大法官佛特斯（Abe Fortas），加上凱森巴契、麥納馬拉、羅斯托、魯斯克、麥克斯威爾．泰勒等。季辛吉說明「博熱衷於繼續下去」及「他們的立場有些微移動」等原委。總統的回應一樣很直接，但很可能是對的：

我的判斷是，他們維持這個管道，只為不要我們轟炸河內。我知道，如果他們轟炸華府，攻擊我的橋樑和鐵公路，我會很樂意透過中間人，以討論交換限制轟炸。他一點代價都不必付。而淨所得是，他請其使節與兩個科學家談，那兩人又與一個美國公民談，藉此換到河內不受攻擊。

接下來的討論中，魯斯克、泰勒、克利福德、佛塔斯都主張放棄賓夕法尼亞，但凱森巴契和麥納馬拉強烈要求，再次暫停轟炸以維持此一管道。羅斯托是意外的轉向票，他贊成讓巴黎進程繼續，但並非由於他相信會有突破，而是他覺得基於內政因素，暫停轟炸很重要。（他說：「國內政治現在是活躍的戰線。」）王牌是總統拿出的邦迪備忘錄（但未透露其姓名），裡面說總統一直打算給季辛吉最後一次機會[153]。但以詹森的性格，他不得不以粗魯的威脅結束會議。史勒辛格在日記中記著，季辛吉版的那次對話：

亨利最後說：「我不相信短短一段時間，不轟炸一個五流國家的首都十哩範圍內，就會危及美國的安全。」詹森怒視著他說：「好，我們照教授說的做。但（瞪著季辛吉）如果沒有用，我會親手把你閹了。」*[154]

七

賓夕法尼亞管道顯然是梅文博的主要「便利工具」，意在掩飾河內真正的意圖，同時雖是間接地，但有機會挑選具影響力的美國頭腦[155]。鑑於此時距美國總統大選只剩一年多一點（譯註：美國大選每四年在十一月初舉行），河內對美國的國內政治情勢愈來愈有興趣。彷彿是在嘲笑季辛吉，這段期間博一直接受美國記者的訪問，著名者如供稿專欄作家克拉特[156]。他微笑地向馬柯維奇解釋，原因只在他未獲河內授權，見「任何與官方有關聯的美國人」。博恐怕並未意識到，他本人間接而戲劇化地影響著華府的政治情勢。

自華府正面的角度來看，借羅斯托的說法，「博先生與季辛吉先生的複雜舞蹈」，季辛吉跳得「相當正確」[157]。麥納馬拉稱讚季辛吉「漂亮地」處理那種非談判（nonnegotiation）[158]。凱森巴契對詹森說，那是「我們迄今最接近與北越建立對話的發展」[159]。詹森寫信給季辛吉，表達他「極為尊敬，你為尋求和平之路付出的技巧與心力」[160]。不過，眾人也漸漸意識到詹森的時間不多了。如凱森巴契所說：「要在一九六八年十一月前有機會解決越南問題，取決於能否讓談判上路。」[161]很不幸，總統最親近的顧問們，意見相同的僅有這一點。麥納馬拉愈來愈相信，除非無條件停炸才可使談判開始，且美方須接受讓越共參與西貢的聯合政府。凱森巴契也贊同全面暫停轟炸，只為「消除所有對季辛吉談判的可能疑慮」。羅斯托與魯斯克堅決反對上述兩種行動。強硬如鐵的德州漢子詹森，正慢慢地痛苦地被拉扯。直覺要他站在鷹派那邊，對巴黎抱持疑慮。

但進一步升高軍事行動會有效的證據在哪裡？他又該如何壓制自己黨內日益高漲的反叛，連過去忠於其路線者也加入？[162]美國政府年鑑中很少有更好的例子，可說明領導者沒有定見代表什麼意義：

總統：我看不出這會有什麼結果。

羅斯托：我看不出轟炸和談判有任何關聯。

凱森巴契：我不認為我們靠轟炸會得到談判。

總統：我看不出〔有何理由〕再拖延。我們目前得到了什麼〔？〕

凱森巴契：我們與他們展開了溝通。自今年二月起溝通中斷。……我贊成自現在起到二月暫停。

總統：我也贊成。可是我們太快選定可能任何教授都推得動的管道。我認為我們現在應該先炸那些目標。

暫停不會改變政治現況。但那會給他們一個答案，告訴他們我們準備走最後一哩路。

可是我確實想要在暫停前，擊中所有那些目標。

麥納馬拉：除非軍方說還有目標要炸，否則就沒有暫停可言。

凱森巴契：別先升高轟炸再暫停。

郝姆斯：我不同意，不去轟炸某個定點就會對談判有任何作用。

總統：歷史可能寫下，我們在這整件事上的表現愚蠢可笑。

＊ 季辛吉也向史勒辛格描述，他在內閣會議室目睹的可媲美場面，詹森不放過麥納馬拉，逼問他說：「我要怎麼打他們〔北越人〕的卵蛋？你告訴我怎麼打他們的卵蛋。」史勒辛格是甘迺迪的死忠支持者，他是這種軼事的最佳聽眾。

我們停止對河內的一切轟炸六星期，好讓人員進入〔談判〕。結果他們進不去。……我認為他們把我們當傻子在耍。他們想談判的意圖，不會比要我們投降高。依我判斷，擊中任何目標都很重要。那會使他們更痛苦。

相對少數挾持多數。我認為我們應壓制他們，一直壓著。如果他們願意，我們會給他們機會說話和談判。

我們要是相信應該轟炸，就該炸他們的橋樑、電廠、和其他戰略目標，只有判定是禁地的除外。我們付出一切卻得不到回報。但是我想暫停也無妨，反正天氣不好。不過我還是要轟炸我們大膽批准的所有目標。……要是他們不肯談，我們只好採取更激烈的步驟。

我們正失去國內的支持。人民根本不了解這場戰爭。但沒有人能為拖延五星期辯護。我們必須很小心地看待這件事。

我同意郝姆斯。我們打哪裡，在他們心中沒有差別。

光靠河內還不行。他們還是想要永久停炸、他們的四要點、還有提過的要求。

要是那個管道得不到進展，該怎麼結束它〔？〕……

凱森巴契：博可能說，我要跟季辛吉談。那我們怎麼做、怎麼說就會有差別。我們應調整我方的訊息，好讓他們可以有動作或是取消管道。

總統：尼克，給我一個報告，說明你和國務院在這件事上看到什麼希望。我怎麼看都看不出。但我要一個相關的報告。已經給他們五星期了。

凱森巴契：可是我們也沒有什麼損失。

總統：你拼命保護他們，給他們重建的機會。我不會給他們那種機會。但是寫給我看。寫下我們能得到什麼好處。……我要凱森巴契為我寫備忘錄，說明為什麼他認為應繼續維持這個管道，結束它會是什麼狀況，因為我們已經連收兩次肯定的不。[163]

詹森是在此可憐的衝突狀態下，發表聖安東尼奧（San Antonio）演說，那是羅斯托知其不可為而為之，試圖以德州式自誇語氣，表達美國的新讓步——首次公開說出，季辛吉一個多月前對梅文博說的話：「若能迅速導致有成效的討論，美國願停止對北越的一切海、空轟炸。當然我方認定，討論進行期間，北越不會利用停炸或限炸的可趁之機。」[164]（博簡略地指斥詹森的演說「傲慢無禮」。）

十月三日因巴黎的最新訊息被誤視為正面，辯論再起且前所未有地激烈。繼羅斯托和麥納馬拉再次爭執停炸是否明智後，詹森提出令顧問們大吃一驚的問題：「假使他宣布不競選連任，對戰事會有什麼影響。他說，如果今天的評估是有好有壞，那他會決定不選。」魯斯克驚呆了。他高聲說：「你不可以下台。你是三軍統帥，我們正在打仗。那會對國家有很嚴重的影響。……河內會認為他們得逞了。」麥納馬拉不失本色，做出冷靜的成本—效益分析：

經費和人力當然不必擔心。我們會獲得這方面的支持。我不確定國人的心理、對部隊士氣的影響、及對河內的效應。

但我確實認為，他們在任何狀況下都不會談判，他們會等一九六八年的選舉。

自此次會議的紀錄可明白看出，詹森的主要考量在內政。他從民主黨國會議員聽到的都是：「我們如果不快點對越南做些什麼，選舉會輸」，那（如魯斯克淡然所說）與最近加稅的關係，大過反戰示威。不過詹森願考慮下台，也反映他對有可能「快點對越南做些什麼」，已不抱任何希望[165]。那是梅文博盡其所能想要加重的絕望感。

從河內的觀點來看，賓夕法尼亞實在太好用。詹森和顧問群逐漸明白，他們是真心誠意伸出橄欖枝，但因對方堅持保密而一直未曝光，也因這巴黎的管道仍有些許將來重啟的可能性，所以他們無法藉公開美方的努力，從中獲取內政上的好處。詹森很想公開。「政治直覺」告訴他，回應反戰示威的良策是，把他本身的提議和北越的回覆，講得「清清楚楚……好讓我們可以告訴農民發生了什麼事，好讓他們了解」。但魯斯克指出：「我們若公開訊息，鴿派會找麻煩。況且我們將來或許想要藉此管道談一些正事。」[166]再者，賓夕法尼亞檔案裡，有「不少可能令人尷尬的材料」[167]。

詹森的困境多麼恐怖，及美國困境的悲哀處，至此一覽無遺，他向麥納馬拉、羅斯托、魯斯克、參謀長聯席會議主席惠勒，語無倫次地歎道。

> 看來我們無法靠軍事贏得這場戰爭。我請參聯會就如何縮短戰事提出建議，但他們的提案都是超出南越範圍的建議。
>
> 我們也無法透過外交獲勝。……我們試過你們所有的建議。過去兩個月我們在輿論場上差一點吃敗仗。這些示威者還有其他人試圖證明，我們需要另一個人來接管國家。
>
> 那些要我們停炸的人應該應知道，我們在此次溝通中所經歷的一切。今天在座的就有人不知道整個經

過。對方的立場看不出任何改變。他們的電波中全是這種宣傳。……鷹派認輸投降。人人都打擊你。聖安東尼奧未被接受。我講不出更好的解釋。

如果得不到談判，我們何不攻擊所有不會刺激中、俄的軍事目標。發生了所有這些，我們在越南的弟兄們還如此士氣高昂，令我意外。

我們必須對輿論用點心思。

我要確定季辛吉也加入。我們應該有每個農民都懂、但敵人不接受的一句話。

我們必須讓美國人民看到，我們努力過，堅持到最後卻功敗垂成。

動用後備軍人，如何？

這還不構成《克拉普最後錄音帶》，但很接近了。（*Krapp's Last Tape*，譯註：貝克特的獨幕獨角劇，情節為六十九歲的克拉普在聽年輕時留下的錄音帶，並錄下應是他最後的一捲錄音帶，有評論指此劇的特色之一為時間與記憶的錯亂。）

八

賓夕法尼亞半死不活了很久。十月二十日季辛吉再次抵達巴黎，帶著一長串煩人的國務院指示，內容總言之就是：美國「單方面節制八週，重覆單方面節制轟炸緊鄰河內地區」，但此期間無任何時間點，北越政府曾試圖「（一）在此管道或以其他方式，自行表達它會與美國討論，即便轟炸已依美國提議而停止；或

「（二）就如何進行討論，終至和平解決歧見，提出任何實質的對等提議」[168]。季辛吉驚訝地發現，馬柯維奇處於高興得太早的狀態。

> 據他說，博的最後一則訊息使一切挫折都值得了。我問他何以如此樂觀，他要我注意升高與轟炸的差別，及最後一句時態的改變。我馬上點醒他。我說，癥結其實相當簡單。河內如果有意談判，它應該找得到某種方式來表達，而不會用細微地改變時態，或飽含雙重意義的簡略說詞。[169]

歐布拉克自羅馬抵達時，似乎同樣癡心妄想。羅斯托冷嘲道：「他〔季辛吉〕擺不平馬和歐兩個外行人。」[170]奇怪的是，他和他老闆似乎不曾考慮過一種明顯的可能性，即歐布拉克和馬柯維奇根本不像他們外表表現的，是中立的中間人。以歐布拉克是忠誠共黨的紀錄而言，他絕對談不上中立：從一開始他就未曾隱瞞他同情河內。當然也有可能，他和馬柯維奇是真心希望，梅文博終究會同意會見美國政府代表。更可能的是其中至少有一人是與河內同謀，或最起碼是讓莫斯科了解情況發展。歐布拉克是真心希望賓夕法尼亞成功嗎？還是他像博一樣很清楚，他們演的這齣戲的本質？我們無法確定。但季辛吉透露，由於他不曾停下來問自己這個問題，所以要說演員中有人是業餘的，那就是他。

最後一幕也有貝克特般的特質。同一晚（十月二十日）歐布拉克和馬柯維奇帶著又一份精心草擬的文件，出發去見博。但博連見都不肯見他們。他們打電話過去，博也很難溝通。

> 歐〔布拉克〕：我們急著想要見你。

博：沒有新的東西要說。情況在惡化。沒有理由再談。

歐：有新東西而且很重要。

博：一字不差地重複跟前面一樣的話。

歐：有件事攸關重大，可能是我們訊息交換最重要的關頭。

博：一字不差地重複跟前面一樣的話。但又加一句：什麼重要的事〔？〕

歐：是有關你們最後那則訊息的最後那一句的含義，以及根據它必須採取的步驟的順序。

博：我們的立場再清楚不過。*……博接著又一字不差地重複原本那句話。[171]

季辛吉向華府回報，那兩個法國人失魂落魄：「馬柯維奇快哭出來，歐布拉克也極為沮喪。」

在這種情況下，我以平常心，感謝他們全力以赴和小心謹慎。這個管道失敗了，並非由於缺乏善意或想像力，而是河內不能或不願談。馬說，至少我們懂得了河內的無條件是何意義。我答，認真的人沒有一個會相信絕對無條件的關係。[172]

---

* 博要他們去看刊於《國家衛報》（*National Guardian*），澳洲記者柏契特（Wilfred Burchett）根據訪問阮維楨所寫的文章，文中說：「河內無心於讓步或談條件，除去對談，也絕不肯為停炸做任何提議。在用字上強調是『對談』（talks）不是談判（negotiation）……每個層級都一再說，美國完全撤出南越的完整獨立，是河內政府及南越解放陣線無可改變的目標。他們準備為此目標打上一、二十年的仗，也據此重整生活。柏契特不但是共產黨員，也是KGB特工。

羅斯托給詹森一則他最擅長的短箋：「亨利．季辛吉藉此讓馬、歐更接近人生的真實面。」[173]他指出，那是「巴黎管道的終點」。他推斷有兩種可能的解釋：若非「他們認為美國政治和全球外交太有趣，此時不急著談」，就是「他們與共產中國正在談新的支援協議，甚至談中國的軍事行動」。還有第三種可能，起初他並未納入考慮，即這整齣戲是一場遊戲[174]。他檢視檔案，算出北越拒絕與季辛吉談不下十五次：那代表「明確的政策，只有這種可能」[175]。郝姆斯訴諸奧卡姆剃刀（Ockham razor，譯註：指理論或解釋的假設愈少愈好）：河內從未有真正的動作，季辛吉所做的是「尋找根本不存在的東西」[176]。他對詹森說：「總統先生，簡言之，你又回到原點。」[177]

成功會有很多附會者；失敗有時也有。歐布拉克和馬柯維奇把失敗歸咎於詹森。他們覺得「很難相信」，他們訪問河內與美國持續轟炸是「意外」的巧合，因為「那二項『指示』來自同一『發送者』」[178]。馬柯維奇始終認為，季辛吉被詹森周圍的鷹派給打敗[179]。後來歐布拉克也確實對季辛吉本人不滿，指控他為提高個人名聲，把整個賓夕法尼亞的新聞洩露給《洛杉磯時報》[180]。（歐布拉克甚至過分到裝糊塗，說他「不知道亨利與國務院或白宮的關聯」——那不是記憶流失快得嚇人，便是睜眼說瞎話。）[181]但世人寧願把在愛的夏季爆開的謀和失敗，算在詹森的帳上。

新聞當然已外洩。二位記者：考克斯（Cox）報團的克拉斯洛（David Kraslow）和曾任紐約前鋒論壇報（*New York Herald Tribune*）莫斯科特派員的魯瑞（Stuart H. Loory），搜集到足夠的拼圖碎片，寫出《密尋越南和平》（*The Secret Search for Peace in Vietnam*）一書，於一九六八年出版[182]。他們追蹤到馬柯維奇。他們盤問美國駐巴黎使館一等秘書狄恩（John Gunther Dean）。他們設法拼湊出，「季辛吉曾在今年秋天與二個法國左派人士聯手，傳達訊息給梅文博」，而「傳給博的訊息中，有一則保證在特定期間內不轟炸河內，以做為我方有誠信和願進行討論的證據」。但相反於歐布拉克的說法，克拉斯洛和魯瑞雖四度要求採訪，季辛吉卻拒見他們[183]。在美國政府看來很殘酷的是，這二位記者提出的論點為：「總統和國務卿魯斯克，在越南問題上誤導美國民眾……北越對美方致力於與我方進入談判一直是接納的，政府卻予以否認。」[184]他倆的報導錯得不能再錯。但其解讀當然百分之百切合當時的反戰氛圍。參議員傅爾布萊特和曼斯菲爾，甚至有共和黨參議員支持，如肯塔基州的庫柏（Sherman Cooper），他們不斷施壓要求全面停止轟炸，無視於這是詹森僅剩的談判籌碼，河內也一再拒不接受[185]。

與此同時，毛建議胡志明採取「殲滅」戰略後，河內準備發動猛攻。一九六七年十月，季辛吉還在「當可」與「可以」的差異中尋找和平之際，北越政治局已決定進行新春攻勢：在南越「贏得決定性勝利局面」，這是北越十四屆中全會通過、兩個月後發布的決議文中所用的字詞。「全面進攻全面起義」是為縱放越共全力攻擊南邊各大城市：西貢、順化、峴港。借用民陣駐北越代表團成員張聰同（Truong Cong Dong，譯音）的話：「談判會在美國擊敗我們，或我們擊敗他們時開始。一切問題會在戰場上解決。」[186]這戳穿河內在一九六七年有和談誠意的見解。對此無庸置疑，北越外長阮克黃（Nguyen Khac Huynh，譯音）後來曾對麥納馬拉說：「當時我們〔在河內〕正擬定談判戰略」，賓夕法尼亞使我們「備感鼓舞」——鼓舞了其假設：真正的談判在新春攻勢後，會很易於展開。所以若指季辛吉的努力，「曾為開啟巴黎和平進程提供基礎」，會引起誤解。照當時河內在北京的人員之一劉端黃（Luu DoanHuynh，譯音）所說，北越的目標始終是「建立最有利的談判條件，但要在新春攻勢後！」[187]

這可說明一九六七年最後數月釋出的和平試探觸角，如羅馬尼亞居間協調和談的提議派克斯（PACKERS），為何未被直接拒絕。依照赫林（George Herring，譯註：美國歷史學者）的解釋，派克斯應理解為「欺敵之計，好在新春攻勢施以軍事重擊前夕，誘使美國產生虛假的軍事安全感，並增強國內外要求談判的壓力」[188]。不僅阮維楨十二月二十九日、梅文博一月一日發表的聲明，可作如是觀，賓夕法尼亞本身當然也是如此。與麥納馬拉的記憶相反，法國管道直至新春攻勢前夕仍然敞開。一九六七年十二月初，季辛吉請馬柯維奇最後一次嘗試「聯絡保羅」（他們替博取的代號）。馬柯維奇回以唯有讓他帶著兩個日期，他才辦得到：「第一是單純宣布，停止對越民共的轟炸及一切作戰行為；再來是較晚的日期，在合理期間內，提出舉行討論的地點」。他又故作笛卡兒式風雅，指出「『有成果』一詞須嚴格避免，因為若要完全合乎邏輯，誰也無法預知將展開的談判，會不會有成果」[189]。一月十六日晚上九時，馬柯維奇驚訝地接到博的電話，邀請他過去談談，一談就談了兩小時。博說，「去年十月……交談中斷」是「整體情況使然」；其政府仍「對他倆〔歐布拉克和馬柯維奇〕有很高個人評價」。其實河內已準備「從確定停炸生效的那一刻起……在停炸後的適當時間」開始談判。那博現在是否終於同意接待季辛吉？博以慣常的曖昧語氣答道：「在當前情況下，任何這類要求都會列入考量。」馬柯維奇打給季辛吉，轉達這個新的非邀請（noninvitation）。季辛吉粗率地回覆他，博若有意「直接見我」，「雖然我的行程全滿，但會努力過去〔巴黎〕」[190]。一月十八日上午，馬柯維奇又用密封信封，把此訊息轉給博。博打開信封，但只說希望「這次事情會有點進展」。馬柯維奇的報告說，氣氛「誠懇」[191]。

十二天後新春攻勢啟動。

九

在普格瓦希誕生，也在普格瓦希終結。一九六七年十二月二十八日，亨利．季辛吉發現自己身陷世界共產主義巢穴：莫斯科，參加美蘇科學家會議，出席的大多是普格瓦希的固定與會者。其實也跟十五個月前的索波特會議差不多。但這十幾個月來很多其他方面發生變化。蘇聯代表對美國政策的譴責顯然較為節制。季辛吉自己現在則是對美國的越南敵手的性格，了解得比一九六六年多很多。他對蘇聯代表們說：「河內不肯放棄死硬的兇悍姿態。河內只以地方脈絡來看事情。雙方的疑懼都非常深。」[192]難道沒有辦法讓莫斯科擔任調人？蘇方最資深的參加者米里翁席可夫，順應他的話提出又一個調停計畫〔由蘇聯科學院（Academy of Science）譯員波奇塔林（Igor Pochitalin）轉達給季辛吉〕。那是極為詳盡的五階段計畫。首先是米里翁席可夫與季辛吉和朵提見面，告知他們「河內準備同意快速而有成效地談判」。然後十天內，美國會「大幅降低轟炸北越，最好停止攻擊河內和海防」。再過十天內，初步「談判會經由此一管道展開，討論籌備會議的技術層面，包含議程、時地等項目。技術性會談成完成後十天內，美國停止一切轟炸。最後再過三十天，「與河內的正式官方會議將接著舉行」。

季辛吉懷疑是KGB在科學院的連絡人，向他保證：「莫斯科絕對希望解決，〔但〕北京顯然想要戰爭繼續」，此言或許屬實。但也可能不是。或許莫斯科只在為新春攻勢前的煙幕，再狠加一層烏雲。對蘇聯立場最接近誠實的闡述，來自世界經濟及國際關係研究所（Institute of the World Economy and International Relations）的經濟學家孟希可夫（Stanislav Menshikov）。孟希可夫未在正式會議上討論越南，他開車載著季辛吉三小時，繞行莫斯科人車稀少的大馬路，那是當時蘇聯最接近有隱私的地方。當天是除夕，吐實的好日子。孟希可夫「純屬私下談話」地解釋，真相是蘇聯對河內的影響力微乎其微。他說北越「不好對付」。再者「〔河內〕不信任我國動機的程度，及蘇聯面對中國的地位不穩，令蘇聯領導人深懷戒心」。

蘇聯政府病態地害怕受騙。它完全無法確定美國的意圖。……而且蘇聯的難題不比我們少。越戰使中蘇關係惡化。除非美國直接攻擊共產中國，才有可能使關係恢復。他所屬機構正在進行到一九八〇年的趨勢預測。已得到的結論是，此期間沒有一刻中蘇關係會好，即使毛那時無疑已經入土。

這是很特別的意見，與季辛吉近一年前在布拉格，聽自史尼達瑞克的說法，幾乎一樣特殊。但孟希可夫還有炸彈要丟：

〔他〕問我們是否關切蘇聯介入〔越南〕。我說當然……對會與蘇聯發生衝突深為關切。同時察看地圖顯示，蘇聯在東南亞的軍事行動並不單純。孟希可夫說：「我們可以在情勢更有利的地方製造麻煩，譬如柏林。」我答：「只是有全面戰爭的風險。」孟希可夫說：「你看，我們本身也有可信度問題。」[193]

學者們很久以來便在猜測，是哪個美國戰略家想出對中國開放，而在一九七二年使地緣政治的全局大為改觀。然而最初想到的不是美國人（雖前面提過，一九六四年時季辛吉已不太認真的想過，但覺得不可行）。是蘇聯集團的戰略思想家，預見到中蘇分裂召喚出的新世界，或許由於他們通常喜歡下棋多於業餘戲劇。依孟希可夫之見，除非美中一戰，才可恢復共產集團舊有的團結，而那種可能性正逐漸降至零，因為越南不是韓國，這一點再清楚不過。莫斯科與北京失和，替中美交易製造潛在機會，如史尼達瑞克的解釋：這好比一九三九年的納粹—蘇聯協定，只不過現在針對的是莫斯科：敵對雙方結成夥伴，這將代表現實主義勝過理想主義，務實作風勝過意識形態。但孟希可夫明白，這種協定不致排斥莫斯科與華盛頓繼續和解。

美國也許遭到羞辱，慘兮兮地陷在越南泥沼中。其最優秀最聰明的才俊之一，或許被耍弄，走了最長的巴黎夢幻路。但把《捕鼠器》誤認為《等待果陀》並非致命失誤，季辛吉雖白等了梅文博，卻得以窺見規模大得太多的戲劇腳本，這齣戲不是在巴黎某寒酸的沙龍演出，而是五年後在北京的堂皇宴會廳裡。

第21章 一九六八年

每次我去那裡〔華盛頓〕，無論是見共和黨或民主黨人，政治人物或政府官員，都為你在那邊的地位多麼獨特感到驚奇。其實我覺得你的聲譽在每個人眼中，或許更不簡單的是在每個階段，都保持不變。這在好像只重視新穎的世界真的意義重大。

——瑪莉昂．頓霍夫對季辛吉，一九六八年三月[1]

這種組合不太可能。

——尼克森，一九七八年[2]

一

一九六八年是美國現代史上可怕的一年。自越南農曆新年開始，「越南新年攻勢」雖在電視觀眾眼裡，比對美國實際的傷害嚴重許多，卻是一連串死傷的開始。十九個越共工兵闖進西貢美國大使館，殺死五個美軍士兵。有好幾週順化是逐戶血腥戰鬥的現場。艾迪．亞當斯（Eddie Adams）拍下，南越警官冷血槍決被俘越共軍官阮文斂（Nguyen Van Lem）的照片，簡潔表達出反攻行動的殘忍。暴力似從電視螢光幕滲透到美國本土。四月四日民權領袖金恩，站在曼菲斯某汽車旅館其房間的陽台上，遭雷伊（James Earl Ray）槍殺身亡。兩個月後，羅伯．甘迺迪走過洛杉磯大使酒店（Ambassador Hotel）的廚房時，遭巴勒斯坦移民索罕（Sirhan Sirhan）刺殺，送醫不治。連安迪沃荷也有精神錯亂的激進女性主義作家，名為華樂莉．索拉納斯（Valerie Solanas），企圖取他性命。

學生抗議行動自柏克萊開始，蔓延至紐約大學及哥倫比亞大學，以致橫掃全美各大學；到十二月反戰「靜坐」熱潮甚至來到哈佛。南卡羅來納州立大學（South Carolina State University）兩個黑人學生，在參加奧蘭治堡（Orangeburg）反種族隔離示威時，被警察射殺。在芝加哥民主黨全代會場外，警方與抗議者在街頭激戰，領頭的是國際青年黨〔Youth International Party，成員人稱伊皮（Yippies）〕、爭民主學生會、和全國動員結束越戰委員會（National Mobilization Committee to End the War in Vietnam）。金恩遇刺後，美國非裔青年指責那是政府陰謀，他們走上街頭，爆發新種族暴動。黑豹黨（Black Panthers）與其他激進爭黑權團體，在加州奧克蘭及俄亥俄州克里夫蘭，與警方槍戰。

在國外，世界情勢日益惡化。新年攻勢雖暫停，越共及其北越盟友也損傷慘重，但美軍和南越軍紀律，在一波對平民的殘殺後，有崩潰之虞。六月馬共發動第二波馬來亞暴亂。八月蘇聯領軍的龐大部隊侵入南斯拉夫，鎮壓布拉格之春，推翻杜布切克的改革政府。伊拉克、巴拿馬、馬利發生政變。連平靜的英國也有近乎流血事件，如皇家阿爾斯特警隊（Royal Ulster Constabulary）毆打倫敦德里的天主教示威者（譯註：Londonderry 英國北愛爾蘭第二大城。當年北愛傾向南邊愛爾蘭的天主教徒，與傾向英國的新教徒衝突不斷），以及伊尼克·鮑爾預言，來自英國前殖民地的移民，終將導致種族暴力。鮑爾雖引述《埃涅阿斯紀》（「我好像看見『血染台伯河』」。譯註：Aeneid，古羅馬詩人維吉爾的詩作，敘述埃涅阿斯在特洛伊陷落後輾轉來到義大利，終至成為羅馬人的祖先），但引起他說這些話的是美國的種族暴動。美利堅和平〔*Pax Americana*，譯註：延續羅馬和平（Pax Romana）、不列顛和平（Pax Britannica），稱二戰後美國主導的世界和平〕一詞在各地都像帶有矛盾意味。美國大使在瓜地馬拉市街頭遭槍擊。北韓軍隊登上並俘虜美國「普韋布洛號」（*Pueblo*）間諜船。美國核潛艇「天蠍號」（*Scorpion*）在亞速爾群島外海沈沒。連空中也不安全。自一九六八年十一月起連續發生多起劫機事件，先是武裝份子劫持預定由紐約甘迺迪機場，飛往波多黎各聖胡安（San Juan）的泛美航空二八一號班機。一九六一至六七年間，僅發生七次企圖劫持美國飛機事件。六八到七一年爆增為七十一次。幾乎全是轉飛到古巴，使「帶我到哈瓦那」（Take me to Havana）成為當時的流行語之一。

難怪詹森害怕麥納馬拉會自殺[3]。難怪一九六八年對國務卿魯斯克是「一團亂」。他日後回憶：「我精疲力盡」，每天靠「阿斯匹靈、威士忌和四包雲雀牌（Lark）香煙」活下去。他告訴兒子：「我記不得太多那年發生的事。」[4]然而，正是他兒子那一代是世界紛亂的主要源頭。戰後嬰兒潮出生的人此時已二十來歲，人數眾多，特別是在北美，十五到二十四歲人口占比不斷上升，至七〇年代中期達最高峰，占將近百分之十九。但不只是美國的年輕人走上街頭。在波昂、巴黎、羅馬、斯德哥爾摩、西柏林，均有大規模學生示威。此現象也不限於西方民主國家。墨西哥市和牙買加的金士頓市（Kingston）均曾發生學生暴動。獨裁國家（西班牙和巴西）同樣有示威抗議。共產世界也發生學生示威，華沙（一月、三月），貝爾格勒（七月），最重要的是在毛澤東的中國，「文化大革命」是國家支持的世代造反[5]。

對找尋目標的激進學生而言，季辛吉仍擔任副主任的哈佛國際事務中心，迫切需要的不只是靜坐，更須直接付諸行動。一九六八年十月，馬克思主義十一月行動委員會（Marxist November Action Committee）在神學大道六號，展開反「帝國主義設施」運動，不僅持續很久，且愈來愈暴力。隔年九月，一群二、三十個爭民主學生會成員，後組成地下氣候（Weather Underground）團體，衝進國際中心大樓，強制驅趕中心人員，造成其中一人要縫好幾針的傷口。從這團體印行的折頁文宣，可感受當時的氛圍：

> 主持國務中心的人是受雇的殺手。他們替政府撰寫報告，如何讓大多數人貧窮挨餓，好讓少數美國人荷包滿滿、腦滿腸肥。若以為這些惡棍那麼懂越戰，所以會趕著去越南打仗。可是這些豬很聰明。他們寧願待在哈佛，而洛克斯貝利（Roxbury，譯註：波士頓市黑人區）的黑人，杜徹斯特（Dorchester）和牙買加平原（Jamaica Plain，譯註：這兩區均屬波士頓）的年輕白人工人，卻被派去送死。[6]

另一本同性質的小冊子指控國務中心，生產「犧牲大多數世人，以維持美國國際勢力的構想」[7]。該中心是「大學共謀美國對外經濟滲透，犧牲被壓迫人民，特別明目張膽的例子」[8]。

其辦公室一再遭到攻擊，尤其一九七〇年四月辦公室被「搗毀」，六個月後，十月十四日三樓發生炸彈爆炸。一九七二年四月，在反對「美國對中南半島人民滅族戰爭」的抗議中，整棟建築又被洗劫[9]。

一九六八年的季辛吉，有不止一個理由願接受華府的職務。在年少時待過納粹德國的人看來，自稱新左派者有不少令人不安的相似處。季辛吉在同年三月刊出的書評，評論一本寫納粹紐倫堡黨代表集會的書時，明白做出此一類比：

> 現代群眾社會有造成個人情感饑渴的危險。官僚化政府的精心算計內，經常未留下承諾的餘地。當所有正常的承諾途徑都封閉，對歸屬感的需求可能以各種原始方式爆發。納粹黨剛開始對學生特別有吸引力實非意外，他們正是日益覺得無法被現代社會滿足的一群。幸好紐倫堡黨集會屬於過去。但我們仍應加以查覺……以為警惕。[10]

羅伯．甘迺迪遇刺後不久，季辛吉為洛克菲勒草擬演講稿時，曾對此主題有所著墨，此舉提醒我們，季辛吉的歷史想像從不自限於外交領域，且理想主義仍深植於他心中，表現在拒斥馬克思主義者十分看重的物質主義上。他寫道，年輕人騷動不安的問題，是「高度工業化、嚴重官僚化社會」的病徵。儘管在最先進社會最顯著，但那是全球現象。

> 有一項困難在於改變的步調前所未見。當各地熟悉的模式被摧毀。卻無具整合力的東西取而代之。現代社會崇尚專門化。工業製程是根據細分個別功能。大部分人的日常經驗是強調特殊之處，然而你我問題的複雜度顯示，我們需要一些一般性原則。個人的日常經驗已變得與道德和心理需求不相連結。……

現代生活龐大的規模，威脅到個人的尊嚴感。青年人看到行政架構以高效率運作。這看似自動的運作，卻使得需要個人和其創意、關切的程度明顯降低。行政架構解決了效率的需求；卻讓對承諾的需求自生自滅。……當前的問題完全是，在令個人似乎變得渺小的環境中……能否賦予生命意義。

對這個問題的解答，並非現下備受歡迎的藥方：經濟成長和工作機會。季辛吉指出：「當前的心神不寧，尤其是年輕一代」，有部分是「為反抗空虛的人生，只管『實際』問題和物質商品，缺乏更深層的意義。……當前的煩擾不安除反映其他，也證明人不能僅靠經濟而活；人除了物質幸福，也需要生活品質和目的。」[11]這位理想主義者看不起同時代物質主義者的自圓其說，不下於蔑視憤青願向河內及哈瓦那看齊的偽理想主義。

二

不過對許多美國人而言，直至今日，以上皆非一九六八年發生的最糟的事。而是理查・米豪斯・尼克森當選美國總統。

目前對尼克森以不當手段崛起的說法，也替季辛吉安排了特殊而重要的角色。由記者赫許（Seymour Hersh）打頭陣，繼而陸續有作者宣稱季辛吉洩漏五月在巴黎，美國與北越正式和談的關鍵機密資訊，共謀協助尼克森贏得一九六八年大選。赫許的說法是洛克菲勒三度角逐共和黨提名失利後，季辛吉主動自薦加入尼克森競選團隊。依赫許所說，一九六八年九月十日，季辛吉打給尼克森的外交顧問理查・艾倫（Richard V.

Allen），表示他「有辦法聯絡」政府內涉及越南談判的朋友。*然後他「漏出資訊」給尼克森，「背叛仍屬保密的越南談判中，曾與他共事的人」，尤其是戴維森和尼格羅龐提。九月十七日他確曾飛到巴黎，以便盡可能接近談判。季辛吉很清楚他在洩漏機密資訊，卻透過打公用電話給艾倫，部分講德語的方式，把他所曉得的傳達給艾倫。為掩護其行徑，季辛吉同時對前哈佛同事布里辛斯基——曾任職魯斯克下的政策計畫處，此時為韓福瑞競選團隊工作——向他提供洛克菲勒暗指尼克森有罪的「黑檔案」，並對布里辛斯基說：「我可是討厭尼克森好多年。」[12]

赫許說，季辛吉兩邊押寶：不論尼克森或民主黨候選人副總統韓福瑞勝選，他都可指望當上國家安全顧問，因為他也曾向韓福瑞示好。他甚至為此要延攬戴維森。但他為尼克森效力較多。九月二十六日他告訴艾倫，「關於越南有大事正在進行」。數日後又告訴艾倫，有「五成以上機率，詹森會在約十月中旬下令停止轟炸」。十月十二日他報告，「有強烈可能政府會在十月二十三日前行動」，並且「不只是表面上看到的那樣」。三十一日，在詹森終於下令停炸北越前十二小時，季辛吉告訴艾倫，他有「重要資訊」，即哈里曼和副手前國防部次長范斯（Cyrus Vance），已「開香檳」慶祝與河內協商有成。據悉這資訊對尼克森極有價值，為他簡報此事的是霍德曼（H. R. "Bob" Haldeman），他日後當上白宮幕僚長，還有將來的司法部長米契爾（John Mitchell）。尼克森也酬庸季辛吉，任命他為國家安全顧問[13]。

赫許的報導成為權威。艾薩克森的用詞略緩，但結論仍是，季辛吉與尼克森「分享機密以獲取好感」[14]。希欽斯加油添醋，稱季辛吉為「現任政府內的告密者」，其資訊又由尼克森轉給南越政府，從而「破

* 艾倫後來說，季辛吉「透過……前學生，自願提供我們，他手上關於巴黎和談的資訊」。此人可能是誰不清楚。

壞巴黎和談」。尼克森被指的陰謀詭計，有一半是季辛吉洩密。另一半是陳香梅，她是尼克森與南越大使裴琰間的管道[15]。說尼克森有陰謀，而季辛吉是共犯，這種見解近來又被肯・修斯（Ken Hughes）所強化。[16]

尼克森急於想知道巴黎談判的進展如何，這很清楚。較具爭議的是克利福德指稱，「尼克森競選團隊的活動，對國安事務構成重大、甚至可能違法的干擾」[17]。然而這種定論已難翻案，尼克森就是「在政治上玩弄和平，而贏得一九六八年大選」[18]。據一項對那次選舉的研究，「共和黨的行動延後了一九六八年展開擴大談判，並協助阻擋民主黨勝選，否則一九六九年原可達成和平協議」[19]。桑默斯（Anthony Summers）說，是尼克森「鼓勵〔南越〕總統阮文紹相信，他從尼克森政府可得到更好的條件，〔並〕真的促請他抵制和談」[20]。

後面會看到，若尼克森重拾其教友派信仰，不再志在必得，並取消最後兩個月的競選活動，阮文紹總統會不會行事有所不同，這一點十分可疑。再說，即使阮文紹決定不抵制一九六八年的談判，甚至韓福瑞贏得總統大選，北越一九六九年就會接受妥協的和平方案，這似乎同樣可疑。不過我們現在需要深入追究的是，赫許和希金斯對季辛吉角色的說法。

指控季辛吉共謀向尼克森洩漏資訊之說，有兩個明顯漏洞。一是就像季辛吉前同事霍夫曼這麼同情他的評論者，也無法忽略赫許根本「未證明，是季辛吉先生把巴黎和談的秘密交給尼克森陣營」[21]。到一九九〇年代已非季辛吉朋友的威廉・邦迪，同樣懷疑季辛吉九月十八至二十二日走訪巴黎時，可取得「內幕資訊」[22]。我們會看到，完全沒有文件證據顯示，季辛吉曾努力去取得關於巴黎談判的機密資訊；總之拿得到資訊都是供新聞界自由取用的。

由此指向赫許—希金斯說法的第二個漏洞。它所根據的幾乎全是事發一段時間後，顯然有誘因要說季辛吉壞話的人，接受訪問或發表談話。戴維森就是一例。季辛吉確實在一九六八年邀請戴維森出任政府職務，但請他加入國安會的任命並未成功；戴維森後來去華爾街當律師，事業還算成功，但他想要進政府發展的希望破滅。此事的主要證人理查．艾倫，在接受赫許訪問時，更不可能為季辛吉說好話。在二〇〇二年的長篇專訪中，艾倫聲稱他曾「推薦季辛吉出任國安顧問，因為我自己對那個職務沒有任何計畫，儘管我常被說有。……我絲毫沒有意思要做那個。我想回帕洛阿托（Palo Alto）」，他在那裡是胡佛研究所（Hoover Institution）研究員[23]。也許的確如此，但尼克森請他出任副國安顧問時，艾倫接受了，條件是要由總統而非季辛吉任命他。那並非愉快的安排。

> 立刻……我發現自己幾乎在每個層級都受阻。我的備忘錄表面上是呈給總統，但亨利把國安會組織成無人可寫給總統，他的名字卻出現在別人準備的備忘錄上。……亨利接著又請一批人進入國安會，他們說好聽是批評尼克森，說難聽是恨尼克森，我百思不得其解。於是我進了國安會，做第二高位，活在漫天敵意中。

艾倫獲指派的工作是，做想遊說總統的低層級人員的「聽眾」，但他的報告被季辛吉「攔截」，「從未到」尼克森手上。不到一年，一九六九年十二月，艾倫便在某次為美國秘密軍事基地起爭執後，離開尼克森政府。

後來艾倫替雷根總統做事，雷根對冷戰的態度：「求勝」而非「應付」，他更贊同得多。艾倫是跨黨派當前危險委員會（Committee on the Present Danger，譯註：美國右翼外交政策利益團體）的共同創辦人，他大肆批評季辛吉的持續和解及季辛吉本人。(「季辛吉對世局大多一無所知。他懂梅特涅和卡斯爾雷，他知道越南，但不多。」)[24]一九八一年艾倫看似報了一箭之仇，雷根任命他為國安顧問。但次年他因涉嫌收受日本記者的錢，代為安排訪問第一夫人，被迫辭職。雷曼(John F. Lehman)同樣曾服務於尼克森和雷根政府。他任職國安會時，曾近距離目睹季辛吉與艾倫對決。他後來回憶季辛吉如何排擠他不想要的副手，將其發配邊疆到總統行政大樓的豪華辦公室，遠離國安會在白宮西廂(West Wing)的主要辦公室，又找來海格(Alexander Haig)做他實際的副手[25]。季辛吉贏了官僚鬥爭，也樹立了終身仇人。

赫許－希金斯說法的第二個最重要證人是尼克森本人，這兩位記者從頭到尾曾花費不少時間譴責他是騙子，但就只這一主題，卻把他當成可靠權威加以引述。主要參考的是尼克森回憶錄《*RN*》。* 其實尼克森對一九六八年各種事件的記述證實，是洛克菲勒，不是季辛吉自己，一直「力促」尼克森用季辛吉當外交政策顧問。尼克森也寫到，季辛吉「在競選期間給我們提建議小心謹慎到家。若他私下握有談判細節，也並未透露給我們。」季辛吉的確大費周章「保護個人秘密」，尼克森欣賞這一特質。如此作風可以理解，因事關世上權力最大的職位，況且季辛吉提建議的對象是他屢屢批評的人。當時的氛圍是集體妄想症。尼克森不免要問符合其猜疑本性的問題：「假如詹森的人知道，〔季辛吉〕把資訊傳給我，把假消息給他，會如何？」他也說出，他和競選團隊曾設法透過多個來源，取得關於巴黎談判的情報，包括參院少數黨共和黨領袖德克森(Everett Dirksen)、魯斯克、古佩斯特將軍，還有十月二十二日「詹森最核心的某人」(顯然不是季辛吉)，他十分正確地報告，總統計畫在黃金時段上電視，宣布與河內的協議，「以拉抬HHH〔韓福瑞，Hubert Horntio Humphrey〕的選情」。

其實巴黎發生的事無多大秘密。不同於季辛吉透過歐布拉克和馬柯維奇的管道，一九六八年的談判是公開的，過程是一場名符其實的媒體盛會。尼克森回憶，到十月中旬，「謠言紛傳，說巴黎有大事要發生」。依舊不為人知的是華府、河內、西貢各自的決策過程，季辛吉對此不比一般記者了解得多。尼克森回憶錄說得很明白，有關詹森十月三十一日宣布停炸的關鍵密報並非來自季辛吉，而是詹森政府內的間諜。南越受邀卻決定不參加談判，季辛吉對此也完全無涉。從尼克森的記述裡頂多可得知，季辛吉不止一次「警告〔尼克森〕，不要發表可能被我不知情的談判所破壞的聲明」。由此證據判斷，季辛吉不過是在協助自己政黨的候選人，避免十月大驚爆，後面會講到，他有一切理由害怕詹森這麼做[26]。或許尼克森的記述根本不該相信。但赫許和希金斯要我們相信，他倆顯然不知道，尼克森的記述與他們反季辛吉的核心說詞相矛盾。

若說不利於季辛吉的證據不存在或不可靠，那說詞本身的邏輯也有問題。假使季辛吉真是那麼熱衷於一九六八年選舉後，擔任政府公職，那把越南談判的敏感資訊，洩漏給並不保證一定贏的尼克森，是達到目的理所當然的作法嗎？更顯而易見的方式當然是，季辛吉從一開始就支持共和黨領先者，設法建立有專長又可靠的外交政策專家聲譽。那些畢竟是總統希望國安顧問具備的特質。季辛吉的舉措卻正好相反。是的，他夢想到政府服務；一九六〇年代他不斷尋尋覓覓，卻不得志。是的，當哈佛校園變得烏煙瘴氣，他有一切理由出走。是的，他衷心相信自己最有資格接替羅斯托，成為下一任國安顧問。但他很少理性地為此職位四處奔走。他甚至太不在意本身的事業前途，以致一九六八年初又再度列名洛克菲勒的外交政策顧問，洛克菲勒

* 別忘了這本回憶錄出版，在「抵制尼克森回憶錄委員會」（Committee to Boycott Nixons Memois）領導下，曾引起廣泛抗議（口號：「別買壞蛋寫的書」）。加爾布雷斯的論斷值得在此重提。「現在一般公認尼克森是流氓。但如……此書完美地認證，他曾是也依然是流氓，他自認是極有道德的人，不然最起碼也相信，他能夠這樣說服任何已知的讀者。……尼克森的信仰在此獲得證實，即濫用聯邦調查局、國稅局和其他聯邦機構，是在位者可享的權利。」一九七八年六月二十九日《紐約時報書評》（*The New York Times Review of Books*）〈往日美好時光〉（The Good Old Days）。

已失敗二次，也從無一刻看似阻擋得了尼克森贏得共和黨提名。

三

洛克菲勒喜歡轉介其顧問。起先他決定一九六八年不參選，便把季辛吉和競選團隊的其他人，交付看來最有機會打敗尼克森，也是他最欣賞的共和黨籍州長：羅姆尼。據羅姆尼在密西根的事業合夥人之一席德曼（Bill Seidman）回憶，洛克菲勒派季辛吉去為羅姆尼簡報越南問題，那位可能的候選人對此有疑慮。但沒有用。羅姆尼一九六七年八月底，接受底特律某廣播電台訪問時說，他一九六五年十一月訪問越南，「剛好受到〔美國軍方發言人〕對所有人最厲害的洗腦」[27]。此言或有幾分真實性，卻因而造成慘痛後果。羅姆尼堅持未失言，但民調數字始終無法恢復。

一九六八年凡是認真想要角逐總統大位者，顯然必須對越南有其看法，而且幾乎一定要與四年前不同。洛克菲勒雖仍說他不選，卻明顯已在建構其立場。距羅姆尼自毀長城的訪問前九天，季辛吉替洛克菲勒草擬了有關越南的模擬訪問，以「洛克菲勒呼籲新越南政策」為假設。此份文件從未發布，不過挑戰詹森政府政策的廣度仍很可觀。季辛吉建議洛克菲勒說，問題在於

> 我們想在終究屬於政治和心理層面的狀況中，使用傳統作戰的技巧。越南問題沒有純軍事解決辦法。一般越南農民的不安全感主要是游擊隊造成的。代價高昂的「搜尋再摧毀」行動，讓美軍在越南各地區疲於奔命，卻未能向當地人民保證，美軍會留下來保護他們，那應由「掃蕩再留守」行動取而代之，以求

對美國軍力保護得了的那部分百姓，盡可能讓他們長治久安。[28]

在「缺乏政治合法性觀念，即接受政府權威是基於合法程序及有效治理」的國家，靠經援也不足以解決問題。有鑑於此，「經濟發展若未配合創建政治架構」，只會「治絲益棼」。那該怎麼辦？片面撤軍顯然「不可想像」，但美國全面獲勝似乎「遙不可及」。「所以我們該走之路落在此二極端之間：有限使用武力，以獲取妥協的解決方案。」季辛吉寫道，「已證明對兩年持續升高有抗藥性的症狀，很難相信再稍多一點同樣的軍事藥物，就能奇蹟式治好它」，結論是美國應：

> 侷限於轟炸進入南邊的聯絡道路，並表明若河內限制其滲透，我方會減少轟炸……
>
> 尋求替代轟炸，切斷來自北邊補給的方法……
>
> 優先發展政治穩定的概念，並在鄉間實行……
>
> 盡一切努力以談判達成和平……詳盡說明我方確切想要達成的〔關於〕……南越未來情勢、美軍駐守當地、民陣角色等。[29]

這份未公開文件最醒目的部分也許是，季辛吉認為出錯的不只是在越南政策，其研擬和執行方式也有問題：

> 我們在越南作戰幾乎談不上有恰當的組織……碰到壓力便會潰散。總統無時間處理危機決策以外的事，

沒有他領導，便缺少重點以協調不同單位的行動。於是各單位自行其是，沒有大原則或計畫為指引。結果為談判所做的努力有時被軍事行動升高打敗，外交行動則有時操之過急，以致無法產生最終的影響。[30]

因此一個關鍵的建議是，在華府進行體制改革，意指建立「焦點，以連結我們彼此的行動。我們的外交、軍事、經濟行動應形成一種模式」。那種模式裡須包含對莫斯科和北京更有智慧的政策[31]。

四年前季辛吉曾嘗試但未說服洛克菲勒，對越南採取較批評性的立場。一九六七年他再度失敗。當《紐約時報》刊出臆測的報導，引用季辛吉拒絕被引述的話（「當顧問的人不應說出他提了什麼建議」），洛克菲勒立即聲明否認，他（如《時報》所說）正「轉向更溫和的立場」[32]。但這議題揮之不去，它對共和黨領先者，和對羅姆尼、洛克菲勒都一樣是個問題。

尼克森並未全部放棄政治，改行法律。一九六二年競選加州州長失利後，在離開政壇那些年，他繼續寫作和論述政治議題。一九六五年季辛吉甚至發現，他在替洛克菲勒寫信感謝尼克森，寄來不下三則關於越南的聲明（洛克菲勒恐怕沒有看）[33]。然後，在一九六六年投票日，洛克菲勒在等候是否贏得第三任紐約州長的消息時，接到尼克森論點精闢的來信，他說那是「真正大聯盟選手」寫給另一位選手的信。尼克森指出，儘管情勢「迫切需要新倡議」，他對「詹森政府在外交領域，連一個新想法都提不出來深感失望」。

我想表達的是，在民主黨那邊看不出有新領導人物出現，原因是黨內分裂，和詹森毫無能力用理想主義詞句表述其政策。而共和黨這邊，參、眾兩院黨團看來端不出新主張。我的建議太新潮，大概得不出具體結果，但我倆若能像往日一起坐下來，並在外交政策領域提供一些亟需的領導，一定會十分刺激有趣。[34]

且不論尼克森的動機，這兩人並未會面。但尼克森居然做此建議，顯示詹森外交政策的失敗，如何為共和黨這邊創造重整旗鼓的機會。

表面上洛克菲勒與尼克森仍是對手。一九六七年十一月底季辛吉又被套牢，因洛克菲勒再度準備挑戰尼克森，爭取共和黨總統提名，並再度晚加入戰局，再度希望在黨大會上被徵召[35]。工作照舊辛苦：回粉絲和怪人的信，審閱演講草稿，任勞任怨地安排一連串與專家的早、午餐簡報，尤其是布洛迪、邦迪、霍夫曼、康恩、紐斯達、及年輕的奈伊，更別說法國左翼的明日之星密特朗（François Mitterand）[36]。然而檯面下，洛克菲勒與尼克森正合流。在某些方面是越南把他倆拉近。雖間接卻重要的是季辛吉。

整個角逐提名期間，季辛吉一小步一小步地轉移洛克菲勒對越南的立場（防衛南越的政策原則上是對的，但總統完全掌握軍事、外交實情，批評他不免唐突）。季辛吉在世紀俱樂部與史勒辛格午餐時向他保證，尼爾森的看法與他本人一致：

〔季辛吉〕直言無隱，他本身反對進一步升高，對政府的談判態度也表懷疑。今冬他見過詹森幾次，是為關於河內和平觸角的事，他意外涉入其中且涉入甚深；離開時他確信，詹森抗拒談判已達某種瘋狂邊緣。亨利覺得幾乎任何人都會比詹森好。[37]

史勒辛格受邀去見洛克菲勒本人，他很高興對此獲得確認。雖然「尼爾森未對越南表達任何立場……談話中多半繞過這一主題，但此次交談的默契是，他同意亨利和我對當前政策無效、詹森政府滿是錯覺的看法」。[38]

更重要的會面發生於二個月前。一九六七年十二月十日，克萊兒．魯斯在第五大道九三三號她雅致的公寓，舉辦耶誕節前雞尾酒會，她決定讓亨利．季辛吉和理查．尼克森碰頭。季辛吉早到，（她後來回憶）「以他有限的閒聊天賦，『客觀條件』，借用他常說的詞彙，指向匆匆離去」。他正要離開時，尼克森出現了。他倆交談「不超過五分鐘」，未談政治而是談季辛吉的著作，特別是《核武與外交政策》（如前所述，此書出版時尼克森讀過並感到欽佩）[39]。這是兩人一九六八年十一月二十五日前唯一一次見面。紀錄中查不到的是，他們有否討論尼克森的著作，尤其是剛登在《外交事務》的那篇文章。很難想像季辛吉未讀過此文，或是看不出其重大意義。

〈越南後的亞洲〉（Asia After Viet Nam）刊於一九六七年十月，有人把此文當作，預示了尼、季一九七一至七二年對中國的開放，但他們予以引用多於實際閱讀[40]。此文完全與對中國開放無關。尼克森的主要論點其實是，中國對亞洲其他地方代表致命「危險」，在越南之後，美國無法隻手圍堵中國的威脅。尼克森寫道：「在最後三分之一的二十世紀，是亞洲，不是歐洲或拉丁美洲，會出現最大的衝突危險，有可能升高為第三次世界大戰」、「美國對越南的承諾」是「印尼轉向的一個關鍵因素……〔也〕把北京引離其他潛在目標如印度、泰國、馬來西亞」[41]。尼克森以不相稱的類比說：「處理赤色中國有如應對我國貧民窟較爆炸性的成分。兩者各有潛在毀滅性力量須遏阻；各有非法成分須使之受法律約束；各有對話須展開；各有侵害須壓制並進行再教育。」[42]尼克森確實寫過名句：「我們就是經不起讓中國永遠待在國際大家庭之外，在那裡滋養幻想，撫育仇恨，威脅鄰國。在這小星球上，容不下十億可能最能幹的居民，生活在憤怒的孤立中。」[43]他的確講過「爭取對第三世界的影響力，是一場莫斯科、北京、西方的三方角力」。但尼克森提議的並非在外交上與中國往來。美國不應「急於承認北京，讓它進入聯合國，不斷給它貿易好處，這些只會肯定其統治者目前的走向」。反而中國須被「說服……它必須改變」，即讓其他國家在美國終極力量的支持下……擋住中國野心之路。那代表成立亞太理事會（ASPAC）：已由澳洲、日本、馬來西亞、紐西蘭、菲律賓、南韓、台灣、泰國等國組成的集團，也別忘了南越和寮國。它們全都強烈意識到中國的威脅，除馬來西亞外也均與美國有軍事結盟。

亞太理事會消失無蹤。但尼克森對很重要的面向有獨到的見解。他說，像日本、香港、新加坡、南韓、台灣等經濟體傲人的成長，代表「西方獲勝……的新篇章：就此而言，東方國家為西方技術和西方組織的許諾贏得勝利」。亞洲各經濟體的快速工業化，確實是「發掘並應用美國本身經濟成功的經驗」[44]。尼克森雖未明講，但美國最終在越南失敗，並不至於真正那麼嚴重，這是主因。共產主義在中國、北韓、北越成功。南越、柬埔寨、寮國仍懸而未決。但所有其他地方共產主義都失敗。不僅如此，資本主義在後稱東亞「四虎」等地，獲得前所未有、他處未見的成功。西方技術結合亞洲勤奮，創造出若干破紀錄的最高成長率。忠誠的反物質主義者季辛吉，對尼克森引用的數字很難視而不見。快速成長不見得會轉化為精神滿足，特別是十來歲的孩子；但其父母卻不然，他們還記得一九四五年時到處貧窮破敗，他們大大寧可選擇成長。尼克森說對了：這是美國緊盯越南，因而忽略的亞洲最棒好消息。

讓季辛吉與尼克森聚頭的有兩件事，重新思考美國對亞洲政策只是其一，且可算是較不重要的。另一是他倆共同認為，詹森政府在東南亞後果嚴重的表現，只是更深遠的問題：外交決策機器長期功能不彰的表徵。一九六八年全年，季辛吉投入愈來愈多時間精力的是這個問題，而非看似陷入僵局的巴黎談判。起初從一九五六年赴越南前接受簡報開始，他逐漸看出有此問題存在。華府主要部會間溝通斷線，如實反映在南越的土地上。最後是他參與詹森政府晚期，一次說是討論國安的會議，其混亂粗暴的過程令他感到恐怖。季辛吉一九六八年一月，為洛克菲勒寫過一份不同凡響的報告，試著用技術官僚的詞彙說明決策問題。他說有兩點基本問題：「一、政府機器獲取、吸收、檢索相關資料的能力；二、將可取用的資訊用於支應眼前課題，甚至更重要的是支應長期規劃的能力。」過去政府最苦惱於資訊不足。

> 美國政府〔現在〕被資訊淹沒。……最高決策者於是有太多資訊可供參考，以致在危機狀況中，他發現難以處理資訊。至於規劃，理論上雖對它有承諾，實務上卻敗給最高決策者被行動牽著走，又缺乏評斷是否切中需求的標準。……做國家決策的一個首要問題，〔是〕如何在危機占走全部思惟餘地前，讓決策者自然而然接觸到最值得關切的議題。[45]

季辛吉舉出三種需求。他說，一是「最高決策者若可不斷接受，關於可能出事地點的簡報，就能在縱觀概念的框架內，去處理危機狀況。目前用於判定現下時勢的時間，可花費於決定希望未來情勢如何發展。這種過程可使我們同時避開許多危機。目的決定手段，而非手段決定目的。二是「系統……應可指出潛在麻煩地點，即便它們尚未列為最優先標的。與蒐集資訊、監控問題地區幾乎同樣重要的是，能夠『即時』，即在實際允許的時間內，以其吸收得了的方式，向最高決策者提出簡報。三是應給予政策制定者「一批行動選項……簡述回應可預見狀況的各種主要方案，並對每一方案可能的國內外後果提出評估。季辛吉指出，為滿足這些需要須大量投資於編程、儲存、檢索、繪圖等。幸好目前已有「硬體技術」可做到所有這四種功能：

我們現在可將每個美國人的數百項資訊，儲存在一捲二千四百呎的磁帶上。……第三代電腦如今能以奈米秒，即幾十億分之一秒，進行基本的機器運作。……實驗性時間分享系統現已證明，大規模數位電腦的多方存取能力，有可能讓高階主管和操作員工作站輸出入的資訊，分送到世界各地。……很快地彩色映像管顯示器即可供電腦輸出之用。[46]

現代讀者當然會訝異於所有這些先見之明，以及季辛吉這麼早就對磁帶資料有興趣的證據。不過他重視資料分析多於儲存。有所欠缺的是概念性架構，那才會使他提議的資訊檢索和顯示系統付諸實用。哪些與高層外交決策相關的資料應實際輸入？所有資訊系統的「鐵律」：「垃圾進，垃圾出」，該如何施行？顯然需要做試行研究。（他建議柏林、塞浦路斯、海地等個案適合做試驗對象。）不過很難相信，「現有個人記憶體系、立場說帖檔案、臨時編組討論等等」，不會因這種作為而有所進步[47]。

畢竟一九六〇年代不只有花朵力（flower power，譯註：一九六〇、七〇年代標榜愛與和平的反戰思想以此為口號）；也有處理力。四年前 IBM 推出 System/360，首次有可能把多台相容的電腦連結成為網路。這家紐約公司的電腦，已在處理美利堅航空公司（American Airlines）的班機訂位系統 SABRE，及航太總署雙子星（Gemini）太空計畫的導航系統，雙子星是阿波羅（Apollo）計畫的前身。到一九六八年 IBM System/4 Pi是B-52 轟炸機的標準配備，其動態隨機存取記憶晶片使編程能力大為增加。或許想來奇怪，季辛吉的博士學位是「重建」手寫外交急件的失落世界，但他卻是擁護電腦化外交政策的先鋒。他的觀點正是，官僚作風、打字機加電報共同造成的資訊過度流通，已使得梅特涅式戰略思考不可行。

當然季辛吉並未天真到以為，資訊技術能解決美國政府一切的問題。他有一篇不出名但突破舊思惟的論文，題為〈官僚體系與政策制定〉（Bureaucracy and Policy Making），首度發表是一九六八年春，在加大洛杉磯校區的研討會上。季辛吉在文中對決策體制架構需要轉型，提出詳細的補充論述。一開頭他寫道，「沒有美國外交政策這種東西」。只有「一連串舉動產生某種結果」，那些舉動「按計畫也許不會產生」如此結果，外國或本國研究及情報機構卻對此，「試圖找出合理性和一致性……可是根本沒有」[48]。在政府部會裡「人還能思考的最高層級」，是「官僚體系的中等階層：助理部長和其直屬顧問。……再上去，政府機器的日常運作會吸走大部分精力」。季辛吉說，官僚體系是主宰美國政府的機構，其整體權力大過總統或部長。這論點以前也有人提出過（著名的有史勒辛格），但季辛吉提出幾個創見。一，「在事情變得像行政問題前不會有決策」。所以「依我看來，沒有越南政策這種東西；有與越南相關的個別單位的一系列計畫。若執行這些計畫的單位間有衝突，視情況有時會協調一致，有時不會」[49]。這種體制唯有兩個對立機關，各自站在問題的兩邊，才會做得好；當無人反對、忠於職守的小機關去做時，就會出錯。

二，不可能做規劃，因沒有人有時間去做。（「規劃要推測未來及假設情況。他們太忙於實際情況，不願去管理論上的情況。」）三，政策制定者由於缺乏顧問們的專長，受「天生的不安全感」所累，因而想以「尋求行政共識」為逃避。他們常受害於能言善道的簡報者。為避免遭矇騙，有些決策者想把關鍵問題從官僚手中拿走，由一小群人或引進外人來做決策[50]。但在外交政策上，總有完全不做決策的誘惑，只等談判展開後，看「對方提出什麼」。

所以在外交行動初期，我們的立場非常強硬堅定，但當任命談判代表後，他成為對方的代言人，這很快就會改變。注意整體大局不是他的問題。他關心的是談判成功。你得非常認真地考量對方的意見，才會使談判成功。[51]

如前所述，季辛吉在這方面有過第一手經驗。不過他在此文中斷言：「若不知想談出什麼結果，只談談得下去的部分，那其實是在鼓勵對方採取非常極端的立場。」基於所有這些理由，他主張：「新總統對他想要改革之處，須在任內前四個月內行動。他……必須震撼官僚體系到足夠程度，以顯示他要求新方向，他也須夠蠻橫以證明他是認真的」[52]。季辛吉明確指出，新總統應把特別大的震撼保留給國務院。

季辛吉最有力的論點集中於，艾森豪高度正式運用的國家安全會議已衰亡，並對照甘迺迪試圖「以某種神經緊張的能量和大型智力活動取而代之」，詹森的模式是結合「甘迺迪的破壞組織，但無智力上的刺激，加以某種擔心總統會凌駕其上」，更別說詹森本人的「保密強迫症」[53]。艾森豪制度產生的政策確實（或聽起來是）比「陳腐老調」好不了多少。但仍勝過一九六八年的制度。季辛吉建議，理想的安排是「由具備邦迪素質的人員組成國安會」，或「類似麥納馬拉在國防部的作法，設法建立某種標準，據以評斷成敗」[54]。

他的最後的論點是，「傳統均勢概念大多無法適用」，使越南揭露了缺乏對國家利益的評斷標準。

所有均勢思想都與領土控制有關。以往可從哪一國改變效忠，來判斷勢力是否均衡。如今我們處在古怪時期，領土控制也許沒那麼重要。我們為抵抗我們所謂的侵略，訂有很好的範疇。〔但〕且不論我們認為越戰是中國所煽動的評估是否正確，我碰巧並不這麼認為，你仍可主張共產中國在越南，或就此而言

> 在東南亞，可想像的領土收穫，與取得核武擴增實力，對國際情勢的影響，不可同日而語。我們有某些標準評斷其中一方面，對另一方面卻沒有。[55]

可惜最不可能做這種評斷的人，卻會是成功的總統候選人，因「當代管理型社會的典型政治領袖，是有強烈意志的人，極具能力讓自己當選，但對上任後要做什麼缺少很偉大的構想」。因此有「先決定競選高位，然後才四處徵求一些知識份子來告訴他，該怎麼做其職位的怪現象」，這種現象季辛吉再熟悉不過。

約在此時哈佛展開一項重要的新計畫，在新開辦的政治研究所（Institute of Politics），成立一九六八至六九總統交接研究小組（Study Group on Presidential Transition, 1968-69）[56]。成員有法學院艾瑞達（Phillip E. Areeda）*、季辛吉本人、國防公司伊鈦的法蘭克・林賽（Frank Lindsay）、歷史學者梅伊，他研究一九一七年前美國孤立的著作曾經得獎。他們的運作方式是，請專家來賓到哈佛，擷取其智慧：一九六八春季班的講者名單是，艾森豪國安會成功普遍歸功於他的古佩斯特將軍、麥克喬治・邦迪、李奇威將軍、亨利・洛志；接著秋季班有諾斯達將軍、亞莫林斯基、紐斯達。季辛吉雖在春末「脫隊」，去替洛克菲勒競選，但「後來又加入我們」，這是林賽對某人的說明，一九六八年整年，該研究小組的所有報告都會寄送此人，從二十年前一起在赫特委員會（Herter Committee）合作，林賽即與他相識。那人就是理查・尼克森。[57]

四

解析詹森當總統的作為，可充分顯現季辛吉與同僚們所指，美式政府的種種不當之處。從兩方面看這一點極為重要。一來有助於辨別，尼克森選季辛吉為國家安全顧問的真正動機。再者，它釐清在一九六八年，毫無可能快速輕易地結束越戰。

赫許－希金斯反季辛吉、甚至他們反尼克森的說法，若要在歷史上站得住腳，就必須證明一、一九六八年達成越南和平的可能性，高於前一年；二、若非季、尼二人的行動，和平早已締結。表面上看，一九六八年確實好像與和平的距離更近了。新年攻勢並未打贏戰爭。北越同意在巴黎展開談判。但有三個問題。一，北越即使去了巴黎，卻並未放棄徹底取得軍事勝利的冀望。他們邊談仍繼續打，甚至把談判視為對美心戰的新戰線。二，詹森政府也並未大幅改弦易轍。詹森交替擺盪於鴿派鷹派之間，他仍渴望從停炸中獲取有意義的補償，而河內拖拖拉拉時，也很想「痛宰他們」。三，也是最重要的，南越若懷疑美國出賣他們，就有一切誘因破壞談判。指南越完全依賴尼克森提供這種出賣的證據，而在此事上尼克森完全依賴季辛吉，此說不可信自不待言。西貢政權面臨存亡關頭。裴琰在巴黎的職責，是盡可能從所有可得的來源打聽消息，有比尼克森競選團隊好很多的消息來源。就算裴琰一無所獲，他仍不難猜出情勢發展。尼克森對西貢真正重要的意義不在於情報來源，而在於是未來的總統。只要他看似會打敗韓福瑞，南越便無須急著加入談判，因尼克森對河內顯然會比詹森強硬。若韓福瑞贏，南越的前景會較晦暗，但不會比詹森時期更顯著地慘澹。

不是尼克森破壞了詹森的和平。是詹森破壞了詹森的和平，原因是他未能瓦解北越政權的決心。季辛吉在討論官僚體系的論文中提到，才俊中的佼佼者麥納馬拉失敗了。他十分清楚自己委任國防部內部，對「越戰背景」進行的大規模研究有多麼失敗，研究所得的四十七卷報告，後由艾斯柏格洩露給《紐約時報》，成

* 艾瑞達在艾森豪第二任期時，曾任白宮助理特別顧問。

為著名的「五角大廈文件」（Pentagon Papers）[58]。甚至在研究尚未完成前，麥納馬拉已說服自己，此時該停止增派美國戰鬥部隊，實施暫停轟炸，提高南越承擔的軍事行動及因此而來的死傷。衡量他當國防部長失敗的真正標準，在於他無法說服任何其他重要人士：參謀長聯席會議主席，他結黨結派反對麥納馬拉；還有總統本人[59]。詹森雖請羅斯托把麥納馬拉的提案，轉給六位他最信任的顧問過目，但他自己根本不回應，更別說轉達顧問們最負面的評語[60]。詹森的看法是，在此階段停炸，或甚至為美軍人數設定上限，會「在河內和美國被解讀為意志薄弱的表徵」[61]。他不容分說地宣布，麥納馬拉將轉任世界銀行總裁，卻以詹森式語焉不詳，未言明何時轉任[62]。

新年攻勢未在美國意料之中，是越戰期間無數的情報失敗之一。但也是戰略上的失敗，由魏摩蘭和惠勒要求再增員二十萬六千人便可見一斑。他們曾贏過麥納馬拉；此時要把拒絕增兵的責任加諸詹森，以壓過他，藉以給自己辯解戰敗的託辭[63]。詹森現在處於他認為不可能的處境。強調嬉皮和伊皮在校園胡作非為，完全無法代表一般美國人，這一點很重要：當時僅略多於百分之三的美國人在上大學。一九六八年三月，在新年攻勢發動後，為洛克菲勒所做的民調明白顯示，美國政治人物要放棄對西貢的承諾有多難。受訪選民中僅百分之二十四贊成，「中止打贏戰爭的努力，並在近期內逐步開始撤出越南」。幾乎相同比例（百分之二十五）的選民贊成，「逐步擴大並加強軍事努力」，有百分之二十八說，會支持「全力殲滅行動，希望快速贏得戰爭，即便有中國或蘇聯參戰的風險」。共和黨略微比民主黨更鷹派，但百分之四十九的民主黨選民仍支持兩個升高選項。二十多歲選民中，有驚人的百分之五十九支持升高。大多數選民表示，比一年前更傾向於升高。僅非裔選民壓倒性支持和平，整整百分之四十五贊成全部「撤出」。但這次民調的關鍵問題擺在最後。對以下問題：「自我們投入越戰以來的發展來看，你是否認為美國派軍到越南作戰是錯的？」略少於半數的受訪者回答是。極接近四分之三的人說，他們預期戰爭不會以勝敗，而是以「妥協的和平」收場。替洛克菲勒做民調者推斷正確：大多數選民支持升高，「並非因尚武精神在美國是主流，而是因升高被視為盡快結束戰爭的一種方法」[64]。但詹森和其顧問不再相信的一個選項是，像魏摩蘭要求的那種進一步升高。

季辛吉給洛克菲勒的建議跟以前一樣：標舉新的、受歡迎的立場。他預言，越共的攻勢被擊退，損傷持續不斷，所以新年攻勢已提高「七月前」和談的可能性。河內可從談判中得到好處，「特別如果加上停火，甚至降低戰爭行動」，因談判會使西貢政府難以奪回對鄉間的控制權。洛克菲勒應藉此機會，「做一些片面的戰略改變」，向選民說明他會如何「促成以談判達成解決方案」，那方案會「使戰爭朝向在榮譽的條件下結束」[65]。洛克菲勒仍再三猶豫。三月十九日《時報》報導，他的顧問對越南「意見極為分歧」，蓋文和賈維茲贊成，介於尼克森和羅伯．甘迺迪之間的「溫和鴿派」立場[66]。而此時尼克森正要採取就像季辛吉推薦的那種行動。

他無須這麼做。詹森已決定實行他去年揚言的激烈步驟。新任國防部長克利福德的報告，拒絕軍方要求再增兵[67]，歐洲各銀行把美元轉換為黃金，造成美元搶購潮，魏摩蘭又警告，越共即將發動對付平民的新攻勢，總統明顯為這些感到沮喪，便在電視上宣布了三件事：局部停止轟炸（北緯二十度以北），以鼓勵河內開始和談；任命哈里曼以盡快舉行談判；他自己退出總統選戰[68]。

這又是一個沒有人曾好好徹底思考過的決策。在北越看來，此舉是「美國必有大麻煩」的全新證據，在新年攻勢失敗後，這是有安慰作用的想法。要做同意初步討論的決定很容易。黎筍說，在詹森卸任後，直接拒絕會有損北越國際形象，但沒必要做實質討論；他們可像過去一樣繼續主張，唯有無條件停止一切轟炸才能開始談[69]。此時又一次秘密行動〔代號基利（KILLY）〕已在進行中，這回的中間人是義大利，那更像是要把暗中進行的事公開[70]。反之，南越領導人紹與祺，卻對可能導致美國撤軍的不利情勢發展感到驚恐。要是他們知道，美方打算對北越代表們提出的要求，比北越可能讓步的多出多少，或許會定下心來。魯斯克曾說：「我們要北越同意停火，在會議桌上接受南越政權，談判美國和北越共同撤軍，尊重非軍事區，停止攻擊南越城市，遵守一九六二年寮國議定書（Laos Accords，譯註：由十四國簽署，內容為宣示寮國中立）。」後來他承認這「想得有點天真」。光是會談地點都耗費好幾週才商定：河內拒絕日內瓦、維也納、新德里、雅加達、仰光。最後魯斯克提議巴黎。獲得同意。哈里曼與范斯準備飛往巴黎[71]。但前一年曾在巴黎嘗試安排和談不成的人，並未被遺忘。哈里曼寫給季辛吉：「我要向你表示，我相信你所有的辛苦努力，為現在可能進行的討論奠下堅實基礎，也要表達我深切的感謝。」[72]

一九六八年五月選巴黎為和談地點，特別是與共黨政權談判，再糟糕不過。三月巴黎市郊已開始出現學生暴力，在巴黎楠泰爾第十大學（University of Paris X Nanterre）醜陋的水泥校園，對男生進出女生宿舍的荒謬辯論，不知怎麼就點燃紅色革命之火。到五月亂事已抵達索邦，所以就到了市中心。五日晚上在聖傑曼德佩區（St.-Germain-des-Prés），丟石頭的學生與揮舞警棍的警察起衝突，造成翻覆的汽車和遭肆意破壞的巴士散落街頭[73]。到五月十三日，學生與工會聯手宣布要大罷工，巴黎好像即將爆發真正的法國革命。這也是越南會談的首日，時機很糟。索邦及共和廣場（place de la République）掛著許多紅旗，河內代表團想必覺得很親切。幸好首次會談地點克勒貝爾（Kélber）大道的豪華酒店（Hotel Majestic），距亂事主戰場開車要十五分鐘。可惜周遭氛圍無助於和談。法國總理龐畢度（Georges Pompidou）把法國的情勢比擬為十五世紀中古時期的衰亂[74]。戴高樂未知會他就越過邊界，逃至巴登巴登，背著他集結軍隊。有一度哈里曼和范斯彷彿飛進初起的法國內戰。

可想而知會談沒有進展。又是舊話重提。北越要求無條件停止轟炸。哈里曼奉指示要獲得交換條件[75]。那是季辛吉未遇梅文博的舊事重演，再加上不得不提的兩階段提議，和一大堆咬文嚼字。〔「情況」（circumstances）和「狀況」（conditions）有沒有差別？〕因第二階段的新年攻勢在五月四日啟動（一直持續到八月十七日，後來又有第三階段，直到九月三十日），使得要談降低升高，怎麼看都荒謬。我們現在知道，河內領導班子無意於認真與美國達成協議，事實上也把談判只當作是「繞著綠地的戰爭」，直至他們在戰爭中的損失，好像終於開始值得為停炸而讓步[76]。裴琰以懷疑眼光看著這齣戲，「相信不會有實質的東西出現」[77]。他忙著接受訪問。除與新聞界談話，無別的事可做。季辛吉六月二十三日前往波昂途中[78]，去拜訪哈里曼[79]。不同於以往，季辛吉顯然未留下此次訪歐談話的紀錄。也許是紀錄遺失或毀損。也可能沒有值得記下的東西。

華府也是歷史重演。對缺乏進展備感挫折的詹森又偏回鷹派，並開始考慮增強轟炸。范斯和克利福德站在另一邊。在鴿派當中，以往希冀某種蘇聯援手的空想再度浮現。羅斯托回敬以設法把國防部，排除於往來巴黎的電報中。克利福德反擊，沒有任何根據就聲稱，有「跡象」暗示巴黎有進展，北越談判代表春水（Xuan Thuy）和何文樓（Ha Van Lau）對此無恥謊言提出抗議，並非無的放矢[80]。六月二十六日范斯在郊區安全處所，嘗試與樓秘會。依然沒有結果。到七月中旬新聞界抱怨，公開的會談過程是「各說各話而非對談」，或是「聾子的對話」。《新共和國》的特派員就說，頂多只算是「雙方像戀人，雖感情不好，仍有慾望，儘管明顯不會開花結果，但有默契不分手」[81]。與此同時，一趟臨時起意至檀香山與紹會面之行，並不足以引起詹森、克利福德、羅斯托、魯斯克警覺，西貢領導者無意吞下對本身不利的協議。哈里曼一直希望詹森全面停炸，但當紅軍戰車橫行於布拉格街頭，這種立場在華府很難爭取支持[82]。詹森在八月十九日，「國外戰爭退伍軍人會」（Veterans of Foreign Wars）年會上大聲喊出：「我們不會停止轟炸，那只會給他們屠殺更多人的機會。」[83]羅斯托促請他考慮「轟炸柬埔寨……轟炸河內—海防，在海防布地雷……對非軍事區以北〔發動〕地面攻擊」[84]。

七月十七日季辛吉彷彿要給對方打氣，寄給哈里曼一篇他剛發表的俾斯麥文章[85]。那年夏天他倆在巴黎至少一起吃過一次午餐。但從季辛吉「遲來」的道謝函，看不出那是在何時[86]。哈里曼聽說尼克森贏得共和黨提名的消息，還有季辛吉將洗手不幹政黨政治，在八月九日開玩笑地寫道：「盡棄前嫌。歡迎重回牛欄。」[87]但季辛吉除了建議下次到巴黎時，約九月十七日前後再一起午餐外，不曾聯絡他或美國巴黎代表團的其他人[88]。假定季辛吉曾被告知，哈里曼、范斯與春水和關鍵人物黎德壽，十四、十五日曾私下會談，當時北越終於同意讓南越代表列席巴黎和談，他也未留下紀錄[89]。此期間，季辛吉唯一收到有實質內容書信的美國外交官只有洛志，他重複那句不厭其煩的老話：讓越共進入政府，就像「把狐狸放進雞籠」[90]。但洛志是從美國駐波昂大使館寫過來。此時他與季辛吉一樣已脫離越南圈。

五

季辛吉對巴黎和談不感興趣有三個理由。第一且顯而易見的是，他並未受邀參加。二是南希・麥金斯現已回到美國。三是一九六八年四到八月，他主要忙於洛克菲勒第三度角逐共和黨總統候選人。

四月十日《紐約時報》報導，洛克菲勒已「聘請」休斯當幕僚長，還有魯豪森、經濟學家納森（Richard Nathan）、負責外交事務的季辛吉。易言之，若羅姆尼無法參選到底，看來有此可能，洛克菲勒就要參選。[91]季辛吉忿忿不平，對（曾為此開他玩笑的）克雷默說：「我的地位始終不曾改變：自行決定參與程度的外部顧問。」[92]此話的真實性有限。當《時報》報導，洛克菲勒要發表休斯擬稿、立場鴿派的越南演說時，季辛吉確保那篇講稿出自他的筆下[93]。洛克菲勒再度遲疑，改為演講都市危機，內容無聊到莫洛稱之為「廣島以來最大的炸彈」[94]。繼詹森總統呼籲洛克菲勒「放棄忸怩作態，積極參選」，只為把尼克森擋在白宮門外，一週後在四月三十日他宣布角逐提名，並很快贏得麻州初選[95]。次日他發表演講，題為「建立公正的世界秩序」（The Building of a Just World Order），那是典型的季辛吉手筆。他把越南危機放在世界秩序整體危機的框架中，整體危機的成因：美國核武和財政相對走下坡；共產世界分裂；「地球最深的裂痕並非東西方，而是南北向、貧富差距」，這種意識日益普及。在此脈絡下，是該「嚴肅評估」越戰的時候了。美國在軍事上「採取勝利取決於控制領土的準則」。但敵方在越南的目標，並非「奪取地域而是破壞有秩序的政府。我方想法錯誤導致無限制的升高……及暴力愈演愈烈的僵局」。此外南越處理戰事始終愈來愈「美國化」。政治上，美國也落敗：綏靖行動根本無法給越南村民足夠的安全。洛克菲勒說：「基於所有這些，絕大多數國人由理性得出的結論是，不可能以純軍事解決戰爭。這應是一清二楚。」可想而知，接下來一長串的提議少有新意或驚人之處。但此次演講冠冕堂皇的結尾，想必尼克森聽得出來是在向他示好：

> 至於共產中國，我們助長或鼓勵這麼偉大的人民自我孤立，結果一無所獲，也證明不了什麼。反而為雙方好，我們應鼓勵接觸和溝通。
>
> 這可大為影響我們與共產世界關係的整個未來。因為在與共產中國、蘇聯的微妙三角中，我們測試這兩者的和平意願，最終可改善與每個的關係。[96]

競選之路難免要放下尊嚴。對不到一年前在巴黎蒙帕納斯（Montparnasse）街巷，默默為越南謀和的人而言，麻州青年國際事務委員會（Massachusetts Junior Council on World Affairs）主辦，五月二十九日在波士頓拉丁學校（Boston Latin School）舉行的「點名候選人」（Candidates Roll Call）活動，不可能令人躍躍欲試。[97] 但吸引年輕人是洛克菲勒競戰策略的一個重點，尤其在羅伯・甘迺迪遇刺後，有甘迺迪支持者轉到他這邊，人數出乎意料，還包括金恩的父親[98]。季辛吉積極地投入這活動。他知道洛克菲勒的選情還有待炒熱，曾初試身手於爭取選票的花招，提議創造新「口號，沿襲『新政』路線：『讓美國再次動起來』（Let's Get America Moving Again）〔或〕『大社會』」。這「口號」應同時傳達「信賴或正直；目標針對尼克森，很多人認為他不可信，不正直」，還有「新公平政治，目標針對民主黨的紀錄」。季辛吉明白選舉政治不是他的強項（「其他人對此無疑比我更擅長」），但他仍喊出「公平社會」，結合杜魯門的公平政策和詹森的大社會，做為可能的口號。他也建議一則「對大眾的廣告」，「頭一句可引用桑塔亞那（George Santayana）的名言，忽視歷史者注定會重演歷史」，那顯然是這位哈佛哲學家首次被牽扯到共和黨政治。[99]

季辛吉的主要職責或許不出所料，仍是草擬洛克菲勒談外交政策的演講。六月十五日他又草擬一篇重要講稿，主題是「執行外交政策的政府組織」（Government Organization for the Conduct of Foreign Policy），內容提出改進華府決策過程的具體建議。總統辦公室（Executive Office of the President）應成立新的「國際政策與計畫局」（Office of International Policy and Programs），接掌該淘汰的國安會，有關長期規劃、協調、計畫評估等工作。也應模仿國家情報檢討委員會（National Intelligence Review Board），設立新的國安檢討委員會（National Security Review Board），「以確保是戰略指導戰術，不是戰術指導戰略」[100]。他也彙整先前演講的主題，詳細規劃洛克菲勒式外交政策平台。季辛吉說，鑑於一九六〇年代後期情勢已改變，有五重點須認清：

一、我們不能當世界警察。美國只應在和平真正受到國際威脅，且直接涉及國家利益時，才做出承諾。

二、必須根據清楚界定的優先要務，仔細衡量和分配本身資源。承諾不可不設限，有所偏袒，沒完沒了。

三、即使是小規模部隊，在承諾派出前，仍須正視其所有影響深遠的意涵，在越南我們並未正視。我們必不可陷入需要辯解的承諾。

四、必須堅持盡可能使用在地資源，堅持我們支持盟邦，但不會替代盟邦。

五、務必盡可能透過聯合國，盡量達成最廣泛的國際合作。美國單邊干預應只限於最後手段，只用於回應極端棘手的危險。

至於越戰，以上五點間接指斥的行為，美國現在需要「達成光榮和平」，依據的原則是「任何願遵守民主程序的團體，應可自由參加南越政治活動」。同時美國應「盡快讓越南非美國化」[101]。此計畫後來有多少會成為尼克森政府的政策顯而易見。但此處重要的是，強調季辛吉此刻仍多麼用心於效力洛克菲勒而非尼克森，以及這二位候選人的差別仍有多大。舉個實例，季辛吉少見地跨界到「對外經濟政策」演講（推測應是共同執筆）*，內容明確指出外國對美元漸失信心的問題，並提出一些顯然非尼克森

* 洛克菲勒的文膽佩瑞斯柯（Joseph Persico）或許也參與其事，還有經濟顧問哈佛博士納森，他當時是布魯金斯研究所研究員。但納森的專長在國內經濟政策，並非此次演講中講到的國際問題。

式的建議。洛克菲勒照稿要講：「這麼說並不為過，成功因應國內的財政和社會問題，將決定我們能否充分履行領導自由世界的角色……〔因為〕國內與國際因素是密切結合的。」但「國際收支平衡問題的基本根源」是「通貨膨脹」，它導致「喪失公信力和愈來愈多為管制而管制」。他列舉的明確補救之道是「減少公共支出，提高所得稅至少多達百分之十的附加稅，檢討美國在全球的承諾，避免更多管控和限制。這些基本步驟可使我們免於，如薪資和物價管制、直接補貼美國出口、美元貶值等極端且不受歡迎措施」。

除此之外，洛克菲勒將提議課徵歐式「加值稅，其中部分是透過企業所得稅徵收，〔及〕免除出口稅，改為對進口徵收」[102]。這篇演講也支持當時流行的主張，把以美元做為全球準備貨幣，改為採用國際貨幣基金（International Monetary Fund）的特別提款權（Special Drawing Rights，SDRs）[103]。主張做此改變的理由一直不很充足，但擁有全球準備貨幣對美國的淨利益，在後來的數十年裡會逐漸變得更明顯，而洛克菲勒對外經濟政策的其餘部分，比起尼克森主政時會發生的停滯通膨、保護主義、物價管制亂象，要好得多。

特別提款權顯然不會吸引選票或大會代表，更遑論提高所得稅。一切都歸結到越南。一九六八年它等於美國外交政策。七月十三日距共和黨大會僅二週多，洛克菲勒發表四階段計畫，要在「約六個月內」結束越戰，如前所述，那是季辛吉與洛的其他顧問，四年間歇性交手的產物。階段一要看到美軍和北越軍「共同撤退」，並由「中立、主要由亞洲國家組成的國際部隊」進駐兩軍之間，做為執行停火的緩衝。一俟北越把軍隊撤回其領土，美方即開始撤軍「以示誠信」。階段二會看到美國撤出「大部分軍隊」，只留下限於待在基地的少數部隊，規模擴大的國際部隊會入駐越南人口稠密地區。若民陣聲明放棄武力，即可參與政治。階段三會看到在國際觀察下的自由選舉，和最後的美軍撤離。階段四會看到兩個越南國直接談判統一，然後是國際部隊離去[104]。

北越很快便指出此計畫的明顯缺失，它隻字未提對北越的空襲何時會停止。但對它批評最不留情的，後來證明是外交政策現實主義大師摩根索，他猛烈抨擊此計畫為「戰爭支持者為掩飾其行徑，迄今最精心設計的嘗試」。這打到季辛吉的痛處[105]。摩根索自一九五六年起，便不斷批評美國對中南半島政策，並為此付出代價：一九六五年被國防部解聘為顧問[106]，但他堅守立場：

你們兩位〔洛克菲勒和季辛吉〕曾公開支持越戰，還用不少威望為它背書。現在你們發現，大多數其他人也發現，越戰打不贏，必須設法了結。但維持原本為越戰辯解的理由，就無法解決。

南越真正的問題是誰該統治，共產黨還是反對派？你們兩位都認定西貢政府是南越的合法政府，也是外國侵略和內部顛覆的受害者。……〔但〕越共自然無意於在談判桌上放棄，在戰場上向來能守住的東西，即對南越很大比例的領土，握有軍事和政治控制權。[107]

摩根索像許多意見獲事實證明的評論者，很想大喊一聲：「我早就說過！」季辛吉則像許多不那麼有先見之明的人，很想選擇性地記憶。一九六八年十一月他答：「我從未公開支持越戰」，除別的事外，他忘記曾與富特和阿里辯論，及為《瞭望》寫的文章。

一九六三年以前，這是因我對它所知不夠多，及我傾向於相信官方說法。吳延琰遇刺後我認為事已不可為。一九六五年我首次訪問越南，使我相信我們的作為無成功的希望。於是我決定在政府內部工作，嘗試讓戰爭結束。這決定是否正確，永遠無從得知，但它並未發生效用。

季辛吉又說，「儘管實際上因國際反彈，我可能設法暫時拉長這過程」，但他現在的看法與摩根索「相去不遠」[108]。你我現在看得出，季辛吉雖非公開就此主題發言，但他如此說明自己對越南的想法並沒有錯，摩根索卻從未接受他的辯解。不過對整個冷戰期間最大的一項外交政策錯誤，這兩人會意見不合到如此地步，著實驚人。不只是季辛吉在權力走廊中奔走時，摩根索公開表示批評意見*。更在於現實主義者摩根索的看法正確，看出南越政權錯在哪裡、美國的政策為何驅使宿敵河內與北京合作、為何挨餓的游擊隊可打敗系統分析和B-52轟炸機。而季辛吉卻看走眼，正因他是理想主義者，有一度真心相信南越的自決權值得美國人的性命，才判斷錯誤。

六

八月並非去邁阿密最好的月份。一九六八年八月五日星期一，共和黨全國大會首日，氣溫華氏八十九度，濃重的潮溼，一位資深記者回憶，像「床墊」般令人窒息。《國家評論》主編小巴克利，拜電視節目《火線》（*Firing Line*）之賜，現已是全國知名人物；當季辛吉要求碰面時他並不驚訝，他知道季辛吉是替洛克菲勒工作；其實這三人在那年春天見過面，是為讓洛克菲勒向巴克利暢談，他在創立聯合國上的角色。如今情況熱切得多。季辛吉解釋，大會「要是提名洛克菲勒，如果右翼有很多人變節，他不可能贏」。季辛吉說，巴克利的「責任是向美國保守派證明，洛克菲勒當總統會比民主黨當總統，對國家更有利」。

世上有理想主義；也有天真不懂事。以巴克利對美國國內政治的廣泛經驗，他分得出來。

> 我揶揄他說，這純屬學術性問題，因尼克森會被提名；我告訴他，若尼克森突然自地球表面消失，會被提名的是雷根，不是洛克菲勒；我還對他說，尼克森告訴我，其實我也相信，就算他，尼克森，出來贊成提名洛克菲勒，大會也不會接受，只有一個人能促成提名他，那就是高華德；但高華德不打算這麼做。反正大勢已定就是尼克森。季辛吉要我別那麼篤定，但……我知道他的應變能力……不是很呆板，就是可能性更高的，他非常不懂美國政治的證據。[109]

巴克利對季辛吉說的沒有錯，洛克菲勒以共和黨候選人身份離開邁阿密，毫無可能。僅四年前在舊金山，他被高華德支持者的鼓噪聲淹沒。隨後這些年，共和黨保守派主要人物看不出有任何事，可改變對洛克菲勒的看法，仍把他視為養尊處優的花花公子，偏好大政府。白修德同情洛克菲勒，但當大勢已去時他也知道。尼克森在首輪投票，即以六九二票對洛克菲勒二七七票、雷根一八二票贏得提名，雷根時任加州州長，是右派的新歡。洛克菲勒被問到他自認為何會輸，他酸溜溜地答：「你看過共和黨大會嗎？」事實上一九六八年在邁阿密，與一九六四年在舊金山正好相反。在提名高華德受重傷後，共和黨忠貞黨員想要「謹慎、沈默、會贏的人。尼克森就是此人」[110]。

但有一方面，季辛吉和洛克菲勒可扮演有意義的角色。尼克森始終小心翼翼不表態，季、洛卻有越南計畫，越南顯然會是選舉中的關鍵外交政策議題，尤其巴黎談判若在投票日前突然變得積極。季辛吉或許不懂美國國內政治，但對越南事務共和黨一定得請教他，尼克森很清楚這一點[111]。他自己的外交政策顧問理查·

* 一九六五年三月，摩根索接受《舊金山紀事報》（*San Francisco Chronicle*）訪問時說：「如果能在這校園罵髒話，我就能總結我們在越南的政策。」

艾倫，比起季辛吉頂多是平庸之輩。艾倫曾在黨大會上預言，蘇聯將入侵捷克，此時那尚未成真；同時媒體仍在取笑他為尼克森擬稿的草率聲明。那是針對一架美國班機迷航進入蘇聯領空，後來迫降，聲明中出現「空中普韋布洛號」字樣（暗喻同年一月被北韓俘虜的船隻「普韋布洛號」）[112]。

有鑑於此，對艾倫繪影繪聲地記述他在邁阿密與季辛吉密會，我們應保持懷疑態度。在大會開始前的週末，就黨綱中有關越南的條文，針對各方草擬的文字交換意見，當然確有其事。艾倫希望避免被記者看到他與季辛吉交談，也極有可能，當時他們正四處尋覓又一次尼克森與洛克菲勒的交易，如一九六〇年的「第五大道契約」（Compact of Fifth Avenue）。也沒有理由不相信艾倫有趣地憶起，他和季辛吉被《芝加哥太陽時報》（Chicago Sun-Times）的諾瓦克（Robert Novak）發現，想要躲藏卻又撞上哥倫比亞電視台的蕭爾（Daniel Schorr）。（諾瓦克不認識季辛吉，蕭爾不認識艾倫，艾倫假裝是季辛吉的學生，所以他們逃過一劫。）[113] 但艾倫其實並非主要人物，況且《紐約時報》已得知消息。黨綱的越南條文是週末激烈談判的結果，地點在楓丹白露酒店（Fontainebleau Hotel）一〇八三號房間：洛克菲勒的「指揮所」。洛克菲勒這邊有季辛吉、馬蕭爾（Alton Marshall，洛克菲勒另一個助理）、紐約州選出的參議員賈維茲、紐澤西州眾議員費林惠森（Peter Frelinghuysen）；另一邊是尼克森支持者德州選出的參議員陶爾、主持黨綱委員會的參議員德克森，他初擬的越南條文，洛克菲勒這邊認為鷹派到不可接受。經過一番針鋒相對得出折衷版：共和黨保證推行「越南和平計畫，它既非不惜代價的和平，也不會暗藏放棄美國或盟國的合法權益，它是正面的計畫，會根據自決原則，提供對各方公平公正的解決方案」[114]。與此成鮮明對比的是，民主黨八月底在芝加哥，於混亂中通過的對等條文，授權韓福瑞「在不致危及戰場上我軍的性命時，停止對北越一切轟炸」。

對季辛吉而言，大會上的條文妥協很難安慰對尼克森獲勝的失落。他心情痛苦地離開邁阿密，並告訴紐約某電台的主持人席特倫（Casper Citron）：「我不是共和黨員。我自認是獨立人士。我深深相信，洛克菲勒是此時唯一能團結全國的候選人。」他說他對尼克森有「嚴重疑慮」。他對魯豪森和休斯也說類似的話。他對休斯表示：「此人當然是災難。現在共和黨是災難。幸好他不會當選，否則整個國家都是災難」。季辛吉對尼克森的看法仍與一九六〇年相同，當時他甚至拒答尼克森對「國安最優組織」的提問：「那人不適合做總統。」[115]前面曾提到，季辛吉在這方面認同劍橋和曼哈頓的普遍看法：尼克森的名聲實在很差。所以八月十五日他給哈里曼的短柬，只從表面解讀似乎合理：「我跟共和黨政治已一刀兩斷。那個黨無可救藥，也不適合執政。」[116]他在巴黎對戴維森講的也差不多。他說：「每週有六天我支持胡柏特〔指韓福瑞〕，但到第七天我覺得他倆都很爛。」指稱這些都是煙幕，以隱懣密圖替尼克森做事，這種說法根本不足採信。季辛吉離開邁阿密後，第一衝動反而是想去投效韓福瑞。畢竟有兩個親近的前同事，絕非鴿派的杭亭頓和布里辛斯基，已加入韓福瑞團隊。那之後的暑假，季辛吉帶子女到瑪薩葡萄園島（Marth's Vineyard，譯註：麻州外海的島嶼）去看杭亭頓，他講出洛克菲勒有個檔案，裡面是對尼克森不利的故事，他手上有副本。季辛吉對布里辛斯基說：「欸，我討厭尼克森很多年。」[117]季辛吉願效力的提議顯然傳到韓福瑞耳中。韓福瑞在投票日的日記中寫著：「季辛吉應在白宮。希望他會來。杭亭頓也一樣。……波士頓那幫人很厲害。我可以理解約翰．甘迺迪為什麼重用他們。」[118]

然而這期間，赫許及其他人告訴我們，季辛吉在向尼克森競選團隊示好。此說也不太正確。是艾倫請季辛吉「加入尼克森的外交政策顧問團」，季辛吉婉拒。據艾倫表示，他最多只肯「私下提供意見……不公開」，並對艾倫說：「若在幕後，我可以給你更多協助」[119]。季辛吉在午餐時告訴巴克利，「他認為他有些想法，尼克森會感興趣，可用於設計其外交政策競選演說」，但此事須「謹慎進行，他不願看來好像才剛離開解散的洛克菲勒團隊，就在找工作」。巴克利向尼克森設於皮埃爾酒店（Pierre）的新總部，把這提議轉達給沙克斯比亞（Frank Shakespeare），沙克斯比亞把名字轉知米契爾。巴克利還說：「他想傳達給尼克森的意見，毫無疑問是公正無私的。」[120]此言屬實的證據，見於八月二十日季辛吉寫給洛克菲勒的回信，主題是尼克森請洛克菲勒盡釋前嫌，但無具體內容的提議。季辛吉同意，過去兩週沒什麼變化，無須「改變對這位候選人適任總統的看法」。但洛克菲勒必須思考「每個溫和共和黨員，包含你大多數的關鍵支持者，都支持此項提名」。其次「下一個總統任期可能是悲劇。無跡象顯示，會參選的候選人中有人團結得了國家，或能夠恢復美國在世界的地位。未來四年可能見到愈來愈多的危機，國內失序，國外緊張日增」。

在這些情況下，洛克菲勒的優先要務必須是，「守護好」自己身為「國家資產的地位，在整個公職生涯都代表大器、人性、前瞻的作為」。當然他不能讓自己成為「僅是尼克森的工具」。反之，也不應「像個愛爭吵的失意者，而可被指責失敗是咎由自取」。洛克菲勒是否應提出支持的條件，要求尼克森「放棄參議員塞蒙德（Thurmond）和南方策略」：操作南方選票，導致尼克森注意主張種族隔離的塞蒙德，偏好以安格紐（Spiro Agnew）州長為副總統提名人？季辛吉建議不要這麼做，那會使洛克菲勒走向政治死胡同。他反而「強烈建議，與其等尼克森採取主動」，洛克菲勒不如表示，他「願為黨綱強力助選」，那是他與幕僚曾做出「重大貢獻」的黨綱。季辛吉在信前的短箋中還說：「所附備忘錄雖有違我的意願，但我強烈相信那是對的。」洛克菲勒若決定替尼克森助選，季辛吉已準備好協助他。季辛吉最後說：「我倆感受相當接近，自不待言。」[121]我們應以此信為背景，去理解季辛吉之後與尼克森團隊的往來。他和洛克菲勒決定忍住不屑，支持尼克森，因他們已促成共和黨黨綱足夠的改變，而得以相信它，也相信，用季辛吉的話來說，「唯有共和黨的候選人能付諸實行」。他倆也許甚至開始思考，若尼克森打敗韓福瑞，那洛克菲勒有可能接受內閣級職位。

季辛吉對那年九月的巴黎行，手中無現存的紀錄*，他是從巴黎送出情報，指「有超過一半的機率，詹森會在十月中旬前後下令停止轟炸」[122]。此句引言最早見於霍德曼九月十七日的報告，其中僅提到某「高層外交消息人士，他秘密與我們合作，可接觸巴黎談判及其他資訊。

消息人士覺得，有超出一半的機率，詹森會在約十月中旬下令停止轟炸。這會搭配一大堆在巴黎的外交活動，那些活動沒有意義，但會做得看似很重要。

他也覺得有三分之一的可能性，詹森會在選前推動，曾在農場與尼克森討論過的計畫。俄國在歐洲地區則極力把詹森推入，某種有助於俄國國際形象的計畫，消息人士認為詹森會上勾。那將與中東局勢及限武有關。……

消息人士感覺，詹森有非做點這種事不可的執著，也會付諸行動。他認為這也許與波爾辭職有某種關聯，也許是為使詹森有機會顯得，是他個人在指揮我們在聯合國的作為。

消息人士認為反停炸不切實際，但的確覺得應思考停炸或許會發生，或許應有所預期，我們當然希望在真的停炸時已有準備。

他嚴肅質疑，尼克森及安格紐是否確實快獲得他們應接受的簡報。（他感覺韓福瑞也並未獲得充分簡報，儘管波爾也許有不少資訊可提供給他。

* 當然可推想是季辛吉後來予以銷毀，或僅是未記下其活動的證據。

> 他說，俄國現在對中東更為彈性，也熱衷於傳播他們願意繼續談判限武的消息。消息人士極為關切詹森可能採取的行動，並預期他在選前會採取若干。[123]

霍德曼的消息來源必定是季辛吉，米契爾可能是中間人。但關鍵在於這些都不是巴黎哈里曼代表團成員洩露的情報。而是季辛吉擅長的那種分析，就如消息人士毫不遲疑地指出，那好過尼克森自艾倫或其他人得到的東西。季辛吉後來提醒霍德曼：「我並未參與討論。……我只看過對哈里曼的指令」，想必那是詹森下達給他的，還附有推斷停炸結果的最新清單，其詳情季辛吉並未洩露[124]。另外值得注意的是，季辛吉只是尼克森此時接觸的無數外界消息來源之一，尼克森力圖避免他已知詹森正在圖謀的十月驚奇，會令人措手不及。

有人或可主張，尼克森不應接觸巴黎和談的南越代表裴琰，七月十二日他曾在紐約與琰見面[125]。也可質疑用積極但不穩定的「龍女士」（Dragon Lady）陳香梅*當中間人是否明智[126]。尼克森當然想要西貢知道，他的立場將比韓福瑞強硬。可是《紐約時報》的讀者都能看出這一點。很難看出國安局（NSA）曾在琰發回西貢的電報中，找到有所牽連或甚至令人意外的東西[127]。也協助尼克森掌握情勢發展的有：前中情局長麥康[128]、參議員德克森[129]、魯斯克[130]，甚至詹森本人，他在十月十六日打電話給所有三個候選人[131]。顯而易見的是，尼克森接收到所有這些資訊，尤其是詹森十六日宣布的突破，他並未十分依賴季辛吉來自巴黎的洞見。

在某些方面，沒有內線消息也預料得到隨後陸續發生的事。先是韓福瑞立場向左移，他提議「為和平冒可接受的風險」，停炸北越以交換僅止於「直接或間接、透過言語或行動表達，共黨願恢復非軍事區的證據」[132]。到十月他談到在南越「有系統地減少美軍」，也是大約在片面的基礎上[133]。詹森的確對韓福瑞當候選人有很深的矛盾心理[134]。但當韓福瑞開始逼近尼克森時，詹森對本身政黨的忠誠開始發酵，更遑論他對每個外交政策議題，都非得扯上國內政治不可[135]。同樣可預測的是，韓福瑞同時變得更鴿派並更受選民支持，華府又加大壓力要求紹和祺讓步，以利韓福瑞的主張，使他倆焦慮日深[136]。較不易預測的是河內的情勢。北越決定同意哈里曼的「我方你方」提議：若轟炸停止，南越（連帶民陣）將可參與擴大談判，此舉頗具意義，也反映北越在戰場上及自蘇聯供應者國承受的壓力[137]。但那真的預示了和平嗎？

採政治守勢的是總統，攻勢是尼克森。對此白宮人人皆知，正如十月二十二日星期二，午餐時分的打趣所顯示：

總統：尼克森會問我，這難道不像是把狐狸放進雞籠裡。〔笑聲〕。

克利福德部長：南越政府能上談判桌，紹似乎大有斬獲。

總統：我們讓他們〔民陣〕一起同坐，實際上等於承認他們。

魯斯克國務卿：那有點像讓卡麥柯（Stokely Carmichael）〔黑豹黨領袖〕參加內閣會議。

克利福德部長：那似乎還是利多於弊。

總統：其實那沒有錯。

魯斯克國務卿：感情上覺得那不對。

---

* 陳香梅是「飛虎隊」（Flying Tigers）領導人陳納德（Claire Chennault）將軍遺孀，飛虎隊是二戰時期的志願空軍，助中國國民政府作戰。陳女士與台灣蔣介石政權關係密切。她與瑪咪．艾森豪（Mamie Eisenhower）同為「共和黨支持尼克森婦女會」（Republican Women for Nixon）會長。

羅斯托：南越擔心我們在黨大會上怎麼處置他們：逼他們接受危險的下坡道，〔把他們〕塞進聯合政府。[138]

更衣室的語調透露玄機。四天後尼克森（藉著說他「不相信」）暗示，詹森在做「諷刺的、最後一刻的嘗試……想挽救韓福瑞先生的選情」，那當然是卑鄙的攻擊[139]。詹森確實在這麼做的證據確鑿。再者詹森不曾想過要授權聯邦調查局，去刺探並竊聽陳香梅[140]。同樣清楚的是，北越讓步只是又一次策略運用；他們完全未放棄併吞南越、粉碎南越非共勢力的目標。要是尼克森只坐視旁觀，是否就能達成持久的和平協議？答案必然是否定的，因紹即使未經由陳香梅接到尼克森的密報，也必定會破壞談判。要是《基督教科學箴言報》刊出特派員基弗的報導，指紹決定等待尼克森上任，結果會不會有所不同[141]？很可能不會。尼克森「試圖阻撓總統，煽動西貢提出更多要求，並讓河內知道，他上任時『什麼都可能接受，並將之怪罪於前任總統』」，這在華爾街是公開的秘密[142]。祺對新任駐西貢大使邦克（Ellsworth Bunker）提及此事，彷彿是說：「美國雖為替副總統韓福瑞爭取選票，想要停止轟炸，但不可能沒有〔編按：南？〕越政府贊同，也不能為一個人而毀滅別人。」[143]

詹森十月三十一日晚在電視演說中，對美國民眾說的正是不少選民想聽到的：美國將立即停止轟炸北越，而認真的談判會在選後第二天展開，西貢可「自由參加」[144]。同日在演說甚至尚未播出前，紹向邦克表明，他不會配合此計畫；十一月二日他對南越國會（South Vietnamese National Assembly）表達同樣不合作的訊息，獲得熱烈掌聲[145]。詹森自己的國防部長承認，西貢至少有五個誘因「不肯……行動」[146]。他自己的國務卿承認，「紹有一切權利懷疑河內在巴黎談判的目的」[147]。他也有一切權利懷疑詹森。紹並不需要安格紐或米契爾去告訴陳香梅，再告訴琰去對他說「等一等」[148]。詹森十一月二日指控尼克森團隊「叛國」也站不住腳[149]。十一月三日兩人的電話交談因而令人捧腹。那有如拿謊言當籌碼的撲克牌戲：

尼克森：天啊，我絕不會鼓勵河內，我是說西貢，不要上談判桌。……

詹森：那我告訴你，我要說什麼，我要說那沒有幫助，無論如何不會影響選舉——

尼克森：我不認為會有影響。

詹森：……我想一票也改變不了。

尼克森：總之我們會樂在其中〔笑聲〕。

詹森：謝謝你，迪克。

尼克森：再見。[150]

倘若詹森曾透露，他曉得陳香梅的活動，韓福瑞或許會因民眾一時反感尼克森的行徑而當選，這種說法不足採信，正因詹森也會同時洩露他自己的欺瞞行為[151]。魯斯克說：「我們每天都得到這類情資，有些對美國政治人物殺傷力很大。我們向來認為，公眾對這類消息來源沒有『知的權利』。蒐集這種資訊只為國安目的……即便消息曝光……要對選舉有重大影響已太遲。」[152]陳香梅後來悔恨地承認：「政治是很殘酷的遊戲。」尼克森一當選就幾乎與她斷絕關係[153]。到《波士頓環球報》一九六九年一月爆出這則新聞時，已無人在乎[154]。日後同一主題在白宮再度浮現時，有人說，尼克森可用詹森曾「利用停炸達到政治目的」的證據，來要脅詹森[155]。當水門（Watergate）醜聞開始看似會危及尼克森時，他第一個想法即揭發，詹森「在六八年曾對我們竊聽」的證據[156]。

七

在壞人之戰中，尼克森獲勝。但他並非因季辛吉洩露關於巴黎談判的機密資訊，才贏得一九六八年大選。他也並非因陳香梅曾鼓勵阮文紹抵制巴黎談判而贏，在此或可補充一點：季辛吉對她一無所知。後面會看到尼克森勝選的原因，有部分雷同於龐畢度六月贏得法國大選，戴高樂得以返回巴黎，一年後在科隆貝雙教堂光榮退休；因同樣的理由，毛澤東於十二月決定節制紅衛兵，把一整世代的中國學生「下放到鄉村」。彷彿有什麼政治物理學定律，一九六八年世界各地年輕人的暴力行動，產生了對等的反作用。就是在這種作用的脈絡下，亨利．季辛吉在那一年尚未結束前，發現自己獲提名為尼克森的國家安全顧問。我們現在知道，這項任命與來自巴黎的虛構洩密無關。但尼克森選擇季辛吉，季辛吉決定接受，仍需要一些解釋。畢竟如前所述，這兩人的路途雖不常交錯，但他們之間也沒有錯失的愛情。正如尼克森自己承認，那是不太可能的結合。的確晚至在邁阿密的共和黨大會，季辛吉都不曾遭遇，讓他覺得更不可能的狀況。他本身不同凡響的成長歷程：長達四十五年的個人、哲學、政治教育的故事，最後出現真正的轉折。

第22章　不可能的組合

你必須知道什麼歷史有相關性。你必須知道什麼歷史該擷取。

——亨利．季辛吉，一九六八年九月[1]

一

到一九六八年季辛吉已比大多數人更明白，公共知識份子和政府官員、自己人和外人之間的差別。要是他曾預期會在尼克森政府獲任命高階職位，想必不致寫下具爭議性且必會在兩任政府交接的高度敏感期刊出的兩篇文章。

第一篇討論範圍廣泛，題為〈美國外交政策核心議題〉（Central Issues of American Foreign Policy），由布魯金斯研究所於一九六八年十二月出版，它勢必被解讀為尼克森外交政策的宣言。*《經濟學人》不客氣地指出，作者一旦上任，「忙於因應眼前事務」，「對理念上的秩序的渴望」[2]很快就會消散。此文其實回顧多於展望，其內容強烈顯示他撰文時，對刊出後三週內會被任命為國安顧問，可能毫無概念。

季辛吉一九六八年撰稿時，很難視而不見「同時期的動亂」。他首先提出引人矚目的想法：一九六〇年代後期的危機，雖「毀滅性不及醞釀它的兩次世界大戰，但「革命性質上卻大為過之」。季辛吉提這些並非為讚揚當時的激進學生。反而藉機把矛頭對準「認為節制權力不相干、甚至不道德的年輕一代」，指他們的「新自由倫理不符『公民精神』；而是漠視制度和秩序觀念，甚或懷有敵意」。季辛吉指出，「抗議運動把新壓迫國家的領導人捧為英雄」，無視於「為集權國家領導者，如切格瓦拉（Che Guevara）或胡志明或毛澤東，塑造自由名聲的荒謬」，這種行為無可原諒。他心中的革命不是那些學生的革命。而是回歸他在《世界的重建》裡首次討論的主題，即二戰後國際秩序受到的革命性挑戰，其基礎是一九四〇年代晚期迄今，被分成美蘇兩極的世界。季辛吉宣告：「超強國家時代即將結束。」這代表像法國大革命那麼深遠的革命。如同一七九〇和一八〇〇年代，此次革命造成迫切需要「有共識的秩序概念」，缺少這種概念，「其大無比的可用權力」便不受任何合法性的共識所限制」。尤其「在占全球人口三分之二的地區」，長期存在著「政治合法性問題」[3]。第三世界的戰爭或許看似內戰。但光是其次數和暴力程度，已使國際秩序難以維持。

季辛吉的分析有一點很醒目：他觀察到的革命屬於非個人性質。它遠非「格瓦拉或胡志明或毛澤東」的傑作，它的成因「根深蒂固」，是「結構性」趨勢。這種革命的第一波有時已稱為全球化：自歐洲各帝國瓦解以來，產生許多民族國家，加上戰後時期的貿易自由化和貨櫃船，促成前所未有的經濟整合，還有「全體現代國家」均面臨，新出現的「官僚化、污染、環境管控、都市成長等問題……不分國家考量為何」[4]。

第二是後殖民世界的多極，與冷戰嚴格的軍事兩極，兩者之間的緊張關係，以及核技術創新促成的毀滅性力量「巨大」增加，這弔詭地趨向減低超強國家對小國的影響力。其原因不只是超強國家似乎愈來愈不可能使用其龐大的核武庫；也由於每有新強國加入核武俱樂部，就大幅降低其會員資格的價值。（新的「不擴散條約」或許會發生效用，但話說回來，它可能太明顯是超強國家的禁臠）。在此後超強世界裡，「廣播發射機比起**B-52**轟炸機中隊，（也許）是更有效的施壓形式」，而併吞領土的價值比不上取得核武[5]。總之，核武嚇阻本身已失去可信度。

> 嚇阻受到未發生事件的負面考驗。但我們永遠無法證明為何某件事沒有發生。是由於我們正採行最佳可能的政策，還是僅勉強有效的政策？和平持續愈久或嚇阻愈成功，就給反國防政策基本前提的人更多論據。或許軍備當初就是多此一舉。[6]

＊本文最無趣的部分是提出解決方案的章節，了無新意地呼籲「美國國安政策需要新面貌」，美國與北約其他成員共同分擔責任，「無比重要地需要（跨大西洋）政治共同體概念」。季辛吉提倡這些已有多年。

人們總是不願違反事實去思考，去考慮沒有發生的事的重要性，所以談「禁止核彈」日益容易，尤其當核彈的殺傷力愈來愈大。超強間的「長久和平」持續愈久，其人民愈不了解恐怖平衡的功勞有多大。

這就是美國第三十七位總統會繼承的世界，這位總統若一九七二年連任成功，預計當美國慶祝建國兩百週年時他會在白宮。季辛吉並未向同胞提出容易的解決辦法。他僅促請大家回答二個簡單問題：「阻止什麼符合我們的利益？我們應設法達成什麼？」越戰若一無是處，它至少證明這兩個問題的答案不能是「每件事」，因「所有非共產地區託管者」的美國，很快就會「耗盡心理資源」。但季辛吉這兩個問題的答案也不能是「沒有任何事」。不管有沒有代溝，現在是時候該讓「美國的氛圍」，停止「危險地擺盪於以權力為恥與期待太多權力之間」[7]。

這些論述有助於我們開始了解，為何尼克森選擇季辛吉做國安顧問。季辛吉有個萬年研究所學生戈德曼（Guido Goldman）*曾開玩笑說，因為「亨利是尼克森唯一負擔得起的尼爾森的東西」，不是這個原因[8]。

二

假設季辛吉在一九六八年秋有一點點知曉，尼克森若當選有可能邀請他加入其政府，好像同樣也不太可能寫另一篇經典文章：〈越南談判〉（The Viet Nam Negotiations），此文在尼克森就任那個月刊載於《外交事務》，因而必然是總統大選前後寫成的。事實上當季辛吉發現尼克森要他進白宮時，曾設法阻止此文刊出未果，原因顯然也是它一定會被當做政策藍圖[9]。事實上，此文有預期外的效應，它認證了尼克森的識人之明。因為就各家分析美國在越南的困境而言，此文後來證明是數一數二的傑作[10]。

季辛吉以自《重建的世界》出版以來，少見的生動活潑筆調撰寫此文，他先定義他所謂的「越南症候群：樂觀與困惑交替；歡喜由挫折取代」，其根據是「軍事勝利……無法轉換為永久政治優勢」這根本問題[11]。何以如此？他指出部分是由於文化上的「鴻溝」：「很難想像有比越南和美國隔閡更大的兩個社會」[12]。但主要是美國的戰略始終規劃錯誤。摩根索也曾察覺但未予注意，始自甘迺迪時期的軍事干預，美國一直「未能……恰當地分析越南的地緣政治重要性」，季辛吉巧妙地暗示它相對不重要[13]。再來是基本問題，美國軍方試圖對游擊隊發動傳統戰，遵循「經典定律，勝利取決於結合控制領土及消耗敵人」。將領們推斷，擊敗越共「主力部隊可使游擊隊在蔓藤上枯萎」、「造成比我方嚴重很多的傷亡，直到河內的損失變得『無法承受』」，他們要以此方式獲勝。但這戰略有雙重缺失。一是誤解游擊戰的本質：

> 游擊隊很少打算據有土地；其戰術是利用恐怖威嚇，阻礙與合法當局合作。……西貢白天控制其國家很多地方……越共晚上掌控相同人口的一大部分。……游擊隊的目標主要是負面的：阻止鞏固政府權威。……
>
> 我們打的是軍事戰，對手打的是政治戰。我方尋求物質的消耗；對手以我方心理枯竭為目標。在此過程中，我們忘記游擊戰一個基本準則：游擊隊不輸就是贏。傳統軍隊不贏就是輸。北越像鬥牛士使用披風那樣運用其主力部隊，讓我們在政治重要性低的地區猛攻。[14]

* 戈德曼當時主持國際事務中心的德國研究計畫，還有甘迺迪學院的德國計畫。有一天季辛吉問他：「你當研究生多久了？」戈德曼答第九年。季辛吉回他：「我的研究生沒有唸到兩位數的。」

其次是美軍對北越軍的「交戰死亡率」，雖對五角大廈系統分析師很受用，卻非「可靠的指標。就算這類數字正確也無關痛癢，因美軍千里迢迢赴國外打仗，結果『無法承受』的水準，比在越南領土上作戰的河內低很多」[15]。

游擊隊不輸就是贏那一句，言之成理地成為季辛吉最常被引用的話之一。此文對美國協助南越的性質有同樣獨到的見地，過去他講得夠多的觀點：經濟不等於一切，也再度被提出來。

越南與大多數開發中國家一樣，凌駕一切的問題不是扶持而是發展某種政治架構。現行的義務模式通常是對個人或封建式義務，會動搖這些模式的經濟進步，只會加重對政治體制的需求。越戰諷刺的一面是我們高舉理想主義大旗，卻因過度依賴物質因素而失敗。反之，共黨堅守唯物主義式詮釋，因能解答關於政治權威本質和基礎的問題，屢屢獲得成功。[16]

季辛吉並揭露美國外交的主要缺失，說明「我們的外交和戰略如何各行其是」：詹森協調欠佳的左右拳，在他想像的拳賽中互打。反之，河內不「把戰爭和談判看成各別的過程」。總統誤解戰爭和外交有先後次序，因而犯下多項理所當然的錯誤。一，詹森「一再宣稱，我們願無條件在任何時間、任何地點談判。這其實等於讓對方選擇談判時機」。接著他陷入點數較勁：「河內宣布四要點，民陣提出五要點，西貢加碼七要點，美國或因官僚體系規模較大，公布出十四點，彷彿談判議程拉得愈長，總會有助於開啟談判。三是詹森放出和平試探觸角，卻未能預見北越會如何耍弄他：「好多與河內的接觸，在我們看來是『夭折』，（在河內看來）很可能發揮了確立地盤的功能。」[17]部分由於本身制度的緣故，美國未能形成一貫的談判立場。季辛吉說：「務實主義加官僚作風所生成的外交風格，其特徵是正式談判前立場強硬，一旦談判展開便過度依賴戰術考量。」美國準備談判時是把先決條件刻在石頭上，可是一坐上會議桌即開始妥協。五，詹森太不敏銳，看不出河內溝通訊息中，時態和語氣改變的重要意義（在巴黎「等待果陀」的不愉快經歷仍記憶猶新）。六，詹森曾同意停炸北越，但條件是談判會有成果，河內從未同意。假使沒有成果，真的可恢復轟炸而不致引起國內政壇譁然？最後，詹森把西貢帶進談判，無意中暴露「華府與西貢間潛在的利益衝突」，給對手一個可利用的新弱點。

那現在該怎麼辦？季辛吉以將決定未來四年美國外交政策的理由，明確排除單邊撤軍：

> 有五十萬美國人投入，解決了越南重不重要的問題。因當前涉及的是對美國承諾的信心。無論嘲笑「可信度」或「聲譽」等名詞是多時興的行為，這些卻非空洞之詞；其他國家唯有信得過我們的一貫性，才會在行動上配合我們。美國若對越南撒手不管，那平息不了許多批評者；他們大多只會在判斷欠佳的指控外，再加上不可靠這一罪名。安全或國家目標有賴美國承諾者，只會心灰意冷。世上許多地方：中東、歐洲、拉美、甚至日本，其穩定要靠對美國承諾的信心。所以片面撤軍，或非故意但導致同樣結果的解決方案，會導致克制受到侵蝕，甚至更危險的國際情勢。美國沒有一個決策者能無視於這些危險。[18]

可以想見西貢讀到這段文字會多麼高興，也得承認日本、南韓、台灣，還有以色列及至少某些西德地區，讀到時反應也相當熱烈。*那這一點就很清楚：季辛吉不會切割、逃跑。他也表示，贊成雙邊談判，勿加進民陣和西貢（把麻煩的南越政治前途問題排除於議程之外）；不會同意停火，以對當前掌控領土的「怪異內咎感」，停火將「預先決定最終解決方案且傾向分割」；不會「參與試圖強制成立聯合政府」，包含要西貢接納民陣，這可能「摧毀南越現有政治架構，因而造成共黨接管」[19]另一方面他贊成「分階段撤出外來軍隊，包括美軍和北越軍」，這立場他在七月已為洛克菲勒提出過。他至少暗示他不願恢復轟炸。他也重複提給洛克菲勒的建議，在南越由「國際出面以履行誠信」，同時以「國際部隊……監控」進入南越的路線，理想的是配備「電子圍籬以檢查」跨越國界的移動（麥納馬拉舊有的典型技術官僚式幻想）。

不過季辛吉最正面的建議是，退一步把越南談判擺在更大的脈絡中，同時考量中東、東歐的其他世界危機。此處至少有些令人心生希望的根據。「莫斯科認為有權干涉以保護內部社會主義結構，它所依據的蘇聯理念，使中蘇發生戰爭至少不無可能。因莫斯科對北京的指控說起來是更甚於對布拉格。但中蘇若起衝突，會令河內陷入困境。僅兩個月內沿烏蘇里江爆發的武裝衝突（譯註：指珍寶島事件），頗有助於確認季辛吉和尼克森將採取的戰略方向。季辛吉作結說：「無論我們怎麼進入越南，無論對我們的行動有何論斷，光榮解決越戰對世界和平極為重要。任何其他解決方式可能釋出，使國際秩序前景變得複雜的勢力。對新政府會好好解決應給予信任。」[20]季辛吉在寫這些字句時，不知道他是在為自己要求那種信任。

〈越南談判〉稱得上是季辛吉所寫過最深入的文章。隨後發生的事將決定，他的提議有多足以達成他追求的光榮和平†。但要是以為，季辛吉一九六八年主要關切的是越南就錯了。從他個人的文件中看得非常清楚，改進華府的決策過程才是重點。經過三年努力，去了解並多少解開了越南問題的糾葛，季辛吉得出的洞見是，美國制訂和執行國安戰略的制度有根本上的缺陷，才會弄得一團糟。這是一九六八年後期他精力真正專注的焦點，提供尼克森任命他的關鍵，其重要性甚至多於他對越南敏銳的思考，更遠超過「渴望理念上的〔世界〕秩序」。

三

一九六八年十一月理查・尼克森贏得大選，應歸諸巴黎和談秘密運作的不多，反倒是詹森急於以最快速度通過民權立法，造成民主黨內部重大分裂的影響較大。那次選舉差距真的很接近，韓福瑞以超出預期的票數拿下賓州、密西根州、紐約州、康乃狄克州，而尼克森在普選票贏的幅度很小，僅百分之〇・七。十一月六日直到下午十二時三十分，距韓福瑞承認敗選半小時後，尼克森才出現在華爾道夫酒店（Waldorf Astoria）的宴會廳，宣布勝利[21]。關鍵是種族隔離主義候選人華萊士，贏走四十五張選舉人票，要不是為民權立法分裂，那些票大多必然會由民主黨候選人獲得。選舉結果，民主黨繼續控制參眾兩院，使尼克森成為自一八四八年泰勒總統（Zachary Taylor）以來，首位在國會沒有一院是同黨控制的總統；民主黨也保住在州立法機關的多數。

* 這段可信度論述是否有確切的價值，是第二卷會討論的問題之一。

† 這很可能是借用狄斯雷利（Benjamin Disraeli）的典故，他自柏林會議（Congress of Berlin）凱旋歸來後，不止避免了對俄戰爭，並大致復原俄國攻打鄂圖曼帝國得到的領土，另外還為大英帝國取得塞浦路斯，他在一八七八年七月二十七日演講時，曾使用「和平我希望是帶著光榮」的說法。若說季辛吉是借用張伯倫在慕尼黑後使用的字眼，這很可疑；同樣可疑的是，季辛吉知道，艾德蒙・柏克（Edmund Burke，譯註：愛爾蘭裔英國政治家，曾任下議院議員）在一七七五年的親美演說曾提到。其實英語裡最早出現此用法的是莎士比亞的《科里奧蘭納斯》（*Coriolanus*）第三幕第二場。

一九六四到六八年之間，美國發生史上名列前茅的投票形勢重組。世代衝突固然是一個因素，但種族才是關鍵。兩次大選都曾投票的白人中，有整整三分之一換黨。每五個投給高華德的人裡約有一個，在一九六八年投給韓福瑞或華萊士，且華萊士拿走其中四分之三；一九六四年投給詹森的白人裡，每十人有三人改投尼克森或華萊士，尼克森拿走其中五分之四。尼克森得到的選票中有驚人的五分之二，來自一九六四年支持詹森的選民。整整百分之九十七的黑人選民投給韓福瑞，不到百分之三十五的白人投給他[22]。越南的意義在於，特別自金恩、更別說卡邁克爾（Stokely Carmichael）介入這主題以來，「才不要，我們不會去！」，已成為對不合比例地徵召非裔的簡潔回應。持相反立場的是華萊士的競選夥伴李梅將軍，他是前戰略空軍總司令，巴不得對河內丟顆原子彈以結束越戰。打敗韓福瑞的是華萊士，不是尼克森，華萊士獲百分之十三．五的普選票，並實際贏得五個南方州，少於他希望贏的，但足以決定最後結果[23]。

這代表尼克森進白宮會是極為弱勢的總統，注定要與賓州大道（Pennsylvania Avenue）另一頭的敵意國會至少共處兩年，還有美國各大城市中疏離的黑人社群。因此他很幸運，為確保他是史上最順利交接就任的總統，有一小群哈佛教授自八月起就在研究。其中一位便是季辛吉。

除以上提到的季辛吉，總統交接哈佛研究小組的創始成員還有艾瑞達、法蘭克．林賽、梅伊。季辛吉曾暫時退出去協助洛克菲勒競選，在洛克菲勒於邁阿密失利後，季辛吉重回小組，那時他們正加倍仔細地調整所做研究，以符合尼克森的需要。一九六八年八月十五日林賽直接寫給尼克森，表示願提供他，研究小組對過去總統交接所有的研究成果、有關如何進行交接最恰當的建議、或許還有些尼克森可考慮任用者的「名字（特別是年輕人）」。正如林賽所指出，尼克森要是選贏，到就職前只有十週，他得補齊約二十四個最重要的政府職位，比企業甚至大學要找類似高階人才，通常所花的時間少很多。所以他應考慮任命一位人事顧問，立即上任，開始為他草擬可考慮任用名單；他也應考慮在上任之初，委託「對可能有危機的議題進行廣泛研究」。他應指派一個篩選委員會，為重要職位做出決選名單，並鼓勵篩選委員在政界之外，向基金會、大學、投資銀行去尋找人才。他不必與進入決選者面談，而是藉著研討會觀察他們在團體中的表現。目標應設定為，在十二月中旬所有關鍵職位都已確定人選。

但關鍵職位是哪些呢？研究小組八月的報告中，列出三個尼克森應優先處理的幕僚職位：任命行程秘書、新聞秘書、「國安聯繫暨顧問」職位：類似羅斯托為詹森、邦迪為甘迺迪、格雷和古佩斯特為艾森豪扮演的角色[24]。尼克森找這第三職位的人選時，應把此人與國務院可能發生摩擦放在心上，借用報告中的文字：「甘迺迪－詹森政府的國務院最高層，缺乏信心、溝通、團隊精神，並非愉快的前例。」[25]未來的總統甚至在當選前就得做出抉擇，以誰為「所有外交政策問題的主要顧問，包括軍事、金融、經濟政策」。要選國務卿還是國家安全顧問？報告作者指出：「此決定將影響你希望國務卿具備什麼才能，以及要給身為你幕僚的國安顧問多大的職權。」[26]研究小組雖未明言應選後者，但確切地指出，他們認為國務院因「由來已久的組織問題」，過去曾「妨礙它對總統發揮該有的功用」，所以不適合擔任上述廣泛的角色[27]。

不止這份報告。兩個月後林賽又送去「與舊政府打交道」的長篇報告，其中增強了對強勢國安顧問的論述。研究小組在第二份報告中告知尼克森：「交接過程最困難而關鍵的問題之一，是（盡其所能）掌握國安事務。」他務必確保，與北越談判相關的「限閱」檔案，不會隨詹森的行李消失於白宮門外。他必須速戰速決：「不要像〔甘迺迪的〕邦迪……你的國安幕僚應提早任命，並盡快開始工作。」[28]當然我們不難想見，季辛吉與同事為尼克森撰寫這些字句時，心裡想的是他自己。不過更可能他是根據以往經驗，提供中立的建議。

十一月一日，再過四天全國就要投票，研究小組送出第三份報告，特別著重於國安領域的交接安排。這份報告不同於前兩篇，上面有季辛吉署名，也有他著墨的痕跡。研究小組假設尼克森會當「自己的國務卿，意指保有政策控制權」，讓他任命的人負責「動員及管理外交團隊和相關單位」。他應著眼於「維持對軍方體系的集中掌控」，那是麥納馬拉主要的成就，並透過國防部長辦公室，繼續麥納馬拉建立的嚴控預算。尼克森不必擔心中情局，它「相對有效率」。有一個機構造成「你的政府的迫切問題」，還是國務院，它「與中情局〔或〕國防部相比效能不彰」，似乎僅擅長於產出「無聊的……一篇篇書面東西」。研究小組建議尼克森「強化國務卿」，他們的意思是強化他對國務院的地位，例如使國務卿和國務次卿「可相互調換」，授權這兩位均可任命不只助理國務卿，還有重要的大使，好讓他們對職業外交官和區域主管有某種影響力[29]。

然而哈佛研究小組十一月一日報告中，最重要的提議是，尼克森應考慮恢復國家安全會議，不要設像邦迪或羅斯托模式的獨立特別助理。把國安會降級，導致甘、詹時期過度不拘形式。確實如撰稿者所說，詹森政府曾試圖重新為國安建立某種官僚架構，在一九六六年成立高階跨部會小組（Senior Interdepartmental Group，SIG），做為協調機構，由國務次卿（擔任主席）、副國防部長、參謀長聯席會議主席、總統特別助理，及中情局、國際開發總署、美國新聞總署等的首長組成。當時另有主管區域的助理國務卿主持的跨部會區域小組。起先這制度看似「完全失敗」，多虧凱森巴契的努力，如今運作順暢。因此研究小組不反對，「在重設國安會或其他正式顧問機制前，試行高階和區域跨部會小組制」。但報告中強力「提醒勿落入另一極端：集協調工作於單一特別助理之下」，除非尼克森願考慮任用很強勢的副特別助理（如凱森和巴托相對於邦迪和羅斯托）。關鍵在於無論如何組織，要確保白宮的國安幕僚擁有足夠人員和資源，以應對大量的電報往來，也要擴增研究人員[30]。

報告作者說：「我們讀前二十五年的歷任總統史，發現其中思慮欠周詳的決策，比誤讀、誤解或意外、故意未執行的決策少很多。」尼克森「勿太執著於一般常提的準繩：總統應盡可能保持最多選項，持續最久時間不做決定（如前所述，是俾斯麥之罪），才屬明智」。甘迺迪和詹森曾以此為美德。但「好多路線中任一個都可能被選中，他們延續此種印象到最後一刻，卻鼓勵了官僚加強遊說」：明顯的事例就是暫停轟炸越南及多邊部隊。總統必須做決策，而且經常沒有充裕時間。尤其總統必須說明，其決策背後的戰略概念，詹森從來做不到這一點。

> 十九世紀歐洲偉大政治家：梅特涅、卡斯爾雷、巴麥尊（Palmerston，譯註：曾主導一八三○—一八六五年英國殖民全盛時期的外交政策）、俾斯麥、索爾斯伯利（Salisbury，譯註：曾三度出任英國首相，前後計十三年），由於向君王負責，所以均須為其行動寫下完整說明。你當然面臨類似的必要性，包括須回答記者會的提問，向國會和民眾發表談話，但在全世界都聽得到的聲明中，你很難像在私下有可能的那麼直言無隱。未來四年內，你贏得官僚體系主管與贏得選民的理解，同樣攸關重大。[31]

這一段是出自研究小組那一位的筆下呼之欲出。

哈佛研究小組把最後討論白宮人事的報告，保留到尼克森勝選的次日十一月六日。報告作者再次舉出對近期政府的詳盡知識，建議勿任用權力很大的幕僚長掌控接近總統的管道，理由是成功的最高執行官須兼顧「階層制度和廣開言路」。總統最需要的是在白宮西廂有忠誠的助理。這些助理絕不可以己意當作總統的意見，或執行自己「對任何議題的政策」。他們除以匿名為條件外，不可向媒體簡報，以往曾有「幕僚被媒體報導時誇大本身職位的案例」。助理們應願意做「有用的異議者」，抗拒集體意見一致（groupthink）的誘惑。*他們的工作不應太專門，但尼克森不應像羅斯福那樣，喜好重複指派同一任務，以激起屬下相互競爭。報告作者最後建議：「對顧問就稱為『特別助理』，再指派他負責像是國安事務等，不必用『國家安全事務特別助理』的稱號」。主張用這種通稱有一個強有力的論據，即「外交關係顧問在向你報告前，應把國會或國內政治因素納入其思考和建議中」[32]。

哈佛研究小組的這些報告。是尼克森政府結構之爭的第一砲，特別是要不要恢復國安會的問題，這場爭鬥一直延燒到一九六九年，引來專家的批評，如經驗豐富的前朝官員約翰·艾森豪（他謹慎地把古佩斯特的角色，比作艾森豪的白宮秘書長）[33]、吉爾派屈克（他是甘迺迪的前副國防部長，自然反對恢復國安會）[34]。最後結果對尼克森政府的運作方式產生深遠影響，特別在最初兩年。在此我們只須反思，它對尼克森決定任命季辛吉有何重要意義。季辛吉或許並不完全知曉，他曾共同執筆寫出，美國外交政策史上最有深度的工作申請書。他不但在《外交事務》那篇有關越南的文章裡，大略標舉出他的戰略，合理推斷尼克森在刊出前看過此文。更重要的是季辛吉與哈佛同事，把現代美國歷史應用於向總統當選人解釋，他究竟應如何著手施行其國家安全戰略。

四

季辛吉不認為尼克森會直接任用他。他認為尼克森可能任用洛克菲勒，最可能是當國防部長，然後洛克菲勒再用他。洛克菲勒會進入尼克森的內閣，在選舉剛結束時很多人都這麼認為。記者史巴諾利（Gene

Spagnoli）曾向尼克森建議，洛克菲勒很適合當國務卿。尼克森的文膽薩菲爾（William Safire）甚至建議，讓洛克菲勒的弟弟大衛去財政部，尼爾森到國務院。等薩菲爾想了一下，他說：「不行，一個內閣裡不能有兩個洛克菲勒。」尼克森猛然回了一句：「有法律規定只能有一個嗎？」[35]

洛克菲勒不知道，尼克森並不打算任用他這位長期的對手，還召集顧問群討論該如何回應尼克森的一項提議。討論正熱烈時電話鈴響起。是霍德曼的年輕助手伽平（Dwight Chapin）打來的，後來尼克森任命他為行程秘書。伽平要跟季辛吉講話[36]。在座其他人對此感到很意外，無人認真去想，尼克森有可能真的要延攬季辛吉[37]。季辛吉自己的確也可能以為總統當選人只是想跟他討論，克利福德正在思考的假設情況：在就職典禮前西貢發生政變，這是季辛吉提出的理論，不久前透過巴克利轉達[38]。

尼克森自己後來說，他這個決定是雙方心意相通。他當然知道季辛吉之前對他在外交「領域的能力」，有「輕蔑的評語」，但他「不意外洛克菲勒的人會這麼說……把它歸諸於政治」。十一月二十五日星期一上午十點，他在皮埃爾酒店三十九樓的交接辦公室與季辛吉見面時，要討論的是明日的策略，而非昨日的政治。

我知道我們對未來的整體展望十分相近，我們都相信隔絕和影響左右全球均勢的因素非常重要。我們也同意無論外交政策的其他面向如何，它一定要夠有力才具可信度，要夠可信才會成功。我對透過巴黎談判解決越戰的前景不抱希望，我覺得必須重新思考，對越南的整體外交及軍事政策。季辛吉雖對巴黎談

* 這名詞最早是威廉．懷特（William H. Whyte, Jr.），在一九五二年《財星》雜誌的一篇文章中所用，他最有名的著作是《組織人》（*The Organization Man*）。

判不像我那麼悲觀，但他同意我的看法。我說我決心避開詹森曾落入的陷阱，即把所有用在外交政策上的時間精力，幾乎都投入越南，其實越南是短期問題。我覺得不處理較長遠的問題，可能毀壞美國的安全和生存，在這方面我談到恢復北約的活力，還有中東、蘇聯、日本。最後我提到我關切的，有必要重新評估對共產中國的政策，我促請他閱讀《外交事務》的那篇文章，我在文中首度提出這種想法的可能性和必要性。季辛吉說，他很高興我有這些想法。……我對亨利．季辛吉有強烈直覺，我當場決定他應該當我的國家安全顧問。[39]

季辛吉的記憶略有不同。尼克森給他的感覺「近乎羞怯：他的動作有點含糊，與正在說的話無關，彷彿推動講話和姿勢是兩種不一樣的脈動。他的聲音緩慢、溫和。他邊講邊啜飲一杯又一杯，不用開口就會送進來的咖啡。總統當選人開口談的並非策略，而是他面臨的「龐大組織問題」」：

他對國務院很沒有信心。國務院人員不會效忠他。……他決心從白宮主導外交政策。他認為詹森政府忽視軍方，詹森政府的決策過程讓總統無法做真正的選擇。他覺得政策制訂過程必須排除中情局：那裡面都是常春藤盟校的自由派。……他們在政治上一向反對他。

季辛吉投其所好地答：「自有主張的總統總是能主導外交政策。」他同意詹森政府的方法草率，尤其淪為在名聲欠佳的週二午餐會上做決策。他說「在我看來建立更有系統的架構有其必要」，但應避免艾森豪時期「拘泥的形式主義」。至此話題才轉到外交政策本身。季辛吉本身的記述約略反映了，政策須與「超越個別政府的某些國家利益基本原則相關」，這說法現實主義的意味多過他通常的理想主義[40]。

再下去交談似乎產生了混淆。尼克森好像要邀請季辛吉「以某種規劃角色」加入其政府，但未明講他心裡想的是什麼職位。季辛吉以為是，當洛克菲勒受邀擔任部長他會替他做事。交談突然終止。讓季辛吉感到意外的是，尼克森下令霍德曼裝設直線電話到其哈佛研究室。霍德曼後來告訴季辛吉，他自己將擔任幕僚長，還有「總統特別顧問」的頭銜會去掉「特別」字樣。有點不清楚狀況的季辛吉，及時回到哈佛上四點的研討課。

季辛吉真心認為他是被請去替洛克菲勒做事，這一點很清楚。在他見尼克森的同一天，想必是在研討課結束後，他寫了短柬給洛克菲勒，略述他認為國防部該怎樣重組，以維持保有麥納馬拉在任時的最佳特色，尤其是不必透過國安顧問直通總統，同時也要修補與軍方首長的關係，「麥納馬拉部長在此留下持久的傷痕」。短柬中暗示，為季辛吉新設一個政策暨計畫次長的位子，負責（一）在處理國安和情報的跨部會次內閣委員會代表部長；（二）代表部長與參謀長聯席會議共同規劃應對偶發事件，並準備總統設定軍力水準的備忘錄草稿[41]。此舉完全是白費力氣。次日洛克菲勒打電話告訴季辛吉，尼克森放棄找他；他要好好待在奧巴尼當紐約州長。一小時後米契爾打來，邀請季辛吉回紐約，討論「他在新政府的職位」。季辛吉仍不清楚要他擔任什麼職位，就去請教曾是長官的邦迪，邦迪此時是福特基金會會長。向來姿態高高在上的邦迪認為，考慮用季辛吉的只是國務院助理國務卿的職位，並建議他改為爭取肯楠的舊職：政策計畫處長[42]。這同樣看錯重點。季辛吉二十七日抵達紐約時，米契爾劈頭就問：「你對國安職位有什麼決定？」季辛吉說他不知道是要他接此職位。米契爾抱怨：「我的天啊，他又搞砸了。」米契爾踏步走過走道到尼克森辦公室，隨後又回來帶季辛吉過去。總統當選人終於說出口。他要季辛吉出任國家安全顧問[43]。

要是季辛吉一直在謀求這職位，那他一定毫不遲疑就答應，特別是顯然還有至少另外三個考慮人選。* 反而他要求給他時間與同事商量，接著他又對這「特殊請求」感到尷尬。〔尼克森出於費解的謙遜，建議季辛吉去跟哈佛卡特講座（Carter）法學教授富勒（Lon L. Fuller）談，他讀杜克法學院時，富勒教過他，說的好像總統當選人需要別人為其品格背書。〕但季辛吉猶豫不決，真實反映他對尼克森一直懷有疑慮：此人「二十多年來在政治上始終討人厭」[44]。當他想像在五角大廈替洛克菲勒做事時，已預見會面臨兩難。他擔心到還與葛羅莉亞．史坦能，討論《紐約》（*New York*）雜誌的文章〈協作問題〉（The Collaboration Problem），那是可上溯至《匯聚》時代的舊心事[45]。當克拉夫特（Joseph Kraft）風聞尼克森的提議，季辛吉陷入恐慌，懇求克拉特別告訴任何人，更別登出來。洛克菲勒的其他幕僚雖對此消息感到沮喪（有人嘲諷地唱著：「不知道季辛吉現在是誰？」），洛克菲勒本人卻督促他馬上接受，就像八年前甘迺迪邀請季辛吉時一樣[46]。史勒辛格也說相同的話[47]。十一月二十九日週五下午，季辛吉打給伽平表示同意。到週一，尼克森向大批齊聚在皮埃爾有備而來的記者介紹他。

總統當選人明確表示，季辛吉的角色將有別於之前的羅斯托和邦迪。他的首項任務是「整頓國安會的運作」，使之能做更多應變的規劃，「好讓我們不只是在事件發生時回應」。尼克森宣布：「季辛吉博士十分清楚，有必要讓自己勿成為總統與國務卿或國防部長間的高牆。我打算任用一位強勢的國務卿。」然後尼克森詳細說明他設想的新國安體制。

> 我是個喜歡廣求意見的人，季辛吉博士已建立我相信——此刻正在建立，非常令人振奮的新程序，以確保美國總統不只聽到他想聽的，白宮幕僚人員難免會迎合上意。擔任負責任職位的人和真正有能力做創

意思考的人，太常被閱讀沒完沒了的電報纏身，大部分電報其實與他們關心的問題無甚關聯。我不要他〔季辛吉〕下到白宮戰情室，花太多時間在那裡瀏覽電報。[48]

「季辛吉已建立……——正在建立……」，尼克森說溜嘴，給我們一個真相的線索。尼克森不只看過季辛吉的《核武與外交政策》。還讀了其他很多，留下深刻印象。他最為欣賞哈佛研究小組，對如何妥善管理總統交接的建議。研究小組表現出色。尼克森發表季辛吉前一天，全組除季辛吉外，一起在距皮埃爾僅六條街的瑞吉酒店（St. Regis Hotel）開會，討論「重振並精簡國安會」的新報告[49]。次日艾瑞達寫給霍德曼，說明該小組對白宮需要一位集中規劃幕僚的看法[50]。前麻州總檢察長理查森（Elliot Richardson）現在也被請來加入討論。（尼克森後來任命他為國務次卿）[51]十二月四日研究小組關鍵報告「重振並精簡國安會」的副本送給了季辛吉[52]。雖有其他人的意見[53]，但恢復國安會確實是尼克森採取的方向[54]。

所以季辛吉的任命須解讀為的確是心意相通，但不止於此。那是徹底整頓外交決策機制的一環，而此次整頓季辛吉曾親自參與撰寫藍圖。發布記者會上顯然大多是尼克森在發言。聽者卻無人知道，他是背季辛吉寫好的稿子[55]。

那份藍圖最值得玩味的特色，或許在於十分重視歷史。研究小組有一份報告，是梅伊寫的「史學家與外

* 其他也曾面談的有：外交政策研究所創辦人史特勞茲—胡佩（Robert Strausz-Hupé）；心戰專家金特納；威斯康辛州國防包商利頓工業公司（Litton Industries）總經理艾許（Roy L. Ash）。史特勞茲—胡佩後出任駐斯里蘭卡大使，顯示只有他未獲尼克森或其幕僚十分賞識。金特納接替他在外交政策研究所的職位。艾許出任管理暨預算局（Office of Management and Budget）局長，那是他主持尼克森的行政組織顧問會議（Advisory Council on Executive Organization）時，建議成立的機構。

交決策過程」，其中主張引進英式自動解密規定，不過是僅十二或二十年後，不是英國的三十年，以方便對近期歷史做學術性研究，這並非巧合[56]。季辛吉批評詹森政府一再出現的一個主題，即對歷史無知，上自總統本人，一路下至在越南最低階的「步兵」。整個指揮鏈中無人看似有絲毫認知，能從過去甚至最近學得一些教訓。這有部分反映未能將學習過程制度化，派駐越南期間太短是原因之一。但也反映美國官僚體系看重法律訓練的固有偏見。由季辛吉與塔夫茨大學（Tufts）政治學者羅奇（John P. Roche）*的某次衝突可見一斑。羅奇一九六六至六八年曾任詹森特別助理，他聲稱：「若俄國決定協助其附庸國脫困，那世上所有歷史都改變不了什麼」，季辛吉嘲諷其說法。

〔季辛吉答〕你必須知道什麼歷史有相關性。你必須知道什麼歷史該擷取。我確信種蘋果的農人會告訴牛頓，他對蘋果的知識不代表全部。歷史不是打開就看的食譜。有些歷史與許多狀況都相關。……〔法律人〕是政府內最重要的單一群體，但他們確實有歷史訓練不足的缺點。[57]

尼克森政府則會因非對過去無知的理由發生憾事。

五

十一月二十九日消息爆出[58]。如前所述，十二月二日獲得證實[59]。很少有總統任命案曾引起如此廣泛的熱烈回應。美聯社（Associated Press）喜歡季辛吉的相貌，以「體型結實、下巴方正、謹慎小心」，來形容尼克森選中的羅斯托繼任者[60]。《紐約時報》的瑞斯頓稱此項任命是「令人安心的跡象，顯示新政府將對安全問題及優先事項，做認真客觀的重新評估」。季辛吉「有智慧，談吐佳，非常勤奮」[61]。他的報紙描繪季辛吉「反應快、有條理、但要求高」，有一種「自嘲式幽默感」。該報社評特別稱讚他，「在知識或意識形態上不僵化」[62]。巴克利開玩笑說：「自從南丁格爾以來，沒有公眾人物曾如此廣受讚揚。」[63]

國外的反應就非一致叫好。倫敦《泰晤士報》（*Times*）稱讚他是「支持美國充實軍備的重要知識份子」[64]，「以將強硬態度和冷靜現實主義帶入東西關係研究而著稱」[65]。不過這家偏英國體制內的報紙，並不預期「季辛吉博士……會〔像羅斯托〕那麼有影響力，因他不會那麼有自信。他較不可能主動提出政策，比較會是揭露困難和主張小心謹慎」[66]。《經濟學人》不以為然。該雜誌在季辛吉的著作裡發現，「對時下濫調有很好的抗拒力，偶爾也有適當而可喜的能力，會承認自己也許不對。……他確實為新政府帶來一點知識份子的傲骨，少了他不免可悲地有所欠缺」[67]。左翼的《衛報》（*Guardian*）指他是「強硬派」[68]，「與兩位前任者同屬堅定、略偏鷹派性格」[69]。《衛報》向來同情移民，滿意地指出季辛吉母親是「和藹的德國婦女，偶而會在紐約有錢人家的晚宴上幫忙上菜」[70]。法國《世界報》（*Le Monde*）稱讚季辛吉是「可對話的人，會聆聽，不滿意於成見」[71]。在德國《時代》（*Die Zeit*）周報看來，此事值得慶賀，因尼克森任用不止一位而是兩位知識份子，另一位是莫尼漢（Daniel Patrick Moynihan），他將就都市事務（美國各城市日益嚴重的種族暴力的代號）提供建議[72]。在鐵幕另一邊，季辛吉不出所料因其「冷戰思惟」遭到譴責[73]。

美國新聞界的熱烈歡迎，不可否認僅屬尼克森與其記者團宿敵間，意外（且短暫）的蜜月期[74]。但學術

* 背景是美國政治學會（American Political Science Association）一九六八年大會，「知識份子與白宮政策制訂者」專題討論。

界也為季辛吉高升感到高興。亞莫林斯基說：「有亨利．季辛吉在華府，我會睡得更安穩」，他彷彿說出全體哈佛教職員的心聲。霍夫曼稱這位同事為「品格高智慧高的人」，「不是那種會允許自己被利用的」。加爾布雷斯、凱森、肯楠也很興奮[75]。史勒辛格雖指責尼克森最初那些內閣任命案難獲稱許：「莫名其妙但非災難」，不過他無疑認為季辛吉是「最佳任命」[76]。在東岸知識份子圈季辛吉是名人，十二月初在普林斯頓舉行的大型政治學會議：「美國：全球問題、影響及形象」，他一現身便橫掃全場[77]。普林斯頓左翼歷史學者亞諾．梅耶（Arno Mayer），在這初始時刻是罕見的不同聲音，他批評季辛吉「對蘇聯政治人物的外交政策行為，堅持刻板的看法，〔並〕依然強調在非西方世界包括拉丁美洲，任何地方的共產政權『必會成為反西方政策』的中心，因此應加以防範」[78]。布起協會的威爾契（Robert Welch）又適切地補充了左翼觀點，他抱怨尼克森這位新顧問有股「衝動，可能是理想主義式的衝動，要看到美、德和所有其他國家，變成只是共黨統治下……單一世界帝國內的地理實體」[79]。簡言之，唯有政治邊緣人會認真反對季辛吉的任命。

十二月十六日季辛吉結束最後一堂研討課時，哈佛真正有慶賀的氣氛[80]。哈佛比大多數大學更愛權力，在一個愉快、自信的早晨，接近權力中心的智囊團看似又恢復運作。季辛吉甚至獲得起立鼓掌。（「這對我的自大狂會有奇效」，是新時代的第一句俏皮話。）那最後一堂研討課的講者是哈佩林（Morton halperin），講題是「越南後的亞洲安全」，他已開始替季辛吉的新職效力。哈佩林曾在麥納馬拉主持下的國防部服務，後又回到國際事務中心，他似乎很適合問此問題：「如何把麥納馬拉用於國防部的技巧，應用於各方面的外交政策問題？」他盡責地以典型的國防部圖表，向總統的國安助理展示，一個由國安會幕僚、規劃助理、規劃幕僚形成的金字塔，其頂端的格子裡便是國安助理[81]。他的建議是換掉國務次卿主持的高階跨部會小組，改為由國安顧問主持的新檢討小組（Review Group）。哈佩林是眾多等候被挑選的人才之一：麻省理工學院教務長韋斯納（Jerome Wiesner）提出，可做武器管制簡報的十二人名單。其中大多是老友或同事，哈佛—麻省理工武器管制研討會的熟面孔，如朵提、凱森、費德[82]。紐斯達已在努力研究整頓國安會[83]。法蘭克・林賽目前已擴大很多的研究小組，加快完成了最後報告，為行政部門的改革新增柴火[84]。布里辛斯基主動提供對國務院的意見[85]。到耶誕節前夕，季辛吉也取得古佩斯特對艾森豪國安會運作情況的內幕報告[86]。除夕時他寫信給梅伊，為未回覆他建議可任用的拉美專家名單致歉。他承認：「紐約這裡的步調不用多說，是我接下這份工作時始料未及的忙亂。但願二十日過後一切會安頓下來」，二十日是尼克森的就職日[87]。季辛吉果真抱著如此明顯無望的希望嗎？不，他只是想讓被怠慢的同事，對於排不上重要地位感到好過一點。

所有快卸任的政府官員，帶著敵意地注視這一切，他們不太可能承認，自己的作業模式還有改進的餘地。十二月三日在詹森倒數的週二午餐會上，出現新國安顧問這個話題：

總統：你對季辛吉印象如何？

魯斯克國務卿：理論多於實務。……〔但他〕在巴黎談判上行事很誠實。

羅斯托：……亨利為人正直，〔儘管他〕不了解亞洲的緊急狀況。[88]

有人比較友善。若說哈里曼懷疑過，季辛吉曾洩露巴黎談判的秘密，他倒是未露出任何跡象。十二月三日他對季辛吉表示，交接期間若有需要可借住他在紐約的公寓[89]。但沒過多久哈里曼就得要回房子：一九六九年一月五日尼克森宣布，洛志將取代哈里曼出任巴黎談判代表。范斯也要走；他對季辛吉的臨別贈言是：「避免談判代表想做的每個動作，都必須華府和西貢批准的情況」[90]。那又是一個渺茫的希望。凱森巴契也漂亮地離職，他應季辛吉之請，提出「十二位左右傑出外交官」的名單，並附上他正在醞釀的計畫，「要為恢復與中國的關係，設計一些正面的小規模步驟」[91]。當新政府同時宣布，哈比布將續留巴黎談判團隊，艾力克斯·強生晉升國務次卿，季辛吉在國務院至少有三個關鍵盟友可仰仗[92]。他已在為計畫已久的邊緣化國務卿做準備。尼克森任命前司法部長羅傑斯（William P. Rogers）為國務卿，他幾乎毫無外交經驗，但那無關緊要。任何國務卿都會被季辛吉排除於核心外（只是以法律人為祭品更為痛快）。

華府在招手。季辛吉在擔任甘迺迪的顧問時便了解白宮，但一九六一年以來它已改變不少。一九六七年他到白宮去向詹森簡報賓夕法尼亞行動，那一次並不包括導覽。邦迪有些冷淡但非無用地寫出詳細建議，告訴季辛吉可預期在白宮西廂找到哪些設施。季辛吉會在地下室辦公，隔壁是「檔案和電報間，值班人員稱為戰情室。……那裡其實是資訊和報告中心，很偶爾也是指揮中心」。他在此可發現古巴飛彈危機後設置的「熱線」，有危機時可接通白宮和克里姆林宮：它不是一具紅色電話，而是一台電傳打字設備，二十四小時有「聰明年輕的值班人員守候（並每天測試）」。邦迪說，這支熱線是他可支配的最重要的工具，卻最不常用到。他指出，戰情室的真正用途是「進行高度機密的簡報……有很好的銀幕和內建的黑板」，但他必須承認，甘迺迪或詹森均未用它做這種簡報。總而言之，邦迪勢必得講出季辛吉的新工作場所，不管令人聯想到有多重要，「大多是無窗的地下空間，進出不方便」。但國安特別助理加上戰情室，是「總統履行其和平與戰時職責的直接行動工具」。邦迪最有建設性的建議是，建立「從國務院七樓傳送公文的真正快遞制」，以「維持特別助理與國務院那幫人直接而廣泛的溝通」，季辛吉對此建議毫不遲疑地不予理會[93]。

邦迪的繼任者羅斯托向來過度自信，他建議季辛吉什麼都不要改。他替詹森草擬歡迎季辛吉回到白宮的備忘錄，其中為週二午餐會的非正式性質辯護。他寫道，週二午餐會是：

> 舊國安會的非正式版，其實是固定的國安會集會，有仔細準備的幕僚作業，也有在人性化環境，聚集總統和主要國安顧問群的優點。最要緊的是，他們保持密切接觸；可在總統面前自在地公開相互辯論；彼此忠誠也對總統效忠。……總統國家安全顧問可盡到最重要的責任之一，維持絕對是最重要的這群人彼此和對總統的密切關係。……

幾乎像是事後回味，羅斯托還說：「那是挑戰大但回報多的工作。」[94]他給的最佳建議是，勿低估他有多少時間會消耗於無聊雜事：「無法完全與秘書們商量的玫瑰花園演講；與記者非正式會面……規劃外國政要訪問白宮及總統出國訪問；草擬致國會議員及其他人的信函等等。」[95]他最糟的建議是：「緊抓寮國，避開南越」[96]。即將卸任的總統滿意地寫下一貫的諷刺文：「要看專欄作家的文章，若他們說你的某個幕僚思慮周密、盡忠職守、或用其他友善的形容詞，立即開除此人。他是洩密者。」[97]

季辛吉並未低估未來的挑戰有多大。也沒有人允許他低估。洛克菲勒做出既慷慨又可抒困的舉動，簽發一張五萬美元的支票給季辛吉，「做為表達我的友誼，並感謝你為國人所做貢獻的紀念」[98]。（季辛吉查過他可合法接受，便收下這份禮物。畢竟他是離婚的教授，正在休哈佛的長假，拿政府的薪水。他需要那筆錢。）向來好奇的史勒辛格問

> 尼克森是否是如亨利預期的那種人。亨利令人摸不透地回答，有些以前令他擔心的事疑慮已消除，但又遇到其他意料之外的特質，可能造成問題。我表示對他獲得任命有多高興，亨利慘然道：「我只能說，

但願一年後你會感到同樣高興。」[99]

加爾布雷斯的說法也差不多。他對《紐約時報》表示，季辛吉聲望真正的考驗，「將是四年後亨利回來時大家的反應」，暗指尼克森會是一任總統[100]。

不過禦夫（auriga）的角色就留給克雷默了，那是古羅馬時代的奴隸（譯註：負責駕駛將領乘坐的馬戰車），在戰勝時會向勝利者耳中輕喊：你只是凡人。一九六八年十二月九日，克雷默在新政府愈累積愈多的人才推薦信中又添加一筆，他大力稱讚某位四十四歲的陸軍軍官，是最近才返國的越戰英雄，不過他是克雷默在五角大廈工作時認識的。克雷默聰明地間接向季辛吉說出其用意，藉稱讚年輕軍官，暗喻他希望前門生在新職上有何表現：

> 這位中校（在階層世界官階確有其意義）以極為難得的勇氣堅守立場，不厭其煩地用書面和與長官的非正式談話，提出反對意見。由於他舉止平和，不帶侵犯性，十足令人意外地能夠不引起任何人的敵意。後面這種能耐，或許比獨立思考和行動更值得注意。

此外，他在五角大廈的階層力爭上游，做到麥納馬拉本人的軍方助理一職，但這位賢者典範絕不允許權力腐化他。

> 最後〔他〕坐進麥納馬拉的小辦公室，並經常是陪同部長到白宮和國安會開會的唯一軍方人士。這職位

對年輕軍官特別有誘惑力，但〔他〕保持絕對正直，以致甚至引起麥納馬拉本人的佩服，麥納馬拉一般顯然很欠缺欽佩他人的能力。……麥納馬拉……曾說……「敢當面反駁我的陸軍軍官只有兩位，這是其中一位」。〔他〕再次無懼地成功表達意見，卻同時獲得最難共事、近乎獨裁者的尊重和信任。

克雷默寫道，有這些特質的個人已非常少見。他用他知道會讓季辛吉起共鳴的字眼指出：「群眾時代無益於產生這種人。」

接著他進入正題：「你在責任無比重大的新職上會很孤單，至少需要很少數幾位朋友，其堅定可靠、誠實正直、深切諒解是你能仰賴的。」[101]克雷默向季辛吉推薦的人是海格，季辛吉毫不猶豫就請他擔任軍事顧問（經漫長的十二年後，他會追隨季辛吉的腳步成為國務卿）。海格符合季辛吉的一項需求。他自己的哈佛研究小組曾特別建議尼克森：「白宮幕僚中至少要有一位，應懂得五角大廈的詳細情況。」[102]但克雷默寫海格也等於在寫季辛吉。（他言明並非要請季辛吉幫忙，寫下：「其實他和我並非親近好友，只是相互尊敬。」）

> 我認識你已有一段時間，我相信這位會對你助益極大。你做到那麼高位，此時此刻人人都想打你的主意。……但國家正處於十分艱難而危險的局面，必須讓僅有的少數人才，坐上客觀而言最有用的位子，在這些位子上效忠並大力協助像你這種人，你會非常依賴他們的表現。[103]

亨利·季辛吉的前半生在此告終。成長期結束；發揮期終於開始。但季辛吉的首位老師，他的梅菲斯特，得到提出最後忠告的權利。

後記：成長的歷程

所有發生在我們身上的事都會留下痕跡；每件事不知不覺中塑造著我們。

——歌德，《威廉·麥斯特的學徒歲月》（*Wilhelm Meister's Apprenticeship*[1]，譯註：故事是主人翁為追求戲劇事業，離家追求個人成長的經過）

亨利·季辛吉人生前半部的故事是真正的成長故事（bildungsroman，譯註：德國啟蒙運動時期興起的一種小說形式，以書中主角的成長、發展經歷為主題）：如同歌德所著《威廉·麥斯特的學徒歲月》再現，它是透過經驗、有時是痛苦的經驗，受教的故事。

季辛吉的教育分為五階段，不是麥斯特的七階段。首段是季辛吉年輕時對德國暴政、美國民主、世界大戰的經驗。第二階段他發現哲理上的理想主義，然後在哈佛發現歷史知識，並首次在「波士頓—華盛頓」，應用這些學術洞見於核戰略的新領域。第三階段是甘迺迪政府輕率、危險的那些年，在華府學到政治現實的殘酷教訓。然後是從頭開始了解在越南進行的新種類戰爭。最後季辛吉在巴黎學到，外交上被矇騙是什麼滋味。

其教育過程除最後階段，都有師傅指點：最早是克雷默，戴單片眼鏡、穿橄欖綠軍服的梅菲斯特；然後是艾里特，美國南方人兼牛津人的理想主義者；再來是邦迪，白宮的美國正統白人；最後是洛克菲勒，可做為季辛吉反馬基維利的梅迪奇（Medici，譯註：梅迪奇是十五至十八世紀中期佛羅倫斯的名門望族，曾與馬基維利敵對），他追逐權力有多單純，不亞於季辛吉當他顧問時的理想主義。以上每位以不同方式，鼓勵和發展了季辛吉的理想主義，由哈佛時期純學術的康德哲學，演進至洛克菲勒精采的演講裡較親民的口號。但到最後階段季辛吉孤單一人，為越南的困境苦思，學會尊重俾斯麥、戴高樂、摩根索體現的另一種現實主義典範。

一九四五至六九年間，季辛吉看過四個人坐在全世界最有權勢的位子上：杜魯門，不可動搖的圍堵戰略執行者；艾森豪，原子嚇阻和邊緣政策鎮定的主導者；甘迺迪，富魅力、表裡不一的彈性回應大師；詹森，將有限戰爭理論變成無限政治災難實況的大言不慚者。季辛吉擔任政策顧問，從陸續批評他們中累積經驗。那些年他多半一直期待，會輪到洛克菲勒當總統，他把洛克菲勒理想化為美國貴族、溫和派共和黨、開明統治者。季辛吉心目中最不可能的結果，是最後居然當上尼克森的國安顧問，陰沈狡黠的尼克森理論上和實務上均是貨真價實的現實主義者。因而對季辛吉生平的記述，若是將他描繪為不辭辛苦，只求爬上美國政壇高位，便歪曲了促使他一直跟隨洛克菲勒的忠心及不現實，儘管有充足證據顯示，紐約州州長永遠無法紆尊降貴去迎合，爭取黨提名選總統所必要的方式。洛克菲勒的對手確實不斷向季辛吉徵詢意見，他通常也會提供。不過其中他最排斥的是尼克森的示好。在尼克森明確說出其願望前，季辛吉並未意識到要請他擔任的是國安顧問一職，即使知道後，就算尼克森比其他候選人更願接受，季辛吉共同撰寫的改革國安決策制度的提議，他仍猶豫要不要接下。

季辛吉在每個學徒（*Lehrjahre*）階段，都對外交政策本質有新的體認，累積而成對國際關係的理解，到一九六〇年代末已少有他人能及。那季辛吉自希特勒統治下的猶太人際遇、逃離德國的難民、以美國士兵身份重回德國、納粹大屠殺的恐怖中，學到什麼？過去的作者缺少回答這些問題的知識，於是他們揣測答案是創傷或壓迫。但如季辛吉自己對父母所說：「並非每個打過這場戰爭的人，都會有精神或神經問題。」[2]經驗造成他很大的改變，不過是尼采式的：殺不死他，他就會更強壯。季辛吉父親督促他要對德國人「強硬」，他對父親說：「對參加這個黨而要為所有這些苦難負責的人，我很強硬，甚至是殘酷」、「可是這種負面心態必須在某處結束，我們必須從此做正面的事，否則就只能滯留於此，永遠守著亂局。」[3]或如在聽到希特勒已死的那晚，他對友人羅伯・泰勒所說：「我們會留下來盡一己之力去做，好讓所有前面的犧牲變得有意義。我們只會待到達成目標時。」[4]他當反情報官執行去納粹化時，告訴部屬：「我們必須……以行動的堅定、決策的公正、執行的速度，向德國人證明，民主確實是行得通的解決之道。……別失去以言行證明，我方理想氣慨十足的機會。」[5]

有人自二戰回來時心理崩潰。季辛吉卻感覺是凱旋歸來，不僅戰勝德國人，也戰勝正統猶太教傳統的束縛。他告訴雙親：「因習俗而綁住的關係〔現在〕對我無多大意義。我變成以品德去評斷一個人。」[6]戰爭教給季辛吉的不只是堅強，在克雷默影響下，也教給他如何生活。他樂於投入工作，不論是偵訊可疑的納粹或教育美國同胞。但他也學會把握快樂的當下：「在能夠享受美好事物時不去享受，那生命有何意義？」[7]

然而他自二戰學到的最重要的一課，見於一九四八年七月，他由德國回到美國一年後所寫的一封信，信中說明：「不是只有對錯，其間還有許多灰色地帶」、「人生真正的悲劇並非在對錯間做選擇」，因為「唯有最冷酷無情的人才會選擇他們明知不對的事。……真正的困境在於性靈的難處，會引發極大苦楚」[8]。一九四一年後，二戰本身變成邪惡對邪惡，一邊是希特勒，一邊是史達林。要在兩個壞蛋間做選擇形成兩難，挑戰則是要承認蘇聯沒有第三帝國那麼邪惡。這種在不對稱的邪惡間做抉擇的好例子，即歐洲德國占領區民眾所面臨的，也就是在兩大獨裁政權中做選擇。「在此情況下，在意本身價值觀的人應立刻進入公開反對；還是在政權機器內運作，反對才最有效？」這是年輕的季辛吉，有自信向卡繆提出的疑問。季辛吉說，這個問句引發「微妙的課題，唯有親身經歷過〔外國占領或極權獨裁〕的人，才有道德權利去討論」。當然他曾經歷希特勒，所以他可冒險回答：「惡棍和英雄往往較少以行動而是以動機來區別，在極權時代這可能助長對所有道德約束的侵蝕」[9]。他的博士論文又回到此一主題。他論述，有時「顯露本身目的會招惹災難」。當一國因無力抵抗而須安撫敵人，這種時期或有必要假裝合作。此時又是「惡棍與英雄、叛徒與政治家」，「不可以行動而是以動機」來區分[10]。

主張大多數戰略抉擇是在兩惡之間，這是季辛吉一生中的主要思想之一。例如他在《核武與外交政策》中說：「至少要維持權力均衡……也許必須做一些十分困難的抉擇。

> 我們必定會遭遇極為混沌不明的狀況，如內戰或國內政變。……毫無疑問我們應設法預先阻止發生這種事。可是一旦發生，就須找出行動意志，並在僅允許就邪惡做選擇的情況裡勇於冒險。我們雖絕不可放棄原則，但亦須體認，除非存活，否則無法維持原則。」[11]

要是季辛吉甚至尚未由被占領的德國回來前，就已知道所有這些，那他在哈佛學到什麼？一，他學到個人自由的本質。他大四寫的論文中記錄著自身的領悟，年輕時「所有看似無限的可能」全縮減為「一個現實」，即他首度遭遇「必要與自由、行為無法挽回、人生被定向等問題」[12]。一九四五年戰勝的興奮期過後，在接著的「疲乏期」能體悟到，自由是「生命的內在經驗，是對有意義的選項做決定的過程」，那是一種安慰，因為這可讓個人「提升到凌駕往日苦難及歷史挫折之上」，做到「帶來平靜的自我超越」[13]。

季辛吉在哈佛也學習歷史本身。他學會運用歷史類比，永遠記得任何「〔兩個歷史事件間〕存在的關係，並非取決於準確的一致性，而是所面對的問題有相似性」，因為「歷史是以相仿不是以完全相同教導我們」。研究外交事務，對歷史背景的認知絕不可少。尤其民族認同是「透過對共同歷史的感知」，所以歷史可當作「國家的記憶」來理解。研究歷史也就成為自我了解其他國家的指引[14]。季辛吉以此為基礎進行研究，得以看出一八一五年的世界與一九四五年的世界有何異同。當時都是勢必要重建合法的國際秩序。主要的障礙都是有一股革命勢力存在（一九四九年後是有兩股）。從歷史學到的是，美國那時對整個歐亞大陸的關係，如同大英帝國當年對歐洲的關係。美國只做為均衡力量並不夠；同時還必須消耗革命勢力的危險能量，從而建立合法的國際秩序。季辛吉在《核武與外交政策》中承認，廣島改變了世界，但不如與他同時代大部分的人想像得那麼大。正如克勞塞維茲在一八一五年後逐漸明白，未來的戰爭不會全是純粹拿破崙打的那一種，季辛吉也主張在超強國家和熱核武時代，仍可打有限戰爭。我們不應低估這曾是、也依舊是十分令人震驚的論點。我們也不應忽視它在純戰略上的根本弱點：無論季辛吉或後來的北約戰略家，均無法解釋它不會有顯而易見的風險，即不管意圖和規模多麼有限，只要用到核飛彈，就有可能升高為全面的毀滅戰。但季辛吉總是更關心，能使揚言動武具可信度仍需要的原則，多過關心有限核戰的真實實用性；那確實是其論點的核心弱點。

季辛吉是康德式而非威爾遜式理想主義者。針對威爾森遜主張，美國應「限於在道德、法律、軍事立場完全協調的情況下才行動」，他一貫的回答是：「處理如此含糊不明的問題，尤其先於道德行為：要願意冒險……不能完全遵守所有的原則。」美國外交政策自由派傳統十分典型的特色，是天真地堅持絕對的原則，那等於「不作為的指示」[15]。一九五六年他曾對葛勞博（Steph Graubard）說：「堅持純道德本身就是最不道德的做作。」[16]但季辛吉對現實主義者更有戒心，或如他更精準地稱為務實主義者：不願冒與莫斯科或北京衝突的風險，會默默放棄古巴、東柏林、寮國、南越，讓共黨控制的人。季辛吉未過度使用一九三〇年代的類比，他很清楚在外交政策上，史達林與其繼任者不是希特勒，但他禁不住指出一九三〇年代的包德溫和張伯倫，自認是「強硬的現實主義者」[17]。季辛吉從不是馬基維利信徒。他在哈佛的事業有一個驚人的特點，就是他其實很不重視佛羅倫斯人馬基維利，還有像伯林這種想為現代讀者重新詮釋他的人[18]。在這方面季辛吉不讀什麼（托爾斯泰的《戰爭與和平》也是值得注意的他略過的書），幾乎與他讀了什麼同等重要。

季辛吉在政治思想上的理想主義，他最清楚的說明見於一九五八年，接受華萊士（Mike Wallace）的專訪中，他提議美國「在全球進行精神攻勢」，讓世人認為，美國是認同而非反對當時的後殖民革命：

> 我們應該說，自由若獲得解放，可以達成很多……事。……即便我們從事建設性步驟時，仍總是用共黨威脅加以合理化，極少用內在動力要我們這麼做為根據。我們應該說：「我們是因為本身贊同的價值，不是因為想要打倒共產黨，才要做這些事。」[19]

那是公共知識份子不難採取的立場。季辛吉第三階段的教育讓他認識到，決策者不只光說漂亮話就好。

他在一九六〇年代具體說明，也許算是他對政治才能本質最重要的見解：亦即他所謂的「推估問題」。季辛吉曾重覆討論此問題，第一次是分成兩個選項來談：「最不費力的評估」和「較費力的評估」。政治領導人若走阻力最小的路線，「然後隨著物換星移，事後可能證明他是錯的，他就得付出重大代價」。但他若「根據猜測」選擇較困難的選項，他將「永遠無法證明其用心良苦是必要的，但也許可免他日後深感悔恨」。這便是難題所在：「若未雨綢繆，他無法知道是否有其必要，若等待觀望，他可能運氣好，也可能運氣不好。這是可怕的兩難。」[20]

季辛吉後來的說法略有改變。他說，政策需要「能夠設想到已知範圍以外」，但是……

> 當面對新領域，有個困境就會到眼前，決策者除去憑藉自身的信念，能指引他的非常少。每個政治家在某個時間點都必須選擇，他希望情勢確定，還是希望靠自己對情勢的評估。……這並不代表，每次在不確定情況下，根據評估行事就一定對。這只代表，若想要有可出示的證據，某種程度就會受制於情勢發展。

季辛吉認為關鍵點在於，一切戰略抉擇必然被不確定性所圍繞。因此「對現實的本質，即所面臨的歷史趨勢的本質，做什麼根本的假設」，絕對是「外交政策實務的決定性特徵」。決策者不像學者，他是「歷史過程的一部分，正在做不可逆的決定，每個決定都會成為下個決定的事實基礎」[21]。相對於事後「錯誤」決定的處罰，事前「正確」決定的報償並不大。一九三六年時民主國家若挺身反對希特勒（譯註：當時希特勒違反凡爾賽條約，在萊茵河以西駐軍），二戰或可避免。但生活於那個相同世界的人就不會經歷二次世界大戰，也就無從知道逃過了什麼；相對的一九三六年若在萊茵區攤牌，以致造成任何意外的不幸後果，贊成防患未然者就會被怪罪。反之，詹森若聽從波爾的建議，一九六五年就直接放棄南越，隨它自生自滅，結果也許比越戰更糟，變成如李光耀所擔憂的，整個東南亞都落入共黨統治。可是時至今日無人感激詹森升高對河內的戰事。

季辛吉清楚了解，外交政策的推估問題，也是史學家面對的單一最大哲學問題。季辛吉曾說：「史學家……只討論成功因素，而且是最顯著的成功因素。他無從知曉對事件參與者意義最重大的，即決定成敗的抉擇因素是什麼」。就像決策者一旦選定A選項，就絕不會知道選B會有什麼結果，史學家也不會知道。然而史學家要重建決策者過去的想法，就必須想像決策前那一刻，那時兩個選項並陳，各有優點，各有可想像和不可知的後果。因此歷史過程「並非直線進行，而是經過一連串複雜的變化」。一路上每一步都有彎道和岔路，對各路線「無論好壞都得做選擇。

左右某個決定的條件可能是最細微的差別。事後回頭去看，這決定或許幾乎像是隨便選的，不然就是當時情況下唯一可能的選項。無論前者或後者，都是所有先前轉折交互作用的結果，反映著歷史或傳統或價值觀，也是為生存需要的急迫壓力所造成。」[22]

美國由艾森豪對南越最少的承諾，到詹森全面的軍事介入，這段曲折經過最能說明以上論點。季辛吉自其越南經驗學到兩件事。一是從零開始作戰，與在白宮午餐桌上想像的戰爭天差地別。假使他一九六五年抵達越南時，心中想的是協助改進美國的戰力，那他很快就明白，唯一可行的行動方向是找出脫困的外交途徑。季辛吉是在越南才領會到，美國政府的功能失調有多嚴重，因為此地並非一九四五年的德國或一九五一年的韓國。未能找出對付游擊隊的方法、過度依賴轟炸、缺少跨單位合作，加上南越政權長期積弱不振，明顯使得越戰不可能打贏。季辛吉很早就看出這一點。但不可否認摩根索知道得更早；到最後摩根索的現實主義比季辛吉的理想主義，更適合指引對越政策。這是關鍵的一課。隨著季辛吉尋找戰略組合，好打開令美國身陷越南的大門，他發現自己的想法愈來愈像俾斯麥。戴高樂長期反英，但他是否掌握經由巴黎自西貢脫身之路的鎖鑰？蘇聯在意識形態上是敵人，但回家之路是否可透過莫斯科？最後季辛吉試探性地開始思考，所有答案中最大膽的：光榮和平的鎖鑰或許可在毛澤東的北京找到。

我們無法指著某個單一時刻說：理想主義者就是在那一刻變成現實主義者。倒是加迪斯讀到本書第一版草稿時建議筆者，或許這樣看待理想主義和現實主義會比較好，「在傳記中別當做像是正負電流，只能擇其一，而是看成光譜的兩端，我們會視情況需要沿光譜而行動。

> 有人一生都偏向某一端。有人不規律地左右蛇行。有人達到費茲傑羅的「一等智慧」標準：同時抱持兩種相對的想法，隨人生不可測的變化而調整。我認為最後這種是戰略的精髓：個人的調整能力取決於有長期目標，來指引短期權變。或如庫許納（Tony Kushner，譯註：美國劇作家，曾獲普立茲戲劇獎）〔為電影《林肯》所寫〕的劇本中，林肯告訴史蒂芬斯（Thaddeus Stevens，譯註：共和黨激進派，南北戰爭要角，反奴隸制反歧視），看羅盤也要避開沼澤。*

*「我做調查時得知，羅盤……會指向你所在地的正北方，但它無法告訴你沿途會遇到沼澤、沙漠、峽谷。你為到達目的地一個勁往前，未留心路障，最後只落得跌入沼澤，知道正北方又有什麼用？」

學者兼公共知識份子、更甭說二戰老兵季辛吉，極不願意面對此事，可是他在越南發現，原先支持甘迺迪和詹森的政策，使他掉進泥淖。要是甘迺迪和邦迪曾採納他的建議，對柏林問題不妥協，那他可能落入更深的泥淖（但同樣有很好的依據可主張，若一九六一年對柏林採取更強硬的立場，或許就能避免次年的古巴危機）。理想主義有其危險。也許季辛吉就是基於此原因，在某個時間點，把寫鐵血宰相俾斯麥的未完成、未出版書稿，刪除其中對他最尖銳的批評：

> 俾斯麥革命特質的精義，在於他以懷疑態度去推論所有結論，以致所有的信念對他而言只是可操縱的因素。所以可想而知，俾斯麥愈是宣揚其理念，與人性的距離就愈遠；愈是嚴格地應用其心得，同時代的人就愈難理解他。……〔由於〕不論俾斯麥的分析多高明，社會無法鼓起譏諷的勇氣。堅持人的微小，社會強大，總是造成侵蝕所有自我約束的重大打擊。社會是以約略方式運作，無法做精細的區分，因此以權力為手段的信條，最後有可能變為以權力為目的。[23]

最後權力找上季辛吉。早在一九五三年艾里特就認為，總統身邊需要一位準副手：「高於部長的執行官或國安會幕僚長」，擁有足夠的外交手腕和才能，在部會間協調取得共識，以向總統提出「對政策的實際替代方案做公正評估」[24]。而歷史的曲徑最終引導他有魔法的徒弟亨利．季辛吉，在尼克森底下正是扮演這種角色，若非更早便是在一九七三年。但就像季辛吉研究俾斯麥遺事所預見的，他日後獲得權力也有代價：他運用權力時愈像俾斯麥，就愈顯得「以權力為目的」，而愈有疏離美國民眾的風險。

克雷默始終有直覺，也許會發生這種事。他雖扮演過季辛吉浮士德的梅菲斯特，但他僅能提供知識力量而非世俗權力。他確曾勸告季辛吉不要追求後者。克雷默在他們結交之初曾說明：「自主的秘訣在於行為獨立，甚至不能以成功為目標。……唯有不『算計』才可擁有自由，那使你不同於小人。」[25]克雷默不止一次警告其門生，追逐權力可能腐化他，就算動機是崇高的也一樣。一九五七年他對季辛吉說：「至今你只須抗拒完全普通的野心誘惑，如貪婪和學術界的陰謀糾葛。現在陷阱就在你本身的個性。你受到誘惑……出於你自己最深信的原則：自我奉獻和承擔責任。」[26]六個月內誘惑產生，季辛吉與贊助人洛克菲勒關係益發接近：「〔克雷默告誡他〕你的行為開始不再有人味，仰慕你的人開始認為你冷漠，甚至可能是冷酷。你有任令心與靈因不停工作而枯竭的危險。你看到太多『重要』但不夠『真實』的人。」[27]基於那個考量促使克雷默，在一九六八年底季辛吉準備去華府時，提出最後忠告。他寫道：「此刻人人都想有求於你，因為你已爬到那麼高的位子。在責任大到令人怯步的新職上，你將是孤單一人。」季辛吉唯一的機會就是維持「絕對的正直」，並在別人的身上去尋找[28]。

於是這個成長故事在奇怪的場景中結束：梅菲斯特警告浮士德，要小心權力的腐化作用。當然成功者的良師常出現這種情況，克雷默眼看愛徒飛出其引力場外*，即使不嫉妒，也感到疏遠的劇痛，不符合他的忠言。但那番話仍有幾分道理。季辛吉在四十五年裡學到很多。他知道了毫不簡單的真相，即決策者擁有自由意志，儘管他得在不確定的情況下執行其意志，同時決策者通常是在邪惡之間做選擇。他明白世界舞台上的演員，是從歷史獲得自我理解，而歷史類比可能是政治家的最佳指南。他得知務實主義和物質主義的習慣心

---

* 季辛吉後來說，他「像個猶太媽媽，我脫離他的管轄範圍時他會擔心」，與此處所說較無相關。

態：個人對世界的認知就是世界的實情，且所有決定都要根據「資料」，由此可能導致頂多是骯髒交易，最糟是癱瘓停擺。顯然最好是認清推估問題，並接受若歷史教訓建議這麼做，那勇敢地防患未然比遲鈍地因循拖延更合乎道德，即便後者的政治報償更大。季辛吉尚待學習的是，如何回答克雷默和他本人最困難的問題。理想主義者身處現實權力世界，是否仍能保有其理想？

季辛吉率先承認學術界和權力界的差異。前面提過，他到白宮後不久，就對韋登費說：「我要燒掉（寫俾斯麥的）手稿。」「即使接近權力中心才數週，已使我領悟到，對於政策究竟是如何做成的，我還有很多東西要學。」[29]然而，我們會看到，他要學的功課並非阿克頓勳爵的名言：「權力使人腐化，絕對的權力使人絕對腐化。」*從未走出利害關係低的學術界政治範圍的學者，依舊忍不住會這麼想。但季辛吉自一九六六年，經過八個多事之秋，到一九七七年要離開華府時，他要學到的是自己的父親多麼有智慧，他在回到兒子的出生地時，背起阿里斯托芬的《和平》。

劇中愛嘲諷又和善的特里加厄斯，在雅典和斯巴達衝突十年後，成功結束伯羅奔尼撒戰爭。他為此騎著巨大甲蟲飛馳到奧林帕斯山（Mount Olympus）（仿效某則伊索寓言的例子），發現眾神之家空無一神，只有赫密士（Hermes）在，赫密士解釋，和平女神被戰爭怪獸丟到很深的陷阱裡，她被囚禁那麼久是某些雅典政治人物的錯，他們是人肉「杵槌」，戰爭怪獸在其血腥磨臼中用來碾碎希臘人。特里加厄斯在雅典公民和赫密士齊唱的助力下，成功釋放出和平女神。他的功績雖因與收穫女神結婚（象徵戰後的繁榮）而圓滿，農民也為能重回農地而慶賀——但並非全然如此。因阿里斯托芬的真正主題根本不是和平，而是戰爭多麼難以停止：

齊唱：是的，這樣一個人對全體公民都好。
特里加厄斯：等拿到葡萄美酒，你們會發覺我是更好更好的人。
齊唱：即使現在我們也看得出來，因為你已成為全人類的救星。
特里加厄斯：當你們飲盡一杯新葡萄酒後，就會那麼說！[30]

* 阿克頓一八八七年寫給克萊頓（Mandell Creighton）的信中論及，史學家評斷過往「大人物」的標準，他心中所指是宗教改革前的教皇，其嚴苛度不應低於維多利亞時代法律的標準。他寫道：「我無法接受你的準則，即我們評斷教皇和國王應不同於其他人，應給予他們無罪的有利推斷。如果要推斷，對掌權者應該相反，權力愈大犯罪愈多。歷史責任須彌補法律責任的不足。權力使人腐化，絕對的權力使人絕對腐化。大人物幾乎都是壞人，即使他們用的是影響力而非權威：若再加上有傾向或已確定被權威腐化者，那會更多。」克萊頓本身是主教，阿克頓除曾短暫擔任平凡的國會議員外，一直只是學者和公共知識份子。克萊頓答：「凡參與大事者均占有代表性地位，那需要特別考量。為想法、體制、維持被接受的社會基本觀點而自私，甚至犯罪，並非就不是罪行：但與個人犯罪不太相同。……掌權者的行為決定於他背後的實力，他應說明那種實力。……憑良知認為異端是罪行的人，可被指責為知識上的錯誤，但不見得是道德上的罪惡。……我無望地想要承認，罪行有程度差別，否則歷史會成為令人沮喪的惡行紀錄。我甚至同意你，歷史給我很少英雄，記錄很少善行；但演員是像我這種人，強烈地被擁有權力所誘惑，受居於代表性地位所束縛（受束縛最大的是教皇），而十六世紀又特別以很抽象的方式看事情。……我注意當代政治家的行為，在道德上無法滿意。過去我發現自己同情他們，我有什麼資格譴責他們？」這兩位哪一位較有智慧？畢竟阿克頓曾促請格萊斯頓，支持美國南北戰爭中的南方邦聯，並悲歎其戰敗。

謝辭

本書若無傑生・羅克特協助進行研究，就無法完成，他對哲學和歷史實務的潛心投入無人能比。任勞任怨蒐集世界各地檔案庫的文獻也是他。在整理出版稿件上，Sarah Wallington是他得力的助手。筆者為自己設定的技術挑戰，是取得為數最多的文獻，並全部整合到一個數位化資料庫內。這多虧一群大學生接力工作才得以完成，他們花費許多時間校對那些文獻，務求光學辨識軟體未錯看原始文本。在此要感謝Nelson Barrette、Ebony Constant、Taylor Evans、Winston Shi、Gil Highet、Danyoung Kim、Keith MacLeod、Sarah Pierson、Will Quinn、Jason Schnier、Cody Simons、Lilias Sun、Sara Towne、Brett Rosenberg、Helen Tu、Esther Yi。

筆者也得到季辛吉顧問公司（Kissinger Associates，譯註：季辛吉於一九八二年成立於紐約市）顧問群及員工，季辛吉博士友人和顧問多方鼎力相助。要特別感謝的有故羅傑斯；其夫人Suzanne "Suki" Rogers；其子Daniel R. Rogers。羅傑斯過世後，擔任作者與傳主中間人和偶爾的和事佬，落在Richard Viets大使身上。在此也要向季辛吉博士的助理們致謝，特別是Theresa Amantea、Louise Kushner、Jessee Leporin、Jody Williams。在重要關頭伸出援手的有Dennis Gish、Rosemary Niehuss、Joshua Cooper Ramo、J. Stapleton

Roy、Schuyler Schouten、Allan Stypeck。筆者在寫作本書的過程中，也特別感謝Dennis O'Shea的表現。

筆者與傑生造訪過百餘個檔案室的每位檔案人員和圖書館員，限於篇幅無法一一致謝，所有列名於資料來源者在此一併謝過。在職責外更不吝協助我們的有：甘迺迪圖書館檔案室主任Karen Adler Abramson；原在國家檔案紀錄局（National Archives and Records Administration）、現任職於耶魯大學的Sahr Conway Lanz；尼克森圖書館（Nixon Library）的Gregory Cumming；國會圖書館John E. Haynes；前尼克森圖書館館長Timothy Naftali；紐約公共圖書館（New York Public Library）多洛特猶太組（Dorot Jewish Division）Amanda Seigel；拉法葉學院（Lafayette College）特藏室主任Diane Shaw；北卡大學（University of North Carolina）圖書館研究員Matthew Turi。

在本書研究過程中曾給予助力的歷史學者包括Tomasz Blusiewicz、Sandra Butcher、Peter W. Dickson、Hubertus Hoffmann、Mark Kramer、Stefan Link、Charles Maier、Earnest May、Alan Mittleman、Lien-Hang Nguyen、Luke Nichter、Glen O'Hara、Daniel Sargent、Laura Thiele、Nicholas Thompson、Maurice Vaïsse、Kenneth Weisbrode、Jeremy Yellen、Jennifer Yum。其他提供協助者包括Samuel Beer、Christopher Buckley、Abigail Collins、Ariella Dagi、David Elliot與妻Mai Elliott、Ward Elliott與妻Myrna、Frank Harris與妻Beri Harris、Tzipora H. Jochsberger、Robert McNamara與妻Diana Masieri Byfield、David Houpt、拉比Moshe Kolodny、Steven Lowenstein、Errol Morris（與助理Josh Kearney）、Herman Pirchner, Jr.、Edward Roney、Alexandra Schlesinger、Arthur Schlesinger、James Tisch（與助理Laura Last及Loews Hotels員工）、Justin Vaïsse、Gerald Lee Warren。

筆者特別感激以下同意接受訪問者：Derek Bok、Zbigniew Brzezinski、Guido Goldman、Morton

Halperin、Walter Kissinger、Margot Lindsay、Edward Nixon、Roswell Perkins、Henry Rosovsky、Thomas Schelling、Andrew Schlesinger、Marian Cannon Schlesinger、Stephen Schlesinger、George Shultz。

哈佛大學曾在無數地方協助本計畫。筆者要感謝威德海國際事務中心（Weatherhead Center for International Affairs）主任Steven Bloomfield始終不斷給予鼓勵和研究資助。也應向其同事Ann Townes致謝。過去十年筆者在歐洲研究中心（Center for European Studies，CES）受惠於能幹援手Lori Kelley、Zac Pelleriti、Sarah Shoemaker、Michelle Weitzel。扮演關鍵角色，擔任筆者資訊科技老師的是Paul Dzus及其前任George Cummings。其他曾為寫作此書出力的CES人員有Filomena Cabral、Amir Mikhak、Elaine Papoulias、Anna Popiel、Sandy Selesky。筆者也要謝謝該中心歷任主任。

筆者要感激哈佛歷史系所有同仁，尤其是好友Charles S. Maier。教學研究生Greg Afinogenov和Barnaby Crowcroft寶貴的貢獻是，幫忙我上季辛吉論治國才能理論與實務的研討課。也謝謝所有選這門課的學生。

史丹佛大學胡佛研究所向來是筆者寫作的避風港。除Shultz秘書外，特別要感謝John Raisian、Condoleezza Rice、Richard Sousa、Celeste Szeto、Deborah Ventura等的鼓勵和協助。

訪問亨利．季辛吉一事著實不易。筆者在Chimerica Media的友人Melanie Fall、Adrian Pennink、Vivienne Steele、Charlotte Wilkins，加上無與倫比的電影攝影師Dewald Aukema，使此次經驗確實令人難忘。也必須感謝的是Greenmantle LLC的同事，特別是Pierpaolo Barbieri、Joshua Lachter、Dimitris Valatsas，他們都能諒解撰寫此書優先於其他事項。在計畫最後階段，Charlotte Park提供寶貴協助，並有生力軍Ebony Constant。

Andrew Wylie及Wylie經紀公司的每一位，特別是James Pullen，都一貫地超級專業。筆者也極其幸運有Penguin兩位最在行者當我的編輯：紐約Scott Moyers，倫敦Simon Winder。

當之無愧的冷戰史專家，非加迪斯莫屬。他對草稿初版的評語對筆者助益甚大，不僅使我免於諸多錯誤，也有助於形成我後來撰寫的結語。筆者也要感謝同事Graham Allison、Charles Maier、Erez Manela、Joe Nye，他們都在春季班十分忙碌時，撥冗閱讀第四版草稿並提供意見，好友Robert Zoellick也是如此。之後的草稿有Teresita Alvarez-Bjelland、Emmanual Roman、Kenneth Weisbrode閱讀和改進。Jim Dickson好心地校閱。

最後筆者要向家人表達最衷心的謝意，他們十多年來的生活，必須與前國務卿的影子共存。Susan Douglas會記得這計畫的源起。我們已各奔前程，但我盼望彼此不帶敵意。也希望子女Felix、Freya、Lachlan、Thomas有一天會讀到此書，並因此稍稍彌補父親寫作此書時經常缺席。最後但同樣重要地要感謝內人Ayaan，她是我能想像得到的最大最大的靈感源頭。謹將此書獻給牛津麥達倫學院（Magdalen College）的師長們，謝謝你們教導我成為歷史學者。

註釋

序

1. Boswell, *Life of Johnson,* 1f.
2. Jorge Luis Borges,"A Lecture on Johnson and Boswell,"*New York Review of Books,* July 28, 2013.
3. Cull, *Cold War and USIA,* 294.
4. Henry Kissinger [henceforth HAK] to the author, Mar. 10, 2004.
5. Collingwood, *Autobiography,* 111—15.
6. Isaacson, *Kissinger,* Kindle location [henceforth KL] 2200—203.
7. Ibid., KL 6932.
8. Lee Dembart,"80 Toast Kissinger for 50th Birthday,"*New York Times,* May 28, 1973, 8.
9. Judy Klemesrude,"Kissinger's Dinner Honors U.N. Colleagues," *New York Times,* Oct. 5, 1973.
10. "Doctor Weds, Nixon Delays Test,"*New York Times,* Dec. 22, 1973.
11. "Prince Charles Goes to Sea,"*Washington Post,* Jan. 4, 1974.
12. "Ducking Out to Dine,"*Washington Post,* Jan. 5, 1974, D3.
13. "Kissinger Weds Nancy Mginners,"*New York Times,* Mar. 31, 1974, 1.
14. Marilyn Berger,"Kissinger, Miss Maginnes Wed,"*Washington Post,* Mar. 31, 1974, A1.
15. Isaacson, *Kissinger,* KL 7214—24.

導論

1. Oriana Fallaci,"Henry Kissinger,"in *Interview with History,* 42, 44. For the original, see "An Interview with Oriana Fallaci: Kissinger,"*New Republic,* Dec. 16, 1972.
2. Fallaci,"Henry Kissinger,"17.
3. Mazlish, *Kissinger,* 3f.
4. Fallaci,"Henry Kissinger,"18.
5. Eldridge,"Crisis of Authority,"31.
6. "Episode 70: Carousel,"*You Miserable Bitch,* http://bit.ly/1HAIitm.
7. "Freakazoid Episode 21—Island of Dr. Mystico,"*Watch Cartoon Online,* http://bit.ly/1EntSvb.
8. "Springfield (Or, How I learned to Stop Worrying and Love Legalized Gambling),"tenth episode of the fifth season of *The Simpsons,* first broadcast on Dec. 16, 1993.
9. "April in Quahog,"http://bit.ly/1Gpo2Jc.
10. Fallaci,"Henry Kissinger,"4of.
11. Barbara Stewart,"Showering Shtick on the White House: The Untold Story; Woody Allen Spoofed Nixon in 1971, but the Film Was Never Shown,"*New York Times,* Dec. 4, 1997.
12. Lax, *Woody Allen,* 112—14. See also Day, *Vanishing Vision,* 224—26.
13. "Men of Crisis: The Harvey Wallinger Story,"http://bit.ly/1z1ezrV.
14. Lax, *Woody Allen,* 114.
15. "Did Tom Lehere Really Stop Writing Protest Songs Because

Henry Kissinger Won the Nobel Peace Prize?,"*Entertainment Urban Legends Revealed,* Dec. 5, 2013, http://bit.ly/1CWjcOS.

16. David Margolick,"Levine in Winter,"*Vanity Fair,* Nov. 2008.
17. Heller, *Good as Gold,* 38.
18. From the album *Monty Python's Contractual Obligation (1980), http://bit.ly/1aYjqyv.*
19. Idle, *Greedy Bastard Diary,* KL 1827—32.
20. Fallaci,"Henry Kissinger,"25—27.
21. Those interested can find many examples of the genre at http://theshamecampaign.com and http://www.globalresearch.ca, just two of many such websites.
22. Quigley, *Tragedy and Hope;* Quigley, *Anglo-American Establishment.*
23. Lyndon H. LaRouche, Jr.,"Sir Henry Kissinger: British Agent of Influence,"*Executive Intelligence Review* 24, no. 3 (Jan. 10, 1997): 27f.
24. Lyndon H. La Rouche, Jr.,"Profiles: William Yandell Elliott,"*Executive Intelligence Review* 24, no. 49 (Dec. 5, 1997): 29—33; Stanley Ezrol,"William Yandell Elliott: Confederate High Priest,"ibid., 28f.
25. Allen, *Kissinger.*
26. Schlafly and Ward, *Kissinger on the Couch.*
27. Marrs, *Rule by Secrecy.*
28. Wesman Todd Shaw,"Henry Kissinger: Architect of the New World Order,"Nov. 12, 2012, http://bit.ly/1JQkC3k.
29. Len Horowitz,"Kissinger, Vaccinations and the'Mark of the Beast,'"Dec. 12, 2002, http://bit.ly/1DrKi1Z.
30. Alan Watt,"Kissinger, Depopulation, and Fundamental Extremists,"http://bit.ly/1FkhFbq.
31. Brice Taylor, *Thanks for the Memories: The Memoirs of Bob Hope's and Henry Kissinger's Mind-Controlled Sex Salve,* http://bit.ly/1KcZkgy.
32. David Icke,"List of Famous Satanists, Pedophiles, and Mind Controllers,"http://bit.ly/1HA9PuD.
33. Zinn, *People's History of United States,* 548.
34. Zinn, *Declarations of Independence,* 14.
35. Stone and Kuznick, *Untold History,* KL 7983.
36. Hunter S. Thompson,"He Was a Crook,"*Rolling Stone,* June 16, 1994.
37. Kevin Barrett,"Arrest Kissinger for Both 9/11s,"Sept. 10, 2014, http://bit.ly/1aYk4Mi.
38. Hitchens, *Trial of Kissinger,* KL 348—59.
39. Shawcross, *Sideshow,* 391, 396.
40. Bass, *Blood Telegram.*
41. Ramos-Horta, *Funu.*
42. Haslam, *Nixon Administration and Chile;* Kornbluh, *Prinochet File.*
43. Chomsky, *World Orders,* 209f.
44. Bell,"Kissinger in Retrospect,"206.
45. William Shawcross,"Chronic Terror: The New Cold War,"Hoover Instritution Retreat, Oct. 28, 2013.
46. Peter W. Rodman and William Shawcross,"Defeat's Killing Fields,"*New York Times,* June 7, 2007.
47. Christopher Hitchens,"A War to Be Proud Of,"*Weekly Standard,* Sept. 5—12, 2005.
48. Kalb and Kalb, *Kissinger,* 13.
49. Blumenfeld, *Kissinger,* 232.
50. National Security Archive, Memcon

Elekdag, Esenbel, Tezel, Yavuzalp, Barutcu, Kissinger, Sisco, Hartman, Rodman, Mar. 10, 1975.
51. Kalb and Kalb, *Kissinger,* 10.
52. Fallaci,"Henry Kissinger,"43.
53. Kraft,"In Search of Kissinger,"61.
54. "Henry Kissinger, Not-So-Secret Swinger,"*Life,* Jan. 28, 1972.
55. Evans, *Kid Stays in the Picture,* 228. See also Feeney, *Nixon at the Movies,* 168.
56. Feeney, *Nixon at the Movies,* 167.
57. Kraft,"In Search of Kissinger,"54.
58. Thomas Schelling, interview by author.
59. Shawcross, *Sideshow,* 150.
60. Isaacson, *Kissinger,* KL 5476; Mike Kinsley,"Twelve Professors Visit Washington,"*Harvard Crimson,* June 11, 1970.
61. Suri, *Kissinger,* 125. See also Mazlish, *Kissinger,* 113.
62. Blumenfeld, *Kissinger,* 14.
63. Stanley Hoffmann,"The Kissinger Anti-Memoris,"*New York Times,* July 3, 1983.
64. Safire, *Before the Fall.*
65. Lasky, *It Didn't Start.*
66. Dallek, *Nixon and Kissinger.*
67. Haldeman and Ambrose, *Aaldeman Diaries,* 8.
68. Anthony Lewis,"Kissinger in the House of Horrors,"*Eugene Register-Guard,* Apri. 21, 1982.
69. Ball, *Memoirs,* 173.
70. Garthoff, *Détente and Confrontation.*
71. Morgenthau,"Henry Kissinger,"58.
72. "Morgenthau Accuses Kissinger of Two-Faced Diplomany; Says U.S. Seeking to Woo Arab World,"Jewish Telegraphic Agency, Mar. 14, 1974.
73. Stoessinger, *Henry Kissinger,* 224, 217.
74. Falk,"What's Wrong with Kissinger's Policy?"
75. Landau, *Kissinger,* 130.
76. Suri, *Kissinger,* 2f., 38, 44, 47, 50.
77. Ibid., 222.
78. Mazlish, *Kissinger,* 36f., 46.
79. Heller, *Good as Gold,* 348—49.
80. Mazlish, *Kissinger,* 128; Suri, *Kissinger,* 97.
81. Anthony Lewis,"The Kissinger Doctrine,"*Telegraph,* Mar. 6, 1975.
82. Kalb and Kalb, *Kissinger,* 6f.
83. Stanley Hoffmann,"The Case of Dr. Kissinger,"*New York Review of Books,* Dec. 6. 1979.
84. Stanley Hoffmann,"The KissingerAnti-Memoirs,"*New York Times,* July 3, 1983.
85. Isaacson, *Kissinger,* KL 242.
86. Gaddis, *Strategies of Containment,* 297.
87. Suri, *Kissinger,* 43f.
88. Ibid., 128.
89. For an early example, see I. F. Stone,"The Education of Henry Kissinger,"*New York Review of Books,* Oct. 19, 1972;"The Flowering of Henry Kissinger,"*New York Review of Books,* Nov. 2, 1972.
90. Courtois et al., *Black Book of Communism.*
91. Dikötter, *Tragedy of Liberation;* Dikötter, *Mao's Great Famine.*
92. Rummel, *Lethal Politics.*
93. Applebaum, *Iron Curtain.*
94. See Williams, *Tragedy of American Diplomacy;* Williams, *Empire as a Way of Life.* Also influential in this vein, Kolko and Kolko, *Limits of Power.*
95. Andrew and Mitrokhin, *Sword and the Shield;* Andrew and Mitrokhin, *World Was Going Our Way.*
96. Westad, *Global Cold War.*

97. Lundestad, *United States and Western Europe.*
98. Magdoff, *Age of Imperialism,* 42.
99. Lundestad, *American "Empire," 54.*
100. Ibid., 65.
101. Pei,"Lessons of the Past,"52.
102. "X"[George F. Kennal',"The Sources of Soviet Conduct,"*Foreign Affairs* 25, no. 4 (July 1947): 566–82.
103. Kaplan,"Defense of Kissinger."
104. Mazlish, *Kissinger,* 92f.
105. Starr,"Kissinger Years."
106. HAK, *White House Years* [henceforth *WHY*], 27.
107. Quoted in Mazlish, *Kissinger,* 50.
108. Stoessinger, *Kissinger,* 3.
109. Fallaci,"Kissinger,"39f.
110. Dickson, *Kissinger and Meaning,* 52, 57.
111. Ibid., 129.
112. Ibid., 156f.
113. HAK, *World Order,* 39f., 258.
114. Osgood, *Ideals and Self-Interest.*
115. U.S. Department of State, Office of the Historian, *Foreign Relations of the United States* [henceforth *FRUS*], *1969–1976,* vol. 38, part 1, *Foundations of Foreign Policy, 1973–1976,* Doc. 17, Address by HAK,"A Just Consensus, a Stable Order, a Durable Peace,"Sept. 24, 1973. All *FRUS* documents cited below are available online at http://1.usa.gov/1GqRstv.
116. Max Roser,"War and Peace After 1945"(2014), published online at OurWorldInData.org, http://bit.ly/1J16oeO.
117. Dickson, *Kissinger and Meaning,* 149f., 154, 157.
118. Ferguson, *Cash Nexus.*
119. Fergusonn, *Colossus.*
120. See, e.g., Niall Ferguson,"A World Without Power,"*Foreign Policy,* Oct. 27, 2009, http://arfp.co/1PvdH2D.

第 1 章：德國家鄉

1. "Fürth ist mir ziemlich egal,"*Stern,* Juney 7, 2004.
2. Mazlish, *Kissinger,* 29, 32.
3. Suri, *Kissinger,* 20, 30, 146, 198, 221, 252.
4. "Der Clausewitz Amerikas hatte in Fürth Schulverbot,"*Fürther Nachrichten,* Nov. 22–23, 1958, 9.
5. Blumenfeld, *Kissinger,* 3.
6. HAK, *WHY,* 228f.
7. "Fürth ist mir ziemlich egal,"*Stern,* June 7, 2004.
8. HAK, interview by author. Cf. Kasparek, *Jews in Fürth,* 46f.
9. "Kissinger besucht Fürth,"*Fürther Nachrichten,* Dec. 30, 1958.
10. "Grosser Bahnhof für Henry Kissinger,"*Fürther Nachrichten,* Dec. 15, 1975.
11. "Henry A. Kissinger in Fürth,"*Amtsblatt der Stadt Fürth,* Dec. 19, 1975, 338.
12. Kissinger family papers, Louis Kissinger, Rede anlässlich die Verleihung der"Goldenen Bürgermedaille"an Dr. Henry Kissinger, Dec. 15, 1975.
13. "Beide Parteien distanzieren

sich,"*Fürther Nachrichten,* Dec. 15, 1975.

14. "Henry A. Kissinger in Fürth,"*Amtosblatt der Stadt Fürth,* Dec. 19, 1975, 339.
15. HAK to Bürgermeister of Fürth, Dec. 18, 1975, *Amtsblatt der Stadt Fürth,* Jan. 9, 1976.
16. Wassermann, *Life as German and Jew,* 5.
17. Ibid., 242.
18. Ibid., 26.
19. Ibid., 242.
20. Ibid., 27.
21. Baedeker, *Süd-Deutschland und Österreich,* 171f.
22. Bell and Bell, *Nuremberg,* 153.
23. Anon,"Dragon of Fürth."
24. Strauss, *Fürth in der Weltwirtschaftskrise,* 261.
25. Schaefer, *Das Stadttheater in Fürth.*
26. Strauss, *Fürth in der Weltwirtschaftskrise,* 8–16.
27. Schilling,"Politics in A New Key,"See also Mauersberg, *Wirtschaft und Gesellschaft.*
28. Barbeck, *Geschichte der Juden,* 45–48.
29. Kasparek, *Jews in Fürth,* 6.
30. Israel,"Central European Jewry."
31. Ophir and Wiesemann, *Die jüdischen Gemeniden,* 179.
32. Ibid.
33. Kasparek, *Jews in Fürth,* 1of. See also Ferziger, *Exclusion and Hierarchy,* 84.
34. Mümmler, *Fürth,* 125.
35. Ophir and Wiesemann, *Die jüdischen Gemeinden,* 13f.
36. Edgar Rosenberg,"Kristallnacht Memories,"http://bit.ly/1DrLSCu.
37. Wassermann, *Life as German and Jew,* 5.
38. Ibid., 6f.
39. Ibid., 12f., 14f.
40. Ibid., 17.
41. Ibid., 22.
42. Ibid., 24.
43. Ibid., 11.
44. Ibid., 64.
45. Ibid., 22of.
46. Hellkige,"Generationskonflikt, Selbsthaß und die Entstehung antikapitalistischer Positionen."
47. Kissinger family papers, Martin Kissinger to Charles Stanton, Jan. 27, 1986.
48. Ibid., Martin Kissinger to Charles Stanton, July 3, 1980.
49. Stadtarchiv Fürth, Biographische Sammlung Henry Kissinger, Herkunft der Familie Dr. Henry A. Kissinger, Friedrich Kühner to E. Ammon, June 24, 1974.
50. Kurz, *Kissinger Saga,* 45–49.
51. Ley,"Die Heckmannschule,"68.
52. Stadtarchiv Fürth, Biographische Sammlung Henry Kissinger, E. Ammon to Dr. W. Mahr, Jan. 18, 1974.
53. See the 1932 photograph of him at the Handelsschule Fürth preserved in the Stadtarchiv Fürth.
54. Kurz, *Kissinger Saga,* 5of. Cf. Strauss, *Fürth in der Weltwirtschaftskrise,* 103f.
55. HAK, interview by author. See also Isaacson, *Kissinger,* KL 285, quoting interviews with Paula and Arno Kissinger.
56. Kurz, *Kissinger Saga,* 92.
57. On Zionism in Fürth, see Zinke, *Nächstes Jahrim Kibbuz."*
58. New York Public Library, Dorot Jewish Division: P (Oral Histories), Box 90, no. 5, Paula Kissinger interview, 13. See also Kurz, *Kissinger*

Saga, 92.
59. New York Public Library, Dorot Jewish Division: P (Oral Histories), Box 90, no. 5, aula Kissinger interview, 5.
60. Ibid., 3, 11.
61. Strauss, *Fürth in de Weltwirtschaftskrise.*
62. Stadtarchiv Fürth, Biographische Sammlung Henry Kissinger, E. Ammon to Wilhelm Kleppmann, June 12, 1973.
63. New York Public Library, Dorot Jewish Division: P (Oral Histories), Box 90, no. 5, Paula Kissinger interview, 6.
64. Stadtarchiv Fürth, Biographische Sammlung Henry Kissinger.
65. "Kissinger's Boyhood Buddy,"*Hadassah,* no. 35, Mar. 1974.
66. "Als US-Henry Noch Heinz Alfred war,"*Wiener Kurier,* Aug. 12, 1974.
67. "Kissinger's Boyhood Buddy,"*Hadassah,* no. 35, Mar. 1974.
68. Ibid.
69. Isaacson, *Kissinger,* KL 400.
70. Blumenfeld, *Kissinger,* 4.
71. "Henry A. Kissinger in Fürth,"*Amtsblatt der Stadt Fürth,* Dec. 19, 1975, 342.
72. Kilmeade, *Games Do Count,* 63f.
73. "Kissinger's Boyhood Buddy,"*Hadassah,* no. 35, Mar. 1974. Lion's parents went to Palestine in 1938. The former friends met again in 1963, when Kissingercame to lecture at Israel's Foreign Ministry.
74. Kissinger family paper, Paula Kissinger to HAK, Mar. 3, 1964.
75. Mazlish, *Kissinger,* 24.
76. Walter Kissinger, interview by author.
77. Ophir and Wiesemann, *Die jüdischen Gemeinden,* 19, 179.
78. Ibid., 20.
79. Zinke,"*An allem ist Alljuda schuld,*"89－94.
80. Strauss, *Fürth in der Weltwirtschaftskrise,* 381f.
81. Zinke, "*An allem ist Alljuda schuld,*"96ff.
82. Strauss, *Fürth in der Weltwirtschaftskrise,* 165－206.
83. Ibid., 207, 223.
84. Ibid., 457ff.
85. Ibid., 263, 275.
86. Ibid., 280.
87. Ibid., 289－94. See also 400, 408 for examples.
88. Mierzejewski, *Ludwig Erhard,* 2f.
89. Strauss, *Fürth in der Weltwirtschaftskrise,* 393－96.
90. Zinke, "*An allem ist Alljuda schuld,*"100.
91. Ibid., 94f.; Strauss, *Fürth in der Weltwirtschaftskrise,* 402f.
92. Mümmler, *Fürth,* 11－15.
93. Strauss, *Fürth in der Weltwirtschaftskrise,* 419.

第 2 章：逃難

1. HAK to his parents, 1945, quoted in Isaacson, *Kissinger,* KL 899.
2. Mümmler, *Fürth,* 105.
3. Ibid., 49－52.
4. Ibid., 95－104.
5. Ibid., 21, 23, 80.
6. Strauss, *Fürth in der Weltwirtschaftskrise,* 439.

7. Ophir and Wiesemann, *Die jüdischen Gemeinden,* 22.
8. Grete von Ballin,"Chronik der Juden in Fürth,"ed. Hugo Heinemann (n.d.), 5.
9. Strauss, *Fürth in der Weltwirtschaftskrise,* 442.
10. Ballin,"Chronik,"19.
11. Mümmler, *Fürth,* 86, 138—43.
12. Ballin,"Chronik,"5—9, 19.
13. Mümmler, *Fürth,* 215.
14. Ballin,"Chronik,"11.
15. Ibid., 12f.
16. Suri, *Kissinger,* 41.
17. Ophir and Wiesemann, *Die jüdischen Gemeninden,* 182.
18. Balliln,"Chronik,"13.
19. Strauss, *Fürth in der Weltwirtschaftskrise,* 444.
20. Ophir and Wiesemann, *Die jüdischen Gemeinden,* 182.
21. Mümmel, *Fürth,* 122; Kurz, *Kissinger Saga,* 89.
22. Walter Kissinger, interview by author.
23. New York Public Library, Dorot Jewish Division: P (Oral Histories), Box 90, no. 5, Paula Kissinger interview, 8. For a different view see"Sie kramten in der Erinnerung,"*Fürther Nachrichten,* n.d., c. 1974, describing Louis's return to what was now the Helene-Lange-Gymnasium. Louis is quoted as saying,"Even those who had sympathy with the then [political] tendency were always friendly to me."
24. Stadtarchiv Fürth, Biographische Sammlung Henry Kissinger, E. Ammon, Betreff. Schulbesuch von Henry A. Kissinger, July 19, 1974.
25. HAK, interview by author.
26. Thiele,"Leben vor und nach der Flucht aus dem Regime des Nationalsozialismus,"1of.
27. New York Public Library, Dorot Jewish Division: P (Oral Histories), Box 90, no. 5, Paula Kissinger interview, 7.
28. Kalb and Kalb, *Kissinger,* 33.
29. Ballin,"Chronik,"21.
30. Kilmeade, *Games Do Count,* 63f.
31. Jules Wallerstein,"Limited Autobiography of Jules Walerstein,"MS, n.d.
32. Thiele,"Leben vou und nach der Flucht,"12.
33. National Archives and Records Administration, RG 59, Box 7, Folder"Soviet Union, May-Sept. 1976,"02036, Memcon HAK, Sonnenfeldt, Rabbi Morris Sherer, Aug. 23. 1976.
34. For details on the Jewish youth groups Esra and Zeirei Agudath Israel, see Breuer, *Modernity Within Tradition.*
35. Agudath Israel of America, Orthodox Jewish Archives, Herman Landau Papers, HAK handwriteen note and transcriptions, July 3, 1937.
36. For a good recent account, see Sinanoglou,"Peel Commission,"in Miller, *Britain, Palestine and Empire,* 119—40.
37. New York Public Library, Dorot Jewish Division: P (Oral Histories), Box 90, no. 5, Paula Kissinger interview, 8.
38. Isaacson, *Kissinger,* KL 415.
39. Ibid., KL 459.
40. New York Public Library, Dorot Jewish Division: P (Oral Histories),

Box 90, no. 5, Paula Kissinger interview, 9; Kurz, *Kissinger Saga,* 96.

41. Staatsarchiv Nuremberg, Bestand Polizeiamt Fürth, Nr. 441,"Personal-Akt über Louis Kissinger,"Bescheinigungen, Apr. 21, 1938.
42. Ibid., Louis Kissinger to Polizeiamt Fürth, Apr. 24, 1938.
43. Ibid., Geheime Staatspolizei to Polizeipraseidium Nürnberg-Fürth, May 5, 1938.
44. Ibid., Finanzamt Fürth to Geheime Staatspolizei to Polizeipraesidium Nürnberg-Fürth, May 6, 1938.
45. Ibid., Zollfahndungsstelle to Geheime Staatspolizei to Polizeipraesidium Nürnberg-Fürth, May 9, 1938.
46. Ibid., Polizeiamt Fürth, May 10, 1938.
47. Isaacson, *Kissinger,* KL 466-67.
48. HAK, interview by author.
49. Kurz, *Kissinger Saga,* 98.
50. HAK, interview by author.
51. Ophir and Wiesemann, *Die jüdischen Gemeinden,* 25.
52. Edgar Rosenberg,"Kristallnacht Memories,"http://bit.ly/1DrLSCu.
53. Mümmel, *Fürth,* 15off.
54. Edgar Rosenberg,"Kristallnacht Memories."
55. Ibid.
56. Thiele,"Leben vor und nach der Flucht,"14.
57. Ophir and Wiesemann, *Die jüdischen Gemeniden,* 183f; Ballin,"Chronik,"27—41.
58. Wiener, *Time of Terror,* 252.
59. Yale Fortunoff Archive for Holocaust Testimony, Alfred Weinbeber interview, HVT-2972, Mar. 29, 1995.
60. Rosenberg, *Standford Short Stories 1953,* 163.
61. Mümmler, *Fürth,* 184.
62. Gregor,"Schicksalsgemeinschaft?"
63. Mümmler, *Fürth,* 89.
64. Baynes, *Speeches of Hitler,* 1:741.
65. Ballin,"Chronik."This chronicle was compiled in 1943 at the orders of the Gestapo. When it ended (with the author's own deportation) only 88 Jews remained, of whom 55 were originally members of the Fürth Jewish community. For somewhat different estimates, see Mümmler, *Fürth,* 89, 156, 220. A complete list of all the deported can be found at Leo Baeck Institute, 7, List of 1841 and Lists of Jews who were deported or emigrated, Oct. 7, 1974.
66. Kasparek, *Jews in Fürth,* 34.
67. Thiele,"Leben vor und nach der Flucht,"20.
68. Ophir and Wiesemann, *Die jüdischen Gemeinden,* 186.
69. New York Public Library, Dorot Jewish Division: P (Oral Histories), Box 90, no. 5, Paula Kissinger interview, 9.
70. HAK, interview by author. Kissinger remembered that she was sent to Auschwitz, but Bełżec seems more likely.
71. Yad Vashem Central Database of Shoah Victimes' Names. See also *Gedenkbuch: Opfer der Verfolgung der Juden under de nationalsozialistischen Gewaltherrschaft in Deutschland, 1933—1945,* 2 vols. (Koblenz: Bundesarchiv, 1986). Cf. Kurz, *Kissinger Saga,* 103f.
72. Stadtarchiv Fürth, Biographische

Sammlung Henry Kissinger, Überreichung der Goldenen Bürgermedaille seiner Vaterstadt an Herrn Aussenminister Professor Henry A. Kissinger, Dec. 15, 1975.
73. Isaacson, *Kissinger,* KL 487.
74. HAK, interview by author.
75. Ibid.

第 3 章：哈德遜河富爾特

1. Kissinger family papers, HAK to Hidle, July 29, 1939.
2. Moore, *At Home in America,* 30, 86.
3. Appelius, *"Die schönste Stadt der Welt,"* 30－34，151，127.
4. David Kennedy, *Freedom from Fear,* KL 6342－441, 13940－41.
5. Ibid., KL 3543.
6. Ibid., KL 13515－16.
7. Ferguson, *War of the World,* 273f.
8. David Kennedy, *Freedom from Fear,* KL 5964, 6207.
9. Ibid., KL 6332－33.
10. Ibid., KL 5655－57, 6326.
11. "Mayor Arranges Trucking Parley as Tie-Up Spreads," *New York Times,* Sept. 18, 1938.
12. "Bombs Shatter Windows of 7 Fur Shops," *New York Times,* Sept. 12, 1938.
13. Bayor, *Neighbors in Conflict,* 41－45.
14. Milton Bracker, "Football Comes to the Gridiron of Asphalt," *New York Times,* Nov. 6, 1938.
15. Horowitz and Kaplan, "Estimated Jewish Population of the New York Area, 1900－1975," 14f.
16. Ibid., 22.
17. Moore, *At Home in America,* 30.
18. Leventmann, "From Shtetl to Subrub," in Rose, *Ghetto and Beyond,* 43f.
19. Moroe, *At Home in America,* 36ff.
20. Ibid., 65, 85.
21. Strauss, "Immigration and Acculturation of the German Jew."
22. Lowenstein, *Frankfurt on the Hudson,* 47.
23. Appelius, *"Die schönste Stadt der Welt,"* 30－34, 151.
24. Moore, *At Home in America,* 8, 13.
25. Bayor, *Neighbors in Conflict,* 20.
26. Moore, *At Home in America,* 5.
27. Bayor, *Neighbors in Conflict,* 10－13, 200.
28. Ibid., 25f. See also ibid., 127, 130, for the Jewish vote in 1933.
29. More, *At Home in America,* 215.
30. Bayor, *Neighbors in Conflict,* 51.
31. Ibid., 33ff.,, 137, 143, 147.
32. Ibid., 29, 31f.
33. Ibid., 39.
34. Ibid., 89, 92f.
35. Moore, *At Home in America,* 204..
36. Bayor, *Neighbors in Conflict,* 41.
37. Moore, *At Home in America,* 223.
38. Ferguson, *War of the World,* 527.
39. David Kennedy, *Freedom from Fear,* KL 7478－79，7499－500，7505－6，7503－4，7507－9.
40. Ferguson, *War of the World,* 527.
41. "Asks Red Inquiry at N.Y.U., Hunter," *New York Times,* Oct. 6, 1938.
42. Appelius, *"Die Schönste Stadt der Welt,"* 23－29.
43. Bayor, *Neighbors in Conflict,* 97f.
44. Ibid., 61.

45. Ibid., 57.
46. Ibid., 71–78.
47. Ibid., 113, 116, 121.
48. Epstein, *Obliviouis in Washington Heights,* 1f.
49. Lowenstein, *Frankfurt on the Hudson,* 107, map 5.
50. Ibid., 178; Appelius, *"Die schönste Stadt der Welt,"* 117.
51. Appelius, *"Die schönste Stadt der Welt,"* 23–29.
52. Lowenstein, *Frankfurt on the Hudson,* 66. Cf. Moore, *At Home in America,* 82. See also Yeshiva University Museum, *German Jews of Washington Heights;* Lendt, *Social History of Washington Heights.*
53. Lowenstein, *Frankfurt on the Hudson,* 86.
54. Moore, *At Home in America,* 66, table 4.
55. Appelius, *"Die schönste Stadt der Welt,"* 171.
56. Bayor, *Neighbors in Conflict,* 150f.
57. Stock,"Washington Heights'"Fourth Reich,'"581.
58. Ibid., 584.
59. Appelius, *"Die schönste Stadt der Welt,"* 165f.
60. Stock,"Washington Heights'"Fourth Reich,'"582.
61. Ibid., 583.
62. Lowenstein, *Frankfurt on the Hudson,* 49.
63. Ibid., 126.
64. Appelius, *"Die schönste Stadt der Welt,"* 162f.
65. Moore, *At Home in America,* 124–47.
66. Ibid., 178–99.
67. Lowenstein, *Frankfurt on the Hudson,* 152f., 158, 163–67.
68. Ibid., 148, 149, tables 25 and 26.
69. Ibid., 19.
70. Stock,"Washington Heights' 'Fourth Reich,'"584. For good images of Washington Heights in this period, see Stern, *So war es.*
71. Lowenstein, *Frankfurt on the Hudson,* 75, table 4, 78, table 6.
72. Ibid., 32–38.
73. Appelius, *"Die schönste Stadt der Welt,"* 185.
74. Ibid., 187.
75. Bloch, Marx, and Stransky, *Festschrift in Honor of Congregation Beth Hillel.*
76. See for insights into Breuer's thinking, Breure, *Introduction to Rabbit Hirsch's Company*; Breuer, *Jewish Marriage.*
77. See for example *Mitteilungen: Organ der K'hall Adass Jeshurun und der K'hall Agudath Jeshorim,* [henceforth *Mitteilungen*], Jan. 1940.
78. Joseph Breuer,"Zur Jahreswende,"*Mitteilungen,* Sept. 1940, 1. See also"Der'zionistische'Aufruf des Propheten,"*Mitteilungen,* July-Aug. 1943, 1.
79. Lowenstein, *Frankfurt on the Hudson,* 114–18, 122, 130. See also Appelius,"*Die schönste Stadt der Welt,*"190f.
80. Lowenstein, *Frankfurt on the Hudson,* 141, 154.
81. HAK, interview by author.
82. Fass, *Outside In,* 73–79.
83. Moore, *At Home in America,* 96.
84. Fass, *Outside In,* 81, 92, 87 table 3, 94.
85. Greenspan, *Age of Turbulence,* 19–24.
86. Bayor, *Neighbors in Conflict,* 155f.

Cf. Appelius, "*Die schönste Stadt der Welt,*" 174f.

87. Lowenstein, *Frankfurt on the Hudson,* 39—46. See also Appelius, "*Die schönste Stadt der Welt,*" 21, 52ff., 62ff., 104—9.
88. Appelius, "*Die schönste Stadt der Welt,*" 171.
89. Bayor, *Neighbors in Conflict,* 155f.
90. Lowenstein, *Frankfurt on the Hudson,* 241.
91. Appelius, "*Die schönste Stadt der Welt,*" 179—82, 204.
92. *WHY,* 229.
93. Mazlish, *Kissinger,* 7.
94. Suri, *Kissinger,* 44—47.
95. Appelius, "*Die schönste Stadt der Welt,*" 169.
96. Museum of Jewish Heritage, HAK interview by Louise Bobrow, Jan. 11, 2001.
97. New York Public Library, Dorot Jewish Division: P (Oral Histories), Box 90, no. 5, Paula Kissinger interview, 14.
98. Isaacson, *Kissinger,* KL 582.
99. Appelius, "*Die schönste Stadt der Welt,*" 167.
100. Greenspan, *Age of Turbulence,* 24.
101. Library of Congress [henceforth LOC], HAK schoolwork samples, June 6, 1939. Unless otherwise stated, all LOC references are the Kissinger Papers housed at the LOC.
102. Ibid., HAK school grades, Jan. 4, 1940, and June 27, 1940. Unless otherwise stated, all LOC references are to the Kissinger papers housed when I used them at the Library of Congress.
103. HAK, interview by author.
104. Museum of Jewish Heritage, HAK interview.
105. Kalb and Kalb, *Kissinger,* 36f.
106. Lowenstein, *Frankfurt on the Hudson,* 187.
107. Abraham Goldstein, "Our New Home," *Mitteilungen,* Apr. 1941, 5a.
108. Stock, "Washington Heights' 'Fourth Reich,'" 585.
109. Moore, *At Home in America,* 105. See also Mazlish, *Kissinger,* 39—41.
110. Isaacson, *Kissinger,* 37f.; Kalb and Kalb, *Kissinger,* 37.
111. Blumenfeld, *Kissinger,* 23, 42.
112. Isaacson, *Kissinger,* 35f.
113. HAK, interview by author.
114. Stock, "Washington Heights' 'Fourth Reich,'" 588.
115. Kissinger family papers, "Voice of the Union: *Eine Zeitung im Aufbau*!" May 1, 1939.
116. Ibid., HAK to Hilde, July 29, 1939.
117. Lowenstein, *Frankfurt on the Hudson,* 55, 56.
118. Blumenfeld, *Kissinger,* 249.
119. Kissinger family papers, HAK to Hilde, July 29, 1939.
120. Appelius, "*Die schönste Stadt der Welt,*" 130ff.
121. Kissinger family papers, HAK to Hilde, July 29, 1939.
122. Ibid., HAK to Dept. of Parks, New York City, July 9, 1942.
123. Isaacson, *Kissinger,* 35ff.
124. Kissinger family papers, HAK to Edith, Mar. 14, Mar. 31, 1940.
125. Ibid., HAK to Hilde, July 29, 1939.

第 4 章：意外當了二等兵

1. Arndt Gymnasium Dahlem, Fritz Kraemer,"Der Pakt zwischen Mephistopheles und Faust (nach Goethes Faust),"Deutscher Aufsatz, Feb. 3, 1926.
2. LOC, G-14 Supp. (Kraemer), Kraemer to Prof. Robinson, Nov. 8, 1940.
3. Charles Lindbergh,"Des Moines Speech,"PBS, http://to.pbs.org/1bAMey9.
4. Museum of Jewish Heritage, HAK interview by Louise Bobrow, Jan. 11, 2001.
5. HAK family papers, HAK to Dept. of Parks, New York City, July 9, 1942.
6. Isaacson, *Kissinger,* 38.
7. Breuer,"Our Duty Towards America,"*Mitteilungen,* Jan. 1942, 1.
8. Franklin,"Victim Soldiers,"46.
9. Walter Kissinger, interview by author.
10. Franklin,"Victim Soldiers,"48, 52.
11. Appelius,*"Die schönste Stadt der Welt,"*213.
12. Ibid., 211ff.
13. David De Sola Pool,"Immigrant and U.S. Army,"*Aufbau,* Jan. 30, 1942, 1.
14. Samson R. Breur,"A Pessach Message from Afar,"*Mitteilungen,* Apr. 1944, 2.
15. Grailt, *Avec Henry Kissinger,* 8.
16. Isaacson, *Kissinger,* 39.
17. Ibid., For details on Camp Croft, see http://bit.ly/1z17fNd.
18. Franklin,"Victim Soldiers,"48.
19. Sur, *Kissinger,* 58.
20. Isaacson, *Kissinger,* 4of.
21. "Soldier Column,"*Mitteilungen,* Apr. 1945, 2.
22. See Mailer, *Naked and the Dead.*
23. Suri, *Kissinger,* 62.
24. Keefer, *Scholars in Foxholes,* 81n.
25. Ibid., 221.
26. Ibid., 69. Elsewhere (ibid., 270) the total of men who entered the program is given as 216,000.
27. Ibid., 93.
28. Reid, *Never Tell an Infantryman,* 31.
29. Ibid., 36.
30. Charles J. Coyle,"Roommate Recalls Kissinger's Days at Lafayette,"*Lafayette Alumnus* 44, no. 3 (Feb. 1973), 24f.
31. Ibid.
32. LOC, MCD-101, HAK Certificate of Attendance, Apr. 1, 1944; ASTP Student Record—Lafayette College.
33. Ibid., John H. Yundt letter of recommendation, Mar. 13, 1944.
34. Keefer, *Scholars in Foxholes,* 170.
35. Kalb and Kalb, *Kissinger,* 38.
36. Keefer, *Scholars in Foxholes,* 190, 157, 87n, 205, 215, 217, 218, 271.
37. Coyle,"Roommate Recalls,"24f.
38. Isaacson, *Kissinger,* 42.
39. *Camp Claiborne News,* http://www.campclaiborne.com.
40. Mazlish, *Kissinger,* 41f. Cf. Reid, *Never Tell an Infantryman,* 36.
41. Edwards, *Private's Diary,* 2.
42. Drape, *84th Infantry Division,* x.
43. Matson and Stein, *We Were the Line,* 9.
44. Ibid., 22.
45. Reid, *Never Tell an Infantryman,* 37－42.

46. Edwards, *Private's Diary,* 8.
47. Isaacson, *Kissinger,* KL 695.
48. Grailet, *Avec Henry Kissinger,* 7.
49. Isaacson, *Kissinger,* KL 755—57.
50. Coyle,"Roommate Recalls,"24f.
51. Isaacson, *Kissinger,* KL 726—29.
52. "Fritz Kraemer,"*Daily Telegraph,* Nov. 10, 2003.
53. Arndt Gymnasium Dahlem, Fritz Kraemer,"Der Pakt zwischen Mephistopheles und Faust (nach Goethes Faust),"Deutscher Aufsatz, Feb. 3, 1926.
54. Frankfurt University Archives, Fritz Kraemer,"Lebenslauf,"1931.
55. Drucker, *Adventures of Bystander,* 141f.
56. Sven Kraemer,"My Father's Pilgrimage,"in Hoffmann, *Fritz Kraemer on Excellence,* 8of.
57. Drucker, *Adventures of Bystander,* 141f.
58. Ibid., 142—47.
59. Ibid., 147.
60. Harley, *International Understanding,* 188.
61. London School of Economics Archives and Rare Books Library, C. A. Waterfield to E. V. Evans, July 24, 1926; Kraemer admission application, 1926; Kraemer certificate, Apr. 11, 1927; W. C. Dickinson to P. N. Baker, Dec. 3, 1926.
62. Frankfurt University Archives, Fritz Kraemer,"Lebenslauf,"1931. Cf. Link, *Ein Realist mit Idealen.*
63. Kraemer, *Das Verhältnis der französischen Bündnisverträge,* 92—95. See also 106, 123.
64. Ibid., 128.
65. Ibid., 41.
66. Liug, *Weil er nicht arischer Abstammung,* 244—47. See also Bergemann and Ladwig-Winters, *Richter und Staatsanwälte jüdischer Herkunft.*
67. A facsimile of his death certificate can be seen at "Krämer Georg "Holocaust.cz, http://bit.ly/1DYouxi. See also"Krämer Georg,"Memorial Boox, Das Bundesarchiv, http://bit.ly/1d9 lXrn.
68. Drucker, *Adventures of Bystander,* 147f.
69. Ibid., 148.
70. Ibid.
71. *American Philosophical Society Year Book 1941* (1942). For what may have been part of this project see LOC, G-14 Supp. (Kraemer),"Territorial Changes in North Europe,"n.d.
72. LOC, G-14 Supp. (Kraemer), Philip Jessup to Kraemer, June 6, 1943.
73. Ibid., Kraemer to Prof. Robinson, Nov. 8, 1940.
74. Ibid., Kraemer to Mr. Cornelison, n.d., c. 1952.
75. FBI, Fritz Kraemer file: 100—3778 [1942 investigation]; WFO 118-5366 [1951 investigation]; WPO 161-15133 [1981 investigation].
76. LOC, G-14 Supp. (Kraemer),"Story of Contacts with OSS, 1943/1944,"n.d.
77. "Fritz Kraemer,"*Guardian,* Nov. 12, 2003.
78. LOC, G-14 Supp. (Kraemer), Kraemer to Mr. Cornelison, n.d., c. 1952.
79. Ibid., Lt. Austin O'Malley to Prof. Fritz Marti, Feb. 28, 1944.
80. "Fritz Kraemer,"*Guardian,* Nov. 12, 2003.

81. Isaacson, *Kissinger,* KL 772.
82. HAK,"The Prophet and the Policymaker"[eulogy for Fritz Kraemer, Oct. 8, 2003], in Hoffmann, *Kraemer on Excellence,* 10.
83. Mazlish, *Kissinger,* 47f., 50f.
84. Suri, *Kissinger,* 80.
85. Mazlish, *Kissinger,* 50.
86. Kalb and Kalb, *Kissinger,* 39.
87. HAK, interview by author.
88. Roberts, *Masters and Commanders,* 514－25.
89. Ibid., 511, 519.
90. Beevor, *Second World War,* 633－43; Hastings, *All Hell Let Loose,* 577－89.
91. Kershaw, *The End.*
92. Matson and Stein, *We Were the Line,* 24.
93. Edwards, *Private's Diary,* 19.
94. Ibid., 28.
95. Matson and Stein, *We Were the Line,* 25.
96. Ibid., 29, 35, 31.
97. Reid, *Never Tell an Infantryman,* 48－54' Matson and Stein, *We Were the Line,* 34－37.
98. Matson and Stein, *We Were the Line,* 43.
99. Edwards, *Private's Diary,* 61.
100. Kissinger family papers, HAK to his parents, Nov. 25, 1944.
101. Reid, *Never Tell an Infantryman,* 54f.
102. Edwards, *Private's Diary,* 64.

第 5 章：戰場上的生與死

1. Kissinger family papers, HAK to his parents, Nov. 25, 1944.
2. LOC, A-19(b), HAK,"The Eternal Jew,"n.d. [April or May 1945].
3. Matson and Stein, *We Were the Line,* 49.
4. Reid, *Never Tell an Infantryman,* 63.
5. Kissinger family papers, HAK to his parents, Nov. 25, 1944.
6. Draper, *84th Infantry Division,* 10.
7. Edwards, *Private's Diary,* 133.
8. Matson and Stein, *We Were the Line,* 56.
9. Draper, *84th Infantry Division,* 22, 34f.
10. Edwarss, *Private's Diary,* 203.
11. Kissinger family papers, HAK to his parents, Oct. 16, 1944.
12. Draper, *84th Infantry Division,* 4f.
13. Ibid., 20.
14. Ibid., 74f.
15. Ibid., 40.
16. Matson and Stein, *We Were the Line,* 62f.
17. Draper, *84th Infantry Division,* 49－71.
18. U.S. Army Military History Institute, 335rh Infantry, 2nd Battalion, HQ Company,"A Company Speaks,"5.
19. Matson and Stein, *We Were the Line,* 74.
20. Ibid., 73.
21. Ibid., 75.
22. Ibid., 77.
23. Edwards, *Private's Diary,* 171.
24. Ibid., 241.
25. Ellis, *Word War II Databook,* 228, 255f.
26. Edwards, *Private's Diary,* 577, appendix 1.

27. Matson and Stein, *We Were the Line,* 207ff.
28. HAK,"The Prophet and the Policymaker,"Issacson has Kissinger becoming a driver-cum-translator for General Bolling, which seems improbable: Isaacson, *Kissinger,* KL 845.
29. LOC, MDC-101, HAK Application for Federal Employment, Nov. 17, 1945.
30. Kissinger family papers, HAK to his parents, Nov. 29, 1944.
31. Edwards, *Private's Diary,* 153.
32. Draper, *84th Infantry Division,* 77f.
33. Grailet, *Avec Henry Kissinger,* 9. See also Matson and Stein, *We Were the Line,* 84.
34. Draper, *84th Infantry Division,* 86.
35. Ibid., 87.
36. Ibid., 89.
37. Ibid., 86.
38. Grailet, *Avec Henry Kissinger,* 1of.
39. U.S. Army Military History Institute, 335th Infantry, 2nd Battalion, HQ Company,"A Company Speaks,"7.
40. Matson and Stein, *We Were the Line,* 92f.
41. Railsplitter Society (84th Infantry Division), Capt. Roger K. Taylor, 335th Infantry After Action Report, Dec. 31, 1944, http://www.84thinfantry.com.
42. Ibid., 335th Infantry After Action Report, Dec. 31, 1944.
43. Draper, *84th Infantry Division,* 95—103.
44. LOC, A-19(b), HAK to Walter,"On the Western Front,"Feb. 5—8, 1945 [Jan. 1947], 1.
45. Edwards, *Private's Diary,* 266f.
46. See, e.g., ibid., 276.
47. LOC, A-19(b), HAK to Walter,"On the Western Front,"Feb. 5—8, 1945, 2.
48. Draper, *84rh Infantry Division,* 86.
49. Franklin,"Victim Soldiers, *69f.*
50. LOC, A-19(b), HAK to Walter,"On the Western Front,"Feb. 5—8, 1945, 3.
51. Ibid., 4. According to Kissinger, this passage of the letter was written by Kraemer. The worldly-wise comment about "the art of seduction"certainly sounds more like him than like Kissinger.
52. Ibid., 5.
53. Ibid., 6—7.
54. Ibid.
55. Ibid., 8.
56. Ibid., 8f.
57. Isaacson, *Kissinger,* KL 852.
58. LOC, A-19(b), HAK to Walter,"On the Western Front,"Feb. 5—8, 1945, 10.
59. Draper, *84th Infantry Division,* 95—103.
60. LOC, A-19(b), HAK to Walter,"On the Western Front,"Feb. 5—8, 1945, 11.
61. Edwards, *Private's Diary,* 284.
62. Matson and Stein, *We Were the Line,* 106f., 132.
63. Grailet, *Avec Henry Kissinger,* 19—21.
64. Ibid., 15f. Cf. Matson and Stein, *We Were the Line,* 103.
65. Edwards, *Private's Diary,* 284.
66. Matson and Stein, *We Were the Line,* 117.
67. Grailet, *Avec Henry Kissinger,* 36.
68. Ibid., 22ff., 27.
69. Ibid., 40.
70. Ibid., 420f.; Matson and Stein, *We Were the Line,* 140—48.

71. Draper, *84th Infantry Division,* 132–60.
72. Edwards, *Private's Diary,* 431ff.
73. Ibid., 443.
74. Draper, *84th Infantry Divsion,* 174f. Cf. Matson and Stein, *We Were the Line,* 148–53.
75. Draper, *84th Infantry Division,* 174f. Cf. Matson and Stein, *We Were the Line,* 156.
76. Bommers,"Kriegsende,"unpublished ms., 1–3, 11–15.
77. Draper, *84th Infantry Division,* 161–67.
78. Ibid., 183.
79. Matson and Stein, *We Were the Line,* 161.
80. Isaacson, *Kissinger,* KL 862. The story is repeated by Suri, *Kissinger.*
81. See, for example, the case of Eric W. Lange:"97-Pointer Gets Job That May Delay Him,"*New York Times,* June 6, 1945, 3.
82. LOC, HAK, A & P, Kraemer letter of recommendation, Mar. 7, 1949. Cf. Elsässer,"Kissinger in Krefeld und Bensheim,"15–19.
83. Kremers, *Lucky Strikes,* 18f.; bommers,"Kriegsende,"44.
84. Bommers,"Kriegsende,"5.
85. *Parade,* Mar. 24, 1945.
86. Pocock, *Alan Moorehead,* 197.
87. Stadtarchiv Krefeld 70, 565,"Die Verhältnisse im Bahnhofsbunker Krefeld während der letzten Tage des Krieges 1945,"Nov. 1, 1946.
88. Boomers,"Kriegsende,"16.
89. Matson and Stein, *We Were the Line,* 153.
90. Ibid., 196.
91. Edwards, *Private's Diary,* 499f.
92. Kremers, *Lucky Strikes,* 8–10, 15, 16.
93. Bommers,"Kriegsende,"28.
94. Stadtarchiv Krefeld, 70, 565,"Aus dem Kriegstagebuch eines Linners,"Mar. 3, 4, 26, 1945.
95. Ibid., Apr. 9, 1945.
96. Stadtarchiv Krefeld, 70, 565,"Aus dem Kriegstagebuch eines Krefelders,"Mar. 7, 1945.
97. Ibid., 70, 565,"Aus dem Kriegstagebuch eines Fischbelners [Franz Heckmann],"Mar. 1, 1945.
98. Ibid., Apr. 1, 1945.
99. Ibid., CK. Kremers, *Lucky Strikes,* 11.
100. LOC, MDC-101, HAK to Wesley G. Spencer, May 10, 1947.
101. Kickum,"Struckturen der Militärregierungen,"110f.
102. See in general Kershaw, *The End.*
103. Padover, *Experiment in Germany,* 284ff.
104. Stadtarchiv Krefeld, 70, 565, Heuyng to Lorentzen, Mar. 1, 1945.
105. Kickum,"Strukturen der Militärregierungen,"108; Bommers,"Kriegsende,"18–20.
106. LOC. A-19(b), 94–116, HAK and Robert S. Taylor, Memorandum to the Officer in Charge: Investigation of City Officials in Krefeld re: Political Fitness for Office, Mar. 17, 1945.
107. Stadtarchiv Krefeld, 70, 565,"Aus dem Kriegstagebuch eines Linners,"Mar. 28, 1945.
108. National Archives and Records Administration, RG 319.270.84. [84.]20, Krefeld Gestapo XE 019212, Apr. 18, 1945.
109. Ibid., RG 319.270.84.20, 37. Darmstadt Gestapo XE 003411,

July 26, 1945.

110. Hangebruch,"Emigriert—Deportiert,"in Rotthoff, *Krefelder Juden,* 137 – 215.
111. Johnson, *Nazi Terror.*
112. Schupetta,"Die Geheime Staatspolizei,"
113. Sur, *Kissinger,* 72. See also Mazlish, *Kissinger,* 41f.
114. Colodny and Schachtman, *Forty Years War,* 25.
115. Kissinger,"Prophet and the Policymaker,"Cf. Colodny and Schachtman, *Forty Years War,* 25.
116. Matson and Stein, *We Were the Line,* 170f.
117. Draper, *84th Infantry Division,* 202ff. See also Edwards, *Private's Diary,* 516f.
118. Kershaw, *The End,* 280.
119. Matson and Stein, *We Were the Line,* 177.
120. Ibid., 181.
121. Kissinger family papers, HAK to his parents, May 6, 1945.
122. LOC, A-19(b), 86 – 88, Memorandum to the Officer in Charge: Chronological Activites of Investigation of Underground Activities, Members of the Gestapo and Gestapo Plot in Hanover, Apr. 16, 1945. For moer details about Binder, see Paul and Mallmann, *Die Gestapo.*
123. LOC, A-19(b), 70 – 72, Translation of Life History and Underground Activities, Adolf Rinne, Member of the Gestapo, Hanover, Apr. 16, 1945.
124. Ibid., 90 – 93, Major General A. R. Bolling, General Orders No. 81, Apr. 27, 1945. For further details, see LOC, MDC-101, Paul H. Wyman, Report of CIC Activities of Special Agent Henry Kissinger, Nov. 18, 1945.
125. LOC, MDC-101, Letter of Recommendation Regarding Special Agent Henri [*sic*] Kissinger, Aug. 28, 1945.
126. Ibid.,"Promotion of Enlisted Men,"Aug. 28, 1945.
127. *Mitteilungen,* Dec. 1945, 1.
128. Breuer,"Der jüdische Hilferuf,"*Mitteilungen,* Feb. 1944, 1.
129. Tott,"Ahlem Concentration Camp,"unpublished ms., 140.
130. Gutmann,"KZ Ahlem,"in Fröbe et al., *Konzentrationslager in Hannover,* vol. 1, 331 – 406.
131. Tott,"Ahlem Concentration Camp,"More details are given in Anschütz and Heike,"*Wirwollten Gefühle sichtbar werden lassen.*"
132. Tott,"Ahlem Concentration Camp,"11. See also Tott, *Letters and Reflections.*
133. Edwards, *Private's Diary,* 528f.
134. Ibid., 534.
135. Ibid.
136. Ibid., 528.
137. Tott,"Ahlem Concentration Camp,"4 – 7, 12 – 38. Tott's ms. assembles many survivors' accounts of their appalling mistreatment at Ahlem.
138. Tott, *Letters and Reflections,* n.p.
139. Edwards, *Private's Diary,* 532.
140. HAK, interview by author.
141. Anschütz and Heike,*"Wir wollten Gefühle sichtbar werden lassen,"*33.
142. LOC, A-19(b), HAK,"The Enternal Jew,"n.d.

第 6 章：在帝國廢墟上

1. Harry S. Truman National Historic Site, Oral History #1992-3, Interview with HAK, May 7, 1992.
2. HAK, Kent papers [these are private papers in Dr. Kissinger's possession that he keeps at his house in Kent, CT], HAK to his parents, July 28, 1948.
3. Burleigh, *Moral Combat,* 539.
4. Ferguson, *War of the World,* 555ff., 581.
5. Ibid., 585.
6. Smith, *Papers of General Clay,* 143.
7. Backer, *Priming the German Economy,* 188, table 6.
8. Selby, *Axmann Conspiracy,* 141.
9. Wolfe, *Americans as Proconsuls,* 103.
10. See, eg., Smith, *Papers of General Clay,* 174.
11. Wolfe, *Americans as Proconsuls,* 112f.
12. HAK, interview by author.
13. Blumenfeld, *Kissinger,* 59f.
14. Fussell, *Boys' Crusade,* 151－58.
15. Museum of Jewish Heritage, HAK interview by Louise Bobrow, Jan. 11, 2001.
16. HAK, interview by author.
17. LOC, A-19(b), HAK to Mrs. Frank, Apr. 21, 1946.
18. HAK, interview by author.
19. Kissinger family papers, HAK to his parents, May 6, 1945.
20. Museum of Jewish Heritage, HAK interview by Louise Bobrow, Jan. 11, 2001.
21. HAK, interview by author.
22. Museum of Jewish Heritage, HAK interview by Louise Bobrow, Jan. 11, 2001.
23. Yale Fortunoff Archive for Holocaust Testimony, HVT-4425, Harold Reissner interview, Apr. 24, 2009.
24. Kilmeade, *Games Do Count,* 63f.
25. Mümmler, *Fürth,* 194. See also Fritz, *Endkampf.*
26. Kissinger family papers, HAK to his parents, Feb. 10, 1946. The newer Jewish cemetery in Erlangerstrasse had not been destroyed by the Nazis.
27. Draper, *84th Infantry Division,* 247. See also Edwards, *Private's Diary,* 571.
28. "Fritz Kraemer,"*Daily Telegraph,* Nov. 10, 2003.
29. Draper, *84th Infantry Division,* 248.
30. U.S. Army Military History Institute, Carlisle Barracks, CIC School,"History and Mission of the Counter Intelligence Corps,"MS, n.d., 1－9.
31. Jensen, *Army Surveillance,* 227.
32. Ibid., 228.
33. Ibid., 218.
34. CIC school,"History and Mission,"46.
35. For further insights, see Koudelka, *Counter Intelligence,* esp. 191－49.
36. Selby, *Axmann Conspiracy,* 50.
37. Slawenski, *Salinger,* esp. 131－34, 143f.
38. Selby, *Axmann Conspiracy,* 83.
39. Ibid., 84. See Melchior, *Case by Case.*
40. Sebly, *Axmann Conspiracy,* 208f.
41. Ibid., 94.
42. LOC, George S. Patton Papers, 51, 8, Eisenhower,"Removal of Nazis and

Militarists,"Aug. 15, 1945.
43. Oppen, *Documents on Germany,* 20.
44. Kalb and Kalb, *Kissinger,* 4of.
45. Suri, *Kissinger,* 75.
46. Elsässer,"Kissinger in Krefeld und Bensheim,"29f.
47. Ibid., 18f.
48. Kissinger family papers, HAK to his parents, June 24, 1945.
49. Elsässer,"Kissinger in Krefeld und Bensheim,"28.
50. LOC, Rental agreement, Mar. 23, 1946. A photograph of a white Mercedes convertible does survive among Kissinger's papers at Yale, but he is not the proud owner pictured beside it.
51. Kissinger family papers, HAK to his parents, June 24, 1945.
52. LOC, HAK MDC-101, Order issued by Charles Roundtree, July 10, 1945.
53. Ibid., Order issued by Frank Logan, Aug. 20, 1945.
54. Ibid., Capt. Frank A. Logan order, Dec. 3, 1945.
55. Ibid., Capt. Frank A. Logan order, May 22, 1946.
56. Kilthau and Krämer, *3 Tage fehlten,* 17.
57. Ibid., 19—21.
58. National Archives and Records Administration, 37, Darmstadt Gestapo XE 003411, HAK, Memorandum for the Officer in Charge, July 26, 1945.
59. Kilthau and Krämer, *3 Tage fehlten,* 27.
60. LOC, HAK, A-19(b), HAK report, Mar. 9, 1946.
61. Kissinger family papers, HAK to his parents, May 6, 1945.
62. LOC, HAK, MDC-101, HAK to Wesley G. Spence, Office of the Counselor for Veterans, May 10, 1947.
63. Ibid., Lieut. Paul H. Wyman, Report of CIC Activities of Special Agent Henry Kissinger, Nov. 18, 1945.
64. LOC, HAK, A-19(b), C.I,C. Team 970/59, Bensheim, Weekly Report, Dec. 24, 1945.
65. Ibid.,"Promotion of Enlisted Men,"Aug. 28, 1945.
66. LOC, HAK MDC-101, Lieut. James A. Forsyth letter of recommendation, Apr. 29, 1946.
67. Ibid., HAK to Adjutant General (Civilian Personnel Section), Mar. 6, 1946.
68. Ibid., Lieut. James A. Forsyth letter of recommendation, Apr. 29, 1946.
69. Ibid., Lieut. Paul H. Wyman, Report of CIC Activities of Special Agent Henry Kissinger, Nov. 18, 1945.
70. LOC, HAK, A & P, Kraemer letter of recommendation, Mar. 7, 1949.
71. Smith, *Paper of General Clay,* 172.
72. Sayer and Botting, *America's Secret Army,* 296.
73. Douglas Porch,"Occupational Hazards,"37.
74. LOC, HAK A-19(b), HAK report, May 16, 1946.
75. Ibid., Lieut. Col. Dale M. Garvey to 2nd Lieut. Irwin R. Supow, Nov. 16, 1945.
76. Ibid., HAK report, Jan. 8, 1946.
77. Stadtarchiv Bensheim, 16, 1, Klapproth to Kiesewetter, Sept. 22, 1945.
78. LOC, HAK, A-19(b), C.I.C. Team 970/59, Bensheim, Weekly Report, Oct. 13, 1945.
79. Ibid., Oct. 26, 1945.

80. Ibid., Oct. 13, 1945.
81. Ibid., Oct. 26, 1945.
82. Ibid., Dec. 24, 1945.
83. LOC, HAK, A-19(b), LOC report, Feb. 5, 1946.
84. Ibid., C.I.C. Team 970/59, Bensheim, Weekly Report, Oct. 26, 1945.
85. Ibid., Dec. 24, 1945.
86. Elsässer,"Kissinger in Krefeld und Bensheim,"26.
87. Stadtarchiv Bensheim, 16, 1, Wien to Lehmann-Lauprecht, Aug. 11, 1945.
88. LOC, HAK, A-19(b), Klapproth to Kiesewetter, Aug. 31, 1945.
89. Ibid., Klapproth to Kiesewetter, Sept. 1, 1945.
90. Ibid.
91. Ibid., HAK report, Jan. 8, 1946.
92. Ibid., Kalapproth to Captain Leggatt, Sept. 10, 1945.
93. Stadtarchiv Bensheim, 16, 1, Klapproth to Leggatt, Sept. 17, 1945.
94. Ibid., Klapproth memorandum, Sept. 14, 1945.
95. Ibid., Klapproth to"Herr Henry,"Aug. 11, 1945.
96. Ibid., August, Luise and Martha Sprengart, Eidesstattliche Erklärung, Nov. 5, 1945.
97. LOC, HAK, A-19(b), Polizipräsident Dessau to Klapproth, Feb. 8, 1946.
98. Stadtarchiv Bensheim, 16, 1, Letter to Kiesewetter, Jan. 19, 1946. Cf. Elsässer,"Kissinger in Krefeld und Bensheim,"21ff.; Manfred Berg,"Bensheim nach dem Zweiten Weltkrieg,"in Maasß and Berg, *Bensheim,* 390ff.
99. LOC, HAK, A-19(b), HAK report, Feb. 22, 1946.
100. See Ferguson, *High Financier,* 417–21.
101. Stadtarchiv Bensheim, 14, 1, Testimony of Otto and Minna von Humbert, Jan. 25, 1946; Klapproth to Capt. Nagy, Jan. 31, 1946; Klapproth to HAK, Jan. 31, 1946.
102. Elsässer,"Kissinger in Krefeld und Bensheim,"23f.; Berg,"Bensheim nach dem Zweiten Weltkrieg,"392f.
103. Berg,"Bensheim nach dem Zweiten Weltkrieg,"387.
104. Stadtarchiv Bensheim, 14, 12, Treffert report to CIC, Apr. 5, 1946.
105. LOC, HAK, MDC-101, HAK Application for Federal Employment, Nov. 17, 1945.
106. Ibid., HAK to Adjutant General (Civilian Personnel Section), Mar. 6, 1946.
107. Kissinger family papers, HAK to his Parents, Feb. 10, 1946.
108. LOC, HAK, A-19(b), D. Donald Klous to HAK, July 22, 1946.
109. Ibid., Rosemary Reed to HAK, Apr. 8, 1946.
110. Stadtarchiv Bensheim, 14, 12, Treffert report to CIC, May 20, 1946, and July 5, 1946. Cf. Elsässer,"Kissinger in Krefeld und Bensheim,"25; Berg,"Bensheim nach dem Zweiten Weltkrieg,"389.
111. Kissinger family papers, HAK to his parents, Feb. 10, 1946.
112. Gaddis, *Kennan,* 221.
113. LOC, HAK, A-19(b), C.I.C. Team 970/59, Bensheim, Weekly Report, Dec. 24, 1945.
114. Ibid., Oct. 26, 1945.
115. LOC, HAK, A-19(b), HAK report, Feb. 5, 1946. Cf. Berg,"Bensheim

nach dem Zweiten Weltkrieg,"391.

116. LOC, HAK, MDC-101, HAK to Wesley G. Spence, Office of the Counselor for Veterans, May 10, 1947.
117. LOC, HAK, A-19(b), HAK report, Oct. 16, 1945; Raymond L. Patten report, Oct. 26, 1945.
118. Duffy,"Third Century of Passion Play,"
119. Shapiro, *Oberammergau,* 17.
120. Duffy,"Third Century of Passion Play,"669f.
121. Waddy, *Oberammergau in the Nazi Era,* 3—12.
122. Shapior, *Oberammergau,* 57.
123. Ibid., 70.
124. Ibid., 76f.
125. Ibid., 147.
126. Waddy, *Oberammergau in the Nazi Era,* 153f.
127. Shapiro, *Oberammergau,* 149.
128. Waddy, *Oberammergau in the Nazi Era.*
129. Ibid., 141—44, 176f. See also 207f.
130. Ibid., 221, 217, 221.
131. Ibid., 184.
132. Shapiro, *Oberammergau,* 142.
133. Waddy, *Oberammergau in the Nazi Era,* 213.
134. Ibid., 223.
135. Piszkiewicz, *Nazi Rocketeers,* 221.
136. Ibid., 234.
137. Heaps,"Oberammergau Today,"1469.
138. Shapiro, *Oberammergau,* 148.
139. Heaps,"Oberammergau Today,"1469.
140. Waddy, *Oberammergau in the Nazi Era,* 243f.
141. Ibid., 235.
142. Shapiro, *Oberammergau,* 180f.
143. Waddy, *Oberammergau in the Nazi Era,* 250.
144. Shapiro, *Oberammergau,* 183.
145. Ibid., 6. Cf. Heaps,"Oberammergau Today,"1469.
146. CIC School,"History and Mission,"83.
147. Lüers, *Fürchte Dich nicht,* 151.
148. U.S. Bureau of the Census, *Statistical Abstract of the United States: 1962* (Washington, DC: U.s. Government Printing Office, 1962), 336, table 453.
149. LOC, HAK, A & P, Kraemer letter of recommendation, Mar. 7, 1949. Cf. LOC, HAK, MDC-101, Outline for Lectures: Role of intelligence Investigator, Aug. 30, 1946.
150. LOC, HAK, MDC-101, European Theater School of Intelligence Lesson Plans, May 28, 1947.
151. Ibid., Col. Raymond letter, June 20, 1947.
152. Betty H. Carter Women Veterans Historical Project, University of North Carolina, Greensboro, Digital Collections, Interview with Jane Brister, 1999, http://bit.ly/1EyZQ9U.
153. LOC, MDC-101, HAK to Lieutenant Colonel Veazey, Oct. 1, 1946.
154. Ibid.
155. Ibid., Jane G. Brister special orders, Aug. 8, 1946.
156. Ibid., HAK and Springer report, Aug. 22, 1946.
157. Ibid., Oct. 26, 1946.
158. Ibid., HAK to Director of Training, Academic Division, U.S. Army, Mar. 5, 1947.
159. Mazlish, *Kissinger,* 44. See also Saalfrank,"Kissinger in

Oberammergau,"36f., and Saalfrank,"Kissinger und Oberammergau."
160. LOC, HAK, MDC-101, HAK statement, Oct. 5, 1946.
161. Ibid., Capt. Edward F. Esken to Lieut. Col. Veazey, Feb. 9, 1947.
162. Ibid., HAK to Chenil de la Bergenne, Paris, Feb. 20, 1947, and reply dated Apr. 4, 1947.
163. LOC, HAK, A-19(b), Pan-Am Airway Bill, July 7, 1947.
164. Suri, *Kissinger,* 81. See also Saalfrank,"Kissinger in Oberammergau,"39.
165. HAK, interview by author. See also Henry Rosovsky, interview by author.
166. Kissinger family papers, HAK to his parents, Feb. 10, 1946.
167. Ibid., Apr. 2, 1947.
168. HAK, interview by author.
169. HAK, Kent papers, HAK to his parents, July 28, 1948.
170. Kissinger family papers, HAK to his parents, Apr. 2, 1947.
171. Ibid.
172. Ibid., HAK to his parents, Apr. 12, 1947.
173. Ibid.
174. Ibid., HAK to his parents, June 22, 1947.

第 7 章：理想主義者

1. James,"True Harvard,"in Bentinck-Smith, *Harvard Book,* 12.
2. Quoted in Menand, *Metaphysical Club,* 60.
3. HAK,"Epics Are Prescriptions for Action,"in Anon., *William Yandel Elliott.*
4. Kissinger family papers, HAK to his parents, May 12, 1947.
5. Ibid., May 28, 1947.
6. LOC, HAK, MDC-101, HAK to the Registrar, Harvard, Apr. 2, 1947. See also HAK to Wesley G. Spence, Office of the Counselor for Veterans, May 10, 1947. Cf. Blumenfeld, *Kissinger,* 81; Mazlish, *Kissinger,* 44; Kalb and Kalb, *Kissinger,* 42.
7. LOC, HAK, MDC-101, Spence to HAK, June 13, 1947.
8. Ibid., Spence to Louis Kissinger, May 23, 1947.
9. UNRRA, Office of the Historian, Staffing Authorization, July 16, 1948.
10. LOC, HAK, A & P, Kraemer letter of recommendation, Mar. 7, 1949.
11. Kissinger family papers, HAK to his parents, Apr. 12, 1947.
12. Ibid., June 18, 1947.
13. Ibid., Aug. 12, 1948.
14. LOC, HAK, A-18(a), Kraemer to HAK, Oct. 3, 1949.
15. Blumenfeld, *Kissinger,* 82－86.
16. Ibid., 81.
17. Ibid., 80.
18. Kalb and Kalb, *Kissinger,* 42.
19. Isaiah Berlin to his parents, Mar. 15, 1941, in Berlin, *Letter,* 1:367.
20. Trevor-Roper, *Letters from Oxford,* 34.
21. Morison, *Three Centuries of Harvard,* 1－19, 23.

22. Ibid., 22f., 60, 69ff.
23. Menand, *Metaphysical Club,* 6, 77, 61, 219, 227, 229, 350—57, 441.
24. Morison, *Three Centuries of Harvard,* 435.
25. Ibid., 419ff.
26. Rosovsky, *Jewish Experience,* 72.
27. Feder,"Jewish Threat,"45f.
28. Eaton,"Here's to the Harvard Accent,"in Bentinck-Smith, *Harvard Book,* 13.
29. Feder,"Jewish Threat,"10.
30. Morison, *Three Centuries of Harvard,* 446, 449.
31. Feder,"Jewish Threat,"70.
32. Rosovsky, *Jewish Experience,* 7, 11.
33. Ibid., 9.
34. Feder,"Jewish Threat,"5.
35. Rosovsky, *Jewish Experience,* 55.
36. Feder,"Jewish Threat,"13.
37. Rosovsky, *Jewish Experience,* 15.
38. Ibid., 20.
39. Ibid., 23.
40. Stedman,"Born unto Trouble."
41. Ibid., 106.
42. Ibid., 104.
43. Ibid., 110. See also 36, 44, 61ff.
44. Kraus,"Assimilation, Authoritarianism, and Judaism,"19f., 35; tables 3, 4, 5, 6, 7, 8, 9, 13, 15.
45. White, *In Search of History,* 43f.
46. Ibid., 41.
47. Rosovsky, *Jewish Experience,* 31.
48. Schlesinger, *Life in the Twentieth Century,* 37, 54f.
49. Ibid., 510.
50. "Harvard College Class of 1950,"Harvard Alumni, http://bit.ly/1yWyOGX.
51. See, eg., Blumenfeld, *Kissinger,* 82.
52. "Housing Tight Again in Fall,"*Harvard Crimson,* Aug. 28, 1947. See also"President's Report,"*Official Register of Harvard University,* 46 no. 30 (Dec. 1, 1949), 5f.
53. "Gym House Students Overflow of 180,"*Harvard Crimson,* Sept. 22, 1947.
54. "Entry System Boosts Appeal, Erases Stigma of Claverly,"*Harvard Crimson,* Apr. 1, 1954;"Large Percentage of Claverly Hall Students Will Not Move to Houses,"*Harvard Crimson,* Mar. 30, 1955.
55. Mazlish, *Kissinger,* 56.
56. "The Union United,"*Harvard Crimson,* Oct. 15, 1947. See also Harvard Archives, HUB XXX, Box 30, 023.B.5, The Harvard Union.
57. See e.g., Blumenfeld, *Kissinger,* 82.
58. Anon., *Gold Coaster.*
59. "Adams Presents Good Food, Pool, Location Near to Yard,"*Harvard Crimson,* Mar. 24, 1950.
60. "Adams Forum to Discuss Schlesinger's'Vital Center,'"*Harvard Crimson,* Dec. 1, 1949.
61. Graubard, *Kissinger,* 5; Mazlish, *Kissinger,* 57.
62. LOC, HAK, A-1(a), HAK to CIC Reserve Affairs Section, Mar. 26, 1950.
63. Ibid., A-18(a), Kraemer to HAK, Oct. 3, 1949.
64. Ibid., G-14 Supp. (Kraemer), Kraemer to HAK, Nov. 17, 1949.
65. Ibid., MDC-101, HAK to Hans-Joachim Hirschmann, Sept. 9, 1948.
66. Ibid., Victor Guala to HAK, Sept. 8, 1948.
67. Blumenfeld, *Kissinger,* 84.
68. Ibid., 90.
69. Isaacson, *Kissinger,* KL 1253—56.
70. LOC, HAK, A-18(a), Ann Kissinger to HAK, Sep5. 26, 1949.

71. Isaacson, *Kissinger,* KL 1257—80.
72. Ibid., KL 1109—13.
73. See Kistiakowsky, *Scientist at the White House.*
74. LOC, HAK Kent 9, Harvard Report Card, July 21, 1949. Cf. Blumenfeld, *Kissinger,* 83.
75. White, *In Search of History,* 44f.
76. LOC, HAK, A & P, Kraemer letter of recommendation, Mar. 7, 1949.
77. Friendrich, *New Image of Common Man.*
78. Ibid., 117.
79. Ibid., 315.
80. Mazlish, *Kissinger,* 61. See also Isaacson, *Kissinger,* KL 1165—68.
81. Blumenfeld, *Kissinger,* 87.
82. Michael W. Schwartz,"On Professor Elliott's Retirement,"in Anon., *William Yandell Elliott,* See Purdy, *Fugitives' Reunion.*
83. Stone,"New World Order."
84. Elliott, *Pragmatic Revolt in Politics.*
85. Ibid., 423, 469.
86. Gunnel,"Real Revolution in Political Science,"48. I am grateful to David Eilliott for sharing some of his own research on his father's career.
87. Gunnel,"Political Science on the Cusp."For a critique, see Dryzek,"Revolutions Without Enemies."
88. Louis Hartz,"Elliott as a Teacher,"in Anon., *William Yandell Elliott.*
89. Mazlish, *Kissinger,* 64.
90. *Dictionary of American Biography,* 214.
91. Hoover Instiution Archives, William Y. Elliott Papers, Box 161, Elliott to Samuel Beer, Aug. 25, 1961.
92. Stone,"New World Order,"57.
93. Lincoln Gordon,"A desire to Convey Understanding,"in Anon., *William Yandell Elliott.*
94. *Dictionary of American Biography,* 214.
95. Harris,"Footnote to History,"8.
96. Harvard Archives, William Y. Elliott Papers, Elliott to Cordell Hull, Control of Raw Materials Through Joint Holding Companies, Sept. 29, 1941.
97. Harris,"Footnote to History,"7.
98. Harvard Archives, William Y. Elliott Papers, Elliott, Control of Strategic Materials in War and Peace, Institute of Public Affairs, July 7, 1942.
99. Heard Library, Vanderbilt, RG 300, 162, 21, Elliott to Harvey Branscombe, Apr. 14, 1952.
100. Ibid., RG 519, Elliott to Avery Leiserson, July 3, 1956.
101. Gunnell,"Political Science on the Cusp."
102. HAK,"Epics Are Prescriptions for Action,"in Anon., *William Yandell Elliott.*
103. Ibid.
104. Blumenthal, *Kissinger,* 86ff. See also Kalb and Kalb, *Kissinger,* 43.
105. LOC, HAK, A & P, Elliott, letter of recommendation, Oct. 31, 1949.
106. Ibid.
107. "A Guide to Writing a Senior Thesis in Government,"36, http://bit.ly/1DrBetP.
108. Blumenfeld, *Kissinger,* 92.
109. Sur, *Kissinger,* 29f.
110. Weber,"Kissinger as Historian,"3.
111. HAK,"Meaning of History"[henceforth MoH].
112. MoH, 1f., 4.
113. MoH, 10.
114. MoH, 112.
115. MoH, 142, 213.
116. MoH, 276.

117. MoH, 260f.
118. MoH, 288.
119. MoH, 321.
120. MoH, 123.
121. MoH, 123.
122. Dickson, *Kissinger and Meaning,* 59f.
123. MoH, 127f. Emphasis added.
124. MoH, 249.
125. MoH, 321.
126. MoH, 348.
127. Dickson, *Kissinger and Meaning,* ix.
128. Ibid., 8, 43, 72f.
129. Curely,"Kissinger, Spinoza and Genghis Khan,"in Garrett, *Cambridge Companion to Spinoza,* 315f.
130. MoH, 323.
131. MoH, 333.
132. MoH, 348.

第 8 章：心理戰

1. Lucas,"Campaigns of Truth,"301.
2. *Confluence,* 3, no. 4 (1954), 499.
3. John H. Fenton,"'Live and Let Live,'Acheson Bids Reds: Acheson at Harvard Yard for Commencement,"*New York Times,* June 23, 1950.
4. "Peace Group Pickets Acheson at Harvard,"*Boston Traveler,* June 23, 1950.
5. "Acheson Hits Reds' Trojan Moves,"*Boston Evening American,* June 22, 1950.
6. "The Secretary Speaks,"*Harvard Alumni Bulletin,* 760ff., 767.
7. Gaddis, *Kennan,* 404.
8. Leffler, *Soul of Mankind,* KL 540－41.
9. Ibid., KL 594－95.
10. Ibid., KL 603－4.
11. Ibid., KL 853－55.
12. Ibid., KL 928－40.
13. George F. Kennan to Secretary of State, telegram, Feb. 22, 1946, http://bit.ly/1DHuLu6.
14. Gaddis, *Kennan,* 203.
15. Gaddis, *Strategies of Containment,* 20.
16. Kennan to Secretary of State, telegram, Feb. 22, 1946, http://bit.ly/1DHuLu6.
17. Leffler, *Soul of Mankind,* KL 1078－79.
18. Ibid., KL 1014－19.
19. Gaddis, *Kennan,* 243f.
20. Ibid., 250.
21. Ibid., 260.
22. Ibid., 261.
23. Ibid., 273.
24. Ibid., 329.
25. See in general May, *American Cold War Strategy.* The full text is on 23ff.
26. Ibid., 34.
27. Chomsky,"Cold War and the University"; Robin, *Making of Cold War Enemy,* 57－71.
28. President James B. Conant,"Report to the Alumni,"June 22, 1950.
29. "Conant, Eisenhower, 18 Educators Urge Ban on Communist Teachers,"*Harvard Crimson,* June 9, 1949.
30. Winks, *Cloak and Gown.*
31. Ibid., 119, 247ff., 450, 453, 457ff.
32. Wilford, *Mighty Wurlitzer,* 128f.
33. Wink, *Cloak and Gown,* 447.
34. Suri, *Kissinger,* esp. 93－99, 109f.

35. Friedrich, *New Image of Common Man,* 319f.
36. Ibid., 330.
37. Elliott,"Time for Peace?"
38. Ibid., 166. See also William M. Blair,"Declares Russia Plans Atomic War: Prof. Elliott of Harvard Says Loans and Scientific Data Should Be Denied to Soviet,"*New York Times,* June 15, 1946.
39. Hoover Institution Archives, Elliott Papers, Box 110, Elliott to William Jackson, Oct. 11, 1950.
40. See Winks, *Cloak and Gown,* 54.
41. See, e.g., Hoover Institution Archives, Elliott Papers, Box 110, Jackson to Elliott, Dec. 27, 1950; Joseph Larocque to Elliott, Jan. 15, 1951.
42. Ambrose, *Nixon,* vol. 1.
43. Lindsay, *Beacons in the Night,* 330. On the Herter Committee, see Chris Barber,"The Herter Committee: Forging RN's Foreign Policy,"*The New Nixon* (n.d.), http://bit.ly/1aYeZnj.
44. Elliott,"Prospects for Personal Freedom,"182.
45. Elliott and Study Group, *United States Foreign Policy.*
46. Stone,"New World Order,"187.
47. Hoover Institution Archives, Elliott Papers, Box 30,"How Can We Have an Effective Coordination for Foreign Policy Under the Constitution of the United States?,"May 22, 1951.
48. Truman Library, Psychological Strategy Board, Box 7, Sidney Sulkin to Raymond Allen, Feb. 14, 1952.
49. Hoover Institution Archives, Elliott Papers, Box 14, Elliott to Frank Barnett, Mar. 28, 1956. See also Elliott,"Proposal for a North Atlantic Round Table."
50. Hoover Institution Archives, Elliott Papers, Box 77, Elliott to Samuel Beer, Aug. 25, 1961.
51. Ibid., Box 166, Elliott to Richard M. Nixon [henceforth RMN], Sept. 11, 1958.
52. Eisenhower Library, NSC Series, WHO OSANSA: Records, 1952–1961, Box 6, Elliott to Charles Stauffacher, Nov. 19, 1952.
53. Ibid., Elliott,"NSC Study,"Dec. 23, 1952; Memorandum for Arthur S. Elemming, Dec. 23, 1952. See also Edwin B. George to Elliott, Jan. 5, 1953.
54. Just three weeks after Eisenhower's inauguration, Elliott sent Nixon a proposal to"build up . . . U.S. airlifet capabilities by the subsidy of a commerical fleet": Nixon Library, General Correspondence 239, R. E. Cushman, Jr., to Robert Cutler, Feb. 11, 1953.
55. Elliott et al., *Political Economy of American Foreign Policy,* 322f.
56. Hoover Institution Archives, Elliott Papers, Box 93, Elliott, Memorandum for Under Secretary of State Christian Herter, Some Suggested Areas for the Development of Policy Planning in the Department of State, n.d., 5.
57. Ibid., Box 112, Elliott to Under Secretary Robert Thayer, June 10, 1960.
58. Elliott, *Mobilization Planning,* 35–40.
59. Hoover Institution Archives, Elliot Papers, Box 93, Elliott, Memorandum for Under Secretary

of State Christian Herter, Some Suggested Areas for the Development of Policy Planning in the Department of State, n.d., 4.

60. Eisenhower Library, Elliott to C. D. Jackson,"Organization of Psychological Defense Measures at Home,"Apr. 24, 1953.
61. Ibid.
62. For a skeptical view of its efficacy, see Schlesinger, *Life in the Twentieth Century,* 297.
63. Gaddis, *Kennan,* 295.
64. Wilford, *Mighty Wurlitzer,* 7.
65. Lucas,"Campaigns of Truth."See also Lucas, *Freedom's War,* 128 – 62.
66. Lucas, *Freedom's War,* 131.
67. Wilford, *Mighty Wurlitzer,* 25.
68. Mazlish, *Kissinger,* 59.
69. LOC, A-18(a), HAK to Advisor to Overseas Students, Oxford, Nov. 5, 1949.
70. Isaacson, *Kissinger,* KL 1282 – 89.
71. LOC, A-18(a), HAK to "Head Tutor,"Balliol, Aug. 30, 1950.
72. LOC, G-14 Supp. (Kraemer), Kraemer to HAK, Sept. 13, 1950.
73. LOC, MDC-101, Kraemer letter of recommendation, Feb. 16, 1951.
74. LOC, G-14, HAK to George van Santwoord, May 4, 1954; Lawrence Noble to Kraemer, June 10, 1954.
75. LOC, A-1(a), HAK to Commanding Officer, Camp Holabird, Mar. 26, 1950.
76. Defense Technical Information Center, Fort Belvior, VA,"History of Fort Holabrid: December 1917 to 29 June 1973,"MS.
77. LOC, MDC-101, Hirsch to Assistant Commandant, Evaluation of MRA (66th) for June 1950, Jul. 6, 1950.
78. Ibid., George Springer to George S. Pettee, Apr. 19, 1951, and Apr. 30, 1951.
79. Schrader, *History of Operations Research,* 1:v. The ORO relationship with Johns Hopkins persisted until 1961, after which it became the Research Analysis Corporation.
80. LOC, D-4, HAK to Darwin Stolzenbach, July 17, 1951.
81. Kalb and Kalb, *Kissinger,* 49.
82. LOC, K-69, More Korea Diaries 1951. For details of the interviews, see ibid., MDC-101, HAK to Stolzenbach, Nov. 17, 1951.
83. HAK and Darwin Stolzenbach, Technical Memorandum ORO-T-184,"Civil Affairs in Korea, 1950 – 51"(Chevy Chase, MD: ORO, [Aug.] 1952).
84. LOC, D-4, HAK to Stolzenbach, Feb. 7, 1952. Two years later Stolzenbach was able to say that their report had proved very valuable in practice and was widely regarded as a benchmark by ORO.
85. LOC, G-14 Supp. (Kraemer), HAK to Kintner, Nov. 20, 1951.
86. For Kraemer's 1951 memo"U.S. Psychological Warfare Campaign for Political, Economic, and Military Intergration of German Federal Republic into Western Europe,"see LOC, G-14, Kraemer to Rentnik, Dec. 9, 1951; Truman Library, Psychological Strategy Board, Box 24, 334 Panel"I,"Harriman to Allen, Apr. 16, 1952.
87. Truman Library, Psychological Strategy Board, Box 6, Folder 1, Kissinger's Analysis of Germany, July 11, 1952. See also ibid., James

W. Riddleberger memorandum, July 30, 1952. This paper may later have acquired the title "The Moral Failure of the Military Occupation of Germany."

88. Isaacson, *Kissinger,* KL 1513 – 17 [HAK to his parents, June 4, 1952].
89. LOC, D-4, HAK to Nancy Sweet, June 24, 1952.
90. Ibid., HAK to Richard Sherman, Oct. 19, 1951.
91. Ibid., HAK to Maj. A. M. Sears, Oct. 10, 1952.
92. Ibid., HAK to Otte Pribram, July 21, 1954.
93. Ibid., HAK to Stolzenbach, July 31, 1952.
94. Ibid., HAK to Stolzenbach, Nov. 12, 1952. See also Robert Soresen to HAK, Oct. 22, 1952' HAK to to Sorensen, Oct. 31, 1952.
95. LOC, A-18(a), Ann Fleischer to HAK, July 25, 1950.
96. LOC, A & P, HAK to Elliott, July 10, 1950.
97. LOC, A-1(a), transcript of a Harvard Government seminar, Mar. 2, 1953. See also the following week's transcript: Mar. 9, 1953. The later meeting was essentially taken over by Elliott for a reprise of the argument of his book *The Pragmatic Revolt.* Among the participants in the seminar was the young British political theorist Bernard Crick.
98. Wilford, *Mighty Wurlitzer,* 124f.
99. Ford Foundation Archives, Reel R-0492, John Conway to HAK, Apr. 19, 1951.
100. Ibid., Elliott to Carl B. Spaeth, Oct. 8, 1952.
101. Hoover Institution Archives, Elliott Papers, Box 2, HAK to Elliott, Aug. 22, 1951.
102. Ibid., Elliott to James Perkins, Oct. 20, 1953.
103. Ford Foundation Archives, Reel R-0492, Bernard L. Gladieux to Joseph M. McDaniel, Aug. 13, 1952.
104. Eisenhower Library, WHO-National Security Council Staff: Papers, 1942 – 1961, OCB secretariat Series, HAK to Edward Lilly, Sept. 8, 1953.
105. Hoover Institution Archives, Elliott Papers, Box 2, Elliott to James Perkins, Oct. 20, 1953.
106. For grumbling on these scores, see Anne Cameron,"Seminar Is Crossroads for Diverse Ideas, Interests,"*Harvard Crimson,* Aug. 6, 1963.
107. Graubard, *Kissinger,* 57f.
108. Ford Foundation Archives, Reel R-0492, Report by P. S. Sundaram, Nov. 22, 1954.
109. Blumenfeld, *Kissinger,* 98.
110. Ibid., 101.
111. Isaacson, *Kissinger,* KL 1310 – 16. Cf. Suri, *Kissinger,* 120ff.
112. Hoover Institution Archives, Elliott Papers, Box 110, Elliott to H. Gates Lloyd, Nov. 15, 1950.
113. Ibid., Elliott to Wisner, July 16, 1951.
114. LOC, HAK to H. Gates Lloyd, Apr. 20, 1951. Cf. Wilford, *Mighty Wurlitzer,* 123.
115. Ibid., HAK to H. Gates Lloyd, May 7, 1951.
116. Ford Foundation Archives, Reel R-0492, Bernard L. Gladieux to Joseph M. McDaniel, Aug. 13, 1952.
117. Kent papers, HAK to Allen Dulles, Oct. 28, 1952.

118. Ford Foundation Archives, Reel R-0492, Melvin J. Fox to Carl B. Spaeth, Aug. 1, 1952.
119. Hoover Institution Archives, Elliott Papers, Box 2, Elliott to Julius Fleischmann, Jan. 7, 1953, and Fleischmann's reply, Jan. 21, 1953.
120. Harvard Archives, 1953 Harvard International Seminar, Oct. 9, 1953.
121. Hoover Institution Archives, Elliott Papers, Box 2, elliott to James Perkins, Oct. 20, 1953.
122. LOC, Kent 64, Elliott to Bundy, Nov. 3, 1953.
123. LOC, G-14 Supp. (Kraemer), HAK to Kraemer, Dec. 31, 1953.
124. Ford Foundation Archives, Reel R-0492, Elliott to Don K. Price, Feb. 13, 1954.
125. LOC, D-4, HAK to Stolzenbach, Feb. 25, 1954.
126. Ford Foundation Archives, Reel R-0492, Excerpt from docket, Oct. 29, 1954.
127. Harvard Archives, International Seminar, Elliott to John Marshall, Dec. 1, 1954.
128. Ibid., UAV 813.141.10, Robert Blum to HAK, Oct. 21, 1955.
129. Ibid., International Seminar, HAK to Don Price, Dec. 10, 1955.
130. Ford Foundation Archives, Reel R-1057, Elliott to Katz, Mar. 17, 1952.
131. Harvard Archives, Elliott to Rusk, Apr. 30, 1952; Elliott to Marshall, May 12, 1952.
132. Ibid., International Seminar, Bowie to Stone, Mar. 5, 1953.
133. Ford Foundation Archives, Reel R-0492, Stanley T. Gordon to Shepard Stone, Sept. 1, 1954.
134. See Lindsay, *Beacons in the Night.*
135. Thomas, *Very Best Men,* 70—73.
136. Ford Foundation Archives, Reel R-1057, Shepard Stone to James Laughlin, May 13, 1953.
137. Ibid., Laughlin to Frank Lindasy, July 16, 1953.
138. LOC, Kent 64, HAK to Bundy, May 20, 1954.
139. Ibid., Marie Carney to Bundy, Aug. 20, 1952.
140. See in general Wilford, *Mighty Wurlitzer.* See also Cull, *Cold War and USIA;* Saunders, *Who Paid the Piper?;* and Von Eschen, *Satchmo Blows Up the World.*
141. Isaacson, *Kissinger,* KL 1328—32.
142. Suri, *Kissinger,* esp. 124. See also Mazlish, *Kissinger,* 71.
143. Isaacson, *Kissinger,* KL 1378—79.
144. LOC, Kent 64, Bundy to Lippmann, Feb. 20, 1953; Harvard Archives, International Seminar, Bundy to Byron Dexter, Feb. 25, 1953. See also HAK to Stone, Mar. 17, 1953.
145. Leffler, *Soul of Mankind,* KL 1344—45.
146. Ibid., KL 1347—51.
147. William Fulton,"Harvard Makes It Easy to Air Red, Pink Views,"*Chicago Tribune,* Apr. 10, 1951.
148. Boston Athenæum, National Council for American Education,"Red-ucators at Harvard University,"ms.
149. William Fulton," 'I Am a Red' He Said; 'Also a Harvard Grad,' "*Chicago Tribune,* Apr. 8, 1951.
150. Isaacson, *Kissinger,* KL 1310—16; Sigmund Diamond,"Kissinger and the FBI,"*Nation,* Nov. 10, 1979.

151. Diamond, *Compromised Campus,* 138－50. See also Suri, *Kissinger,* 127f.; Gaddis, *Kennan,* 496.
152. Kennedy Library, Schlesinger Papers, Incoming Correspondence, 1945－1960, Box P-17, HAK to Schlesinger, Mar. 16, 1953.
153. Harvard Archives, International Seminar, HAK to Camus, Jan. 26, 1954.
154. LOC, Kent 63, HAK to Schlesinger, Mar. 10, 1954.
155. Isaacson, *Kissinger,* KL 1358－61.
156. Kennedy Library, Bundy Papers, Harvard Correspondence, Box 14, HAK to Bundy, May 8, 1952.
157. LOC, E-2, HAK to Schlesinger, Sept. 28, 1953.
158. "Letters,"*Confluence* 3, no. 3 (1954), 360.
159. William Yandell Elliott,"What Are the Bases of Civilizatin?,"*Confluence* 1, no. 1 (1952).
160. Harvard Archives, International Seminar, HAK to Hessenauer, Jan. 3, 1952.
161. *Confluence* 2, no. 1 (1953), 10.
162. Ibid., 42.
163. *Confluence* 2, no. 3 (1953), 126.
164. *Confluence* 2, no. 4 (1953), 61－71.
165. *Confluence* 3, no. 3 (1954), 131f., 136.
166. Ibid., 295－306.
167. *Confluenc* 3, no. 4 (1954), 497f.
168. LOC, G-14 Supp. (Kraemer), HAK to Kraemer, Nov. 19, 1954.
169. *Confluence* 3, no. 4 (1954), 499f.

第 9 章：季辛吉博士

1. LOC, Kent 64, HAK to Bundy, Jan. 28, 1954.
2. Blumenfeld, *Kissinger,* 93.
3. LOC, MDC-101, Sargent Kennedy to HAK, June 2, 1954.
4. Fukuyama,"World Restored."
5. Kaplan,"Kissinger, Metternich, and Realism."
6. See, e.g., Kalb and Kalb, *Kissinger,* 46ff.
7. Isaacson, *Kissinger,* KL 1403－5.
8. Suri, *Kissinger,* 129.
9. Graubard, *Kissinger,* 17.
10. LOC, ORO & CIC-HAK Misc. Corr. (N-Z), HAK to Geroge Pettee, Jan. 4, 1955. Cf. Weidenfeld, *Remembering My Friends,* 384－87.
11. Kalb and Kalb, *Kissinger,* 46.
12. Isaacson, *Kissinger,* KL 1445－50, citing HAK to Louis Kissinger, Jan. 31, 1954.
13. See, e.g., Birke,"World Restored."
14. HAK, *World Restored* [henceforth *WR*], KL 237－38.
15. *WR,* KL 3679－82.
16. *WR,* KL 3664－65.
17. *WR,* KL 2810－14.
18. *WR,* KL 349－50.
19. *WR,* KL 494－95.
20. *WR,* KL 2867－68.
21. *WR,* KL 3509.
22. *WR,* KL 4302.
23. *WR,* KL 1546－50.
24. *WR,* KL 1646－47.
25. *WR,* KL 1725－27.
26. *WR,* KL 1159－61.
27. *WR,* KL 948.
28. *WR,* KL 2300－2307.

29. *WR*, KL 2567–68.
30. *WR*, KL 3434–37.
31. *WR*, KL 5442–43.
32. *WR*, KL 6565–84. Emphasis added.
33. *WR*, KL 662–64, 747–48.
34. *WR*, KL 3472–74.
35. *WR*, KL 3939–76.
36. *WR*, KL 254–55.
37. HAK,"Conservative Dilemman,"1030.
38. *WR*, KL 230–31.
39. *WR*, KL 171–5.
40. *WR*, KL 3521–24.
41. *WR*, KL 3802–3.
42. *WR*, KL 1803–4.
43. *WR*, KL 5741.
44. *WR*, KL 453–56.
45. *WR*, KL 1537–43.
46. *WR*, KL 2237–41.
47. *WR*, KL 281–85.
48. *WR*, KL 558–63.
49. *WR*, KL 281–85.
50. *WR*, KL 295–99.
51. *WR*, KL 1336–37.
52. *WR*, KL 4336–39.
53. *WR*, KL 6526–39，6542–45.
54. *WR*, KL 719–20.
55. *WR*, KL 5621–26.
56. *WR*, KL 181–95.
57. *WR*, KL 172–81.
58. *WR*, KL 102–19.
59. *WR*, KL 172–81.
60. *WR*, KL 140–48.
61. *WR*, KL 119–40.
62. HAK,"Congress of Vienna: Reappraisal,"280.
63. *WR*, KL 702–8.
64. *WR*, KL 847–48.
65. *WR*, KL 1188–92.
66. *WR*, KL 1248–54.
67. *WR*, KL 1270–71.
68. *WR*, KL 1606–8.
69. *WR*, KL 2837–61.
70. *WR*, KL 2923–33.
71. *WR*, KL 2974–3022.
72. For a sympathetic modern account, see Bew, *Castlereagh*.
73. *WR*, KL 4178–85.
74. *WR*, KL 5377–78, 5389.
75. *WR*, KL 5396–99.
76. *WR*, KL 6398–400.
77. Most obviously in this passage: *WR*, KL 3685–98.
78. *WR*, KL 3478–505.
79. *WR*, KL 3812–19.
80. *WR*, KL 6416–43.
81. *WR*, KL 6633–53.
82. *WR*, KL 6604–29.
83. *WR*, KL 6633–53.
84. Fukuyama,"World Restored"; Kaplan,"Kissinger, Metternich, and Realism."
85. Webster,"World Restored."
86. Birke,"World Restored."
87. Maxwell,"World Restored."
88. Hans Kohn,"Preserving the Peace,"*New York Times,* Oct. 13, 1957.
89. Wright,"World Restored."
90. LOC, Kent 64, HAK to Bundy, Jan. 28, 1954.
91. LOC, A & P, HAK to Elliott, July 10, 1950.
92. LOC, Kent 63, HAK to Elliott, Dec. 12, 1950.
93. Ibid.
94. LOC, Kent 63, HAK to Elliott, Mar. 2, 1951.
95. LOC, G-14 Supp. (Kraemer) HAK to Kintner, Nov. 20, 1951.
96. Ibid.
97. Ibid.
98. LOC, Kent 63, HAK,"Soviet

Strategy—Possible U.S. Countermeasures,"Dec. 1951.
99. Leffler, *Soul of Mankind,* 91f.
100. LOC, Kent 63, HAK,"The Soviet Peace Offensive and German Unity,"June 3, 1953.
101. LOC, Kent 64, Bundy to HAK, June 23, 1953.
102. LOC, D-4, George Pettee to HAK, June 10, 1953.
103. Ibid., HAK to Pettee, June 12, 1953.
104. LOC, #-2, HAK to Schlesinger, June 10, 1953.
105. LOC, Kent 63, HAK to Schlesinger, Mar. 10, 1954.
106. Isaacson, *Kissinger,* KL 1518－23. According to Henry Rosovsky, it was the economist Carl Kaysen who blackballed him.
107. Mazlish, *Kissinger,* 50, 78f.
108. LOC, Kent 64, HAK to Bundy, Dec. 31, 1952.
109. Isaacson, *Kissinger,* KL 1456－99.
110. Blumenfeld, *Kissinger,* 93.
111. Harvard Archives, International Seminar, Leland DeVinney to Nathan Pusey, May 20, 1954.
112. The award is recorded in a card index held at the Rockefeller Archive Center.
113. LOC, Kent 64, HAK to Bundy, June 8, 1954.
114. Ibid., HAK to Bundy, Sept. 26, 1954.
115. National Archives, Nixon Presidential Materials, White House Tapes, Oval Office, Conversation Number: 699－1, Mar. 31, 1972.
116. Bentinck-Smith, *Harvard Book,* 24.

第 10 章：奇愛博士

1. "A New Look at War-Making,"*New York Times,* July 7, 1957.
2. LOC, Box 43, Oppenheimer to Gordon Dean, May 16, 1957.
3. Isaacson, *Kissinger,* KL 1536.
4. Marian Schlesinger, interview by author.
5. Setphen Schlesinger's diary, Oct. 6, 2008.
6. LOC, Kent 64, HAK to Bundy, Sept. 16, 1954.
7. HAK,"Eulogy for Arthur M. Schlesinger, Jr.,"Apr. 23, 2007, http://bit.ly/1yWzxbl.
8. LOC, Kent 63, HAK,"The Impasse of American Policy and Preventive War,"Sept. 15, 1954.
9. Ibid., HAK to Schlesinger, Dec. 8, 1954.
10. LOC, E-2, Schlesinger note on Harrison Salisbury's articles from Russia in *New York Times,* Sept. 23, 1954.
11. Ibid., Schlesinger to HAK, Sept. 22, 1954.
12. LOC, D-4, Pettee to HAK, Oct. 12, 1954.
13. LOC, Kent 63, HAK to Schlesinger, Dec. 8, 1954.
14. Ibid., Memorandum to Schlesinger, Dec. 8, 1954.
15. LOC, D-4, R. G. Stilwell to HAK,

Feb. 25, 1955.

16. Ibid., HAK to Pettee, Mar. 1, 1955. Kissinger found McCormack"absolutely brilliant."
17. LOC, E-2, HAK to Schlesinger, Feb. 16, 1955.
18. HAK,"Military Policy and'Grey Areas.'"
19. LOC, E-2, HAK to schlesinger, Feb. 16, 1955.
20. See also HAK,"American Policy and Preventive War,"*Yale Review* 44 (Spring 1955).
21. Finletter, *Power and Policy.*
22. HAK,"Military Policy and'Grey Areas,'"417.
23. Ibid.
24. Ibid., 418.
25. Ibid., 419.
26. Ibid., 428.
27. Ibid., 423.
28. Ibid., .
29. Ibid., .
30. Ibid., .
31. Ibid., .
32. Ibid., .
33. Hart, *Revolution in Warfare,* 99. See also Hart,"War, Limited."
34. Osgood, *Limited War.*
35. See, e.g., Richard Leghorn,"No Need to Bomb Cities to Win War,"*U.S. New ε World Report,* Jan. 28, 1955.
36. Bernard Brodie,"Unlimited Weapons and Limited War,"*Reporter,* Nov. 18, 1954; Brodie,"Nuclear Weapons: Strategic or Tactical?,"esp. 226—29. See Brodies' later article "More About Limited War,"However, Brodie's book *Strategy in the Missile Age* did not appear until 1959. See in general Larsen and Kartchner, *On Limited Nuclear War.*
37. HAK,"The Limitations of Diplomacy,"*New Republic,* May 9, 1955, 7f.
38. LOC, G-13, HAK to Huntington, Apr. 29, 1955.
39. Ibid., Huntington to HAK Apr. 24, 1955.
40. Bird, *Color of Truth,* 107.
41. Ibid., 142. See also Isaacson, *Kissinger,* KL 1550.
42. Gaddis, *Kennan,* 374.
43. NSC-68, 56.
44. Gaddis, *Kennan,* 377.
45. Rosenberg,"Origins of Overkill,"22.
46. Bowie and Immerman, *Waging Peace,* 224ff.
47. John Gaddis,"The Long Peace: Elements of Stability in the Postwar International System,"in Lynn-Jones and Miller, *Cold War and After,* 1f.
48. For a compelling critique of this view, see Gavin, *Nuclear Statecraft,* 60f.
49. Chernus,"Eisenhower: Toward Peace,"57.
50. Gaddis, *Strategies of Containment,* 171ff.
51. Ferrell, *Eisenhower Diaries,* 210.
52. Gaddis, *Strategies of Containment,* 137.
53. Gaddis, *Cold War,* 68.
54. Gaddis, *Strategies of Containment,* 174. Cf. Craig, *Destroying the Village,* 69.
55. Bowie and Immerman, *Waging Peace.*
56. See Soapes,"Cold Warrior Seeks Peace."
57. Fish,"After Stalin's Death."
58. See Osgood, *Total Cold War,* 57ff.
59. Bowie and Immerman, *Waging Peace,* 193.
60. Rosenberg,"Origins of Overkill,"31.
61. Jackson,"Beyond Brinkmanship,"57.

62. Ibid., 60.
63. Ambrose, *Nixon,* vol. 1, KL 12757.
64. Gaddis, *Strategies of Containment,* 147f.
65. Ibid., 133.
66. Thomas, *Ike's Bluff,* KL 2772—75.
67. Parry-Giles,"Eisenhower, 'Atoms for Peace.' "
68. Hixon, *Parting the Iron Curtain,* 223.
69. Thomas, *Very Best Men,* 165—69.
70. Paul H. Nitze,"Limited War or Massive Retaliation?"
71. Osgood, *Total Cold War,* 167.
72. Green,"Eisenhower, Science and Test Ban Debate."
73. For the panel's report, see http://1.usa.gov/1OkG4DA.
74. Willilam L. Borden to J. Edgar Hoover, November 7, 1953, http://bit.ly/1ICqWfN.
75. Tal,"Secretary of State Versus the Secretary of Peace."
76. Hoover Institution Archives, Elliott Papers, International Seminar, HAK to RMN, May 12, 1955.
77. LOC, Kent 64, HAK to Bundy, Aug. 17, 1955.
78. Ibid., Bundy to HAK, Aug. 23, 1955.
79. Grose, *Continuing the Inquiry.*
80. Wala, *Council on Foreign Relations,* esp. 229—43.
81. Shoup and Minter, *Imperial Brain Trust.* See also G. William Domhoff,"Why and How the Corporate Rich and the CFR Reshaped the Global Economy After World War II . . . and Then Fought a War They Knew They Would Lose in Vietnam,"http://bit.ly/1DFj0UG. For an especially fatuous version of the conspiracy theory,"Stuff They Don't Want You to Know—The CRF,"http://bit.ly/1JEm63t.
82. LOC, Box 43, Franklin to Oppenheimer, Mar. 28, 1955.
83. Ibid., HAK to Oppenheimer, Apr. 1, 1955.
84. Kennedy Library, Bundy Papers, Box 17, Bundy to HAK, Apr. 14, 1955.
85. Harvard Archives, Bundy Papers, UA III 5 55.26 1955—1956, CRF Study Group meeting, unedited digest, May 4, 1955.
86. Kennedy Library, Schlesinger Papers, Box P-17, HAK to Schlesinger, Oct. 3, 1955.
87. Smith, *On His Own Terms,* KL 5699.
88. Ibid., KL 5894. See also Reich, *Life of Rockefeller.*
89. Lewis, *Spy Capitalism,* 21.
90. Rockefeller Archive Cener, Gen. Theodor Parker to Nelson Rockefeller [henceforth NAR], Draft of Letter to Eisenhower, July 29, 1955. See also Parker to NAR, Aug. 4, 1955; Aug. 8, 1955; NAR to Charles Wilson, Aug. 9, 1955; Memorandum of Conversation with John Foster Dulles and Allen Dulles, Aug. 11, 1955. On the failure of"Open Skies"as propaganda, see Osgood, *Total Cold War,* 194.
91. Hoover Institution Archives, Elliott Papers, Box 166, Elliott to Raymond Moley, Mar. 30, 1960.
92. Reich, *Rockefeller,* 614f.
93. Smith, *On His Own Terms,* KL 5995.
94. Rockefeller Archive Center, Panel Members, Aug. 16, 1955.
95. Ibid., Open Remarks to Panel by NAR, Aug. 23, 1955.

96. HAK,"Eulogy for Nelson Rockefeller,"Feb. 2, 1979, http://bit.ly/1DHvpb1.
97. Harvard Archives, International Seminar, Sept. 9, 1955.
98. Rockefeller Archive Center, Fourth Session, Aug. 28, 1955.
99. Gavin, *Nuclear Statecraft,* 57.
100. LOC, Kent 63, HAK,"The Problem of German Unity,"Oct. 10, 1955.
101. Eisenhower Library, HAK,"Psychological and Pressure Aspects of Negotiations with the USSR,"NSCN Series, 10,"Psychological Aspects of United States Strategy"(Nov. 1955).
102. LOC, E-2, HAK to NAR, Nov. 8, 1955.
103. Ibid., HAK to Operations Research Office, Dec. 21, 1955. Here, as elsewhere, I prefer to adjust relative to GDP rather thatn simply using the consumer price index: details in Lawrence H. Officer and Samuel H. Williamson,"Explaining the Measures of Worth,"http://bit.ly/1I4ygkz.
104. LOC, E-3, HAK to NAR, Dec. 21, 1955.
105. Kennedy Library, HAK to Schlesinger, Dec. 15, 1955.
106. Ibid., Schlesinger Papers, Box P-17, HAK to Schlesinger, Jan. 25, 1955.
107. Ibid., HAK, Soviet Strategy—Possible U.S. Countermeasures, Dec. 15, 1955. See also LOC, Kent 13, HAK, Notes on the Soviet Peace Offensive, Apr. 4, 1956.
108. Kennedy Library, Schlesinger Papers, Box P-17, HAK to Schlesinger, Jan. 24, 1956.
109. HAK,"Force and Diplomacy,"350ff.
110. Ibid., 357.
111. Ibid., 360.
112. Ibid., 362.
113. Ibid., 365f.
114. Rosenberg,"Origins of Overkill,"42.
115. HAK,"Reflections on American Diploomacy,"38.
116. Ibid., 41.
117. Ibid., 46f.
118. Ibid., 40.
119. Falk,"National Security Council Under Truman."
120. Ibid., 53, 42.
121. Kennedy Library, Bundy Papers, Box 19, HAK to Bundy, Nov. 1, 1956.
122. LOC, Kent 64, HAK to Bundy, Nov. 8, 1956.
123. Harvard Archives, International Seminar, HAK to Graubard, Nov. 12, 1956.
124. Ibid., HAK to Graubard, Dec. 31, 1956.
125. Isaacson, *Kissinger,* KL 1627.
126. LOC, A-2, HAK to Kraemer, June 24, 1957.
127. Ibid., HAK to Teller, June 5, 1957.
128. LOC, Kent 69, HAK speech,"How the Revolution in Weapons Will Affect Our Strategy and Foreign Policy,"Economic club of Detriot, Apr. 15, 1957.
129. HAK,"Strategy and Organization."
130. Eisenhower Library, Paper as POTUS, 1953—1961 [Ann Whitman File], Box 23, Eisenhower note, Apr. 1, 1957.
131. HAK,"Strategy and Organization,"380.
132. Ibid., 383, 386.
133. Ibid., 387.

134. Ibid.
135. Ibid., 388.
136. Ibid., 390–93.
137. 389.
138. HAK, "Controls, Inspection, and Limited War," *Reporter,* June 13, 1957.
139. LOC, A-2, HAK to Bundy, Feb. 7, 1957.
140. HAK, *Nuclear Weapons and Foreign Policy* [henceforth *NWFP*], 7.
141. *NWFP,* 60.
142. *NWFP,* 84.
143. Ibid.
144. *NWFP,* 211, 214, 219.
145. *NWFP,* 128, 131.
146. *NWFP,* 144, 170.
147. *NWFP,* 360.
148. *NWFP,* 227f.
149. *NWFP,* 183f.
150. *NWFP,* 226.
151. Schelling, "Essay on Bargaining"; Schelling, "Bargaining, Communication, and Limited War."
152. *NWFP,* 157.
153. *NWFP,* 180–83.
154. *NWFP,* 194–201.
155. *NWFP,* 427–29.
156. LOC, F-3(c), HAK to Oscar Ruebhausen, June 11, 1956.
157. LOC, Box 43, Oppenheimer to Gordon Dean, May 16, 1957.
158. LOC, Oppenheimer Papers, Box 262, Kissinger Book, RO Statement, June 14, 1957.
159. Harvard Archives, International Seminar, HAK to Graubard, July 8, 1957.
160. "A Recipe Against Annihilation," *Washington Post and Times Herald,* June 30, 1957.
161. "An Atom Age Strategy," *Chicago Daily Tribune,* July 7, 1957.
162. Book Review, *New York Herald Tribune,* July 10, 1957.
163. "On the Problems of Preparedness in Today's World," *Christian Science Monitor,* June 27, 1957.
164. "A New Look at War-Making," *New York Times,* July 7, 1957.
165. *American Political Science Review* 52, no. 3 (Sept. 1958), 842–44.
166. "War Without Suicide," *Economist,* Aug. 24, 1957.
167. "Dilemma of the Nuclear Age in a Keen, Many-Sided View," *New York Herald Tribune,* June 30, 1957.
168. James E. King, Jr., "Nuclear Weapons and Foreign Policy, I—Limited Defense," *New Republic,* July 1, 1957, and "II—Limited Annihilation," ibid., July 15, 1957.
169. Paul H. Nitze, "Limited War or Massive Retaliation?"
170. Isaacson, *Kissinger,* KL 1682.
171. Nitze, "Atoms, Strategy, and Policy."
172. Morgenthau, "Nuclear Weapons and Foreign Policy," See also the journalist Walter Millis's somewhat similar critique: *Political Science Quarterly* 72, no. 4 (Dec. 1957), 608ff.
173. Brodie, "Nuclear Weapons and Foreign Policy."
174. Possony, "Nuclear Weapons and Foreign Policy."
175. Kaufmann, "Crisis in Military Affairs," 585, 593.
176. William H. Stringer, "State of the Nation: Is Limited War Possible?," *Christian Science Monitor,* July 24, 1957.
177. "USAF Policy Theorist Brands Limited War Escapist Language," *Globe and Mail,* Sept. 16,

1957.
178. LOC, A-2, Gavin to HAK, July 15, 1957; HAK to Gavin, July 27, 1957.
179. "Can War Be Limited?," *Des Moines Sunday Register,* July 21, 1957.
180. Chalmers M. Roberts,"Headaches for Ike . . .," *Washington Post and Times Herald,* July 24, 1957. See also Roberts,"Kissinger Volume Stirs a Debate,"ibid., Sept. 1, 1957.
181. Nixon Library, Pre-Presidential Papers, General Correspondence 414, RMN to HAK, July 7, 1958.
182. Lodge, *As It Was,* 202.
183. Eisenhower Library, Papers as POTUS, 1953－1961 [Ann Whitman File], Box 23, Lodge to Eisenhower, July 25, 1957.
184. Ibid., Box 25, Eisenhower to Acting Secretary of State Herter, July 31, 1957. In a private memorandum, however, Eisenhower made his own objections more explicit: "This man would say, 'We are to be an armed camp—capable of doing all things, all the time, everywhere.' "Thomas, *Ike's Bluff,* KL 7243－45.
185. Russell Baker, "U.S. Reconsidering 'Small-War' Theory," *New York Times,* Aug. 11, 1957.
186. Alistair Cooke,"Limited or World War? U.S. Debates the Odds," *Manchester Guardian,* Aug. 12, 1957.
187. Russell Baker,"The Cold War and the Small War," *Time,* Aug. 26, 1957.
188. Harvard Archives, International Seminar, HAK to Graubard, Dec. 5, 1956.
189. LOC, A-2, HAK to Bundy, Feb. 7, 1957.
190. Gaddis, *Strategies of Containment,* 178f.
191. Osgood, *Total Cold War,* 336f.
192. Ibid., 344.
193. Mieczkowski, *Eisenhower's Sputnik Moment.* For the text of Eisenhower's Nov. 7 speech, see http://bit.ly/1EnogkR.
194. "Man to Watch," *New York Herald Tribune,* Mar. 21, 1958.
195. "Kissinger Speaks," *New York Herald Tribune,* Oct. 14, 1957. See also "Dr. Kissinger Amplifies,"ibid., Oct. 17, 1957.
196. Eisenhower Library, Records as POTUS—White House Central Files, Box 7, Leo Cherne to executive members of the Research Institute, Oct. 24, 1957.
197. "U.S. Warned to Prevent More'Syrias,'" *Los Angeles Examiner,* Oct. 30, 1957.
198. LOC, *Face the Nation,* Nov. 10, 1957, transcript.
199. Eisenhower Library, CIA, Foreign Broadcast Information Service, Current Developments Series, Radio Propaganda Report, CD.78, Oct. 1, 1957.
200. Jackson,"Beyond Brinkmanship."

第 11 章：波士頓—華盛頓

1. LOC, Kent 9, John Conway to HAK, Feb. 17, 1956.
2. HAK,"The Policymaker and the Intellectual," *Reporter,* Mar. 5, 1959,

30, 33.

3. LOC, G-13, Huntington to HAKApr. 14, 1956.
4. Ford Foundation Archives, Reel R-0492, Elliott to Don Price, n.d.
5. LOC, Kent 64, HAK to Bundy, June 14, 1956.
6. LOC, Kent 13, Rockefeller to HAK, Apr. 28, 1956.
7. LOC, F-3(c), HAK to Oscar Ruebhausen, June 11, 1956. On the genesis of the Special Studies Project, see Smith, *On His Own Terms,* KL 6096.
8. Harvard Archives, International Seminar, HAK to Graubard, June 25, 1956.
9. LOC, Kent 64, HAK to Bundy, Aug. 9, 1956.
10. Harvard Archives, International Seminar, HAK to Graubard, June 25 and July 9, 1956.
11. LOC, Kent 9, HAK to NAR, May 22, 1957.
12. Atkinson, *In Theory and Practice,* 18. Cf. Isaacson, *Kissinger,* KL 1762—70.
13. LOC, Kent 9, Robert Strausz-Hupé to HAK, July 24, 1957. On Strausz-Hupé, see Wiarda, *Think Tanks and Foreign Policy,* 14ff.
14. LOC, Kent 64, HAK to Bundy, Aug. 6, 1957; Bundy to HAK, Aug. 15, 1957. For evidence of Bundy's unease at the extent of Kissinger's extracurricular commitments, see HAK to Bundy, Sept. 11, 1957.
15. "Kissinger Talk Views U.S. Gov't Defense Program,"cutting from unidentifiable newspaper, May 31, 1958.
16. LOC, E-2, HAK Resignation as Reserve Office (1959), Mar. 6, 1959.
17. LOC, G-13, HAK to Stanley Hoffmann, Sept. 13, 1957.
18. Graubard, *Kissinger,* 115.
19. LOC, HAK Papers, D-9, Kraemer to HAK, May 17, 1958.
20. Rockefeller Archive Center, Kraemer, Trends in Western Germany, June 1, 1958.
21. Ibid., HAK to Lt. Col. Robert Ekvall, July 7, 1956.
22. Andrew,"Cracks in the Consensus,"551.
23. Rosenberg,"Prospect for America,"2f.
24. Smith, *On His Own Terms,* KL 6096.
25. Rockefeller Archive Center, Special Studies Project, Oct. 31, 1956.
26. Ibid., Elliott draft, Nov. 1, 1956. See also the revised and retitled draft, Elliott to Robert Cutler, Nov. 2, 1956.
27. Hoover Institution Archives, Elliott Papers, Box 88, United States Democratic Process—The Challenge and Opportunity, Nov. 9, 1956.
28. See, e.g., Rockefeller Archive Center, HAK to Rusk, Nov. 27, 1956.
29. Reich, *Life of Rockefeller,* 653, 658f.
30. Smith, *On His Own Terms,* 6156.
31. Lewis, *Spy Capitalism,* 58.
32. Rosenberg,"Prospect for America,"20. Cf. Snead, *Gaither Committee. See also Halperin,"Gaither Committee."*
33. Gaddis, *Strategies of Containment,* 182f.
34. Osgood, *Total Cold War,* 345.
35. Lewis, *Spy Capitalism,* pp. 79ff.
36. Rockefeller Brothers Fund, *Prospect for America,* 96, 104.

37. Reich, *Life of Rockefeller,* 665.
38. Andrew,"Cracks in the Consensus,"541.
39. Rosenberg,"Prospect for America,"2f. See Isaacson, *Kissinger,* KL 1739—42.
40. Rosenberg,"Prospect for America "2f.
41. Kennedy Library, Schlesinger Papers, Incoming Correspondence, 1945—1960, Box P—17, HAK to Schlesinger, Jan. 13, 1958.
42. LOC, HAK Papers, E-2, Schlesinger to HAK, Jan. 28, 1958.
43. Rosenberg,"Prospect for America,"22.
44. Ibid., 27ff.
45. Andrew,"Cracks in the Consensus,"544f.
46. Ibid., 542.
47. Ibid., 538, 548.
48. LOC, Kent 13, NAR to HAK, July 2, 1958.
49. Andrew,"Cracks in the Consensus,"549.
50. Rosenberg,"Prospect for America,"7, 27ff.
51. Collier and Horowitz, *Rockefellers,* 195.
52. Rosenberg,"Prospect for America,"5.
53. Persico, *Imperial Rockefeller,* 77.
54. Reich, *Life of Rockefeller,* 661.
55. Ibid., 663.
56. Smith, *On His Own Terms,* KL 6514.
57. HAK, interview by author.
58. Harvard Archives, International Seminar, HAK to Graubard, Nov. 12, 1956.
59. Ibid., HAK to Graubard, Dec. 5, 1956.
60. Rockefeller Archive Center, HAK to NAR, Dec. 27, 1956; NAR to HAK, Dec. 31, 1956.
61. Ibid., HAK to NAR, Jan. 9, 1957; LOC, Kent 9, HAK to NAR, May 22, 1957; LOC, Kent 64, HAK to NAR, Aug. 10, 1957.
62. LOC, Kent 69, Milton Katz to HAK, Jan. 6, 1961.
63. Isaacson, *Kissinger,* KL 1812—14.
64. Straight, *Nancy Hanks,* 57f.
65. Reich, *Life of Rockefeller,* 662.
66. LOC, F-3(c), Hanks to HAK, Sept. 22, 1961.
67. Isaacson, *Kissinger,* KL 1730—32.
68. On the relationsip with NAR, see Straight, *Nancy Hanks,* 47—55. She went on to serve as the second chairman of the National Endowment for the Arts (1969—77) .
69. Ibid., 57.
70. LOC, HAK Papers, E-1, HAK to Nancy Hanks, Nov. 6, 1958.
71. Ibid., E-2, HAK to Jamieson, Nov. 7, 1958.
72. LOC, F-3(c), HAK to Hanks, Jan. 12, 1960.
73. LOC, E-1, Hanks to HAK, Mar. 17, 1960.
74. Ibid., HAK to Hanks, Mar. 21, 1960.
75. Ibid., Hanks to HAK, Mar. 23, 1960.
76. LOC, F-3(c), HAK to Hanks, Sept. 26, 1961.
77. LOC, E-1, HAK to Hanks, June 16, 1960.
78. "summertime . . . Busiest Season of All. Traveler Visits One of Nation's Outstanding Young men,"*Boston Traveler,* July 7, 1959.
79. Isaacson, *Kissinger,* KL 1907—18, citing HAK to his parents, Sept. 8, 1961.

80. "Man to Watch: Dr Kissinger—Foreign Policy Expert,"*Tribune* [?], March 21, 1958.
81. Walter Kissinger, interview by author.
82. LOC, Kent 64, HAK to NAR, Jan. 6, 1960.
83. Mazlish, *Kissinger,* esp. 84—88.
84. Suri, *Kissinger,* 133—37.
85. Smith, *Harvard Century,* 215f.
86. Schlesinger, *Veritas,* 209.
87. Smith, *Harvard Century,* 219f., 227.
88. Harvard Archives, International Seminar, Mar. 26, 1958. See also HAK to Don Price [Ford Foundation], Dec. 10, 1958.
89. LOC, Kent 64, Elliott to Bundy, Mar. 25, 1959.
90. Atkinson, *In Theory and Practice,* 7—10.
91. Bird, *Color of Truth,* 143. CK. Kalb and Kalb, *Kissinger,* 57; Mazlish, *Kissinger,* 75f.
92. Bowie and Kissinger, *Program of the CFIA,* 1.
93. Atkinson, *In Theory and Practic,* 28f.
94. Bowie and Kissinger, *Program of the CFIA,* 4.
95. Atkinson, *In Theory and Practice,* 28—32.
96. Ibid., 28.
97. Ibid., 48.
98. Ibid., 44.
99. Ibid., 118.
100. Ibid., 119f.
101. Hoover Institution Archives, Elliott Papers, Box 166, Elliott to Raymond Moley, Mar. 30, 1960.
102. Mazlish, *Kissinger,* 77f.
103. Isaacson, *Kissinger,* KL 1807—10.
104. LOC, HAK Papers, E-1, Hanks to Corinne Lyman, Feb. 28, 1958.
105. Ibid., Corinne Lyman to Hanks, Mar. 3, 1958.
106. Kent Papers, HAK to Bowie, n.d.
107. Isaacson, *Kissinger,* KL 1785—87; Thomas Schelling, interview by author.
108. Bird, *Color of Truth,* 143.
109. Isaacson, *Kissinger,* KL 1827—44.
110. LOC, Kent 64, HAK to Bundy, June 17, 1958; LOC, G-14 Supp (Kraemer), HAK to Kraemer, Dec. 22, 1961.
111. Atkinson, *In Theory and Practice,* 78.
112. See, e.g., Kennedy Library, Bundy Papers, Harvard Years Correspondence, Box 22, Joint Arms Control Seminar: Abstract of Discussion, Oct. 4, 1960; Second Meeting, Oct. 24, 1960.
113. Kennedy Library, Bundy Papers, Harvard years Correspondence, Box 22, Joint Arms Control Seminar: Abstract of Discussion, Dec. 19, 1960.
114. Isaacson, *Kissinger,* KL 1844—52.
115. Fred Gardner,"The Cliché Expert Testifies on Disarmament,"*Harvard Crimson,* Jan. 16, 1963.
116. Charles S. Maier,"The Professors' Role as Government Adviser,"*Harvard Crimson,* June 16, 1960.
117. Charles W. Bevard, Jr.,"Two Professors Called Militarists,"*Harvard Crimson,* May 29, 1963.
118. Westad, *Global Cold War;* Ferguson, *War of the World,* 596—625.
119. Gaddis, *Strategies of Containment,* 128f., 179f.
120. Ibid., 138.
121. Gaddis, *Kennan,* 487.

122. Osgood, *Total Cold War,* 96－113, 124f.
123. Ibid., 118ff.
124. Ibid., 132, 136.
125. Ibid., 138－40.
126. Frey,"Tools of Empire."
127. Osgood, *Total Cold War,* 124.
128. Frey,"Tools of Empire,"543.
129. Gaddis, *Strategies of Containment,* 156.
130. Ruehsen,"Operation 'Ajax' Revisited."
131. Osgood, *Total Cold War,* 146ff.
132. Leary, *Central Intelligence Agency,* 62f.
133. Thomas, *Very Best Men,* 229－32; Grose, *Gentleman Spy,* 723f.
134. HAK, interview by Mike Wallace. The interview can be viewed at http://cs.pn/1GpkMou.
135. American Broadcasting Company, in association with The Fund for the Republic, *Survival and Freedom: A Mike Wallace Interview with Henry A. Kissinger* (1958), 3－7.
136. Ibid., 5.
137. Ibid., 9f.
138. Ibid., 10.
139. Ibid., 11.
140. Ibid., 11, 13.
141. Ibid., 14.

第 12 章：知識份子暨決策者

1. Smith, *On His Own Terms,* KL 9499－500.
2. Nixon Library, Pre-Presidential Papers, General Correspondence 239, Elliott to RMN, Jan. 11, 1960.
3. LOC, Louis Kissinger newspaper cutting collection. See also "Kissinger, Among Top Ten Men, Real Expert,"*Boston Traveler,* Jan. 7, 1959;"Harvard's Kissinger Worked Days, Studied Nights,"*Boston Sunday Globe,* Jan. 11, 1959.
4. HAK,"Policymaker,"31, 33.
5. Ibid., 34.
6. Ibid., 35.
7. LOC, Kent 13, NAR to HAK, July 2, 1958.
8. LOC, Kent 64, HAK to NAR, Aug. 26, 1958.
9. Ibid., HAK to NAR, Sept. 19, 1958.
10. LOC, E-1, HAK to Nancy Hanks, Oct. 6, 1958.
11. LOC, Kent 64, HAK to NAR, Oct. 6, 1958.
12. Smith, *On His Own Terms,* KL 7353.
13. LOC, E-2, Schlesinger to HAK, Now. 5, 1958.
14. Gaddis, *Kennan,* 522－27.
15. Osgood, *Total Cold War,* 199－205.
16. HAK,"Missiles and Western Alliance,"383－93.
17. Ibid., 398.
18. "Kissinger Urges Europe to Accept Missile Base,"*New York Herald Tribune,* Mar. 19, 1958.
19. Stephen S. Singer,"Limited War Concept Defended by Kissinger,"unidentified newspaper from Hanover, NH, Mar. 19, 1958.
20. Kennedy Library, Schlesinger Papers, HAK to Schlesinger, Mar. 28, 1958.
21. Rubinson,"'Crucified on a Cross of Atoms.'"

22. Osgood, *Total Cold War,* 207.
23. Thomas, *Ike's Bluff,* KL 3995—4000.
24. Gaddis, *Strategies of Containment,* 191f.
25. LOC, G-15, HAK to *Harvard Crimson,* Oct. 27, 1958.
26. LOC, *Harvard Crimson,* HAK to Richard Levy, Oct. 2, 1958.
27. HAK,"Nuclear Testing and the Problem of Peace,"7, 16.
28. LOC, E-2, Teller to HAK, Nov. 5, 1958.
29. Osgood, *Total Cold War,* 208f.
30. "Truth Kept from Public,"*Evening World Herald,* Oct. 23, 1958.
31. LOC, Kent 64, HAK to NAR, Feb. 9, 1959.
32. Ibid., NAR to HAK, Dec. 17, 1958.
33. LOC, E-2, HAK to Schlesinger, July 6, 1959.
34. "So wenig wie möglich vernichten,"*Die Welt,* Jan. 12, 1959.
35. "Atomare Abschreckung genügt nicht mehr,"*Süddentsche Zeitung,* Jan. 14, 1959.
36. LOC, D-4, HAK to Dönhoff, Feb. 2, 1959. See also Dönhoff to HAK, Feb. 26, 1959. *Die Zeit* ran a version of his piece on"The Policymaker and the Intellectual."
37. Gavin, *Nuclear Statecraft,* 58.
38. Ibid., 65.
39. Trachtenberg, *Cold War and After,* 25, 32.
40. "Der Theoretiker des'begrenzten Krieges,'"*Frankfurter Rundschau,* Jan. 17, 1959.
41. "Kissinger sprach vor Generalen,"*Die Welt,* Jan. 24, 1959.
42. "Mit Panzern nach Berlin?,"*Der Spiegel,* Feb. 11, 1959. See also"Harvard Professor Favors Total War as'Last Resort'to Keep Berlin Free,"Reuters, Feb. 10, 1959.
43. "Mr. Kissinger ist für den Krieg,"*Berliner Zeitung,* Feb. 10, 1959;"Westberlin ist Zeitzünderbombe,"*Neues Deutschland,* Feb. 10, 1959;"Wer bedroht wen?,"*Nationalzeitung,* Feb. 14, 1959.
44. "Professors Express Varied Views on Current State of Berlin Crisis,"*Harvard Crimson,* Mar. 13, 1959. This was shortly before the publication of Brzezinski's reputation-making book *The Soviet Bloc: Unity and Conflict.*
45. For an early draft, see LOC, A-1(a), HAK, Beyond the Summit (Office Copy), Apr. 20, 1959.
46. HAK,"Search for Stability."
47. Ibid., 542.
48. Ibid., 543, 549, 551, 555.
49. Ibid., 556.
50. LOC, Kent 64, HAK to NAR, Mar. 7, 1960; Mar. 23, 1960.
51. LOC, C-1, Hobbing/Kissinger, Position Paper A-5, Rev. 2 (Preliminary), Berlin, June 14, 1960.
52. Ambrose, *Nixon,* vol. 1, KL 7601—2.
53. *Telegraph,* Apr. 25, 1988.
54. Nixon, *RN: Memoirs,* KL 3860—61.
55. Ambrose, *Nixon,* vol. 1, KL 10161—64.
56. LOC, Kent 64, HAK to NAR, May 7, 1959.
57. LOC, E-1, Nancy Hanks to HAK, Apr. 14, 1959.
58. LOC, Kent 64, HAK to NAQ, July 22, 1959; July 27, 1959.
59. LOC, F-3(c), Roswell B. Perkins to HAK, Aug. 18, 1959.
60. LOC, Kent 64, HAK to NAR, Aug.

21, 1959.

61. LOC, F-3(c), Perkins to HAK, Gertrude Hardiman, and Tom Losee, Oct. 22, 1959.
62. LOC, Kent 13, HAK to Nar, Sept. 3, 1959.
63. Ibid., Statement After Meeting with Mr. Khrushchev [draft], Sept. 3, 1959.
64. LOC, Kent 13, HAK to NAR, Sept. 4, 1959.
65. HAK,"The Khrushchev Visit: Dangers and Hopes,"*New York Times,* Sept. 6, 1959.
66. Ambrose, *Eisenhower,* vol. 2, KL 10735. Cf. Gaddis, *Strategies of Containment,* 195.
67. *Harvard Crimson,* Nov. 30, 1959.
68. LOC, G-15, HAK to Michael Churchill, Nov. 30, 195. The letter was published as"Clarification,"*Harvard Crimson,* Dec. 1, 1959.
69. Ambrose, *Eisenhower,* vol. 2, KL 10735.
70. LOC, F-3(c), HAK to Perkins, Nov. 5, 1959; HAK to NAR, Nov. 9, 1959.
71. LOC, Kent 64, HAK to NAR, Dec. 28, 1959.
72. Ibid., HAK to Bundy, Oct. 14, 1959.
73. See, e.g., Nixon Library, Pee-Presidential Papers, 414, Kirk, RMN to HAK, June 10, 1959.
74. Nixon Library, RMN,"What Can I Believe: A series of essays prepared by Richard M. Nixon during his Senior year of study at Whittier College during the 1933—1934 School Year in the course 'Philosophy of Christian Reconstruction,' "Oct. 9, 1933—Mar. 29, 1934, 1.
75. Wills, *Nixon Agonistes,* 31.
76. Nixon Library, RMN,"What Can I Believe,"2, 32.
77. Ibid., 3of.
78. Frank, *Ike and Dick,* 213ff.
79. Safire, *Before the Fall,* 275.
80. LOC, HAK Newspaper Collection, RMN to HAK, Sept. 15, 1959.
81. Hoover Institution Archives, Elliott Papers, Elliott to RMN, Jan. 29, 1958; Nixon Library, Pre-Presidential Papers, Box 239, RMN to Ellitt, Feb. 25, 1958.
82. Nixon Library, Pre-Presidential Papers, Box 239, RMN to George Caitlin, Feb. 21, 1958.
83. Ibid., General Correspondence, 239, Elliott to John F. Fennelly, Mar. 29, 1960.
84. Ambrose, *Nixon,* vol. 1, KL 10319—59.
85. Nixon Library, Pre-Presidential Papers, General Correspondence, 239, Elliott to RMN, Jan. 11, 1960.
86. Ibid., Elliott to RMN, Apr. 24, 1960.
87. Hoover Institution Archives, Elliott Papers, Box 166, Unlabeled, Elliott to RMN, Apr. 24, 1961.
88. Aitken, *Nixon,* 341.
89. Reeves, *President Nixon,* 11f.
90. Stans, *One of the President's Men,* 268.
91. Aitken, *Nixon,* 161.
92. Donovan, *Confindential Secretary,* 158.
93. Black, *Richard Milhous Nixon,* 221.
94. Aitken, *Nixon,* 334.
95. HAK Newspaper Collection,"Debating Military Policy: Extension of Remarks of Hon. Lyndon B. Johnson,"*Congressional Record,* Feb. 16, 1960. Cf."The Nation,"*Time,* Feb. 15, 1960.

96. LOC, F-3(c), HAK to Perkins, Jan. 19, 1960.
97. Ibid.
98. Ibid., Laurance Rockefeller to HAK, Mar. 25, 1960.
99. LOC, A & P, HAK to Schlesinger, Re. NAR, Apr. 9, 1962.
100. Rosenberg,"Origins of Overkill."
101. Osgood, *Total Cold War,* 210.
102. Thomas, *Very Best Men,* 218.
103. Gaddis, *Strategies of Containment,* 195f.
104. LOC, F-2(a), HAK to NAR, May 23, 1960.
105. LOC, Kent 64, HAK to NAR, May 20, 1960.
106. LOC, F-2(a), HAK, Thoughts on Our Military Policy, May 28, 1960, 15.
107. Ibid., 19.
108. LOC, F-2(a), HAK, Additional Note on Military Affairs, June 1, 1960.
109. Ambrose, *Nixon,* vol. 1, KL 10831—45.
110. LOC, F-3(c), HAK to Perkins, June 8, 1960.
111. LOC, Kent 13, Perkins to NAR, June 17, 1960. Cf. LOC, F-2(b), Foreign Affairs: Summaries of Position Papers, July 1, 1960.
112. LOC, Kent 64, HAK to NAR, Sept. 26, 1960; LOC, E-2, HAK to Teller, June 1, 1960.
113. Smith, *On His Own Terms,* KL 8030-31.
114. Ibid., KL 10916—28.
115. HAK,"Do the New Nations Need Our Kind of Democracy?,"*New York Post,* June 19, 1960.
116. "A 'New Look' Plan on Arms Opposed,"*New York Times,* June 19, 1960.
117. HAK,"Arms Control, Inspection,"559, 568, 571f.
118. Atkinson, *In Theory and Practice,* 72f., 76.
119. HAK,"Limited War: Conventional or Nuclear?,"806f.
120. Ibid., 808.
121. Isaacson, *Kissinger,* KL 1990—95.
122. Walter Millis,"The Object Is Survival,"*New York Times,* Jan. 15, 1961.
123. Martin,"Necessity for Choice."
124. Wright,"Necessity for Choice."
125. HAK, *Necessity for Choice* [henceforth *NFC*], 1.
126. *NFC,* 2—6, 32, 98.
127. Fursenko and Naftali, *Khrushchev's Cold War.*
128. *NFC,* 23.
129. *NFC,* 257, 122.
130. HAK,"For an Atlantic Confederacy,"*Reporter,* Feb. 2, 1961.
131. LOC, Box 7, HAK to Caryl Haskins, Nov. 12, 1959. See also Haskins's reply, Nov. 25, 1959.
132. *NFC,* 122.
133. *NFC,* 300ff.
134. *NFC,* 303, 308.
135. *NFC,* 311, 318, 328.
136. LOC, Kent 64, Cushman to HAK, June 28, 1960.
137. Schlesinger, *Journals,* Aug. 30, 1960.
138. Ambrose, *Nixon,* vol. 1, KL 11155—97. See also Smith, *On His Own Terms,* KL 8159; Black, *Richard Milhous Nixon,* 396.
139. Schlesinger, *Journals,* Aug. 30, 1960.
140. LOC, Kent 64, George Grassmuck to HAK, Aug. 29, 1960.
141. Ibid., HAK to Grassmuck, Sept. 1, 1960.
142. LOC, F-3(c), HAK to Perkins, Nov.

30, 1960.
143. Ibid., HAK to Adolph Berle, Jr., Oct. 17, 1960.
144. LOC, A & P, HAK to Nar, Nov. 18, 1960.
145. LOC, F-3(c), HAK to Cort Schuyler, Dec. 20, 1960. See also Dec. 23, 1960.
146. Ibid., HAK to Schuyler, Jan. 11, 1961.
147. LOC, Kent 64, HAK to Nar, Feb. 24, 1961.
148. LOC, HAK Papers, Box 7, HAK to Haskins, Nov. 12, 1959. Cf. *NFC,* 313f.
149. Rockefeller Archive Center, Kraemer to HAK, Nov. 1, 1956. See the paper Trends in Western Germany, Nov. 1956.
150. Schlesinger, *Journals,* Aug. 30, 1960.
151. LOC, G-14, Kraemer to HAK, Dec. 2, 1957.

第 13 章：彈性回應

1. Hoover Institution Archives, Elliott Papers,"Conference on the Marriage of Political Philosophy and Practice in Public Affairs in Honor of Professor Elliott,"Harvard Summer School, Program and Proceedings, July 22, 1963.
2. Kennedy Library, Subject File, 1961－1964, Box WH-13, HAK to Schlesinger, Sept. 8, 1961.
3. Andrew Dugan and Frank Newport,"Americans Rate JFK as Top Modern President,"Gallup, Nov. 15, 2013, http://bit.ly/1d9qLNh.
4. Frank Newport,"Americans Say Reagan Is the Greates U.S. President,"Feb. 18, 2011, http://bit.ly/1DytthB.
5. Halberstam, *Best and Brightest,* 42.
6. Schlesinger, *Thousand Days,* 728f.
7. Caro, *Passage of Power,* KL 6294－98, 6301.
8. Smith, *Harvard Century,* 13.
9. Atkinson, *In Theory and Practice,* 126f.
10. Dwight D. Eisenhower,"Farewell Address,"Jan. 17, 1961, *PBS American Experience,* http://to.pbs.org/1DYtEcw.
11. Atkinson, *In Theory and Practice,* 127.
12. LOC, J-10, John F. Kennedy [henceforth JFK] to HAK, Dec. 13, 1958.
13. Ibid., HAK to JFK, Dec. 23, 1958.
14. Ibid., JFK to HAK, Jan. 23, 1959.
15. Ibid., JFK to HAK, Feb. 6, 1959.
16. Ibid., HAK to JFK, Feb. 13, 1959.
17. Ibid., JFK to HAK, June 4, 1959.
18. "Kennedy Moves to Organize Campus Braintrust,"*Boston Sunday Globe,* Dec. 11, 1959.
19. John F. Kennedy Library Oral History Program, Abram Chayes, recorded interview by Eugene Gorden, May 18, 1964, 39－45. See also Archibald Cox, recorded interview by Richard A. Lester, Nov. 25, 1964, 39.
20. LOC, F-3(c), HAK to Perkins, Jan. 19, 1960.
21. LOC, D-4, HAK to Sally Coxe Taylor, Feb. 10, 1960.
22. *NFC,* 6.

23. LOC, Kent 13, HAK to Happy Murphy, Jan. 21, 1960.
24. Arthur Schlesinger, *Journals,* Aug. 30, 1960.
25. LOC, F-3(c), HAK to Adolph Berle, Jr., Oct. 25, 1960.
26. LOC, J-10, HAK to JFK, Nov. 14, 1960.
27. Ibid., HAK to JFK, Nov. 16, 1960.
28. Rosenberg,"Prospect for America,"57ff.
29. Richard H. Rovere,"Letter from Washington,"*New Yorker,* Jan. 21, 1961, 108f.
30. William Manchester,"John F. Kennedy: Portrait of a President,"*New York Post Magazine,* Mar. 22, 1963.
31. Kennedy Library, Schlesinger Papers, Incoming Correspnodence, 1945—1960, Box P—17, HAK to Schlesinger, Jan. 23, 1961.
32. LOC, Kent 64, Bundy to HAK, Jan. 28, 1961.
33. "Kennedy Expected to Name Dr. Kissinger to Key Post,"*Boston Sunday Globe,* Feb. 5, 1961.
34. LOC, Kent 64, HAK to Bundy, Feb. 8, 1961.
35. LOC, Kent 64, HAK to Bundy, Feb. 8, 1961.
36. LOC, J-10, HAK to JFK, Feb. 8, 1961.
37. LOC, Kent 64, Bundy to HAK, Feb. 10, 1961.
38. Ibid., Bundy to HAK, Feb. 18, 1961.
39. Ibid., HAK to Bundy, Mar. 1, 1961; Bundy to HAK, Mar. 9, 1961.
40. Ibid., HAK to Bundy, Feb. 22, 1961.
41. Kennedy Library, Staff Memoranda, Box 320, Office of the White House Press Secretary, Feb. 27, 1961.
42. Bird, *Color of Truth,* 186. See also 143f.
43. Kennedy Library, Subject File, 1961—1964, Box WH-13, HAK to Schlesinger, Sept. 8, 1961. See also New York Public Library, Schlesinger Journal, July 28, 1961.
44. LOC, A & P, HAK to Schlesinger, Re. NAR, Apr. 9, 1962.
45. LOC, Kent 64, HAK to NAR, Feb. 10, 1961.
46. See, e.g., LOC, F-3(c), Hugh Morrow to NAR, Feb. 20, 1961.
47. LOC, F-3(c), June Goldthwait to HAK, Mar. 20, 1961.
48. See, e.g., HAK,"A Stronger Atlantic Confederacy,"*Japan Times,* Mar. 22, 1961.
49. LOC, F-3(c), Cort Schuyler to HAK, Apr. 13, 1961.
50. Ibid., Mary K. Boland to HAK, Mar. 10, 1961.
51. Ibid., Boland to Perkins and HAK, Apr. 14, 1961.
52. LOC, Kent 64, HAK to NAR, Aug. 7, 1961.
53. LOC, F-3(c), Morrow to NAR, Apr. 30, 1961.
54. LOC, Kent 64, HAK to NAR, June 1, 1961.
55. LOC, Kent 63, HAK to NAR, May 3, 1961.
56. Giglio, *Kennedy,* 48.
57. Gaddis, *Strategies of Containment,* 200.
58. Ibid., 216.
59. Freedman, *Kennedy's Wars,* esp. 417ff.
60. Preston,"Little State Department,"639—43.
61. Nelson,"Kennedy's National Security Policy."
62. Preston,"Little State Department,"644.

63. Destler, *Presidents, Bureaucrats,* 96–100.
64. Ibid., 102f.
65. Daalder and Destler, *Shadow of Oval Office,* 40.
66. Preston,"Little State Department,"647f.
67. Salinger, *With Kennedy,* 110f.
68. Reeves, *Prsident Kennedy,* 288.
69. Ibid., 289–92.
70. New York Public Library, Schlesinger Journal ms., Mar. 31, 1962.
71. LOC, Kent 64, HAK to NAR, Aug. 14, 1961.
72. Kissinger family papers, Louis Kissinger to HAK, Nov. 19, 163.
73. Isaacson, *Kissinger,* KL 1940–41.
74. Bartle Bull,"Castro Cites Cuban Goals in Dillon Takl,"*Harvard Crimson,* Apr. 27, 1959.
75. Higgins, *Perfect Failure,* 50.
76. Beck,"Necessary Lies, Hidden Truths,"43.
77. Ibid., 52.
78. Higgins, *Perfect Failure,* 67.
79. Ibid., 68, 71, 81, 91, 168, 75, 103, 108.
80. Schlesinger, *Thousand Days,* 222, 225, 231.
81. Giglio, *Kennedy,* 58; Daalder and Destler, *Shadow of Oval Office,* 21; Schlesinger, *Thousand Days,* 259.
82. Vandenbroucker,"Anatomy of a Failure,"487, 478.
83. Rasenberger, *Brilliant Disaster,* 386.
84. Salinger, *With Kennedy,* 196.
85. New York Public Library, Schlesinger Journal ms., Apr. 21–22, 1961, 174f.
86. Giglio, *Kennedy,* 63.
87. May and Zelikow, *Kennedy Tapes,* 27.
88. Ibid., 28.
89. Rasenberger, *Brilliant Disaster,* 334.
90. Rothkopf, *Running the World,* 85.
91. Daalder and Destler, *Shadow of Oval Office,* 23.
92. Preston,"Little State Department,"649. See also Rasenberger, *Brilliant Disaster,* 334ff.; Rothkopf, *Running the World,* 90.
93. Kennedy Library, Staff Memoranda, Box 320, Bundy to Allen Dulles, May 29, 1961; NSC to Bundy, May 29, 1961; Dulles to Bundy, May 30, 1961. Cf. Atkinson, *In Theory and Practice,* 129.
94. Kennedy Library, Subject File, 1961–1964, Box WH-13, HAK to Schlesinger, Sept. 8, 1961.
95. Kennedy Library, Staff Memoranda, Box 320, HAK to JFK, Feb. 28, 1961.
96. Ibid., HAK to Bundy, Mar. 14, 1961.
97. LOC, D-Series, HAK,"Memorandum for the President: Major Defense Options,"Mar. 22, 1961.
98. Ibid.
99. Ibid., HAK,"Revisions of National Security Council document called'NATO and the atlantic Nations,'"Apr. 5, 1961.
100. Ibid., HAK to Bundy, May 5, 1961.
101. Fursenko and Naftali, *Khrushchev's Cold War,* 341.
102. Rueger,"Kennedy, Adenauer and Berlin Wall,"77.
103. Brinkley, *Kennedy,* 78. Cf. Gavin, *Nuclear Statecraft,* 64.
104. Gavin, *Nuclear Statecraft,* 65.
105. Ausland and Richardson,"Crisis Management,"294.
106. Ibid., 295.

107. Rueger,"Kennedy, Adenauer and the Making of the Berlin Wall,"95.
108. Ibid., 92f.
109. *FRUS, 1961—1963,* vol. XIV, *Berlin Crisis, 1961—1962,* Doc. 42, Record of Meeting of the Interdepartmental Coordinating Group on Berlin Contingency Planning, June 16, 1961; Doc. 49, Report by Acheson, June 28, 1961. Cf. Rueger,"Kennedy, Adenauer and the Making of the Berlin Wall,"102; Gavin, *Nuclear Statecraft,* 67; Schlesinger, *Thousand Days,* 345.
110. Kennedy Library, Box 462, Kissinger Chronological File 7/61, HAK to Rostow, Apr. 4, 1961.
111. Ibid., HAK, Visit of Chancellor Adenauer—Some Psychological Factors, Apr. 6, 1961.
112. Klaus Wegreife,"Adenauer Wanted to Swap West Berlin for Parts of GDR,"*Der Spiegel,* Aug. 15, 2011, http://bit.ly/1KcVDHO.
113. Kennedy Library, Box 462, HAK, Visit of Chancellor Adenauer—Some Psychological Factors, Apr. 6, 1961.
114. Ibid., HAK to Bundy, Dec. 26, 1961. See also Bundy to Dowling, Dec. 30, 1961; Dowling to Bundy, Jan. 18, 1962; Kaysen to HAK, Jan. 20; HAK to Kaysen, Jan. 24; Kaysen to Dowling, Jan. 26; Dowling to Kaysen, Jan. 30; HAK to Kaysen, Feb. 2, Feb. 3; U.S. Embassy Bonn to Rusk, Feb. 7; Bundy to Dowling, Feb. 7.
115. New York Public Library, Schlesinger Journal ms., Apr. 21—22, 1961, 174f.
116. LOC, D-Series, HAK to JFK, May 5, 1961.
117. LOC, D-4, HAK to Rostow, May 5, 1961.
118. Patrick,"Berlin Crisis in 1961,"90—93.
119. Kennedy Library, Staff Memoranda, Box 320, HAK to Bundy, May 5, 1961.
120. Ibid., Bundy to HAK, May 5, 1961.
121. LOC, D-Series, HAK, Meeting with Minister of Defense Franz Josef Strauss, May 10, 1961. See also Kennedy Library, Box 462, U.S. Embassy in Bonn to Rusk, May 18, 1961. Strauss subsequently gave a newspaper interview in which he made some of his disagreements with Kissinger public. See also Rueger,"Kennedy, Adenauer and the Making of the Berlin Wall,"148—50.
122. *FRUS, 1961—1963,* vol. XIII, *Western Europe and Canada,* Doc. 111, Dowling to Rusk, July 5, 1961.
123. LOC, D-Series, HAK, Metting with Adenauer, May 18, 1961. See also Kennedy Library, Box 462, U.S. Embassy in Bonn to Rusk, May 19, 1961.
124. LOC, D-Series, HAK, Conversation with François de Rose, June 13, 1961.
125. Ibid., HAK memorandum, May 25, 1961.
126. Kennedy Library, HAK to Bundy, June 13, 1961.
127. Kennedy Library, Box 462, U.S. Embassy in Bonn to Rusk, May 25, 1961. Cf. Patrick,,"Berlin Crisis in 1961,"95f.; Anthony Verrier,,"Kissinger's Five Points,"*Observer,* May 21, 1961.

128. Joseph Wershba, "Is Limited War the Road to, or from, the Unlimited Kind?," *New York Post,* June 5, 1961.
129. Kennedy Library, Box WH-13, HAK to Schlesinger, June 9, 1961. Cf. Brinkley, *Kennedy,* 8of.; Freedman, *Kennedy's Wars,* 55; Reeves, *Kennedy,* 174.
130. Brinkley, *Kennedy,* 78; Kempe, *Berlin 1961,* 294f.
131. Preston, *War Council,* 69f. See also Schlesinger, *Thousand Days,* 349.
132. *FRUS, 1961–1963,* vol. XIV, *Berlin Crisis, 1961–1962,* Doc. 76, Bundy to JFK, July 19, 1961.
133. Ibid., Doc. 57, Schlesinger to JFK, July 7, 1961.
134. LOC, LOC, Kent 64, HAK to Bundy, June 5, 1961.
135. Ibid., HAK to Bundy, June 5, 1961.
136. Ibid., Bundy to HAK, June 8, 1961.
137. Ibid.
138. LOC, D-Series, HAK to Bundy, June 20, 1961.
139. LOC, A & P, HAK to Rostow, June 27, 1961; Kennedy Library, Box 462, HAK to Bundy, June 29, 1961.
140. Ibid., HAK to Rostow, June 27, 1961.
141. "The Administration: The Test of Reality," *Time,* June 30, 1961.
142. Fursenko and Naftaili, *Khrushchev's Cold War,* 370.
143. Rueger, "Kennedy, Adenauer and the Making of the Berlin Wall," 180f.
144. Schlesinger, *Thousand Days,* 350f.; Kempe, *Berlin 1961,* 299f.
145. Kennedy Library, Box 462, HAK to Bundy, General War Aspect of Berlin Contingency Planning, July 7, 1961.
146. Ibid., HAK to Bundy, Status of Berlin Contingency Planning, July 7, 1961.
147. Kennedy Library, Box 81a, Germany—Berlin, Kissinger's Report on Berlin, July 7, 1961. At one point, Kissinger expressed doubt that his memoranda ever left Bundy's office, but this was not the case. See also *FRUS, 1961–1963,* vol. XIV, *Berlin Crisis, 1961–1962,* Doc. 38, Bundy to JFK, June 10, 1961.
148. Kennedy Library, Box 462, HAK to Bowie, July 8, 1961.
149. Ibid., HAK to Bundy, July 14, 1961.
150. Ibid., HAK to Bundy, Negotiations with the GDR, Aug. 11, 1961.
151. Kennedy Library, Staff Memoranda, Box 320, HAK to Bundy, Aug. 11, 1961.
152. Patrick, "Berlin Crisis in 1961," 110.
153. Kempe, *Berlin 1961,* 311ff.; Rueger, "Kennedy, Adenauer and the Making of the Berlin Wall," 195f., 253f.
154. *FRUS, 1961–1963,* vol. XIV, *Berlin Crisis, 1961–1962,* Doc. 85, U.S. Embassy in Moscow to Rusk, July 29, 1961.
155. Ibid., Doc. 84, U.S. Embassy in Moscow to Rusk, July 28, 1961.
156. New York Public Library, Schlesinger Journal ms., July 28, 1961.
157. Kempe, *Berlin 1961,* 490.
158. Brinkley, *Kennedy,* 82.
159. Kempe, *Berlin 1961,* 490.
160. Ibid., 332.
161. Ibid., 349, 355f., 371.
162. Brinkley, *Kennedy,* 82.
163. Kempe, *Berlin 1961,* 486.
164. Freedman, *Kennedy's Wars,* 68–69.

165. Brinkley, *Kennedy,* 81.
166. Gaddis, *Cold War,* 115.
167. Kennedy Library, Box 462, HAK, Some Reflections on the Acheson Memorandum, Aug. 16, 1961.
168. Kennedy Library, Staff Memoranda, Box 320, HAK to Bundy, Aug. 16, 1961. See in general Hofmann, *Emergence of Détente.*
169. Kennedy Library, Box 462, HAK to Rostow, Aug. 16, 1961.
170. Kennedy Library, Staff Memoranda, Box 320, HAK to Bundy, Aug. 18, 1961.
171. LOC, D-Series, HAK to Maxwell Taylor, Aug. 28, 1961.
172. Ibid., HAK to Taylor, Aug. 29, 1961, enclosing a draft memorandum for Taylor to send to Bundy.
173. Kennedy Library, Box 462, Kissinger Chronological File 7/61, HAK to Bundy, Sept. 1, 1961.
174. LOC, D-Series, HAK to Bundy, Some Additional Observations Regarding the Call-Up of Reserves; Military and Disarmament Planning, Sept. 8, 1961.
175. Kennedy Library, Box 462, Kissinger Chronological File 7/61, HAK to Bundy, Sept. 6, 1961.
176. Kennedy Library, Subject File, 1961—1964, Box WH-13, HAK to Schlesinger, Sept. 8, 1961.
177. LOC, A & P, HAK, Memcon Bundy, Sept. 19, 1961, 5:15 p.m.
178. Stephen Schlesinger, Diary, Oct. 6, 208.
179. Kennedy Library, Subject File, 1961—1964, Box WH-13, HAK to Schlesinger, Sept. 8, 1961.
180. Ibid., Schlesinger to HAK, Sept. 27, 1961; HAK to Schlesinger, Oct. 3, 1961.
181. Kennedy Library, Staff Memoranda, Box 320, HAK, Memorandum of Conversation with Soviet Delegates at Stowe, Vermont, Sept. 13—19, 1961.
182. Hargittai, *Buried Glory,* 19.
183. Kempe, *Berlin 1961,* 415f.
184. LOC, D-Series, HAK to Taylor, Sept. 28, 1961.
185. Ibid., HAK to Bundy, Oct. 3, 1961.
186. LOC, G-15, HAK to editors of *Harvard Crimson,* Oct. 5, 1961.
187. Kennedy Library, Subject File, 1961—1964, Box WH-13, HAK, Radom Thoughts About Speech, Oct. 9, 1961.
188. Ibid., HAK to Schlesinger, Oct. 15, 1961.
189. LOC, D-Series, HAK, NATO Planning, Oct. 16, 1961.
190. Ibid., HAK, Military Program, Oct. 17, 1961.
191. LOC, F-2(b), HAK to Bundy, Oct. 19, 1961.
192. Ibid., HAK 50 Bundy, Nov. 3, 1961.
193. Ibid., HAK to JFK, Nov. 3, 1961.
194. Ibid., Kennedy Library, Subject File, 1961—1964, Box WH-13, HAK to Schlesinger, Nov. 3, 1961.
195. LOC, F-2(b), Bundy to HAK, Nov. 13, 1961.
196. Kennedy Library, Subject File, 1961—1964, Box WH-13, HAK to Schlesinger, Nov. 3, 1961.
197. LOC, Kent 64, HAK, Memorandum of Conversation with Mr. Conway of *Newsweek* Magazing, Nov. 17, 1961.
198. Kennedy Library, Staff Memoranda, Box 320, Lois Moock to Bromley Smith, Nov. 6, 1961; Charles

Johnson, Memorandum for the Record, Nov. 18, 1961. See also Isaacson, *Kissinger,* 113; Atkinson, *In Theory and Practice,* 131.
199. "JFK Aide Tells of Soviet Goal,"*Durham Morning Herald,* Oct. 17, 1961.
200. Thomas, *Robert Kennedy,* 139.
201. Fursenko and Naftail, *Khrushchev's Cold War,* 400.
202. Daalder and Destler, *Shadow of Oval Office,* 31f.
203. Kennedy Library, Subject File, 1961—1964, Box WH-13, HAK to Schlesinger, Nov. 3, 1961.
204. Ibid., Schlesinger to JFK, Nov. 10, 1961.
205. NAR, *Future of Federalism.*
206. LOC, A& P, HAK to NAR, Oct, 19, 1961.
207. LOC, Kent 64, HAK to NAR, Oct. 20, 1961.
208. LOC, F-3(c), Goldthwait to HAK, Dec. 5, 1961; LOC, F-2(b), HAK to NAR, Dec. 7, 1961.
209. LOC, Kent 64, HAK to NAR, Dec. 19, 1961; LOC, F-3(c), HAK to Perkins, Dec. 20, 1961.
210. LOC, F-3(c), Goldthwait to HAK, Feb. 20, 1962; see also Goldthwait to Perkins, Feb. 20, 1962.
211. Ibid., Perkins to HAK, Mar. 6, 1962, Apr. 4, 1962.
212. Ibid., Perkins to HAK, May 14, 1962.
213. Ibid., HAK to Perkins (draft), Mar. 12, 1962.
214. *FRUS, 1961—1963,* vol. XIV, *Berlin Crisis, 1961—1962,* Doc. 215, Bundy to JFK, Nov. 20, 1961; LOC, D-Series, HAK, Military Briefing for Chancellor Adenauer, Nov. 20, 1961; LOC, Kent 64, Bundy to HAK, Nov. 30, 1961; Kennedy Library, Box 462, Bundy to HAK, Dec. 17, 1961.
215. LOC, F-3(c), HAK to Perkins (draft), March 12, 1962.
216. Statistics at Chronik der Mauer, http://bit.ly/1JkZSDx.

第 14 章：人生現實

1. Kennedy Library, Staff Memoranda, Box 320, HAK,"American Strategic Thinking,"speech at Pakistan Air Force Headquarters, Feb. 2, 1962.
2. LOC, D-Series, HAK, Memcon in Paris on Feb. 5, 1962, Feb. 9, 1962.
3. Garrow,"FBI and Martin Luther King."
4. LOC, LOC-A & P, HAK to NAR, Oct. 19, 1961.
5. LOC, Kent 64, NAR Correspondence 1962, HAK to NAR, May 25, 1962.
6. Kennedy Library, Box WH-13, Schlesinger to Gilberto Freyre, May 25, 1962.
7. Kennedy Library, Box 321, Consular Memcon, The Brazilian Crisis, June 7, 1962.
8. LOC, Kent 64, HAK to NAR, June 21, 1962.
9. LOC, G-14 Supp. (Kraemer), HAK to Kraemer, Sept. 20, 1962.
10. Kennedy Library, Box WH-13,

Schlesinger to HAK, Oct. 1, 1962.
11. Kennedy Library, Box 321, Consular Memcon, June 9, 1962.
12. Andrew, *World Was Gooing Our Way*. See also Ladislav Bittman, *The Deception Game* (New York: Ballantine Books, 1981).
13. LOC, F-3(c), HAK to NAR, Mar. 6, 1963.
14. Kennedy Library, Box 462, U.S. Embassy New Delhi to Rusk, Jan. 10, 1962.
15. Kennedy Library, Box 320, 1-62, U.S. Embassy New Delhi to Rusk, Jan. 12, 1962.
16. LOC, Kent 9, HAK, Memcon Krishna Menon (Jan. 8 and Jan. 10, 1962), Feb. 8, 1962.
17. Ibid., HAK, Memcon Nehru (Jan. 10, 1962), Feb. 8, 1962.
18. Kennedy Library, Staff Memoranda, Box 320, HAK, Summary of Conversation About Disarmament with Indian Officials, Feb. 13, 1962.
19. Kennedy Library, Box 462, Dept. of State to U.S. Embassy Tel Aviv, Jan. 3, 1962; U.S. Embassy Tel Aviv to Rusk, Jan. 9, 1962; Kissinger Statements Reaction, Jan. 9, 1962; U.S. Embassy Karachi to Rusk, Jan. 10, 1962; U.S. Embassy New Delhi to Rusk, Jan. 10, 1962; L. D. Battle to Bundy, Jan. 10, 1962; Kissinger Comments, Jan. 10, 1962.
20. Ibid., U.S. Embassy Karachi to Rusk, Jan. 11, 1962; U.S. Embassy Karachi to Rusk, Jan. 12, 1962, Jan. 15, 1962, Jan. 16, 1962.
21. Ibid., U.S. Embassy New Delhi to Rusk, Jan. 11, 1962; U.S. Embassy Damascus, Jan. 30, 1962.
22. Kennedy Library, Staff Memoranda, Box 320, HAK,"American Strategic Thinking,"speech at Pakistan Air Force Headquarters, Feb. 2, 1962.
23. Kennedy Library, Boxo 462, U.S. Embassy Karachi to Rusk, Feb. 1, 1962.
24. Kennedy Library, Staff Memoranda, Box 320, HAK,"American Strategic Thinking,"speech at Pakistan Air Force Headquarters, Feb. 2, 1962.
25. Ibid., LeRoy Makepeace to State Dept., Feb. 13, 1962.
26. Kennedy Library, Subject File, 1961—1964, Box WH-13, Transcript of Dr. Kissinger's Question-and-Answer Session at the University of the Panjab, Lahore, Feb. 3, 1962.
27. Ibid., HAK to Schlesinger, Mar. 22, 1962.
28. Kennedy Library, Staff Memoranda, Box 32, Bundy to Lucius Battle, Feb. 13, 1962.
29. Ibid., HAK,"American Strategic Thinking,"speech at Pakistan Air Force Headquarters, Feb. 2, 1962.
30. LOC, LOC-A & P, HAK to Schlesinger, Apr. 9, 1962.
31. Gaddis, *Strategies of Containment,* 205, 217, 232.
32. LOC, D-Series, HAK, Memcon Stehlin, Feb. 5, 1962, Feb. 9, 1962.
33. Ibid., HAK, Memcon Paris, Feb. 5, 1962, Feb. 9, 1962.
34. Ibid., HAK, Memcon Jean Laloy, Feb. 9, 1962.
35. Kennedy Library, Box 462, Background Briefing Material for HAK, Feb. 13, 1962; U.S. Embassy Bonn to Rusk, Feb. 13, 1962.
36. Ibid., Kissinger Trips, State Dept. to U.S. Embassy Bonn, Feb. 13, 1962.
37. LOC, D-Series, HAK, Summary of

Conversations in Germany About Negotiations, Feb. 21, 1962.

38. *FRUS, 1961—1963,* vol. XIV, *Berlin Crisis, 1961—1962,* Doc. 298, Dowling to Rusk, Feb. 17, 1962.
39. Ibid., Doc. 300, Memcon Ambassador Grewe, Feb. 19, 1962.
40. Ibid., Doc. 305, Dowling to JFK and Rusk, Feb. 23, 1962.
41. *FRUS, 1961—1963,* vol. V, *Soviet Union,* Doc. 186, Salinger to JFK, May 1, 1962.
42. Schwarz, *Konrad Adenauer,* 2:601—4. See also Chopra, *De Gaulle and Unity,* 116.
43. Kennedy Library, Box 462, Kissinger Trips, U.S. Embassy Bonn to Rusk, Feb. 13, 1962; LOC, D-Series, HAK, Note on Franco-German Relations, Feb. 20, 1962.
44. LOC, D-Series, HAK, Summary of Conversations in Germany About Negotiations, Feb. 21, 1962.
45. Ibid., HAK to Bundy, Mar. 6, 1962.
46. Ibid., HAK, NATO Nuclear Sharing, Apr. 2, 1962.
47. LOC, A & P, HAK to Schlesinger, Apr. 9, 1962.
48. Ibid., HAK to Schlesinger, Re. NAR, Apr. 9, 1962.
49. LOC, C-1, Briefing Book, Central Europe, Apr. 16, 1962.
50. LOC, F-2(b), NATO—Report No. 1, Apr. 16, 1962.
51. LOC, Kent 64, NAR Correspondence 1962, NAR to HAK, Apr. 23, 1962.
52. LOC, F-3(c), HAK to Hanks, July 24, 1962.
53. LOC, Kent 64, HAK to NAR, Aug. 3, 1962.
54. HAK,"Unsolved Problems of European Defense,"519, 520, 521, 523f, 526.
55. Ibid., 531, 538.
56. Kennedy Library, Box WH-13, HAK to Schlesinger, June 15, 1962.
57. Chalmers Roberts,"Kennedy Aide Proposes French A-Force Support,"*Washington Post,* June 18, 1962.
58. Kissinger papers, At the White House with Pierre Salinger, transcript, June 18, 1962.
59. Kennedy Library, Staff Memoranda, Box 321, Some Brief and Passing Thoughts on Henry Kissinger's Article in"Foreign Affairs,"Oct. 25, 1962.
60. Fursenko and Naftali, *Khrushchev's Cold War,* 447.
61. *FRUS, 1961—1963,* vol. XV, *Berlin Crisis 1962—1963,* Doc. 93, William Y. Smith to Maxwell Taylor, July 5, 1961.
62. Kennedy Library, Box WH-13, Kissinger, Strauss to HAK, Sept. 15, 1962; HAK to Schlesinger, Sept. 24, 1962.
63. Kennedy Library, Box 321, HAK, Memcon zu Guttenberg, July 13, 1962.
64. Kennedy Library, Staff Memoranda, Box 321, David Klein to Smith, July 9, 1962.
65. Kennedy Library, Box 321, HAK, zu Guttenberg and Wehnert Memcons, July 18, 1962.
66. Kennedy Library, Box WH-13, Schlesinger to Helen Lempart, Aug. 21, 1962; Schlesingers to HAK, Aug. 22, 1962.
67. New York Public Library, Schlesinger Papers, Schlesinger

Journal ms., Aug. 19, 1962.
68. Kennedy Library, Box 321, Bundy draft to HAK, Sept. 12, 1962; LOC, Kent 64, Bundy to HAK, Sept. 14, 1962.
69. LOC, Kent 64, HAK to Bundy, Oct. 3, 1962.
70. Ibid., Bundy to HAK, Noov. 15, 1962. Cf. Atkinson, *In Theory and Practice,* 131f.

第 15 章：危機

1. JFK,"Foreword,"in Sorensen, *Decision-Making,* xxix.
2. Harry S. Truman National Historic Site, Oral History #1992-3, Interview with HAK, May 7, 1992.
3. "1953: It Is a Minutes to Mindight,"*Bulletin of the Atomic Scientists,* n.d., http://bit.ly/1KcVSCC.
4. Graham Allison,"The Cuban Missile Crisis,"in Smith, Hadfield, and Dunne, *Foreign Policy,* 256.
5. Arthur M. Schlesinger, Jr.,"Foreword,"to Kennedy, *Thirteen Days,* 7.
6. Allison and Zelikow, *Essence of Decision.*
7. LOC, C-1, NAR Briefing Book, Cuba, Apr. 12, 1962.
8. Bird, *Color of Truth,* 242f.
9. May and Zelikow, *Kennedy Tapes,* 37.
10. Rockefeller Archive Center, HAK to NAR, Sept. 19, 1962.
11. LOC, Kent 64, HAK to NAR, Sept. 25, 1962.
12. Ibid.
13. LOC, C-1, Briefing Book, Cuba, Sept. 28, 1962.
14. Fursenko and Naftali, *Khrushchev's Cold War,* 439.
15. Gaddis, *We Now Know,* 264.
16. Talbott, *Khrushchev Remembers,* 494.
17. Allison,"Cuba Missile Crisis,"263.
18. Fursenko and Naftali, *Khrushchev's Cold War,* 440.
19. Bird, *Color of Truth,* 244.
20. Gaddis, *We Now Know,* 265.
21. Ibid.
22. Fursenko and Naftali, *Khrushchev's Cold War,* 455f.
23. Paterson and Brophy,"October Missiles and November Elections,"98.
24. Gaddis, *We Now Know,* 264.
25. Naftali and Zelikow, *Presidential Recordings,* 2:583－84.
26. Rothkopf, *Running the World,* 95.
27. Giglio, *Kennedy,* 219.
28. Bird, *Color of Truth,* 232－35; Daalder and Destler, *Shadow of Oval Office,* 35f.
29. Caro, *Passage of Power,* vol. 4, KL 5597－98. Cf. Shesol, *Mutual Contempt,* 95f.
30. See Thomas, *Robert Kennedy,* 229. The exchange, like all Excomm meetings, was taped and can be heard at http://bit.ly/1d9rXAs.
31. Walker, *Cold War,* 171.
32. Allison,"Cuban Missle Crisis,"271.
33. Paterson and Brophy,"October Missiles and November Elections."
34. Tony Judt,"On the Brink,"*New York Review of Books,* January 15, 1998.

35. Welch and Blight, "Introduction to the ExComm Transcripts," 17n.
36. Caro, *Passage of Power,* KL 5605–6.
37. Allison, "Cuban Missile Crisis," 272.
38. Poundstone, *Prisoner's Dilemma,* 197ff.
39. Fursenko and Naftali, *Khrushchev's Cold War,* 471, 474.
40. Milne, *America's Rasputin,* 118.
41. Bird, *Color of Truth,* 241. See also Welch and Blight, "ExComm Transcripts," 15f.
42. Fursenko and Naftali, *Khrushchev's Cold War,* 491f., 528.
43. Giglio, *Kennedy,* 28.
44. Kennedy Library, Box WH-13, De Rose to HAK, Oct. 29, 1962.
45. Ibid., HAK to Schlesinger, Nov. 2, 1962.
46. LOC, F-3(c), Goldthwait to HAK, Oct. 29, 1962.
47. Ibid., HAK to Goldthwait, Nov. 28, 1962.
48. HAK, "Reflections on Cuba," *Reporter,* Nov. 22, 1962, 21.
49. Ibid., 23.
50. LOC, A & P, HAK to NAR, Jan. 8, 1963.
51. "Rockefeller on Cuba," *Christian Science Monitor,* Apr. 15, 1963.
52. LOC, C-1, Cuba Briefing Book, Draft, July 8, 1963.
53. LOC, F-3(c), HAK, draft resolution on Cuba, July 18, 1963.
54. Ibid., HAK to Hinman, Nov. 13, 1963.
55. Ibid., Hanks to HAK, Apr. 23, 1962.
56. See Atkinson, *In Theory and Practice,* 57f., 89f.
57. HAK, "Search for Stability."
58. Leffler, *Soul of Mankind,* 176, 183, 190f.
59. Hoover Institution Archives, 1, Conference on the Marriage of Political Philosophy and Practice in Public Affairs in Honor of Professor Elliott, Harvard Summer School, Program and Proceedings, July 22, 1963.
60. LOC, Kent 64, HAK to NAR, Dec. 7, 1962.
61. Ibid., HAK to Bundy, Jan. 8, 1963; LOC, F-3(c), HAK to Hinman, Jan. 8, 1963; Bundy to HAK, Jan. 17, 1963.
62. LOC, Kent 64, Bundy to HAK, Feb. 23, 1963.
63. LOC, A & P, HAK to Nar, Jan. 8, 1963.
64. Ibid.
65. LOC, F-3(c), Hanks to HAK, Jan. 15, 1963.
66. LOC, D-9, Kraemer to HAK, Dec. 17, 1962.
67. Gaddis, *Strategies of Containment,* 217.
68. LOC, A & P, HAK to NAR, Jan. 8, 1963.
69. LOC, A-1(a), HAK, The Skybolt Controversy, Dec. 26, 1962; LOC, F-3(c), HAK to NAR, Jan. 8.
70. HAK, "The Skybolt Controversy," *Reporter,* Jan. 17, 1963, 15–19.
71. LOC, Kent 64, Memcon De Rose [Jan. 10, 1963], Jan. 21, 1963.
72. Ibid., Memcon Couve de Murville [Jan. 12, 1963], Jan. 21, 1963.
73. Ibid., Memcon De Rose [Jan. 11, 1963], Jan. 21, 1963; Memcon Laloy [Jan. 12, 1963], Jan. 21, 1963.
74. Ibid., Memcon Stikker [Jan. 12, 1963], Jan. 21, 1963.
75. Kennedy Library, Box 321, Memcon Speidel [Jan. 10, 1963], Jan. 22, 1963.

76. Ibid., U.S. Embassy in Rome to Rusk, Jan. 17, 1963; LOC, Kent 64, Memcon Segni [Jan. 16, 1963], Jan. 21, 1963.
77. Ibid., Memcon Cattani [Jan. 16, 1963], Jan. 21, 1963.
78. Ibid., U.S. Embassy in Rome to Rusk, Jan. 15, 1963.
79. Ibid., Memcon Speidel [Jan. 10, 1963], Jan. 22, 1963. In capitals in original.
80. LOC, Kent 64, HAK to Bundy, Mar. 5, 1963.
81. LOC, F-3(a), NAR statement, Feb. 1, 1963.
82. Ibid., HAK [?], Our Troubled Alliance and The Future of Freedom, Feb. 9, 1963.
83. HAK,"Strains on the Alliance,"263, 276, 267, 280, 284.
84. LOC, Kent 64, Memcon De Rose [Jan. 11, 1963], Jan. 21, 1963.
85. HAK,"Strains on the Alliance,"285.
86. Wohlstetter,"Delicate Balance of Terror."
87. HAK,"Nato's Nuclear Dilemma,"*Reporter,* March 28, 1963, 25.
88. Ibid., 27.
89. LOC, G-13, Hoffmann to HAK, Mar. 24, 1963.
90. LOC, Kent 64, Memcon Sir Harold Caccia [May 21, 1963], May 31, 1963.
91. Kennedy Library, Box 321, Henry Owen, Comment on"NATO's Dilemma,"by HAK, Apr. 24, 1963.
92. LOC, F-3(c), Bowie to NAR, Oct. 18, 1963. See Bowie,"Tensions Within the Alliance,"and Bowie,"Strategy and the Atlantic Alliance."
93. Kennedy Library, Box WH-13, HAK to Schlesinger, Apr. 19, 1963.
94. Kennedy Library, Box 321, HAK to Pierre Gallois, Apr. 19, 1963.
95. LOC, Kent 64, HAK to Bundy, May 10, 1963.
96. Kennedy Library, Box WH-13, HAK to Godfrey Hodgson, Apr. 2, 1963; HAK to Schlesinger, Apr. 3, 1963.
97. LOC, F-3(c), HAK to NAR, May 8, 1963.
98. Ibid., (Digest) Nuclear Partnership in the Atlantic Community, Apr. 25, 1963.
99. Ibid., NAR remarks to Newspaper Publishers Association, Apr. 25, 1963.
100. Ibid., HAK to NAR, Apr. 2, 1963.
101. LOC, Kent 64, Memcon Adenauer [May 17, 1963], May 30, 1963.
102. Ibid., Memcon Segers [May 15, 1963], Jne 3, 1963.
103. Ibid., Memcon Adenauer [May 15, 1963], June 3, 1963.
104. Ibid., Memcon Strauss [May 17, 1963], June 3, 1963.
105. Ibid., Memcon Mountbatten [May 20, 1963], May 31, 1963.
106. Ibid., Memcon Denis Healey [May 21, 1963], May 31, 1963.
107. Kennedy Library, Box 321, U.S. Embassy Paris to Dean Rusk, May 24, 1963; Memcon De Rose [May 23, 1963], May 28, 1963; LOC, Kent 64, Memcon Stehlin [May 25, 1963], May 28, 1963.
108. LOC, Kent 64, HAK to Bundy, May 29, 1963.
109. Kempe, *Berlin 1961,* 500f. The full text of the speech can be found at http://bit.ly/1Gfk4QQ.

110. Kennedy Library, Box WH-13, HAK to Schlesinger, July 12, 1963; LOC, Kent 64, HAK to Bundy, July 26, 1963.
111. LOC, F-3(c), HAK to McManus, Aug. 30, 1963.
112. Kennedy Library, Box 321, HAK to Schlesinger, Sept. 3, 1963.
113. Ibid., HAK to Rusk, Sept. 13, 1963.
114. Preston, *War Council,* 57.
115. LOC, Kent 64, HAK to NAR, Aug. 22, 1962, Aug. 23, 1962.
116. LOC, F-3(a), NAR Nuclear Testing and Free World Security, Jan. 28, 1963.
117. Ibid., HAK to NAR, June 28, 1963.
118. LOC, Kent 64, Teller to NAR, July 30, 1963; LOC, F-3(a), Brodie to HAK, Aug. 8, 1963; LOC, F-3(a), Summary Memorandum on Briefings on Current NATO Policy, Aug. 8, 1963; HAK to Brodie, Aug. 15, 1963.
119. LOC, F-3(c), Robert McManus to Executive Chamber Staff, Aug. 20, 1963; LOC, F-3(c), Teller to HAK, Aug. 26, 1963; HAK to Nar, Aug. 30, 1963.
120. LOC, F-3(a), Q. and A. for US News and World Report, Sept. 5, 1963; Foreign Policy Proposals, Sept. 7, 1963.
121. Ibid., HAK, Background Information on the"Opening to the Left,"Nov. 4, 1963.
122. Ibid., HAK to Perkins, Nov. 8, 1963.
123. Ibid., Press Kit Material-Foreign Policy, Nov. 21, 1963.
124. Chalmers M. Roberts,"The Men Around the Big Men,"*Washington Post,* Nov. 10; 1963.
125. LOC, F-3(a), HAK to Teller, Nov. 5, 1963.
126. LOC, G-13, HAK to Howard, Nov. 18, 1963.
127. LOC, F-3(c), HAK, Impression of the political situation in California, Nov. 21, 1963.
128. See Blight and Lang, *Virtual JFK.* See also James K. Galbraith,"Exit Strategy: In 1963, JFK Ordered a Complete Withdrawal from Vietnam,"*Boston Review,* Sept. 1, 2003.
129. Diane Kunz,"Camelot Continued: What If John F. Kennedy Had Lived?,"in Ferguson, *Virtual History,* 368－91.
130. LOC, Kent 64, HAK to Bundy, Nov. 22, 1963.
131. LOC, F-3(a), HAK and Douglas Bailey,"Draft of a post-moratorium speech or statement,"Dec. 16, 1963.
132. Ibid., HAK to NAR, Oct. 23, 1963.

第 16 章：通往越南之路

1. Hans J. Morgenthau,"Kissinger on War: Reply to Clayton Fritchley,"*New York Review of Books,* Oct. 23, 1969.
2. Fallaci,"Henry Kissinger,"36.
3. Joseph Lelyveld,"The Enduring Legacy,"*New York Times Magazine,* Mar. 31, 1985.
4. These figures are based on Angus Maddison's dataset, http://bit.ly/1JBRRa3, 2013 version.

5. McNamara, *Argument Without End,* 384, 388.
6. Goldstein, *Lessons in Disaster.*
7. Gaddis, *Strategies of Containment,* 236, 247, 271.
8. Preston, *War Council,* 76.
9. See, e.g., Sorley, *Better War.*
10. Clausewitz, *On War,* 28.
11. Cuddy,"Vietnam: Johnson's War—or Eisenhower's?,"354.
12. Fursenko and Naftali, *Khrushchev's Cold War,* 334.
13. Schlesinger, *Thousand Days,* 295.
14. Karnow, *Vietnam,* 197f.
15. Giglio, *Kennedy,* 70.
16. Freedman, *Kennedy's Wars,* 299.
17. Schlesinger, *Thousand Days,* 301–4. See also Fursenko and Naftali, *Khrushchev's Cold* War, 351ff.
18. Rostow, *Diffusion of Power,* 284.
19. Gaddis, *Strategies of Containment,* 239.
20. Milne," 'Our Equivalent of Guerrilla Warfare.' "
21. Preston, *War Council,* 81.
22. Ibid., 83.
23. *FRUS, 1961–1963,* vol. 1, *Vietnam, 1961,* Doc. 52, National Security Memorandum no. 52, http://1.usa.gov/1Jl0V6h.
24. Preston, *War Council,* 87ff.
25. McNamara, *Argument Without End,* 107–8.
26. Preston, *War Council,* 93–98.
27. Ibid., 99.
28. Milne, *America's Rasputin,* 120.
29. Gaddis, *Strategies of Containment,* 213.
30. Ibid., 238.
31. J. K. Galbraith to JFK, Apr. 4, 1962: http://bit.ly/1HA7f7Z.
32. Kenneth O'Donnel,"LBJ and the Kennedys,"*Life,* Aug. 7, 1970.
33. Kennedy Library, Subject File, 1961–1964, Box WH-13, HAK to Schlesinger, June 5, 1961.
34. Kennedy Library, Staff Memoranda, Box 320, HAK,"American Strategic Thinking,"speech at Pakistan Air Force Headquarters, Feb. 2, 1962.
35. LOC, Kent 64, HAK to NAR, Feb. 10, 1962.
36. Ibid., Position Papers with HAK comment, South Vietnam, Apr. 11, 1962.
37. Ibid., Position Papers, Laos, Apr. 12, 1962.
38. LOC, F-2(b), Laos, May 17, 1962; HAK to NAR, May 21, 1962.
39. Caro, *Passage of Power,* KL 9868–70.
40. Galbraith,"Exit Strategy."
41. Johnson Library, Transcript, George Ball Oral History Interview I, July 8, 1971, by Paige E. Mulhollan.
42. Daalder and Destler, *Shadow of Oval Officer,* 39.
43. Ibid., 39.
44. Rusk and Papp, *As I Saw It,* 438.
45. Ibid., 439f.
46. LOC, HAK, Trip to Vietnam, Oct. 15–Nov. 2, 1965, Personal and Confidential, n.d. [1964–5].
47. LOC, F-3(a), Q. and A. for US News and World Report, Sept. 5, 1963.
48. LOC, F-3(c), HAK to NAQ, Oct. 23, 1963.
49. Ibid., HAK to NAQ, Nov. 6, 1963.
50. Ibid., HAK, Statement on Vietnam, Nov. 6, 1963.
51. Caro, *Passage of Power,* KL 3036.
52. Caro, *Master of the Senate,* 334, 435, 614f, 615.
53. Beschloss, *Taking Change,* 388n.
54. NSAM No. 273, Nov. 26, 1963, http://bit.ly/1HwGenj.

55. Preston,"Little State Department,"654.
56. Kennedy Library, Transcript, George Ball Oral History Interview I, July 8, 1971, by Paige E. Mulhollan.
57. Caro, *Passage of Power,* KL 13022.
58. Ibid., KL 13041—42.
59. Middendorf, *Glorious Disaster,* KL 485—509.
60. Critchlow, *Conservative Ascendancy.*
61. Middendorf, *Glorious Disaster,* 705—21.
62. Ibid., 722—29.
63. White, *Making of the President,* KL 2286.
64. LOC, F-3(c), HAK to NAR, Dec. 10, 1963.
65. White, *Making of the President,* KL 2405.
66. LOC, HAK, trip to Vietnam, Oct. 15—Nov. 2, 1965, Personal and Confidential, n.d. [1964—65].
67. LOC, F-3(a), Issues for New Hampshire, Dec. 13, 1963.
68. Ibid., HAK to NAR, Jan. 6, 1964.
69. Ibid.
70. LOC, C-1, Cuba Briefing Book, Jan. 8, 1964.
71. LOC, F-3(a), HAK to NAR, Jan. 8, 1964.
72. LOC, C-1, Defense Briefing Book, Jan. 23, 1964.
73. LOC, F-3(a), HAK to Keith Glennan, Dec. 11, 1963.
74. LOC, F-3(c), HAK to NAR, Jan. 27, 1963.
75. Matthews,"To Defeat a Maverick,"666.
76. Ibid., 667. Cf. Wallace Turner,"Rockefeller Makes'I'm Like Ike' Plea,"*New York Times,* May 27, 1964.
77. LOC, F-3(a), Lloyd Free to NAR, Jan. 9, 1964.
78. Ibid., Free to NAR, Mar. 31, 1964.
79. LOC, F-3(a), HAK to NAR, Jan. 8, 1964.
80. LOC, F-3(c), Perkins, draft statement by NAR, Jan. 16, 1964. At this time Kissinger also raised the possibility of"com[ing] out for universal [military] service"in place of the selective draft.
81. Ibid., Foreign Policy Research Group memorandum, May 5, 1964. See also Comment on the Importance of Timeing, May 6, 1964.
82. LOC, F-3(a), HAK to NAR, May 21, 1964.
83. LOC, A & P, HAK draft memorandum to NAR, Feb. 3, 1964.
84. LOC, F-3(c), HAK to NAR, Feb. 5, 1964.
85. Ibid., HAK to NAR, Feb. 7, 1964.
86. Ibid., Perkins to NAR, Mar. 21, 1964.
87. Ibid., HAK to NAR, Jan. 23, 1964.
88. Ibid., HAK to Douglas Bailey, Feb. 6, 1964.
89. Ibid., HAK to Bailey, Feb. 17, 1964.
90. Ibid., HAK to Charles Moore, Jan. 24, 1964.
91. LOC, C-1, NAR Statement, Feb. 22, 1964.
92. LOC, F-3(c), NAR answers to *Manchester Union-Leader,* Feb. 22, 1964.
93. Ibid., Outline of Statement on Southeast Asia, Mar. 17, 1964.
94. Ibid., HAK to Perkins, Feb. 24, 1964.
95. Ibid., HAK to Perkins, Apr. 15, 1964.

96. Ibid., Bailey to HAK, Mar. 23, 1964.
97. White, *Making of the President,* KL 2531.
98. Johnson, *All the Way with LBJ,* 109f.
99. White, *Making of the President,* KL 2800—50. See LOC, F-3(c), Free to NAR, June 5, 1964.
100. LOC, HAK, trip to Vietnam, Oct. 15—Nov. 2, 1965, Personal and Confidential, n.d. [1964—65].
101. LOC, Kent 9, HAK, A Personal Diary of the 1964 Republican Convention, July 7, 1964.
102. Rockefeller Archive Center, HAK to NAR, June 14, 1964.
103. LOC, Kent 9, HAK, A personal Diary of the 1964 Republican Convention, July 7—15, 1964. Kissinger had seven copies of this document made, though it is not clear for whom they were intended.
104. Ibid., July 6, 1964.
105. Ibid., July 6—7, 1964.
106. Ibid., July 8, 1964.
107. Ibid., July 10, 1964, appendix.
108. Ibid., July 12—13, 1964.
109. Ibid., July 10, 1964.
110. Ibid., July 12—13, 1964.
111. White, *Making of the President,* KL 4356—435.
112. LOC, Kent 9, HAK,"A personal Diary of the 1964 Republican convention,"July 14, 1964.
113. For Rockefeller's speech, see http://cs.pn/1zUL5H8.
114. White, *Making of the President,* KL 4356—435.
115. Dallek, *Flawed Giant,* 133.
116. Critchlow, *Conservative Ascendancy,* 68—72. For Goldwater's acceptance speech, see http://cs.pn/1Fkg1H5.
117. Kissinger family papers, Louis Kissinger to HAK, July 22, 1964.
118. Ibid., July 15, 1964.
119. LOC, G-13, HAK to Michael Howard, July 20, 1964.
120. Ibid., Howard to HAK, July 22, 1964.
121. Ibid., HAK to Howard, Aug. 18, 1964.
122. Ibid.
123. Bator,"No Good Choice,"39.
124. Gaiduk,"Peacemaking or Troubleshooting?"; Westad et al.,"77 Conversations,"126.
125. Francis Bator,"No Good Choices,"31n.
126. Moise, *Tonkin Gulf,* 22. The USS *De Haven was* the lead ship in the operation.
127. Hanyok,"Skunks, Bogies, Silent Hounds,"1—50; Paterson,"The Truth About Tonkin."
128. Moise, *Tonkin Gulf,* 32.
129. Dallek, *Flawed Giant,* 144—53.
130. Ibid., 154.
131. Beschloss, *Taking Charge,* 504.
132. Matthews,"To Defeat a Maverick,"665.
133. Johnson, *All the Way with LBJ.*
134. Isaacson, *Kissinger,* KL 2196.
135. HAK,"Goldwater and the Bomb: Wrong Questions, Wrong Answers,"*Reporter,* Nov. 5, 1964, 27f.
136. Beschloss, *Taking Charge,* 231, 383.
137. Ibid., 383.
138. David Frum,"The Goldwater Myth,"*New Majority,* Feb. 27, 2009.
139. Johnson, *All the Way with LBJ,* 302f.
140. VanDemark, *Into the Quagmire,* 135f.
141. Ibid., 185.
142. Logevall,"Johnson and Vietnam."
143. Bator,"No Good Choices,"6.
144. NSAM 328, Apr. 6, 1965, http://bit.

ly/1DHy3NJ.

145. Johnson Library, Transcript, George Ball Oral History Interview I, July 8, 1971, by Paige E. Mulhollan.
146. VanDeMark, *Into the Quagmire,* 20—22.
147. Johnson Library, Transcript, George Ball Oral History Interview I, July 8, 1971, by Paige E. Mulhollan.
148. Herring, *LBJ and Vietnam.*
149. Leffler, *Soul of Mankind,* 219f.
150. Bator,"No Good Choices,"9—10.
151. Ibid., 9—11, 6—7.
152. Ibid., 12, Cf. Barrett, *Uncertain Warriors,* 56f.
153. Destler, *Presidents, Bureaucrats, and Foreign Policy,* 105, 107—10, 116f.; Logevall,"Johnson and Vietnam,"101. See also Berman, *Planning a Tragedy.*
154. Harrison and Mosher,"McNaughton and Vietnam"; Harrison and Mosher,"Secret Diary of McNamara's Dove."
155. Harrison and Mosher,"McNaughton and Vietnam,"503.
156. Ibid., 509.
157. Clifford with Holbrooke, *Counsel to President,* 410.
158. Ibid., 419f.
159. Barrett, *Uncertain Warriors,* 52f.
160. Johnson Library, Transcript, George Ball Oral History Interview I, July 8, 1971, by Paige E. Mulhollan.
161. Milne,"'Our Equivalent of Guerrilla Warfare,'"186.
162. Barrett, *Uncertain Warriors,* 58.
163. LOC, G-13, HAK to Michael Howard, June 29, 1964.
164. Kissinger family papers, Louis Kissinger to HAK, July 22, 1964.
165. Ibid., Louis Kissinger to HAK, Feb. 6, 1964.
166. Ibid., Louis Kissinger to HAK, Dec. 3, 1964.
167. LOC, F-3(c), HAK to Ann Whitman, May 24, 1965.
168. Kissinger family papers, Louis Kissinger to HAK, May 25, 1965.
169. Thomas Schelling, interview by author.
170. Ibid.
171. Kissinger family papers, Louis Kissinger to HAK, Sept. 15, 1965.
172. Ibid., Louis Kissinger to HAK, Dec. 25, 1965.
173. Ibid., Louis and Paula Kissinger to HAK, Aug. 14, 1966.
174. Isaacson, *Kissinger,* KL 2196.
175. LOC, J-6, Kissinger, HAK to Nancy Maging Jan. 18, 1967.
176. HAK, interview by author.
177. LOC, F-3(b), HAK to NAR, Draft Foreign Policy Statement, Aug. 18, 1964.
178. Ibid., HAK to NAR, Draft Foreign Policy Statement, Aug. 18, 1964.
179. LOC, G-14, McNaughton to HAK, Jan. 14, 1965; McNaughton to HAK, Jan. 25, 1965; HAK to McNaughton, Apr. 13, 1965.
180. LOC, G-14, HAK to Robert F. Kennedy, Feb. 18, 1965; Robert F. Kennedy to HAK, Ma Mar. 18, 1965.
181. LOC, Kent 64, HAK to Bundy, Mar. 30, 1965.
182. Ibid., Bundy to HAK, Apr. 12, 1965.
183. Ibid., HAK to Bundy, Apr. 13, 1965.
184. Ibid., Bundy to HAK, Apr. 30, 1965.
185. Ibid., HAK to Bundy, May 11, 1965; HAK to Bundy, June 26, 1965; Bundy to HAK, July 6, 1965. See Richard Cotton,"Bundy Addresses

Phi Beta Kappa; Explains American Foreign Policy,"*Harvard Crimson,* June 16, 1965.
186. LOC, G-14, HAK to Lodge, July 16, 1965.
187. LOC, F-3(c), HAK to Hanks, Sept. 26, 1962.
188. Mazlish, *Kissinger,* 124f.
189. LOC, F-2(a), Jonathan Moore to HAK, Aug. 30, 1965.
190. Kissinger family papers, Louis Kissinger to HAK, Sept. 15, 1965; Sept. 23, 1965.
191. Linda G. Mcveigh,"Lodge Calls Kissinger to Vietnam as Advisor,"*Harvard Crimson,* Oct. 11, 1965.
192. LOC, F-2(a), HAK to Blair Seaborn, Nov. 22, 1965.
193. "Frenchmen Answer Panelists, Denounce US Vietnam Policy, Cite Own Mistakes,"*Harvard Crimson,* Aug. 9, 1965.

第 17 章：不沉靜的美國人

1. LOC, Minutes of a meeting held on Aug. 4, 1965.
2. LOC, HAK, Trip to Vietnam, Oct. 15－Nov. 2, 1965, Sept. 14, 1965.
3. Greene, *Quiet American,* 124.
4. Ibid., 96.
5. LOC, Minutes of a meeting held on Aug. 4, 1965.
6. Ibid.
7. See in general Herring, *Secret Diplomacy.*
8. David Kaiser,"Discussions, Not Negotiations: The Johnson Administration's Diplomacy at the Outset of the Vietnam War,"in Gardner and Gittinger, *Search for Peace in Vietnam.*
9. Herring, *Secret Diplomacy,* 5.
10. Rusk and Papp, *As I Saw It,* 462f.
11. Herring, *Secret Diplomacy,* 46.
12. Kaiser,"Discussions, Not Negotiations."
13. Gettleman, Franklin, Young, and Franklin, *Vietnam and America,* 276f.
14. Herring, *Secret Diplomacy,* 47.
15. VanDeMark, *Into the Quagmire,* 137, Herring, *Secret Diplomacy,* 57－58.
16. Van DeMark, *Into the Quagmire,* 135f, 138, 141f.
17. BarrettNew York Times, *Uncertain Warriosr,* 55.
18. LOC, F-2(a), Dunn to HAK, Aug. 20, 1965. For Dunn's role in Vietnam, see Johnson Library, John Michael Dunn interview, July 25, 1984, http://bit.ly/1aYhZ37.
19. LOC, HAK, Trip to Vietnam, Oct. 15－Nov. 2, 1965, Sept. 13, 1965.
20. Nashel, *Lansdale's Cold War.*
21. LOC, HAK, Trip to Vietnam, Oct. 15－Nov. 2, 1965, Sept. 13, 1965.
22. For Kissinger's insincere letter of thanks, see LOC, F-2(a), HAK to Raborn, Oct. 4, 1965.
23. LOC, HAK, Trip to Vietnam, Oct. 15－Nov. 2, 1965, Sept. 14, 1965.
24. Ibid.
25. Ibid.
26. Ibid.
27. LOC, Vietnam Missions, 1965－

1967, HAK to Lodge, Sept. 24, 1965.
28. Massachusetts Historical Society, Lodge Papers, Vietnam, Reel 20, HAK to Lodge, Sept. 7, 1965.
29. Ibid.
30. Massachusetts Historical Society, Lodge Papers, Vietnam, Reel 20, Lodge to HAK, Sept. 14, 1965.
31. LOC, Vietnam Missions, 1965—1967, HAK to Lodge, Sept. 24, 1965.
32. Ibid., "Conversation with A,"Sept. 28, 1965.
33. Ibid.,"Conversation with B,"Sept. 28, 1965.
34. Ibid.,"Conversation with C,"Sept. 28, 1965.
35. Ibid.
36. Ibid.,"Conversation with D,"Sept. 28, 1965.
37. Ibid.,"Conversation with E,"Sept. 29, 1965.
38. LOC, F-2(a), HAK to Johnson, Oct. 1, 1965.
39. LOC, Vietnam Mission 1965, Habib to Lodge, Oct. 11, 1965.
40. LOC, HAK, Trip to Vietnam, Oct. 15—Nov. 2, 1965.
41. LOC, Vietnam Missions, 1965—1967, HAK to Lodge, Sept. 24, 1965.
42. LOC, HAK, Trip to Vietnam, Oct. 15—Nov. 2, 1965, Personal and Confidential, n.d.
43. Ibid., Oct. 11, 1965.
44. Ibid., This part of the diary ends abruptly on p. 24.
45. Keever, *Death Zones and Darling Spies,* 12f., 54f.
46. Fitzgerald, *Fire in the Lake,* 427.
47. Ibid., 431.
48. Herr, *Dispatches,* KL 598—671.
49. LOC, HAK ' Trip to Vietnam, Oct. 15—Nov. 2, 1965, Oct. 28 [?], 1965.
50. Ibid., Oct. 17 [?]. 1965 [p.75].
51. Ibid.
52. Ibid.
53. LOC, F-2(a), Misc. Corr., Connsular report, Nov. 1, 1965.
54. Ibid., Smyser to HAK, Nov. 19, 1965.
55. Ibid., HAK to Smyser, Nov. 30, 1965.
56. LOC, HAK, Trip to Vietnam, Oct. 15—Nov. 2, 1965, Oct. 26 [?], 1965.
57. Ibid., Oct. 27, 1965.
58. Ibid.
59. Ibid., Oct. 28 [?], 1965.
60. Gibbons, *Government and Vietnam War,* 81n.
61. LOC, HAK, Trip to Vietnam, Oct. 15—Nov. 2, 1965, Oct. 18, 1965.
62. Ibid., Oct. 28 [?], 1965.
63. Ibid., Oct. 17, 1965.
64. Ibid.
65. Ibid., Oct. 26 [?], 1965.
66. Ibid., Oct. 18, 1965.
67. Ibid.
68. Ibid., Oct. 28 [?], 1965.
69. Ibid., Oct. 26 [?]. 1965.
70. Ibid.
71. Ibid., Oct. 17, 1965.
72. LOC, Vietnam Mission 1965, Memcon Sung, Oct. 30. 1965.
73. *FRUS, 1964—1968,* vol. III, *Vietnam, June—Dec. 1965,* Doc. 172, Saigon Embassy to State Dept., Oct. 20, 1965.
74. LOC, HAK, Trip to Vietnam, Oct. 15—Nov. 2, 1965, Oct. 17, 1965.
75. LOC, Vietnam Mission 1965, Memcon Thuan, Nov. 2, 1965.
76. LOC, HAK, Trip to Vietnam, Oct.

15—Nov. 2, 1965, Oct. 18, 1965.

77. LOC, Vietnam Mission 1965, Memcon Chuan, Oct. 26, 1965.
78. Ibid., Memcon Chieu, Oct. 20, 1965. See also Johnson Library, NSF Country File Vietnam, Box 24, Vietnam Memos (B) Vol. XLII 11—65, Oct. 20, 1965. Copies of all the memcons cited below are also to be found at the Johnson Library.
79. LOC, HAK, Trip to Vietnam, Oct. 15—Nov. 2, 1965, Oct. 17, 1965.
80. LOC, Vietnam Mission 1965, Memcon Quat, Oct. 30, 1965.
81. Ibid., Memcon Quat, Oct. 31, 1965.
82. Ibid., Memcon Thuan, Nov. 2, 1965.
83. Ibid., Memcon Tuyen, Oct. 23, 1965.
84. Ibid., Memcon Vui, Oct. 20, 1965.
85. Ibid., Memcon Truyen, Oct. 20, 1965.
86. Ibid., HAK, Trip to Vietnam, Oct. 15—Nov. 2, 1965, Oct. 27, 1965. Cf. LOC, Vietnam Mission 1965, Memcon Quang, Oct. 27, 1965.
87. LOC, Vietnam Mission 1965, Memcon Sung, Oct. 29, 1965.
88. Ibid., HAK, Trip to Vietnam, Oct. 15—Nov. 2, 1965, Oct. 27, 1965.
89. Jack Foisie,"Viet Regime Shaky, Johnson Envoys Find,"*Los Angeles Times,* Nov. 2, 1965.
90. Johnson Library, NSF Files of McGeorge Bundy, Box 15, HAK to McGeorge Bundy, Nov. 6, 1965. See also telegram sent Nov. 8.
91. Johnson Library, NSF Files of McGeorge Bundy, Box 15, McGeorge Bundy to William F. Bundy, Nov. 6, 1965.
92. Massachusetts Historical Society, Lodge Papers, Vietnam, Reel 20, HAK to Lodge, Nov. 10, 1965.
93. Johnson Library, NSF Files of McGeorge Bundy, Box 15, McGeorge Bundy to William F. Bundy, Nov. 10, 1965. See also McGeorge Bundy to HAK, Nov. 14, 1965.
94. "Kissinger Denies Saigon Statement,"*Arizona Republic,* Nov. 9, 1965.
95. LOC, D-4, HAK to McGeorge Bundy, Nov. 12, 1965.
96. Johnson Library, NSF Files of McGeorge Bundy, Box 15, Moyers to HAK, Nov. 12, 1965.
97. LOC, Vietnam Mission 1965, HAK to Lodge, Nov. 12, 1965.
98. Clifford, *Counsel to the President,* 429—32.
99. Johnson Library, NSF Files of McGeorge Bundy, Box 15, HAK to Clifford, Nov. 11, 1965.
100. Clifford, *Counsel to the President,* 432.
101. Isaacson, *Kissinger,* KL 2252—55.
102. Johnson Library, NSF Files of McGeorge Bundy, Box 15, HAK to Clifford, Nov. 11, 1965.
103. LOC, Vietnam Mission 1965, HAK to Lodge, Nov. 12, 1965.
104. Ibid., HAK to Lodge, Nov. 23, 1965.
105. LOC, Vietnam Mission 1965, Lodge to HAK, Nov. 30, 1965.
106. LOC, F-2(a), Porter to HAK, Nov. 30, 1965.
107. Ibid., Dec. 8, 1965.
108. LOC, Vietnam Mission 1965, HAK to Lodge, Dec 1, 1965.
109. Ibid., HAK to Lodge, Dec. 3, 1965.
110. Ibid.

第 18 章：徒勞無功

1. HAK DC Office, DC-3, Vietnam diary, July 19, 1966.
2. LOC, F-2(a), Misc. Corr., HAK to Burke, Sept. 29, 1966.
3. LOC, Joint Arms Control Seminar, Minutes of the Seventh Session, Jan. 12, 1966.
4. Ibid.
5. *FRUS, 1964—68,* vol. III, *Vietnam, June—Dec. 1965,* Doc. 237, Chairman of JCS Wheeler to McNamara, Dec. 21, 1965.
6. Bibby, *Hearts and Minds,* 108.
7. Charlotte Buchen,"Anguish and Foreign Policy,"*Arizona Republic,* Nov. 9, 1965.
8. Kenneth Botwright,"U.S. Right to Reject Hanoi Bid, Says Expert,"*Boston Globe,* Nov. 29, 1965.
9. Richard Blumenthal,"Objectors to Vietnam Not Exempt, Says Hershey,"*Harvard Crimson,* Nov. 20, 1965.
10. "Educators Back Vietnam Policy," *New York Times,* Dec. 10, 1965. Cf. Gibbons, *Government and Vietnam* War, *100.*
11. Derek Bok, interview by author.
12. HAK Newspaper Collection, CBS Reports transcript, Dec. 21, 1965.
13. LOC, Averell Harriman Papers, Box 481, HAK to Lodge, June 7, 1966.
14. Thomas Peper,"Can the U.S. Really Win for Losing in the Baffling Battle of Viet nam?,"*Winston-Salem Journal,* Feb. 29, 1966.
15. LOC, D-1, *Look* Magazine Statement, June 6, 1966. See Murray Marder,"Moderate Critics Offer New Plans for Vietnam,"*New York Herald Tribune,* July 28, 1966.
16. LOC, Vietnam Mission 1965, HAK to Lodge, Dec 1, 1965.
17. LOC, Joint Arms Control Seminar, Minutes of the Seventh Session, Jan. 12, 1966.
18. Ibid.
19. LOC, D-1, *Look* Magazine Statement, June 6, 1966.
20. *FRUS, 1964—68,* vol. IV, *Vietnam, 1966,* Doc. 44, Denney to Rusk, Jan. 26, 1966.
21. *FRUS, 1964—68,* vol. III, *Vietnam, June—Dec. 1965,* Doc. 237, Chairman of JCS Wheeler to McNamara, Dec. 21, 1965.
22. Gibbons, *Government and Vietnam War,* 82—84.
23. Clifford, *Counsel to the President,* 433.
24. Harrison and Mosher,"McNaughton and Vietnam,"512.
25. Clifford, *Counsel to the President,* 434.
26. Harrison and Mosher,"Secret Diary of McNamara's Dove,"521.
27. Bird, *Color of Truth,* 348f.
28. Halberstam, *Best and the Brightest,* 627.
29. See Hoppes, *Limits of Intervention,* 59f.; Peters, *Johnson,* 135.
30. Gaiduk,"preacemaking or Troubleshooting?"
31. Rusk and Rapp, *As I Saw It,* 465. Cf. Guan,"Vietnam War from Both Sides,"104.
32. Johnson Library, Dean Rusk Oral History Interview II, Sept. 26, 1969, transcribed by Paige E. Mulhollan, at http://bit.ly/1yWCDMp.

See also William Fulton,"Rusk Gets Nowhere in Viet Peace Moves,"*Chicago Tribune,* Oct. 9, 1965; János Radványi,"Peace Hoax,"*Life,* Mar. 22, 1968, 60 – 71.

33. Robert K. Brigham,"Vietnam at the Center: Patterns of Diplomacy and Resistance,"in Gardner and Gittinger, *International Perspectives on Vietnam,* 102f.
34. Logevall, *Choosing War.*
35. Rusk and Rapp, *As I Saw It,* 465; Herring, *Secret Diplomacy,* 117.
36. Brigham,"Vietnamese-American Peace Negotiations,"393f.
37. See Hershberg,"Who Murdered Marigold?,"10.
38. Ibid., 12.
39. Ibid., 13f.
40. Herring, *Secret Diplomacy,* 159ff.
41. Johnson Library, Transcript, George Ball Oral History Interview I, July 8, 1971, by Paige E. Mulhollan.
42. Gibbons, *Government and Vietnam War,* 389 – 91.
43. LOC, Averell Harriman Pagers, Box 481, Willilam Bundy to Rusk, May 4, 1966.
44. Guan, *Vietnam from Other Side,* 109f.; Sainteny, *Ho and Vietnam,* 161 – 66.
45. *FRUS, 1964 – 1968,* vol. IV, *Vietnam, 1966,* Doc. 182, Bohlen to State Department, July 21, 1966.
46. British National Archives, PREM 13/1270, Michael Stewart to D. F. Murray, May 3, 1966.
47. British National Archives, PREM 13/1270, Michael Stewart to D. F. Murray, May 3, 1966.
48. LOC, HAK Vietnam Missions 1965 – 67, HAK to Lodge, June 7, 1966.
49. Ibid., Lodge to HAK, June 15, 1966.
50. Ibid., HAK to Lodge, Apr. 8, 1966; Lodge to HAK, Apr. 13, 1966.
51. LOC, F-2(a), HAK to William Bundy, June 11, 1966.
52. LOC, Averell Harriman Papers, Box 481, Unger to Saigon Embassy, July 11, 1966.
53. LOC, F-2(a), Misc. Corr., HAK to Philip Habib, July 1, 1966. Lodge said at a metting of the Mission Council that"the Saigon Embassy was the only Embassy in the U.S. that had an Ambassador in Washington."
54. HAK DC Office, DC-3, Vietnam diary, July 16, 1966.
55. HAK DC Office, DC-3, Vietnam diary, July 16 – 18, 1966.
56. LOC, Averell Harriman Papers, Box 481, Memcon Do, July 18, 1966.
57. Diem and Chanoff, *Jaws of History,* 251.
58. HAK DC Office, DC-3, Vietnam diary, July 19, 1966, 1966.
59. LOC, July 19 – 21, 1966 (Vietnam Trip), Vietnam diary, July 20 – 21, 1966.
60. LOC, J-3, Colonel D. J. Barrett, Jr., to 3rd Marine Division, July 24, 1966.
61. HAK DC Office, DC-3, July 25 – 28, 1966. (Vietnam Trip), July 25, 1966.
62. Ibid.
63. Ibid.
64. LOC, July 25 – 28, 1966 (Vietnam Trip), Vietnam diary, July 27, 1966.
65. Ibid.
66. LOC, F-2(a), Misc. Corr., HAK to Frances Fitzgerald, Aug. 12, 1966.
67. See, e.g., LOC, Secret DOS-HAK

memoranda, Memcon Sanh, Dan and Sung, July 19, 1966; LOC, July 19–21, 1966 (Vietnam Trip), Vietnam diary, July 20–21, 1966; LOC, Secret DOS-HAK memoranda, Memcon Giac, July 20, 1966; Memcon Truyen, July 20, 1966; Memcon Diem, July 23, 1966; Memcon Tuyen, July 23, 1966; Memcon Quynh, July 28, 1966.

68. LOC, Averell Harriman Papers, Box 481, Rusk to Saigon Embassy, July 22, 1966.
69. HAK DC Office, DC-3, July 25–28, 1966 (Vietnam Trip), July 26, 1966.
70. LOC, Secret DOS-HAK memoranda, Memcon Loan, July 26, 1966; Memcon Co, July 26, 1966.
71. HAK DC Office, DC-3, July 25–28, 1966 (Vietnam Trip), July 28, 1966.
72. LOC, Averell Harriman Papers, Box 481, Memcon Do, July 18, 1966.
73. Ibid., State Dept. Memcon, Aug. 2, 1966.
74. Ibid.
75. LOC, HAK Vietnam Missions 1965–67, HAK to Lodge, Aug. 9, 1966. See also HAK to Lodge, Aug. 12, 1966.
76. LOC, Secret DOS-HAK memoranda, Memcon Tuyen, July 23, 1966. See also Kissinger's report to Robert Komer, which made no reference whatever to the possibility of negotiations with the VC/NLF, much less to the possibility of defections: LOC, HAK Vietnam Missions 1965–67, HAK to Robert Komer, Aug. 8, 1966.
77. *FRUS, 1964–1968,* vol. IV, *Vietnam, 1966,* Doc. 203, Rusk to Lodge, Aug. 5, 1966.
78. Ibid., Doc. 213, Harriman to Lyndon Baines Johnson [henceforth LBJ] and Rusk, Aug. 18, 1966.
79. LOC, HAK Vietnam Missions 1965–67, HAK to Lodge, Aug. 18, 1966.
80. Ibid., 1966.
81. Gibbons, *Government and Vietnam War,* 396–99.
82. LOC, F-2(a), Misc. Corr., Burke to HAK, Sept. 16, 1966.
83. Ibid., HAK to Burke, Sept. 29, 1966.
84. "Kissinger Said to Be En Route to Vietnam,"*Harvard Crimson,* Oct. 10, 1966.
85. LOC, State Dept. Telegram re. HAK Vietnam Mission 1966, Harriman to State Dept., Oct. 22, 1966.
86. LOC, Averell Harriman Papers, Box 481, HAK to Harriman, Oct. 11, 1966.
87. Katzenbach, *Some of It Was Fun,* 230f.
88. LOC, Averell Harriman Papers, Box 481, HAK to Harriman, Oct. 14, 1966, Oct. 17, 1966. See also *FRUS, 1964–1968,* vol IV, *Vietnam, 1966,* Doc. 276, Harriman to Rusk, Oct. 19, 1966.
89. LOC, HAK Vietnam Missions 1965–67, HAK to Lodge, Oct. 19, 1966.
90. LOC, Averell Harriman Papers, Box 481, Memcon Harriman, HAK, Oct. 25, 1966.
91. Ibid., Lodge to HAK, Nov. 29, 1966.
92. Ibid., autographed photograph, dated Dec. 19, 1966.

第 19 章：反俾斯麥

1. LOC, G-13, HAK to Michael Howard, July 31, 1961.
2. LOC, Memcon de La Grandville [Jan. 28, 1967], Feb. 6, 1967.
3. Dickson, *Kissinger and Meaning,* 104f.
4. LOC, G-13, Michael Howard to HAK, Aug. 4, 1961.
5. Ibid., HAK to Michael Howard, July 31, 1961.
6. LOC, D-4, HAK to Dönhoff, Feb. 14, 1967.
7. Weidenfeld, *Remembering My Friends,* 384f.
8. HAK, *World Order,* 78.
9. Ibid., 233.
10. Ibid., 80, 82.
11. HAK,"White Revolutionary,"It also contains a few surprising errors, notably the garbling of the name of Bismarck's junior school. This was not the"Max Plaman Institute"(892) but the Plamann Institute, founded in 1805 by Johann Ernst Plamann.
12. Ibid., 888.
13. Ibid., 898.
14. Ibid., 904.
15. Ibid., 910.
16. Ibid., 913.
17. Ibid., 919.
18. Ibid., 889.
19. Ibid., 909, 919.
20. Steinberg, *Bismarck,* 263.
21. HAK,"White Revolutionary,"912f.
22. Ibid., 913.
23. Ibid., 890, 921.
24. Ibid., 919f.
25. Ibid., 906f.
26. Ibid., 911.
27. Yale University Library, HAK Papers, MS 1981, Part II, Box 273, Folders 1-6, 14-15, HAK, unpublished ms. on Bismarck.
28. Ibid., Folder 2, The Crimean War, 12f, 14, 19.
29. Ibid., 21, 36, 26f.
30. Ibid., Folder 5, The Contingency of Legitimacy, 2f.
31. See in general on de Gaulle's foreign policy, Vaïsse, *La Grandeur.*
32. Logevall, *Choosing War,* KL 245.
33. Charles G. Cogan,"'How Fuzzy Can One Be?'The American Reaction to De Gaulle's Proposal for the Neutralization of (South) Vietnam,"in Gardner and Gittinger, *Search for Peace in Vietnam,* KL 2169－414.
34. Vaïsse,"De Gaulle and the Vietnam War,"KL 2449.
35. Cogan," 'How Fuzzy Can One Be?' "
36. Reyn, *Atlantis Lost,* 301.
37. Logevall, *Choosing War,* KL 1934－44.
38. LOC, F-2(a), NAR draft speech, May 22, 1964.
39. LOC, Kent 64, Memcon De Rose [May 26, 1964], June 10, 1964.
40. Ibid., Memcon Ritter and Speidel [May 25, 1964], June 10, 1964.
41. Ibid., Memcon Cattani [May 24, 1964], June 10, 1964; Memcon Müller-Roschach [May 25, 1964], June 10, 1964.
42. He did go to Vienna in September 1964, but en route to Prague: LOC, G-13, HAK to Hoffmann, Sept. 1, 1964.

43. LOC, 1966—Eurotrip, London Embassy to State Dept., Feb. 3, 1966.
44. Ibid., Eonard Unger, Memcon HAK, Feb. 4, 1966.
45. Heffer, *Like the Roman,* 44of.
46. LOC, Kent 64, HAK to Bundy, Nov. 27, 1964.
47. Johnson Library, Bundy Papers, Box 15, HAK, Memcon Bahr [Apr. 10, 1965], Apr. 12, 1965.
48. Ibid.
49. Ibid., Kissinger foresaw a"truly rocky time ahead in Germany after the election"if the views Bahr ascribed to Brandt were correct: LOC, Kent 64, HAK to Bundy, Apr. 13, 1965.
50. HAK,"The Price of German Unity,"*Reporter,* Apr. 22, 1965 (published in *Die Zeit* as"Wege zur deutschen Einheit").
51. HAK,"White Revolutionary,"900.
52. HAK,"Price of German Unity,"13.
53. Ibid., 15.
54. Ibid., 17.
55. Johnson Library, Bundy Papers, Box 15, HAK Memcon Wehner, June 21, 1965.
56. Ibid.
57. Ibid., HAK Memcon Adenauer, June 25, 1965.
58. Ibid., HAK Memcon Gerstenmaier, June 22, 1965.
59. LOC, Kent 64, HAK to Bundy, July 20, 1965.
60. Ibid., HAK to Bundy, June 26, 1965. See also LOC, G-14, HAK to McAnughton, July 8, 1965.
61. Reyn, *Atlantis Lost,* 283.
62. LOC, Kent 64, HAK to Bundy, July 20, 1965.
63. Reyn, *Atlantis Lost,* 242.
64. HAK,"For a New Atlantic Alliance,"*Reporter,* July 14, 1966, 21ff., 25.
65. Ibid., 26. See also his article"Deutschland unter dem Druck der Freunde,"*Die Welt,* July 18, 1966.
66. Gavin, *Nuclear Statecraft,* 6—8, 75—93.
67. Ibid., 93.
68. LOC, Memorandum to McNaughton [re. lunch on Jan. 24, 1967], Feb. 13, 1967.
69. Ibid.
70. Ibid.
71. Ibid.
72. Ibid.
73. Ibid.
74. Ibid.
75. LOC, Kent 64, Memcon Schmidt, Fe. 13, 1967.
76. LOC, HAK to McNaughton, Feb. 14, 1967.
77. Johnson Library, Bundy Papers, Box 15, HAK, Memcon Bahr [Apr. 10, 1965], Apr. 12, 1965.
78. LOC, Kent 64, HAK Memcon Krone, Mar. 30, 1965. See also LOC F-3(c), HAK to NAR, Mar. 30, 1965.
79. LOC, D-4, HAK to Dönhoff, Feb. 12, 1965.
80. HAK,"Coalition Dipllomacy,"530.
81. Ibid., 544.
82. Ibid., 543.
83. LOC, F-3(b), Bailey, NAR Post-Election Speech on Foreign Policy, Oct. 22, 1964. See also Oct. 26 draft and HAK's revisions of Oct. 27, Oct. 28, and Nov. 3. In his treatment of this issue, I suspect Suri confuses

Kissinger's views with Rockefeller's, though their mode of operation makes the elision an easy one to make.

84. HAK,"Illusionist."
85. LOC, D-4, HAK to Dönhoff, Feb. 12, 1965.
86. HAK, *Troubled Partnership* [henceforth TTP].
87. *TTP,* 8.
88. *TTP,* 17.
89. Reyn, *Atlantic Lost,* 339 – 43.
90. *TTP,* 45, 47.
91. *TTP,* 72, 73f., 83, 166.
92. *TTP,* 17of., 246.
93. *TTP,* 63.
94. Kissinger family papers, Louis Kissinger to HAK, Sept. 23, 165.
95. Drew Middleton,"Waneted: Warmer Hands Across the Sea,"*New York Times,* May 30, 1965, BR3.
96. Brodie review of *TTP, Annals of the American Academy of Political and Social Science* 367 (Sept. 1966), 163f. See also Brodie review of *TTP, Journal of Policics* 29, no. 2 (May 1967), 424f.
97. Holmes review of *TTP, International Journal* 21, no. 2 (Spring 1966), 222f.
98. Curtis review of *TTP, Western Political Quarterly* 18, no. 3 (Sept. 1965), 711f.
99. *TTP,* 248.
100. LOC, A-5, HAK"Statement on the Atlantic Alliance"before the Senate Foreign Relations Committee chaired by William Fulbright, June 27, 1966. Cf."France, Russia Agree to Establish Hot Line,"*Washington Post,* June 29, 1966.
101. Johnson Library, Bundy Papers, Box 15, HAK Memcon de La Grandville, May 16, 1965.
102. Ibid.
103. Ibid.
104. LOC, Memcon de La Grandville [Jan. 28, 1967], Feb. 6, 1967.
105. Ibid.
106. Ibid.
107. *NFC,* 202.
108. *NFC,* 253.
109. Kennedy Library, Staff Memoranda, Box 320, HAK,"American Strategic Thinking,"speech at Pakistan Air Force Headquarters, Feb. 2, 1962.
110. LOC, Kent 64, Position Papers, China, Apr. 11, 1962.
111. LOC, F-3(a), Q&A, Dec. 31, 1963.
112. Ibid., Summary Positions, Jan. 27, 1963.
113. LOC, F-3(c), HAK to NAR, Jan. 27, 1963.
114. LOC, F-3(b), Bailey, NAR Post-Election Speech on Foreign Policy, Oct. 22, 1964. See also Oct. 26 draft and HAK's revision of Oct. 27.
115. LOC, Memorandum to McNaughton [re. lunch on Jan. 23, 1967], Feb. 13, 1967.
116. HAK,"Domestic Structure and Foreign Policy,"521.
117. Ibid., 505.
118. Ibid., 507.
119. Ibid., 507f.
120. Ibid., 509.
121. Ibid., 510.
122. Ibid., 51of.
123. HAK,"Et Caesar, Et Nullus,"*Reporter,* June 1, 1967, 51f.
124. HAK,"Domestic Structure and Foreign Policy,"517.
125. Ibid., 518.
126. Ibid., 522f.
127. Ibid., 523.

第 20 章：等待河內

1. Schlesinger, *Journals,* Dec. 7, 1967.
2. Camus, *Mythe de Sisyphe.*
3. Allan Katz,"Wait for Godot,"*Harvard Crimson,* Nov. 28, 1960.
4. *WR,* KL 3434－37.
5. "Mai Van Bo: Revolutionary with Style,"*Time* 91, no. 19 (May 10, 1968).
6. LOC, Memcon, Kissinger's Conversations at Pugwash, Aug. 17, 1966.
7. *FRUS, 1964－1968,* vol. IV, *Vietnam, 1966,* Doc. 212, Meeting of the Negotiations Committee, Aug. 18, 1966.
8. Gibbons, *Government and Vietnam War,* 389－91 and n. See in general Maïsse, *Grandeur,* 521－36.
9. HAK,"Domestic Structure and Foreign Policy,"517.
10. LOC, HAK, Conversation with Soviet participants at Pugwash conference on the subject to Vietnam, Sept. 23, 1966.
11. Ibid.
12. LOC, HAK, Vietnam Resolution at the Pugwash Conference, Sept. 23, 1966.
13. LOC, Averell Harriman Papers, Box 481, Harriman and McNamara to Rusk, Sept. 19, 1966.
14. Ibid., Warsaw Embassy to State Dept., Sept. 19, 1966.
15. LOC, Secret Memorandum, Memcon Dobroscelski [Sept. 17, 1966], Sept. 23, 1966.
16. LOC, Secret Conversation with Snejdarek, Memcon Snejdarek [Sept. 19－20], Sept. 23, 1966.
17. On Šnejdárek, see Skoug, *Czechoslovakia's Lost Fight,* 11, 25.
18. LOC, Secret Conversation with Snejdarek, Memcon Snejdarek [Sept. 19－20], Sept. 23, 1966.
19. Ibid.
20. *FRUS, 1964－1968,* vol. IV, *Vietnam, 1966,* Doc. 300, Memorandum of meeting, Nov. 10, 1966.
21. British National Archives, PREM 13/1270, A. M. Palliser to C. M. MacLehose, Oct. 3, 1966.
22. *FRUS, 1964－1968,* vol. IV, *Vietnam, 1966,* Doc. 335, U.S. Embassy in Poland to State Dept., Dec. 9, 1966. See also Ang Cheng Guan,"The Vietnam War from Both Sides: Rev isiting 'Marigold', 'Sunflower' a nd 'Pennsylvania,' "*War and Society* 24, no. 2 (Nov. 2005), 93－125.
23. Archiwum Polskiej Dyplomacji, Szyfrogramy z Sajgonu, 1966, Sygn. 6/77, w-173, t-558, Rapacki to Gomulka, Cyrankiewicz, Kliszko, Nov. 19, 1966.
24. Ibid., Szyfrogramy z Sajgonu, 1966, Sygn. 6/77, w-173, t-558, Michałowski to Malczyk, Nov. 19, 1966.
25. Ibid., Szyfrogramy z Hanoi, 1966, Sygn. 6/77, w-173, t-558, Lewandowski to Michałowski, Nov. 25, 1966. Cf. Hershberg,"Who Murdered Marigold?,"22f.
26. Archiwum Polskiej Dyplomacji, Szyfrogramy z Sajgonu, 1966, Sygn. 6/77, w-173, t-558, Lewandowski to Rapacki, Dec. 2, 1966.

27. Hershberg,"Who Murdered Marigold?,"25 – 28.
28. Ibid., 16. See also Guan,"Vietnam War from Both Sides,"98.
29. Ibid., 36.
30. Herring, *LBJ and Vietnam,* 106f.
31. Archiwum Polskiej Dyplomacji, Szyfrogramy z Sajgonu, 1966, Sygn. 6/77, w-173, t-558, Lewandowski to Michałowski, Nov. 14, 1966.
32. Ibid., Sygn. 6/77, w-173, t-558, Lewandowski to Michałowski, Nov. 16, 1966.
33. Ibid., Sygn. 6/77, w-173, t-558, Rapacki to Gomulka, Cyrankiewicz, Kliszko, Nov. 19, 1966.
34. Ibid., Sygn. 1/77, w-16, t. 39, Rapacki to Gomułka, Cyrankiewicz, Ochab, Kliszko, Nov. 21, 1966.
35. Ibid., Szyfrogramy z Hanoi, 1966, Sygn. 6/77, w-173, t-558, Lewandowski to Michałowski, Nov. 25, 1966. See also Lewandowski to Rapacki, Nov. 28, 1966.
36. Hershberg,"Who Murdered Marigold?,"22f.
37. Ibid., 42.
38. Milne, *America's Rasputin,* 184f.
39. Dallek, *Flawed Giant,* 445.
40. Rusk and Papp, *As I Saw It,* 467, Cf. Radványi, *Delusion and Reality,* 194f.
41. *FRUS, 1964 – 1968,* vol. V, *Vietnam, 1967,* Doc. 7, Memorandum of meeting, Jan. 5, 1967.
42. Guan,"Vietnam War from Both Sides,"106f.
43. LOC, Conversations in Prague with Snejdarek and others [Jan. 30 – 31, 1967], Feb. 6, 1967.
44. LOC, Harriman Papers, Box 481, U.S. Embassy Paris to Rusk, May 26, 1967.
45. LOC, conversations in Prague with Snejdarek and others [Jan. 30 – 31, 1967], Feb. 6, 1967.
46. LOC, Harriman Papers, Box 481, Memcon Harriman, Kissinger, Feb. 9, 1967.
47. *FRUS, 1964 – 1968,* vol. V, *Vietnam, 1967,* Doc. 227, Bundy to Rusk, June 30, 1967.
48. Guan,"Vietnam War from Both Sides,"110.
49. Herring, *Secret Diplomacy,* 374f.
50. Milne, *America's Rasputin,* 185 – 88.
51. Guan,"Vietnam War from Both Sides,"113.
52. Ibid., 138f.
53. Rusk and Papp, *As I Saw It,* 469f.
54. LOC, Harriman Papers, Box 481, HAK to Harriman, Dec. 30, 1966.
55. LOC, HAK to Harriman, Jan. 3, 1967.
56. LOC, Harriman Papers, Box 481, Memcon Harriman, Kissinger, Feb. 9, 1967.
57. Dallek, *Flawed Giant,* 447.
58. *FRUS, 1964 – 1968,* vol. V, *Vietnam, 1967,* Doc. 43, Summary Notes of the 568th Meeting of the National Security Council, Feb. 8, 1967.
59. Harrison and Mosher,"Secret Diary of McNamara's Dove,"528f.
60. Milne, *America's Rasputin,* 192.
61. Ibid., 18.
62. Dallek, *Flawed Giant,* 459ff.; Milne, *America's Rasputin,* 189f.
63. Johnson, *Vantage Point,* 368.
64. Dallek, *Flawed Giant,* 470.
65. Ibid., 453f.
66. Martin Luther King, Jr.,"Beyond Vietnam,"Address Delivered to the Clergy and Laymen Concerned About Vietnam, at Riverside

Church, April 4, 1967, http://stanford.io/1KcXUm6.

67. *FRUS, 1964–1968,* vol. V, *Vietnam, 1967,* Doc. 341, Note of the meeting, Oct. 3, 1967. See Gardner, *Pay Any Price,* 390.
68. Guan,"Vietnam War from Both Sides,"115.
69. Herring, *Secret Diplomacy,* 521.
70. Dobrynin, *In Confidence,* 161.
71. Guan,"Vietnam War from Both Sides,"117.
72. HAK,"The World Will Miss Lee Kuan Yew,"*Washington Post,* Mar. 23, 2015.
73. Joel R. Kramer,"Lee Kuan yew,"*Harvard Crimson,* Oct. 23, 1967.
74. Robert K. Brigham and George C. Herring,"The Pennsylvania Peace Initiative, June–October 1967,"in Gardner and Gittinger, *Search for Peace in Vietnam.*
75. Guan,"Vietnam War from Both Sides,"118.
76. Brown, *Keeper of Nuclear Conscience,* 201.
77. Braun, *Joseph Rotblat,* 77.
78. LOC, F-2(a), Vietnam Material, Draft of a Memo to the Files, July 10, 1967.
79. LOC, Harriman Papers, Ordre de Mission, July 7, 1967.
80. Aubrac, *Où la mémoire s'attarde,* 255f.
81. Marnham, *Resistance and Betrayal.*
82. Aubrac, *Où la mémoire s'attarde,* 258.
83. McNamara, *Argument Without End,* 292f.
84. Brigham and Herring,"Pennsylvania Peace Initiative,"63.
85. Aubrac, *Où la mémoire s'attarde,* 261–69.
86. Johnson Library, 10, Pentagon Papers, Visit to Hanoi by Two Unofficial French Representatives, Aug. 2, 1967.
87. Aubrac, *Où la mémoire s'attarde,* 272.
88. *FRUS, 1964–1968,* vol. V, *Vietnam, 1967,* Doc. 267, Memorandum of meeting, Aug. 3, 1967.
89. McNamara, *In Retrospect,* 298; Dallek, *Flawed Giant,* 477.
90. *FRUS, 1964–1968,* vol. V, *Vietnam, 1967,* Doc. 272, Bundy to Negotiations Committee, Aug. 9, 1967.
91. Dallek, *Flawed Giant,* 477f.
92. *FRUS, 1964–1968,* vol. V, *Vietnam, 1967,* Doc. 272, Bundy to Negotiations Committee, Aug. 9, 1967.
93. Johnson Library, 10, Pentagon Papers, Pennsylvania, n.d. Aug. 1967. McNamara told Harriman he had personally dictated the text.
94. Ibid., revised and supplemented after review by Kissinger, Sept. 8, 1967.
95. Johson Library, NSF Country File Vietnam, 140, Pennsylvania, HAK to Rusk, Katzenbach and Harriman, Aug. 17, 1967; HAK to Rusk, Katzenbach and Harriman, Aug. 18, 1967, 06.59; HAK to Rusk, Katzenbach and Harriman, Aug. 18, 1967, 14.58.
96. Gibbons, *Government and Vietnam War,* 777–79.
97. Johnson Library, NSF Country File Vietnam, 140, Pennsylvania, HAK to McNamara, Aug. 19, 1967, 06.49.
98. *FRUS, 1964–1968,* vol. V, *Vietnam, 1967,* Memcon Harriman, McNamara, Aug. 22, 1967.
99. Johnson Library, NSF Country File

Vietnam, 140, Pennsylvania, Cooper memorandum, Aug. 22, 1967.
100. At this point, knowledge of PENNSYLVANIA was confined to Bundy, Cooper, Habib, Harriman, Katzenbach, McNamara, and Rusk.
101. Johnson Library, NSF Country File Vietnam, 140, Pennsylvania, Walsh memorandum, Aug. 25, 1967.
102. Ibid., 140, Pennsylvania, Read memo, Sept. 5, 1967.
103. Ibid., 140, Read memo, Sept. 6, 1967.
104. Ibid., 140, Read memo, Sept. 7, 1967, 12:30 p.m.
105. Ibid., 140, Pennsylvania, Rostow to LBJ, Sept. 5, 1967.
106. Ibid., 140, Pennsylvania, [Helms] note to Rostow, Sept. 7, 1967.
107. Ibid., 140, Helms to Rostow, Sept. 7, 1967.
108. Ibid., 140, William Bundy memorandum for the President, Sept. 7, 1967.
109. *FRUS, 1964—1968,* vol. V, *Vietnam, 1967, Doc. 311, Memcon Rusk-Rostow, Sept. 9, 1967.*
110. Johnson Library, NSF Country File Vietnam, 140, Rostow to LBJ, Sept. 9, 1967, 6:38 p.m.
111. Ibid., 140, Instructions for Mr. Henry Kissinger, Sept. 7, 1967.
112. Ibid., 140, HAK to Rusk, Sept. 9, 1967, 11:07 a.m.
113. Ibid., 140, HAK to Rusk, Sept. 9, 1967, 4:00 p.m.
114. Ibid.
115. Ibid., 140, HAK message, Sept. 11, 1967.
116. Ibid., 140, Rostow to LBJ, Sept. 11, 1967, 12:15 p.m.
117. Dallek, *Flawed Giant,* 484. See also Gardner, *Pay Any Price,* 387.
118. Johnson Library, NSF Country File Vietnam, 140, Rusk to HAK, Sept. 12, 1967. See also HAK to Rusk, Sept. 13, 1967, 7:49 a.m., for Kissinger's request that the U.S. response to Hanoi be toned down.
119. Johnson Library, NSF Country File Vietnam, 140, Rusk to HAK, Sept. 13, 1967.
120. Ibid., 140, HAK to Rusk, Sept. 13, 1967, 7:57 a.m.
121. Ibid., 140, HAK to Rusk, Sept. 13, 1967, 4:10 p.m.
122. Ibid., 140, HAK to Rusk, Sept. 14, 1967, 2:54 p.m.
123. Ibid., 140, HAK to Rusk, Sept. 15, 1967, 8:56 a.m.; Rusk to HAK, Sept. 15, 1967; HAK to Rusk, Sept. 15, 1967, 9:19 p.m.
124. Ibid., 140, HAK to Rusk, Sept. 19, 1967, 2:39 p.m.
125. Ibid.
126. Ibid., 140, HAK to Rusk, Sept. 16, 1967, 8:46 a.m.
127. Aubrac, *Où la mémoire s'attarde,* 278.
128. *FRUS, 1964—1968,* vol. V, *Vietnam, 1967,* Doc. 334, HAK to Rusk, Sept. 21, 1967.
129. Johnson Library, NSF Country File Vietnam, 140, Telcon Read-HAK, Sept. 25, 1967, 8:25 a.m.
130. Ibid., 140, Telcon Read-HAK, Sept. 30, 1967, 9:00 a.m.
131. Ibid., 140, Telcon Kissinger-Read, Oct. 3, 7:30 a.m.
132. Ibid., 140, Rostow to LBJ, Oct. 3, 1967, 10:15 a.m.
133. Ibid., 140, Marcovitch to HAK, Oct. 2, 1967; Note drafted by MA after M's conversation with Paul [Bo], Oct. 2, 1967; NSF Files of Walt

Rostow, 9, Telcon Kissinger-Read, Oct. 3, 1967, 1 p.m. Slight variations in wording from one version to another reflect differences in translations from the French.

134. *FRUS, 1964—1968,* vol. V, *Vietnam, 1967,* Doc. 314, Notes of the meeting, Oct. 3, 1967. See Gardner, *Pay Any Price,* 390.
135. Johnson Library, NSF Country File Vietnam, 140, Telcons Read-Kissinger, Oct. 4, 1967, 4:15 and 4:30 p.m.; Oct. 4, 1967, 8:30 p.m.
136. Ibid., 140, Rostow to LBJ, Oct. 4, 1967; Rostow to LBJ, Oct. 4, 1967, 6:10 p.m.
137. *FRUS, 1964—1968,* vol. V, *Vietnam, 1967,* Doc. 346, Notes of the metting, Oct. 4, 1967.
138. Ibid., Doc. 348, LBJ meeting with Rusk, McNamara and Rostow, 6:55—8:25 p.m. Cf. Gibbons, *Government and Vietnam War,* pt. 4, 783—86.
139. Johnson Library, NSF Country File Vietnam, 140, Text dictated by Mai Van Bo to Marcovitch, Oct. 5, 1967, 9:30 p.m.—midnight.
140. *FRUS, 1964—1968,* vol. V, *Vietnam, 1967,* Doc. 348, JBJ meeting with Rusk, McNamara and Rostow, 6:55—8:25 p.m.
141. Johnson Library, NSF Files of Walt Rostow, 9, Rusk [?] to HAK, Oct. 5, 1967; NSF Country File Vietnam, 140, Rusk to U.S. ambassador in Paris, Oct. 6, 1967.
142. *FRUS, 1964—1968,* vol. V, *Vietnam, 1967,* Doc. 348, LBJ meeting with Rusk, McNamara and Rostow, 6:55—8:25 p.m.
143. Johnson Library, NSF Files of Walt Rostow, 9, Rostow to LBJ, Oct. 6, 1967, 4:50 p.m.
144. Ibid., 9, Telcon Rostow-Kissinger, Oct. 8, 1967.
145. Johnson Library, NSF Country File Vietnam, 140, Telcon Read-Kissinger, Oct. 8, 1967.
146. Ibid., 140, Telcon Read-Kissinger, Oct. 9, 1967.
147. Ibid., 140, Telcon Read-Kissinger, Oct. 17, 1967, 7:45 a.m.
148. Ibid., 140, Rostow to LBJ, Oct. 9, 1967, 1:55 p.m.
149. Ibid., 140, Telcon Read-Kissinger, Oct. 10, 1967, 2:00 p.m.
150. *FRUS, 1964—1968,* vol. V, *Vietnam, 1967,* Doc. 353, LBJ meeting with Rusk, McNamara, Rostow, Helms and and Christian, Oct. 16, 1967.
151. Johnson Library, NSF Country File Vietnam, 140, Telcon Rostow-Kissinger, Oct. 17, 1967,, 6:00 p.m.
152. Ibid., 140, Kissinger memo, Oct. 17, 1967.
153. Johnson Library, Tom Johnson's Notes of Meetings, 1, Notes of the President's Wednesday Night Meeting, Oct. 18, 1967. Cf. Gardner, *Pay Any Price,* 391ff.; Clifford, *Counsel,* 453f.
154. Schlesinger, *Journals,* Dec. 7, 1967. This story has a different setting in Isaacson, who (on the basis of an interview with Paul Doty) sets it in October as a phone call to Doty's Vermont farmhouse, where Kissinger was spending the weekend: Isaacson, *Kissinger,* KL 2320—25.
155. Johnson Library, NSF Country File Vietnam, 140, HAK to Rusk, Sept. 16, 1967, 3:27 p.m.

156. Ibid., 140, HAK to Rusk, Sept. 22, 1967, 5:57 p.m.
157. Ibid., 140, Rostow to LBJ, Sept. 14, 1967, 8:20 p.m.
158. *FRUS, 1964–1968,* vol. V, *Vietnam, 1967,* Doc. 330, Memcon Harriman-McNamara, Sept. 19, 1967.
159. Johnson Library, NSF Files of Walt Rostow, 9, Rostow to LBJ, Sept. 26, 1967.
160. LOC, D-4, LBJ to HAK, Oct. 4, 1967.
161. *FRUS, 1964–1968,* vol. V, *Vietnam, 1967,* Doc. 336, Notes of Meeting, Sept. 26, 1967, 1:15–2:35 p.m. Cf. Gardner, *Pay Any Price,* 387f.
162. Gardner, *Pay Any Price,* 388f.
163. *FRUS, 1964–1968,* vol. V, *Vietnam, 1967,* Doc. 336, Notes of Meeting, Sept. 26, 1967, 1:15–2:35 p.m. Cf. Gardner, *Pay Any Price,* 387f. Cf. McNamara, *In Retrospect,* 298–301.
164. Lyndon B. Johnson, Address on Vietnam Before the National Legislative Conference, San Antonio, TX, Sept. 29, 1967, http://bit.ly/1aYigDa. Cf. Johnson Library, NSF Files of Walt Rostow, 9, Rostow to LBJ, Sept. 26, 1967; Gardner, *Pay Any Price,* 389.
165. *FRUS, 1964–1968,* vol. V, *Vietnam, 1967,* Doc. 341, Notes of Meeting, Oct. 3, 1967. See Gardner, *Pay Any Price,* 390.
166. *FRUS, 1964–1968,* vol. V, *Vietnam, 1967,* Doc. 363, Notes of Meeting, Oct. 23, 1967. Cf. Gardner, *Pay Any Price,* 395; Gibbons, *Government and Vietnam War,* 789–94.
167. *FRUS, 1964–1968,* vol. V, *Vietnam, 1967,* Doc. 420, Notes of Meeting, Nov. 29, 1967.
168. Johnson Library, NSF Country File Vietnam, 140, State Dept. to American Embassy, Paris, Oct. 19, 1967.
169. Ibid., 140, HAK via American Embassy, Paris, 5o State Dept., Oct. 20, 1967, 7:20 a.m.
170. Ibid., 140, Rostow to LBJ, Oct. 20, 1967, 10:50 a.m.
171. Ibid., 140, HAK to State Dept., Oct. 20, 1967.
172. Ibid. See also Aubrac, *Où la mémoire s'attarde,* 279f.
173. Johnson Library, NSF Country File Vietnam, 140, Rostow to LBJ, Oct. 20, 1967.
174. Ibid., 140, Rostow to LBJ, Oct. 21, 1967.
175. Ibid., 140, Rostow to LBJ, Oct. 27, 1967.
176. Ibid., 140, Helms to Rostow, Oct. 23, 1967.
177. *FRUS, 1964–1968,* vol. V, *Vietnam, 1967,* Doc. 363, Notes of Meeting, Oct. 23, 1967. Cf. Gardner, *Pay Any Price,* 395; Gibbons, *Government and Vietnam War,* 789–94.
178. Johnson Library, NSF Country File Vietnam, 140, Aubrac and Marcovitch to HAK, Oct. 25, 1967.
179. Ibid., 140, Marcovitch to HAK, Dec. 15, 1967.
180. Aubrac, *Où la mémoire s'attarde,* 282.
181. Butcher,"Questions About the Nature of Transfer in Track Two."
182. Loory and Kraslow, *Secret Search for Peace.*
183. Johnson Library, NSF Country File Vietnam, 94, Read memo, Dec. 11, 1967.
184. Ibid., 140, Memcon Gunther, Cook, Kraslow, Dec. 6, 1967.

185. Herring, LBJ and Vietnam.
186. Guan,"Vietnam War from Both Sides,"121－23.
187. McNamara, *Argument Without End,* 299－301.
188. Herring, *Secret Diplomacy,* 522f.
189. Johnson Library, NSF Country File Vietnam, 94, Marcovitch to HAK, Dec. 6, 1967.
190. Ibid., 140, Memcon Read, Kissinger, Jan. 17, 1968, 7:30 a.m. and 6 p.m.; Rostow to LBJ, Jan. 17, 1967.
191. Ibid., 140, Memcon Read, Kissinger, Jan. 18, 1968, 9:00 a.m.
192. Ibid., 140, HAK to Rusk [three telegrams], Jan. 4, 1968.
193. Ibid.

第 21 章：1968 年

1. LOC, D-4, Dönhof to HAK, March 22, 1968.
2. Nixon, *RN: Memoris,* KL 6520－47.
3. McNamara, *In Retrospect,* 313.
4. Rusk, *As I Saw It,* 417.
5. See in general Suri, *Power and Protest.*
6. Atkinson, *In Theory and Practice,* 139.
7. Ibid., 143.
8. Ibid., 149.
9. Ibid., 150, 153.
10. HAK,"The Need to Belong,"*New York Times,* Mar. 17, 1968.
11. LOC, F-2(a), HAK, Outline of Remarks [by NAR] at Rensselaer Commencement, June 6, 1968.
12. Vaïsse,"Zbig, Henry, and the New U.S. Foreign Policy Elite,"KL 3－26.
13. This paragraph is based on the first chapter of Hersh, *Price of Power.*
14. Isaacson, *Kissinger,* 2451－71.
15. Hitchens, *Trial of Kissinger.*
16. Hughes, *Chasing Shadow,* esp. the circumstantial evidence in footnote 7, KL 4133－4182.
17. Clifford, *Counsel to the Prisident,* 581f.
18. Hughes, *Chasing Shadows,* KL 4079－81.
19. Seig,"1968 Presidential Election,"1062.
20. Summers, *Arrogance of Power,* 298.
21. Stanley Hoffmann,"The Kissinger Anti-Memoris,"*New York Times,* July 3, 1983.
22. Bundy, *Tangled Web,* 39f.
23. Miller Center of Public Affairs, University of Virginia, Ronald Regan Oral History Project, interview with Richard F. Allen, May 28, 2002, 13.
24. Ibid., 32.
25. Lehman, *Command of the Seas,* 67f.
26. Nixon, *RN: Memoir,* KL 6170－314.
27. Smith, *On His Own Terms,* 496－97.
28. LOC, F-2(a),"A Rockefeller Call for a New Vietnam Policy,"Aug. 22, 1967.
29. Ibid.
30. Ibid.
31. Ibid.
32. Richard Witkin,"Rockefeller Turning Away from Johnson on Vietnam,"*New York Times,* Oct. 4, 1967; "Rockefeller Bars Vietnam Comment,"Oct. 4, 1967.
33. LOC, F-3(c), NAR to RMN [draft], Apr. 2, 1965.
34. Rockefeller Archive Center, RMN to

NAR, Nov. 8, 1966.
35. Smith, *On His Own Terms,* 527.
36. LOC, F-2(a), Nancy Maginnes to Ann Whitman, Nov. 22, 1967.
37. Schlesinger, *Journals,* Dec. 7, 1967.
38. Ibid., Feb. 19, 1968.
39. Kalb and Kalb, *Kissinger,* 14f.
40. RMN,"Asia After Viet Nam,"*Foreign Affairs* (Oct. 1967), 111–25.
41. Ibid., 111f.
42. Ibid., 123.
43. Ibid., 121.
44. Ibid.
45. LOC, F-3(c), HAK to NAR, Jan. 26, 1968.
46. Ibid.
47. Ibid. It seems likely that Kissinger had read Fisher Howe's pamphler *The Computer and Foreign Affairs: Some First Thoughts* (1966).
48. HAK,"Bureaucracy and Policy Making: The Effect of Insiders and Outsiders on the Policy Process,"in HAK and Brodie, *Bureaucracy, Politics and Strategy.*
49. Ibid., 3.
50. Ibid., 6.
51. Ibid., 6f.
52. Ibid., 8, 11.
53. Ibid., 9.
54. Ibid.
55. Ibid., 10.
56. LOC, K-2, Study Group on Presidential Transition, 1968–1969.
57. Ibid., Lindsay to RMN, Aug. 15, 1968, enclosing report signed by Areeda, Lindsay and May.
58. Prados and Porter, *Inside the Pentagon Papers.*
59. Johnson, *Vantage Point,* 373. For Rusk's reply see *FRUS, 1964–1968,* vol. V, *Vietnam 1967,* Doc. 403, Rusk to LBJ, Nov. 20, 1967.
60. McNamara, *In Retrospect,* 309f.
61. Johnson, *Vantage Point,* 600f.
62. McNamara, *In Retrospect,* 310f.
63. Robert Buzzanco,"The Myth of Tet: American Failure and the Politics of War,"in Gilbert and Head, *Tet Offensive,* 232f.
64. LOC, F-2(a), Lloyd Free, American Opinion About Vietnam, Preliminary Report on American Opinion About Vietnam, Lloyd Free, Mar. 15, 1968.
65. LOC, Kent 64, HAK to NAR, Mar. 29, 1968.
66. Richard Reeves,"Governor to Run; He Will Disclose Plans Thursday,"*New York Times,* March 19, 1968.
67. Buzzanco,"Myth of Tet,"245.
68. Gilbert and Head, *Tet Offensive,* 242, 246f.
69. Guan, *Ending Vietnam War,* KL 222. See also Herbert Y. Schandler,"The Pentagon and Peace Negotiations After March 31, 1968,"in Gardner and Gittinger, *Search for Peace in Vietnam.*
70. Herring, *Secret Diplomacy,* 524f.
71. Rusk, *As I Saw It,* 484.
72. LOC, Harriman Rapers, Box 481, harriman to HAK, Apr. 15, 1968.
73. Joseph Caroll,"Paris, May 1968,"*Guardian,* May 6, 1968.
74. Joseph A. Harris,"Letter from Paris. May 1968: Something Happened (but What?),"*American Spectator* (Nov. 2008).
75. Schandler,"Pentagon and Peace Negotiations"; Rusk, *As I Saw It,* 485.
76. Details in Guan, *Ending Vietnam*

War.
77. Diem and Chanoff, *Jaws of History,* 230f.
78. LOC, Harriman Papers, Box 481, HAK to Harriman, May 31, 1968.
79. LOC, G-14, HAK to Lodge, June 28, 1968.
80. Milne,"1968 Paris Peace Negotiations,"589f.
81. Ross Terrill,"A Report on the Paris Talks,"*New Republic,* July 13, 1968.
82. Seig,"1968 Presidential Election,"1063. See also Rusk, *As I Saw It,* 486f., 490.
83. LBJ, Remarks in Detroit at the Annual Convention of the Veterans of Foreign Wars, Aug. 19, 1968, http://bit.ly/1yWCUyR.
84. Milne,"1968 Paris Peace Negotiations,"592.
85. LOC, Harriman Papers, Box 481, HAK to Harriman, July 17, 1968; see also Harriman to HAK, Aug. 30, 1968.
86. Ibid., HAK to Harriman, Nov. 15, 1968.
87. Ibid., HAK to Harriman, Aug. 9, 1968.
88. Ibid., Harriman to HAK, Aug. 15, 1968.
89. Milne,"1968 Paris Peace Negotiations,"592.
90. LOC, G-14, Lodge to HAK, May 8, 1968.
91. James F. Clarity,"Rockefeller Hires Campaign Chief,"*New York Times,* Apr. 10, 1968.
92. LOC, G-14 Supp. (Kraemer), HAK to Kraemer, Apr. 10, 1968.
93. LOC, F-2(a), HAK to NAR, Apr. 20, 1968.
94. Smith, *On His Own Terms,* 528.
95. Ibid., 529.
96. LOC, F-2(a), Remarks by Governor Nelson A. Rockefeller, Prepared for Delivery at the World Affairs Council of Philadelphia Luncheon, May 1, 1968; emphasis added. See Isaacson, *Kissinger,* KL 2378–91.
97. Ibid., Excerpts of Remarks by Governor Nelson A. Rockefeller, Prepared for Delivery at Kansas State College, Manhattan, Kansas, May 9, 1968.
98. Smith, *On His Own Terms,* 532f.
99. LOC, F-2(a), HAK to Thomas Losee, July 1, 1968.
100. Ibid., NAR draft speech on Government Organization for the Conduct of Foreign Policy, June 15, 1968. See also LOC, D-4, NAR Related, Government Reorganization, June 21, 1968.
101. Ibid., HAK, Outline of Suggestions for the Republican Platform: Foreign Policy, HAK to Alton Marshall, June 30, 1968.
102. Ibid., NAR Statement on Froeign Economic Policy, July 1, 1968.
103. Ibid.
104. Ibid., NAR 4 stage VN peace plan, News from Rockefeller for President, July 13, 1968. Cf. R. W. Apple, Jr.,"Rockefeller Gives Four-Stage Plan to End the War,"*New York Times,* July 14, 1968.
105. Leo Baeck Institue, AR 4198, Hans Morgenthau Collection, Box 4, Folder 1, HAK to Morgenthau, Oct. 9, 1968.
106. Zambernardi,"Impotence of Power."
107. Leo Baeck Institute, AR 4198, Hans Morgenthau Collection, Box 4,

Floder 1, Morgenthau to HAK, Oct. 22, 1968.

108. Ibid., HAK to Morgenthau, Nov. 13, 1968.
109. Buckley, *United Nations Journal,* 55f.
110. White, *Making of the President 1968,* 285.
111. Isaacson, *Kissinger,* KL 2402—6.
112. Hedrick Smith,"Nixon Research Aide Warned of Prague Invasion by Russians,"*New York Times,* Dec. 14, 1968.
113. Miller Center of Public Affairs, University of Virginia, Ronald Reagan Oral History Project, interview with Richard F. Allen, May 28, 2002, 7f. Cf. Isaacson, *Kissinger,* KL 2409—32.
114. John W. Finney,"Rockefeller Coup Gave Platform a Dovish Tone,"*New York Times,* Aug. 6, 1968.
115. Isaacson, *Kissinger,* KL 2409—32. Cf. Nixon Library, 414, Kirk, Brent-Kittens, 1960, George Grassmuck to HAK, Aug. 29, 1960.
116. LOC, Harriman Papers, Box 481, Harriman to HAK, Aug. 15, 1968. For the widely repeated claim that this was a lie, see, e.g., Milne,"1968 Paris Peace Negotiations,"592.
117. Isaacson, *Kissinger,* KL 2513—30.
118. Humphrey, *Education of Public Man,* 9.
119. Isaacson, *Kissinger,* KL 2443—45.
120. Buckley, *United Nations Journal,* 56.
121. LOC, D-4, HAK to NAR, Aug. 20, 1968.
122. See Ambrose, *Nixon,* vol. 2, KL 3760—85. Cf. Isaacson, *Kissinger,* KL 2492—95. Isaacson's information is nearly all based on interviews conducted between 1989 and 1991, more than twenty years after the event. Davidson also went on the record to repeat his story in the 2002 Documentary film *The Trials of Henry Kissinger,* http://bit.ly/1bATfzh.
123. Nixon Library, White House Special Files Collection, Folder 11, Haldeman to RMN and Harlow, Sept. 27, 1968.
124. Hughes, *Chasing Shadows,* KL 127—55. In his footnotes, Hughes makes much of this, but Kissinger had seen such lists before, and in any case, there is no evidence that he communicated the specifics to anyone on the Nixon campaign.
125. Diem and Chanoff, *Jaws of History,* 237.
126. See, e.g., Summers, *Arrogance of Power,* KL 1067—70.
127. Diem and Chanoff, *Jaws of History,* 237.
128. Nixon Library, White House Special Files Collection, Folder 11, McCone to RMN, Sept. 21, 1968.
129. Ibid., Harlow to RMN, Sept. 24, 1968.
130. Ibid., Haldeman to RMN and Harlow, Sept. 27, 1968.
131. Ambrose, *Nixon,* vol. 2, KL 4096.
132. Seig,"1968 Presidential Election,"1067; LaFeber, *Deadly Bet,* 158.
133. LaFeber, *Deadly Bet,* 159f.
134. Milne,"1968 Paris Peace Negotiations"; White, *Making of the President 1968,* 325.
135. LaFeber, *Deadly Bet,* 162f.
136. Diem and Chanoff, *Jaws of History,* 238—40.
137. See also Rusk, *As I Saw It,* 487f.

138. *FRUS,* vol. VII, *Vietnam, Sept. 1968—Jan. 1969,* Doc. 104, Minutes of the meeting, Oct. 22, 1968.
139. Ambrose, *Nixon,* vol. 2, KL 4041.
140. Powers, *Man Who Kept Secrets,* 198—200. Hoover even claimed Nixon's plane had been bugged, though this was a lie.
141. Keever, *Death Zones and Darling Spies,* 223—26. On this incident see Diem and Chanoff, *Jaws of History,* 243.
142. Johnson Library, South Vietnam on U.S. Policies, Eugene Rostow memo, Oct. 29, 1968, forwared to LBJ by Walt Rostow. Cf. Hughes, *Chasing Shadows,* KL 206—24.
143. Johnson Library, South Vietnam on U.S. Policies, Vice President Ky Expresses Opinions on Conduct of Bomb Halt, Oct. 29, 1968. Cf. Diem and Chanoff, *Jaws of History,* 240f.; Woods, *LBJ: Architect of Ambition,* 872—75.
144. Rusk, *As I Saw It,* 489f.
145. Berman, *No Peace, No Honor,* 33—36. See also Milne,"1968 Paris Peace Negotiations,"596f.
146. Ambrose, *Nixon,* vol. 2, KL 4157.
147. Rusk, *As I Saw It,* 490.
148. Witcover, *White Knight,* 270. See Also Summers, *Arrogance of Power,* 306, who admits that"Thieu would very probably have balked at attending talks anyway, even without the Republican pressure."
149. The accusation can be heard in the recored call between Johnson and Everett Dirksen, http://bit.ly/1b0C8jl.
150. The most detailed account of the episode is Hughes, *Chasing Shadows,* KL 1138—298. See also Summers, *Arrogance of Power,* 303ff.
151. Hughes, *Chasing Shadows,* KL 1138—298. See also Keever, *Death Zones and Darling Spies,* 227f; Humphrey, *Education of Public Man,* 8, 9, 14. According to Theodore White, the Nixon campaign was in fact filled with unfeigned "fury and dismay"when they realized what Chennault had been doing (or, at least, that she had been caught doing it by Johnson): White, *Making of the President 1968,* 445.
152. *FRUS,* vol. VII, *Vietnam, Sept. 1968—Jan. 1969,* Doc. 194, Rostow to BLJ, Nov. 4, 1968.
153. Summers, *Arrogance of Power,* 519. Cf. Rosen, *Strong Man,* 59—62; Safire, *Before the Fall,* 89f.
154. Tom Ottenad,"Was Saigon's Peace Talk Delay Due to Republican Promises?,"*Boston Globe,* Jan. 6, 1969.
155. Hughes, *Chasing Shadows,* KL 127—55.
156. Haldeman, *Haldeman Diaries,* 565.

第 22 章：不可能的組合

1. Joseph A. Loftus,"Ex-Adviser Cites Problems of Presidential Power,"*New York Times,* Sept. 7, 1968.
2. "Season for Blueprints,"*Economist,* Dec. 7, 1968, 41f.

3. HAK,"Central Issues of American Foreign Policy,"*in American Foreign Policy: Three Essays,* 52, 95, 85, 56, 57, 84.
4. Ibid., 77.
5. Ibid., 60.
6. Ibid., 61.
7. Ibid., 95.
8. Guido Goldman, interview by author.
9. Hedrick Smith,"Kissinger Has Parley Plan: Nixon Adviser's Article Asks 2-Level Talks,"*New York Times,* Dec. 19, 1968.
10. HAK,"Viet Nam Negotiations."
11. Ibid., 211f.
12. Ibid., 220.
13. Ibid., 218.
14. Ibid., 213f.
15. Ibid., 214.
16. Ibid., 215.
17. Ibid., 216, 221.
18. Ibid., 218f.
19. Ibid., 227f.
20. Ibid., 230, 234.
21. White, *Making of the President 1968,* 460f.
22. Converse, Miller, Rusk, and Wolfe,"Continuity and Change in American Politics,"1084.
23. White, *Making of the President 1968,* 467.
24. LOC, K-2, Study Group on Presidential Transition 1968—1969, Frank Lindsay to RMN, Aug. 15, 1968, enclosing report signed by Areeda, Lindsay, and May, 11.
25. Ibid., 12.
26. Ibid., 28.
27. Ibid., Lindsay to RMN, Aug. 15, 1968, enclosing report signed by Areeda, Lindsay and May.
28. Ibid., Lindsay to RMN, Oct. 18, 1968, enclosing report.
29. Ibid., Lindsay to RMN, Nov. 1, 1968, enclosing report.
30. Ibid.
31. Ibid.
32. Ibid., Lindsay to RMN, Nov. 6, 1968, enclosing report.
33. LOC, K-2, John Eisenhower to Haldeman, Nov. 25, 1968.
34. LOC, Elliot Richardson Papers, Box 1 64, Gilpatric to Lindsay, Nov. 24, 1968.
35. Safire, *Before the Fall,* 33.
36. Smith, *On His Own Terms,* 542.
37. Isaacson, *Kissinger,* KL 2557—73.
38. Buckley, *United Nations Journal,* 56f.
39. Nixon, *RN: Memoirs,* KL 6538—52.
40. *WHY,* 11f.
41. Rockefeller Archive Center, HAK to NAR, Nov. 25, 1968.
42. *WHY,* 14.
43. Isaacson, *Kissinger,* KL 2574—608.
44. *WHY,* 15.
45. Isaacson, *Kissinger,* KL 2534—44.
46. Ibid., KL 2613—2.
47. Robert Reinhold,"Scholars Praise 2 Nixon Choices: They See Encouraging Sign for New Administration,"*New York Times,* Dec. 4, 1968.
48. R. W. Apple, Jr.,"Kissinger Named a Key Nixon Aide in Defense Policy,"*New York Times,* Dec. 3, 1968.
49. LOC, Elliot Richardson Papers Box 1 64, Task Force on Organization of Executive Branch 1, Revitalizing and Streamlining the NSC, Dec. 1, 1968.
50. LOC, K-2, Study Group on Presidential Transition 1968—1969, Program Planning for the White House, Areeda to Haldeman, Dec. 2,

1968.

51. LOC, Elliot Richardson Papers, Box 1 64, Lindsay to Richardson, Dec. 2, 1968.
52. Ibid., Jerry Friedheim, Thoughts on National Security Council, Dec. 5, 1968.
53. Ibid., Jerry Friedheim, Thoughts on National Security council, Dec. 5, 1968.
54. Robert B. Sempler, Jr.,"Nixon to Revive Council's Power: Aims to Give Security Board,"*New York Times,* Jan. 1, 1969. See Rothkopf, *Running the World,* 108—56.
55. James Reston was even fooled by Nixon into believing the ideas for NSC reform were the president's own: "The First Myth of the Nixon Administration,"*New York Times,* Dec. 18, 1968.
56. LOC, K-2, Ernest May, Historians and the Foreign Policy Process, Dec. 4, 1968.
57. Joseph A. Loftus,"Ex-Adviser Cites Problems of Presidential Power,"*New York Times,* Sept. 7, 1968.
58. Robert B. Semple, Jr.,"Kissinger Called Nixon Choice for Adviser on Foreign Policy,"*New York Times,* Nov. 30, 1968.
59. R. W. Apple, Jr.,"Kissinger Named a Key Nixon Aide in Defense Policy,"*New York Times,* Dec. 3, 1968.
60. "Nixon's National Security Aide,"*Register,* Dec. 4, 1968.
61. James Reston,"Kissinger: New Man in the White House Basement,"*New York Times,* Dec. 4, 1968.
62. "Nixon's Key Adviser on Defense Kissinger, Henry Alfred Kissinger,"*New York Times,* Dec. 3, 1968;"The Kissinger Appointment,"*New York Times,* Dec. 4, 1968.
63. "Kissinger: The Uses and Limits of Power,"*Time ,* 93, no. 7 (Feb. 14, 1969).
64. Evelyn Irons,"Kissinger to Advise on Defence,"*Times,* Dec. 3, 1968, 1.
65. Ian McDonald,"Mr. Nixon Picks Liberal Advise on Science,"*TImes,* Dec. 4, 1968, 5.
66. Leonard Beaton,"The Strong European Bias of Dr. Kissinger,"*Times,* Dec. 5, 1968.
67. "Season for Blueprints,"*Economist,* Dec. 7, 1968.
68. Adam Raphael,"Nixon's Security Advise,"*Guardian,* Dec. 3, 1968, 1.
69. Scot Richard,"A Bonn-US Axis Under Nixon?,"*Guardian,* Dec. 3, 1968, 2.
70. "Sepherds' Watch,"*Guardian,* Dec. 11, 1968, 9.
71. "Laude by Le Monde,"*New York Times,* Dec 4, 1968.
72. "Amerikas neue Regenten: Nixons Kabinetts-Mannschaft: Nicht faszinierend, doch solide,"*Die Zeit,* Dec. 20, 1968. See also Theo Sommer,"Der müde Atlas,"*Die Zeit,* Jan. 17, 1969.
73. "Poles Criticize Kissinger,"*New York Times,* Dec. 5, 1968.
74. Stephen Hess,"First Impressions: A Look Back at Five Presidential Transitions,"Brookings, http://brook.gs/1d9uV7O.
75. Robert Reinhold,"Scholars Praise 2 Nixon Choice: They See Encouraging Sign for New Administration,"*New York Times,*

Dec. 4, 1968.

76. New York Public Library, Arthur Schlesinger Journal, Dec. 11, 1968.
77. Walter Goodman,"The Liberal Establishment Faces: The Blacks, the Young, the New Left,"*New York Times,* Dec. 29, 1968.
78. "Lettter: Foreign Policy Adviser," *New York Times,* Dec. 15, 1968.
79. John H. Fenton,"Nixon Naming of 3 Decried by Welch: Birch Head Scores Murphy, Moynihan and Kissinger,"*New York Times,* Jan. 7, 1969.
80. "Kissinger Conducts His Last Seminar in Government Before Joining It,"*New York Times,* Dec. 17, 1968.
81. LOC, K-2, Halperin to HAK, Dec. 11, 1968.
82. National Archives and Records Administration, Henry A. Kissinger Office Files, Arms Control, Jerome Wiesner to HAK, Dec. 12, 1968.
83. LOC, K-2, Neustadt to HAK, Notes of Dinner Meeting, Dec. 9, 1968.
84. Ibid., Lindsay to RMN, Report of Task Force on Organization of Executive Branch of the Government, Dec. 17, 1968. See also LOC, Elliot Richardson Papers, Box 1 91, Lindsay to RMN, Dec. 20, 1968; Lindsay to RMN, Program Planning for the White House, Dec. 28, 1968.
85. LOC, J-3, Kissinger, Brzezinski to HAK, Dec. 18, 1968.
86. LOC, K-2, Goodpaster to HAK, The National Security Council Staff, Dec. 24, 1968.
87. Ibid., HAK to May, Dec. 31, 1968.
88. *FRUS, 1964—1968,* vol. VII, *Vietnam, Sept. 1968—Jan. 1969,* Doc. 244, Minutes of meeting, Dec. 3, 1968.
89. LOC, Harriman Papers, Box 481, Telcon Harriman-Kissinger, Dec. 3, 1968.
90. *FRUS, 1964—1968,* vol. VII, *Vietnam, Sept. 1968—Jan. 1969,* Doc. 266, Vance to Kissinger, Dec. 31, 1968.
91. Katzenbach, *Some of It Was Fun,* 290ff.
92. R. W. Apple, Jr.,"Lodge Appointed to Head U.S. Team in Vietnam Talks,"*New York Times,* Jan. 6, 1969.
93. LOC, K-2, Bund to HAK, Dec. 4, 1968.
94. Johnson Library, 43, Rostow 109 [1 of 2], Rostow to LBJ, Dec. 5, 1968.
95. Rostow, *Diffusion of Power,* 365. See in general on NSC organization, 358—68.
96. Ibid., 524.
97. *WHY,* 19.
98. Isaacson, *Kissinger,* KL 2613—22.
99. New York Public Library, Arthur Schlesinger Journal, Dec. 11, 1968.
100. "Kissinger Conducts His Last Seminar in Government Before Joining It,"*New York Times,* Dec. 17, 1968.
101. LOC, G-14 Supp. (Kraemer), Kraemer to HAK, Dec. 9, 1968.
102. LOC, K-2, Study Group on Presidential Transition 1968—1969, Lindsay to RMN, Nov. 1, 1968, enclosing report.
103. LOC, G-14 Supp. (Kraemer), Kraemer to HAK, Dec. 9, 1968.

後記

1. Bk. VII, chap, 1.
2. Kissinger family papers, HAK to his parents, Apr. 2, 1947.
3. Ibid., HAK to his parents, May 6, 1945.
4. Ibid., HAK to his parents, Feb. 10, 1946.
5. Ibid., HAK to his parents, May 6, 1945.
6. Ibid., HAK to his parents, June 22, 1947.
7. Ibid., HAK to his parents, Apr. 12 1947.
8. HAK, Kent papers, HAK to his parents, July 28, 1948.
9. Harvard Archives, International Seminar, HAK to Camus, Jan. 26, 1954.
10. *WR,* KL 453－56.
11. *NWFP,* 428f.
12. HAK, MoH, 1f., 4.
13. Ibid., 127f., 249.
14. *WR,* KL 6689－707.
15. *NWFP,* 428f.
16. Harvard Archives, International Seminar, HAK to Graubard, Dec. 5, 1956.
17. "Kissinger Speaks,"*New York Herald Tribune,* Oct. 14, 1957. See also "Dr. Kissinger Amplifies,"ibid., Oct. 17, 1957.
18. See, e.g., Isaiah Berlin,"The Originality of Machiavelli,"*in Against the Current,* 25－79.
19. American Broadcasting Company, in association with the Fund for the Republic, *Survial and Freedom: A Mike Wallace Interview with Henry A. Kissinger* (1958), 11, 13.
20. Kent papers, HAK,"Decision Making in a Nuclear World"(1963), 4ff.
21. Hoover Institution Archives, 1, Conference on the Marriage of Political Philosophy and Practice in Public Affairs in Honor of Professor Elliott, Harvard Summer School, Program and Proceedings, July 22, 1963.
22. NFC, 300ff.
23. Yale University Library, HAK Papers, MS 1981, Part II, Box 273, Folder 5, The Contingency of Legitimacy, 2f.
24. Eisenhower Library, NSC Series, WHO OSANSA: Records, 1952－1962, Box 6, Elliot,"NSC Study,"Dec. 23, 1952.
25. LOC, G-14 Supp. (Kraemer), Kraemer to HAK, Dec. 2, 1957.
26. Ibid.
27. LOC, HAK Papers, D-9, Kraemer to HAK, May 17, 1958.
28. LOC, G-14 Supp. (Kraemer), Kraemer to HAK, Dec. 9, 1968.
29. Weidenfeld, *Remembering My Friends,* 384f.
30. Aristophanes, *Peace.*

參考書目

Archives

Agudath Israel of America, New York, NY
Alte Arndter: Freunde des Arndt-Gymnasiums, Berlin, Germany
Archiwum Polskiej Dyplomacji, Warsaw, Poland
Balliol College Archives, Oxford, UK
Betty H. Carter Women Veterans Historical Project, University of North Carolina at Greensboro, NC
Boston Athenæum, Boston, MA
Camp Claiborne Historical Research Center, Rapides Parish, LA
Carlisle Barracks Army Heritage and Education Center, Carlisle, PA
Central Archives of the History of the Jewish People, Jerusalem, Israel
Clemson University, Special Collections, Clemson, SC
Congregation K'hal Adath Jeshurun Archives, New York, NY
Defense Technical Information Center, Fort Belvoir, VA
Dwight D. Eisenhower Presidential Library and Museum, Abilene, KS
Federal Bureau of Investigation FOIA Reading Room, Winchester, VA
Ford Foundation Archives, New York, NY
Fortunoff Video Archive for Holocaust Testimony, Yale University, New Haven, CT
Frankfurt University, Germany
Harry S. Truman Library and Museum, Independence, MO
Harry S. Truman National Historic Site, Grandview, MO
Harvard Law School, Historical and Special Collections, Cambridge, MA
Harvard University Archives, Cambridge, MA
Hoover Institution Library and Archives, Stanford University, Palo Alto, CA
Jean and Alexander Heard Library, Special Collections and Archives, Vanderbilt University, Nashville, TN
John F. Kennedy Presidential Library and Museum, Boston, MA
Kissinger Family Papers, New York, NY
Lafayette College, Special Collections and Archive, Easton, PA
Leo Baeck Institute, New York, NY
Library of Congress [LOC], Washington, DC
London School of Economics, London, UK
Lyndon B. Johnson Presidential Library, Austin, TX
Massachusetts Historical Soceity, Boston, MA
Miller Center of Public Affairs, University of Virginia, Charlottesville, VA

Museum of Jewish Heritage, New York, NY
National Archives, London, UK
National Archives and Records Administration, College Park, MD
National Security Archive, The George Washington University, Washington, DC
New York Public Library, New York, NY
Princeton University, Mudd Manuscript Library, Princeton, NJ
Richard Nixon Presidential Library and Museum, Yorba Linda, CA
Rockefeller Archive Center, Sleepy Hollow, NY
Staatsarchiv Nuremberg, Germany
Stadtarchiv Bensheim, Germany
Stadtarchiv Fürth, Germany
Stadtarchiv Krefeld, Germany
United Nations Archives and Records Management, New York, NY
United States Army Military History Institute, Carlisle, Barracks, PA
University of North Carolina, Special Collections, Ralegh, NC
Webb School, Bell Buckle, TN
Yad Vashem, Jerusalem, Israel
Yale University Library, Manuscripts and Archives, New Haven, CT

Secondary Sources

Aitken, Jonathan. *Nixon: A Life*. Washingont, DC: Regnery, 1993.

Allen, Gary. *Kissinger: The Secret Side of the Secretary of State*. Seal Beach, CA: '76 Press, 1976.

Allison, Graham, and Phillip Zelikow. *Essence of Decision: Explaining the Cuban Missile Crisis*, 2d ed. New York: Addison Wesley Longman, 1999.

Ambrose, Stephen E. *Eisenhower*. Vol. 2, *The President*. New York: Simon & Schuster, 1984. Kindle ed.

———. *Nixon*. Vol. 1, *The Education of a Politician, 1913—1962*. New York: Touchstone Books, 1987.

———. *Nixon*. Vol. 2, *The Triumph of a Politican, 1962—1972*. New York: Simon & Schuster, 2014. Kindle ed.

Andrew, Christopher, and Vasili Mitrokhin. *The Sword and the Shield: The Mitrokhin Archive and the Secret History of the KGB*. New York: Basic Books, 2000.

———. *The World Was Going Our Way: The KGB and the Battle for the Third World*. New York: Basic Books, 2005.

Andrew, John. "Cracks in the Consensus: The Rockefeller Brothers Fund Special Studies Project and Eisenhower's America."*Presidential Studies Quarterly* 28, no. 3 (1998): 535—52.

Andrianopoulos, Gerry Argyris. *Kissinger and Brzezinski: The NSC and the Struggle for Control*

of U.S. National Security Policy. New York: St. Martin's Press, 1991.
Anon."The Dragon of Fürth." *Western Folklore* 7, no. 2 (1948): 192f.
Anon. *Gedenkbuch: Opfer der Verfolgung der Juden unter der nationalsozialistischen Gewaltherrschaft in Deutschland, 1933—1945.* Coblenz, 1986.
Anon. *Gold Coaster.* Published During the War by the Members of Adams House. Cambridge, MA, 1944.
Anon., eds. *William Yandell Elliott.* Cambridge, MA: Samuel Marcus Press, 1963.
Anschüta, Janet, and Irmtraud Heike. *"Wir wollten Gefühle sichtbar werden lassen": Bürger gestalten ein Mahnmal für das KZ Ahlem.* Bremen: Edition Temmen, 2004.
Appelius, Claudia. *"Die schönste Stadt der Welt": Deutsch-jüdische Flüchtlinge in New York.* Essen: Klartext, 2003.
Applebaum, Anne. *Iron Curtain: The Crushing of Eastern Europe, 1944—1956.* London: Allen Lane, 2012.
Aristophanes. *Peace.* Translated by Jeffrey Henderson. Cambridge, MA: Loeb Classical Library, 1998.
Atkinson, David C. *In Theory and in Practice: Harvard's Center for International Affairs, 1958—1983.* Cambridge, MA: Harvard University Press, 2007.
Aubrac, Raymond. *Où la mémoire s'attarde.* Paris: Editions Odile Jacob, 1996.
Ausland, John C., and Hugh F. Richardson. "Crisis Management: Berline, Cyprus, Laos." *Foreign Affairs* 44, no. 2 (1996): 291—303.
Backer, John H. *Priming the German Economy: American Occupational Polices, 1945—1948.* Durhan, NC: Duke University Press, 1971.
Baedeker, Karl. *Österreich, Sud-und West-Deutschland: Handbuch für Reisende.* 1868; reprint, Charleston, SC: Nabu Press, 2012.
Ball, George W. *Memoirs: The Past Has Another Pattern.* New York: W. W. Northon, 1973.
Barbeck, Hugo. *Geschichte der Juden in Nürnberg und Fürth.* Nuremberg: F. Heerdegen, 1878.
Barrett, David. *Uncertain Warrioirs: Lyndon Johnson and His Vietnam Advisers.* Lawrence: University Press of Kansas, 1993.
BAss, Gary. *The Blood Telegram: Nixon, Kissinger, and a Forgotten Genocide.* New York: Random House, 2014.
Bater, Francis M."No Good Choices: LBJ and the Vietnam/Great Society Connection."Cambridge, MA: American Academy of Arts and Sciences, 2007.
Baynes, N. H., ed. *The Speeches of Adolf Hitler.* London: Oxford University Press, 1942.
Bayor, Ronald H. *Neighbors in Conflict: The Irish, Cerman, Jews, and Italians of New York City, 1929—1941.* Urbana: University of Illinois Press, 1988.
Beck, Kent M."Necessary Lies, Hidden Truths: Cuba in the 1960 Campaign." *Diplomatic History* 8 (1984): 37—59.
Beevor, Antony. *The Second World War.* London: Weidenfeld and Nicolson, 2002.
Bell, Arthur George, and Mrs. Arthur G. Bell. *Nuremberg.* London: Adam and Charles Black, 1905.
Bell, Coral."Kissinger in Retrospect: The Diplomacy of Power-Concert." *International Affairs* 53, no. 2 (1977): 202—16.

Bentinck-Smith, William, ed. *The Harvard Book: Selections from Three Centuries.* Cambridge, MA: Harvard University Press, 1982.

Beergemann, Hans, and Simone Ladwig-Winters. *Richter und Staatsanwälte jüdischer Herkunft in Preuß en im Nationalsozialismus.* Cologne: Bundesanzeiger Verlag, 2004.

Berlin, Isaiah. *Against the the Current: Essays in the History of Ideas.* London: Pimlico, 1979.

———. *Letters.* Vol. 1, *1928–1946.* Edited by Henry Hardy. Cambridge: Cambridge University Press, 2004.

Berman, Larry. *No Peace, No Honor: Nixon, Kissinger, and Betrayal in Vietnam.* New York: Simon & Schuster, 2002.

———. *Planning a Tragedy: The Americanization of the War in Vietnam.* New York: W. W. Norton, 1984.

Beschloss, Michael R. *Taking Charge: The Johnson White House Tapes, 1963–1964.* New York: Touchstone Books, 1997.

Bew, John. *Castleragh.* London: Quercus Books, 2011.

Bibby, Michael. *Hearts and Minds: Bodies, Poetry, and Resistance in The Vietnam Era.* New Brunswick, NJ: Rutgers University Press, 1996.

Bird, Kai. *The Color of Truth: McGeorge bundy and William Bundy, Brothers in Arms.* New York: Simon & Schuster, 1998.

Birke, Ernest."A World Restored."*Historische Zeitschrift* 198, no. 1 (1964): 238f.

Bittman, Ladislav. *The Deception Game.* New York: Ballantine Books, 1981.

Black, Conrad. *Richard Milhous Nixon: The Invincible Quest.* London: Quercus Books, 2007.

Blight, James G., and Janet M. Lang. *Virtual JFK: Vietnam IF Kennedy Had Lived.* Lanham, MD: Rowman and Littlefield, 2009.

Bloch, Eric, Martin Marx, and Hugo Stransky, eds. *Festschrift in Honor of the 36th Anniversary of Congregation Beth Hillel of Washington Heights, New York, New York, 1940–1976.* New York: Congregation of Beth Hllel, 1976.

Blumenfeld, Blumenfeld, Ralph. *Henry Kissinger: The Private and Public Story.* New York: New American Library, 1974.

Bommers, Dieter."Das Kriegsende und der politische und wirtschaftliche Wiederaufbau in der Stadt Krefeld 1945–1948."Unpublished ms., n.d.

Boswell, James. *The Life of Samuel Johnson, LL.D.* 1791; reprint, Oxford: Oxford university Press, 1980.

Bowie, Robert."Strategy and the Atlantic Alliance."*International Organization* 17, no. 3 (1963): 709–32.

———. "Tensions Within the Alliance—Atlantic Policy."*Foreign Affairs* (Oct. 1963): 49–69.

Bowie, Robert R., and Richard H. Immerman. *Waging Peace: How Eisenhower Shaped an Enduring Cold War Strategy.* New York: Oxford University Press, 1998.

Bowie, Robert R., and Henry A. Kissinger. *The Program of the Center for International Affairs.* Cambridge, MA: Harvard University Press, 1958.

Braun, Reiner. *Joseph Rotblat: Visionary for Peace.* New York: John Wiley, 2007.

Breuer, Joseph. *Introduction to Rabbi Samson Raphael Hirsch's Commentary on the Torah.* 2 vols.

New York: Philipp Feldheim, 1948.
———. *The Jewish Marriage: Source of Sanctity.* New York: Philipp Feldheim, 1956.
Breure, Mordechai. *Modernity Within Tradition: The Social History of Orthodox Jewry in Imperial Germany.* New York: Columbia University Press, 1992.
Brigham, Robert K. *Guerrilla Diplomacy: The NLF's Foreign Relations and the Viet Nam War.* Ithaca, NY: Cornell University Press, 1999.
———. "Vietnamese-American Peace Negotiations: The Failed 1965 Initiatives."*Journal of American—East Asian Relations* 4, no. 4 (1995): 377—95.
Brinkley, Alan. *John F. Kennedy: The American Presidents Series: The 35th President, 1961—1963.* New York: Henry Holt, 2012.
Brodie, Bernard."More About Limited War."*World Politics* 10, no. 1 (1957): 112—22.
———. "Nuclear Weapons and Foreign Policy."*Scientific Monthly* 85, no. 4 (Oct. 1957): 206f.
———. "Nuclear Weapons: Strategic or Tactical?"*Foreign Affairs* 32, no. 2 (1954): 217—29.
Brown, Andrew. *Keeper of the Nuclear Conscience: The Life and Work of Joseph Rotblat.* Oxford: Oxford University Press, 2012.
Brown, Lord George. *In My Way.* Harmondsworth, UK: Penguin Books, 1972.
Buckley, William F. *United Nations Journal: A Delegate's Odyssey.* New York: Putnam, 1974.
Bundy, William. *A Tangled Web: The Making of Foreign Policy in the Nixon Presidency.* New York: Hill and Wang, 1998.
Burleigh, Michael. *Moral Combat: A History of World War II.* New York: HapperCollins, 2011.
Butcher, Sandra Ionno."Questions About the Nature of Transfer in Track Two: The Pugwash Experience During the Cold War."Unpublished paper, 2014.
Camus, Albert. *Le Mythe de Sisyphe.* Paris: Gallimard, 1942.
Caro, Robert A. *The Years of Lyndon Johnson.* Vol. 3, *Master of the Senate.* New York: Vintage, 2003.
———. *The Years of Lyndon Johnson.* Vol. 4, *The Passage of Power.* New York: Knopf Doubleday, 2012. Kindle ed.
Chernus, Ira."Eisenhower: Turning Himself Toward Peace."*Peace and Change* 24, no. 1 (1999): 48—75.
Chomsky, Noam."The Cold War and the University."In *The Cold War and the University: Toward an Intellectual History of the Postwar Years,* edited by Noam Chomsky et al. New York: New Press, 1998.
———. *World Orders, Old and New.* New York: Columbia University Press, 1996.
Chopra, Hardev Signh. *De Gaulle and European Unity.* New Delhi: Abhinav Publications, 1974.
Clausewita, Carl Von. *On War.* Translated by Michael Howard and Peter Paret. Edited by Beatrice Hauser. Oxford: Oxford University Press, 2007.
Clifford, Clark, with Richard Holbrooke. *Counsel to the President: A Memoir.* New York: Random House, 1991.

Collier, Peter, and David Horowitz. *The Rockefellers: An American Dynasty.* New York: Holt, Rinehart and Winston, 1976.

Collingwood, R. G. *My Autobiograph.* Oxford: Oxford University Press, 1939.

Colodny, Len, and Tom Shactman. *The Forty Years War: The Rise and Fall of the Neocon, from Nixon to Obama.* New York: HarperCollins, 2009.

Converse, Philip E., Warren E. Miller, Jerrold G. Rusk, and Arthur C. Wolfe."Continuity and Change in American Politics: Parties and Issues in the 1968 Election."*American Political Science Review* 63, no. 4 (1969): 1083—105.

Courtois, Stéphane, Nicolas Werth, Jean-Louis Panné, Andrzej Paczkowski, Karel Bartošek, and Jean-Louis Margolin. *The Black Book of Communism: Crimes, Terror, Repression.* Translated by Jonathan Murphy and Mark Kramer. Cambridge, MA: Harvard University Press, 1999.

Craig, Campbell. *Destroying the Village: Eisenhower and Thermounclear War.* New York: Columbia University Press, 1998.

Critchlow, Donald T. *The Conservative Ascendancy: How the Republican Right Rose to Power in Modern America.* Lawrence: University Press of Kansas, 2011.

Cuddy, Edward."Vietnam: Mr. Johnson's War—or Mr. Eisenhower's?"*Review of Politics* 65, no. 4 (2003): 351—74.

Cull, Nicholas J. *The Cold War and the United States Information Agency: American Propaganda and Public Diplomacy, 1945—1989.* New York: Cambridge University Press, 2008.

Curley, Edwin."Kissinger, Spinoza and Genghis Khan."In *The Cambridge Companion to Spinoza,* edited by Don Garrett. Cambridge: Cambridge University Press, 1905.

Daalder, Ivo H., and I. M. Destle. *In the Shadow of the Oval Office: Profiles of the National Security Advisers and the Presidents They Served—from JFK to George W. Bush.* New York: Simon & Schuster, 2009.

Dallek, Robert. *Flawed Giant: Lyndon Johnson anD His Times, 1961—1973.* New York: Oxford University Press, 1998.

———. *Nixon and Kissinger: Partners in Power.* New York: HarperCollins, 2007.

Day, James. *The Vanishing Vision: The Inside Story of Public Television.* Berkeley: University of California Press, 1995.

Destler, I. M. *Presidents, Bureaucrats, and Foreign Policy: The Politics of Organizational Reform.* Princeton, NJ: Princeton University Press, 1974.

DeVoto, Bernard. *The Hour: A Cocketail Manifesto.* Boston: Houghton Mifflin, 1951.

Diamond, Sigmund. *Compromised Campus: The Collaboration of Universities with the Intelligence Community, 1945—1955.* New York: Oxford University Press, 1992.

Dickson, Peter W. *Kissinger and the Meaning of History.* New York: Cambridge University Press, 1978.

Dictionary of American Biography. Supplement 10, *1976—1980.* New York: Scribner, 1995.

Diem, Bui, and David Chanoff. *In the Jaws of History.* Bloomington: Indiana University Press, 1999.

Dikötter, Frank. *Mao's Great Famine: The History of China's Most Devastating Catastrophe, 1958—1962.* New York: Walker and Co., 2010.

———. *The Tragedy of Liberation: A History of the Chinese Revolution, 1945—1957.* London: Bloomsbury, 2013.

Dobrynin, Anatoly. *In Confidence: Moscow's Ambassador to America's Six Cold War Presidents.* Edited by Lawrence Malkin. New York: Times Books/Random House, 1995.

Donovan, Robert J. *Confidential Secretary: Ann Whitman's 20 Years with Eisenhower and Rockefeller.* New York: Dutton, 1988.

Draper, Theodore. *The 84th Infantry Division in the Battle of Germany, November 1944—May 1945.* New York: Viking Press, 1946.

Drucker, Peter F. *Adventures of a Bystander.* Piscataway, NJ: Transaction Publishers, 1994.

Dryzek, John S."Revolutions Without Enemies: Key Transformations in Political Science."*American Political Science Review* 100, no. 4 (2006): 487—92.

Duffy, Geraldine Gavan."The Third Century of the Passion Play at Oberammergau."*Irish Monthly 28*, no. 329 (1900): 667—70.

Eaton, Walter Prichard."Here's to the Harvard Accent."In *The Haarvard Book: Selections from Three Centuries,* edited by William Bentinck-Smith. Cambridge, MA: Harvard University Press, 1982.

Edwards, Donald A. *A Private's Diary.* Big Rapids, MI: privately published, 1994.

Eldridge, A."The Crisis of Authority: The President, Kissinger and Congress (1969—1974)."Paper presented at the International Studies Association annual meeting, Toronto, 1976.

Elliott, William Yandell. *Mobilization Planning and the National Security, 1950—1960: Problems and Issues.* Washington, DC: Government Printing Office, 1950.

———. *The Need for Constitutional Reform: A Program for National Security.* New York: McGraw-Hill, 1935.

———. *The New British Empire.* New York: McGraw-Hill, 1932.

———. *The Pragmatic Revolt in Politics: Syndicalism, Fascism, and the Constitutional State.* New York: Macmillan, 1928.

——— "Proposal for a North Atlantic Round Table for Freedom."*Orbis* 2, no. 2 (Summer 1958): 222—28.

———. "Prospects for Personal Freedom and Happiness for All Mankind."*Annals of the American Academy of Political and Social Science* 268 (Mar. 1950).

———. "A Time for Peace?"*Virginia Quarterly Review* 22, no. 2 (1946): 174ff.

———. *United States Foreign Policy: Its Organization and Control.* New York: Columbia University Press, 1952.

Elliott, William Yandell, and Duncan H. Hall. *The British Commonwealth at War.* New York: Alfred A. Knopf, 1943.

Elliott, William Yandell, and Neil A. McDonald. *Western Political Heritage.* New York: Prentice-Hall, 1955.

Elliott, William Yandell, et al. *The Political Economy of American Foreign Policy: Its Concepts, Strategy, and Limits.* New York: Henry Holt, 1955.

Elliott, William Yandell, and Study Group for the Woodrow Wilson Foundation. *United States Foreign Policy: Its Organization and Control.* New York: Columbia University

Press, 1952.
Ellis, John. *The World War II Databook.* London: Aurum Press, 1993.
Elsässer, Brigitte."Kissinger in Krefeld und Bensheim."*Deutsch-amerikanischer Almanach: Henry Kissinger* 1 (1994): 15—35.
Epstein, Michael. *Oblivious in Washington Heights and Loving It.* Bloomington, IN: AuthorHouse, 2007.
Eschen, Penny M. von. *Satchmo Blows Up the World: Jazz Ambassadors Play the Cold War.* Cambridge, MA: Harvard University Press, 2004.
Evans, Robert. *The Kid Stays in the Picture: A Notorious Life.* New York: HarperCollins, 2013.
Falk, Richard A."What's Wrong with Henry Kissinger's Foreign Policy?"*Alternatives: Global, Local, Political* 1, no. 1 (1975): 79—100.
Falk, Stanley L."The National Security Council Under Truman, Eisenhower, and Kennedy."*Political Science Quarterly* 79, no. 3 (1964): 403—34.
Fallaci, Oriana."Kissinger."In *Interview with History.* Translated by John Shepley. New York: Liveright, 1976.
Fass, Paula S. *Outside In: Minorities and the Transformation of American Education.* Oxford: Oxford University Press, 1991.
Feder, Lesile Margaret."The Jewish Threat to the Brahmin Ideal at Harvard in the Early Twentieth Century."Honors easay, Radcliffe College, 1981.
Feeney, Mark. *Nixon at the Movies: A Book About Belief.* Chicago: University of Chicago Press, 2012.
Ferguson, Niall. *The Cash Nexus: Money and Power in the Modern World, 1700—2000.* New York: Basic Books, 2001.
———. *Colossus: The Rise and Fall of the American Empire.* New York: Penguin Press, 2004.
———. "Crisis, What Crisis? The 1970s and the Shock of the Global."In *The Shock of the Global: The 1970s in Perspective,* edited by Niall Ferguson, Charles S. Maier, Erez Manela, and Daniel J. Sargent. Cambridge, MA: Belknap Press, 2010.
———. *High Financier: The Lives and Time of Siegmund Warbuug.* London: Allen Lane, 2010.
———. ed. *Virtual History: Alternatives and Counterfactuals.* London: Macmillan, 1995.
———. *The War of the World: Twentieth-Century Conflict and the Descent of the West.* New York: Penguin Press, 2006.
Ferrell, R, H., ed. *The Eisenhower Diaries.* New York: W. W. Norton, 1981.
Ferziger, Adam S. *Exclusion and Hierarchy: Orthodoxy, Nonobservance, and the Emergence of Modern Jewish Identity.* Philadelphia: University of Pennsylvania Press, 2005.
Finletter, Thomas K. *Power and Policy: U.S. Foreign Policy and Military Power in the Hydrogen Age.* New York: Harcourt Brace, 1954.
Fish, M. Steven."After Stalin's Death: The Anglo-American Debate Over a New Cold War."*Diplomatic History* 10 (1986): 333—55.
Fitzgerald, Frances. *Fire in the Lake: The Vietnam and Americans in Vietnam.* Boston: Back Bay Books/Little, Brown, 2002.

Frank, Jeffrey. *Ike and Dick: Portrait of a Strange Political Marriage.* New York: Simon & Schuster, 2013.

Franklin, Joshua."Victim Soldiers: German-Jewish Refugees in the Armed Forces During World War II."Honors thesis, Clark University, 2006.

Freedman, Lawrence. *Kennedy's War: Berlin, Cuba, Laos, and Vietnam.* New York: Oxford university Press, 2000.

Frey, Marc."Tools of Empire: Persuasion and the United States' Modernizing Mission in Southeast Asia."*Diplomatic History* 27, no. 4 (2003): 543—68.

Friedrich, Carl. *The New Image of the Common Man.* Boston: Beacon Press, 1950.

Fritz, Stephen G. *Endkampf: Soldiers, Civilians, and the Death of the Third Reich.* Lexington: University Press of Kentucky, 2004.

Fröbe, Rainer, et al., eds. *Konzentrationslager in Hannover: KZ-Arbeit und Rüstungsindustrie in der Spätphase des Zweiten Weltkrieges.* 2 vols. Hildesheim: Verlag August Lax, 1985.

Fukuyama, Frances."A World Restored."*Foreign Affairs* 76, no. 5 (1997): 216.

Fursenko, Aleksandr, and Timothy Naftali. *Khrushchev's Cold War: The Inside Story of an American Adversary.* New York: W. W. Norton, 2006.

Fussell, Paul. *The Boys' Crusade: The American Infantry in Northwestern Europe, 1944—1945.* New York: Modern Library, 2003.

Gaddis, John Lewis. *The Cold War: A New History.* New York: Penguin Press, 2006.

———. *George F. Kennan: An American Life.* New York: Penguin Press, 2011.

———. "The Long Peace: Elements of Stability in the Postwar International System."In *The Cold War and After: Prospects for Peace,* edited by Sean M. Lynn-Jones and Steven E. Miller. Cambridge, MA: MIT Press, 1993.

———. *Strategies of Containment: A Critical Appraisal of American National Security During the Cold War.* New York: Oxford University Press, 2005.

———. *We New Know: Rethinking Cold War History.* New York: Oxford University Press, 1997.

Gaiduk, Ilya V."Peacemaking or Troubleshooting? The Soviet Role in Peace Initiatives During the Vietnam War."In *The Search for Peace in Vietnam, 1964—1968,* edited by Lloyd C. Gardner and Ted Gittinger. College Station: Texas A&M University Press, 2004.

Gardner, Lloyd C. *Pay Any Price: Lyndon Johnson and the Wars for Vietnam.* Chicago: Ivan R. Dee, 1995.

Gardner, Lloyd C., and Ted Gittinger, eds. *International Perspectives on Vietnam.* College Station: Texas A&M University Press, 2000.

———. eds. *The Search for Peace in Vietnam, 1964—1968.* College Station: Texas A&M University Press, 2004. Kindle ed.

Garrett, Don, ed. *The Cambridge Companion to Spinoza.* Cambridge: Cambridge University Press, 1995.

Garrow, David J."The FBI and Martin Luther King."*Atlantic,* July 1, 2002.

Garthoff, Raymond L. *Détente and Confrontation: American-Soviet Relations from Nixon to Reagin.* Washington, DC: Brookings Institution, 1985.

Gati, Charles, ed. *Zbig: The Strategy and Statecraft of Zbigniew Brzezinski.* Baltimore: JOhns Hopkins University Press, 2013. Kindle ed.

Gavin, Francis J. *Nuclear Statecraft: History and Strategy in America's Atomic Age.* Ithaca, NY: Cornell University Press, 2012.

Gettleman, Marvin E., Jane Franklin, Marilyn B. Young, and H. Bruce Franklin, eds. *Vietnam and America: A Documented History.* New York: Grove Press, 1995.

Gibbons, William C. *The U.S. Government and the Vietnam War: Executive and Legislative Roles and Relationships.* Part 4, *July 1965—January 1968.* Princeton, NJ: Princeton University Press, 1955.

Giglio, James N. *The Presidency of John F. Kennedy.* Lawrence: University Press of Kansas, 1991.

Gilbert, Marc Jason, and William Head, eds. *The Tet Offensive.* Westport, CT: Praeger, 1996.

Goldstein, Gordon M. *Lessons in Disaster: McGeorge Bundy and the Path to War in Vietnam.* New York: Henry Holt, 2008.

Grailet, Lambert *Il y a 55 ans . . . avec Henry Kissinger en Adrenne.* Liège: SI, 1999.

Graubard, Stephen R. *Kissinger: Protrait of a Mind.* New York: W. W. Norton, 1974.

Greene, Benjamin P."Eisenhower, Science and the Nuclear Test Ban Debate, 1953—56."*Journal of Strategic Studies* 26, no. 4 (2003): 156—85.

Greene, Graham. *The Quiet American,* 1955; reprint London: Vintage, 2001.

Greenspan, Alan. *The Age of Turbulence: Adventures in a New World.* New York: Penguin Press, 2008.

Gregor, Neil."A Schicksalsgemeinschaft? Allied Bombing, Civilian Morale, and Social Dissolution in Nuremberg, 1942—1945."*Historical Journal* 43, no. 4 (2000): 1051—70.

Grose, Peter. *Continuing the Inquiry: The Council on Foreign Relations from 1921 to 1996.* New York: Council on Foreign Relations, 1996.

———. *Gentleman Spy: The Life of Allen Dulles.* Amherst: University of Massachusetts Press, 1985.

Guan, Ang Cheng. *Ending the Vietnam War: The Vietnamese Communists' Perspective.* London: RoutledgeCurzon, 2005. Kindle ed.

———. "The Vietnam War from Both Sides: Revisiting 'Marigold,' 'Sunflower' a nd 'Pennsylvania.' "*War and Society* 24, no. 2 (2005): 93—125.

———. *The Vietnam War from the Other Side: The Vietnamese Communists' Perspective.* Abingdon, UK: RoutledgeCurzon, 2002.

Gunnell, John G."Political Science on the Cusp: Recovering a Discripline's Past."*American Political Science Review* 99, no. 4 (2005): 597—609.

———. "The Real Revolution in Political Science."*PS: Political Science and Politics* 27, no. 1 (2004): 47—50.

Gutmann, Christoph."KZ Ahlem: Eine unterirdische Fabrik entsteht."In *Konzentrationslager in Hannover: KZ-Arbeit und Rüstungsindustrie in der Spätphase des Zweiten Weltkrieges,* edited by Rainer Fröbe et al., vol. 1, 331—406. Hildesheim:

Verlag August Lax, 1985.
Halberstam, David. *The Best and the Brightest.* New York: Ballantine Books, 1993.
Haldeman, H. R. *The Haldeman Diaries: Inside the Nixon White House.* Edited by Stephen E. Ambrose. New York: Putnam, 1994.
Halperin, Morton."The Gaither Committee and the Policy Process."*World Politics* 1, no. 3 (1961): 360—84.
Hangebruch, Dieter."Emigriter—Deportiert: Das Schicksal der Juden in Krefeld zwischen 1933 und 1945."In *Krefelder Juden,* edited by Guido Rotthoff, Bonn: Röhrscheid, 1981, 137—215.
Hanyok, Robert."Skunks, Bogies, Silent Hounds, and the Flying Fish: The Gulf of Tonkin Mystery, 2—4 August 1964."*Cryptological Quarterly* (2000—2001): 1—55.
Hargittai, Istvan. *Buried Glory: Portraits of Soviet Scientists.* Oxford: Oxford University Press, 2012.
Harley, John Eugene. *International Understanding: Agencies Educating for a New World.* Palo Alto, CA: Standford University Press, 1931.
Harris, Katherine Clark."A Footnote to History? William Yandell Elliott: From the War Production Board to the Cold War."Honors essay, Harvard University, 2009.
Harrison, Benjamin T., and Christopher L. Mosher."John T. McNaughton and Vietnam: The Early Years as Assistant Secretary of Defense, 1964—1965."*History* 92, no. 308 (2007): 496—514.
———. "The Secret Diary of McNamara's Dove: The Long-Lost Story of John T. McNaughton's Opposition to the Vietnam War."*Diplomatic History* 35, no. 3 (2011): 505—34.
Hart, Basil Linddell. *The Revolution in Warfare.* New Haven, CT: Yale University Press, 1947.
———. "War, Limited."*Harper's Magazine* 12, no. 1150 (Mar. 1946): 193—203.
Haslam, Jonathan. *The Nixon Administration and the Death of Allende's Chile: A Case of Assisted Suicide.* London: Verso, 2005.
Hasting, Max. *All Hell Let Loose: The Wolrd at War, 1939—1945.* London: HarperPress, 2011.
Heaps, Willard A."Oberammergau Today."*Christianity Century* 63 (1946): 1468—69.
Heffer, Simon. *Like the Roman: The Life of Enoch Powell.* London: Faber and Faber, 2008.
Heller, Joseph. *Good as Gold.* 1979; Reprint, New York: Simon & Schuster, 1997.
Hellige, Hands Dieter. "Generationskonflikt, Selbsthaß und die Entstehung antikapitalistischer Positionen im Judentum. Der Einfluß des Antisemitismus auf das Sozialverhalten jüdischer Kaufamnns-und Unternehmersöhne im deutschen Kaiserreich und in der k.u.k.-Monarchie."In *Geschichte und Gesellschaft* 5, no. 4: *Antisemitismus und Judentum* (1979): 486—518.
Herr, Michael. *Dispatches.* London: Picador, 2015. Kindle ed.
Herring, George C. LBJ *and Vietnam: A Different Kind of War.* Austin: University of Texas Press, 2010.
———. ed. *The Secret Diplomacy of the Vietnam War: The Negotiating Volumes of the Pentagon*

Pagers. Austin: University of Texas Press, 1983.
Hersh, Seymour M. *The Price of Power: Kissinger in the Nixon White House.* New York: Summit Books, 1983.
Hershberg, James Gordon."Who Murdered Marigold? New Evidence on the Mysterioius Failure of Poland's Secret Initiative to Start U.S.—North Vietnamese Peace Talks, 1966."Woodrow Wilson International Center for Scholars Working Paper no. 27 (2000).
Higgins, Trumbull. *The Perfect Failure: Kennedy, Eisenhower, and the CIA at the Bay of Pigs.* New York: W. W. Norton, 1987.
Hitchens, Christopher. *The Trial of Henry Kissinger.* New York: Verso, 2001. Kindle ed.
Hixon, Walter L. *Parting the Iron Curtain: Propaganda, Culture, and the Cold War, 1945—1961.* New York: St. Martin's Press Giffin, 1998.
Hoffmann, Hubertus, ed. *Fritz Karemer on Excellence: Missionary, Mentor and Pentagon Strategist.* New York: World Security Network Foundation, 2004.
Hofmann, Arne. *The Emergence of Détente in Europe: Brandt, Kennedy and the Formation of Ostpolitik.* London: Routledge, 2007
Hoopes, Townsend. *The Limits of Intervention: An Inside Account of How the Johnson Policy of Escalation in Vietnam Was Reversed.* Philadelphia: D. McKay co., 1969.
Horowitz, C. Morris, and Lawrence J. Kaplan."The Estimated Jewish Population of the New Jewish Population of the New York Area, 1900—1975."Demographic Study Committee of the Federation of Jewish Philanthropies, ms., New York, 1959.
Hughes, Ken. *Chasing Shadows: The Nixon Tapes, the Chennault Afair, and the Origins of Watergate.* Charlottesville: University of Virginia Press, 2014. Kindle ed.
Humphrey, Hubert H. *The Education of a Public Man: My Life and Politics.* New York: Docbleday, 1976.
Idle, Eirc. *The Greedy Bastard Diary: A Comic Tour of North America.* London: Orion, 2014. Kindle ed.
Isaacs, Arnold R. *Without Honor: Defeat in Vietnam and Cambodia.* Baltimore: Johns Hopkins University Press, 1983.
Isaacson, Walter. *Kissinger: A Biography.* New York: Simon & Schuster, 2005. Kindle ed.
Israel, Jonathan I."Central European Jewry During the Thirty Years' War."*Central European History* 16, no. 1 (1983): 3—30.
Israelyan, Victor. *Inside the Kremlin During the Yom Kippur War.* University Park: Pennsylvania State University Press, 1995.
Jackson, Michael G."Beyond Brinkmanship: Eisenhower, Nuclear War Fighting, and Korea, 1953—1968."*Presidential Studies Quarterly* 35, no. 1 (2005): 52—75.
Jacobs, Jack, and Douglas Century. *If Not Now, When?: Duty and Sacrifice in America's Time of Need.* New York: Berkley Caliber, 2008.
James, William."The Ture Harvard."In *The Harvard Book: Selections from Three Centuries,* edited by William Bentinck-Smith. Cambridge, MA: Harvard University Press, 1982.
Jensen, Joan M. *Army Surveillance in America, 1755—1980.* New Haven, CT: Yale

University Press, 1991.
Johnson, Eric A. *The Nazi Terror: The Gestapo, Jews and Ordinary Germans.* London: John Murray, 1999.
Johnson, Lyndon Baines. *The Vietnam Point: Perspectives of the Presidency, 1963—1969.* New York: Holt, Rinehart and Winston, 1971.
Johnson, Robert David. *All the Way with LBJ: The 1964 Presidential Election.* New York: Cambridge University Press, 2009.
Kalb, Marvin, and Bernard Kalb. *Kissinger.* Boston: Little, Brown, 1974.
Kaplan, Robert D."In Defense of Henry Kissinger."*Atlantic Monthly* (Apr. 2013): 70—78.
———. "Kissinger, Metternich, and Realism."*Atlantic Monthly* (june 1999): 72—82.
Karnow, Stanley. *VietnamA: History.* New York: Viking, 1983.
Kasparek, Katrin. *The History of the Jews in Fürth: A Home for Centuries.* Nuremberg: Sandberg Verlag, 2010.
Katzenbach, Nicholas deB. *Some of It Was Fun: Working with RFK and LBJ.* New York: W. W. Norton, 2008.
Kaufmann, William W."The Crisis in Military Affairs."*World Politics* 10, no. 4 (July 1958): 579—603.
Keefer, Louis E. *Scholars in Foxholes: The Story of the Army Specialized Training Program in World War II.* Jefferson, NC: McFarland, 1988.
Keever, Beverly deepe. *Death Zones and Darling Spies: Seven years of Vietnam War Reporting.* Lincoln: University of Nebraska Press, 2013.
Kempe, Frederick. *Berlin 1961: Kennedy, Khrushchev, and the Most Dangerous Place on Earth.* New York: Putnam, 2011.
Kennedy, David M. *Freedom from Fear: The American People in Depression and War, 1929—1945.* Oxford: Oxford University Press, 1999. Kindle ed.
Kennedy, Robert. *Thirteen Days: A Memior of the Cuban Missile Crisis.* New York: W. W. Norton, 1999.
Kershaw, Ian. *The End: Hitler's Germany, 1944—45.* London: Allen Lane, 2011.
Kickum, Stephanie."Die Strukturen der Miltärregierungen in Krefeld der frühen Nachkriegszeit (1945/46)."*Die Heimat* 71 (2000): 107—12.
Kilmeade, Brian. *The Games Do Count: America's Best and Brightest on the Power of Sport.* New York: HarperCollins, 2004.
Kilthau, Fritz, and Peter Krämer. *3 Tage fehlten zur Freiheit: Die Nazimorde am Kirchberg Bensheim, März 1945.*
Bensheim: Geschichtswerkstatt Jakob Kindinger, 2008.
Kissinger, Henry A. *American Foreign Policy: Three Essays.* New York: W. W. Norton, 1969.
———. "Arms Control, Inspection and Surprise Attack."*Foreign Affairs* 38, no. 4 (July 1964): 525—45.
———. "Coalition Diplomacy ni a Nuclear Age." *Foreiqn Affairs* 42, no. 4
———. "The Congress of Vienna: A Reappraisal."*World Politics* 8, no. 2 (Jan. 1956): 264—80.
———. "The Conservative Dilemma: Reflections on the Political Thought of

Metternich."*American Political Science Review* 48, no. 4 (Dec. 1954): 1017—30.
———. "Domestic Structure and Foreign Policy."*Daedalus* 95, no. 2 (1966): 503—29.
———. "Force and Diplomacy in the Nuclear Age."*Foreign Affairs* 34, no. 3 (1956): 349—66.
———. "The Illusionist: Why We Misread de Gaulle."*Harper's,* March 1965.
———. "Limited War: Conventional or Nuclear? A Reappraisal."*Daedalus* 89, no. 4 (1960): 800—817.
———. "The Meaning of History: Reflections on Spengler, Toynbee and Kant."Senior thesis, Harvard University, 1950.
———. "Military Policy and the Defense of the 'Grey Areas,'"*Foreign Affairs* 33, no. 3 (Apr. 1955): 416—28.
———. "Missiles and the Western Alliance."*Foreign Affairs* 36, no. 3 (1958): 383—400.
———. "Nato's Nuclear Dilemma."*Reporter* (Mar. 28, 1963): 22—33.
———. *The Necessity for Choice: Prospects of American Foreign Policy.* New York: Harper and Brothers, 1961.
———. "Nuclear Testing and the Problem of Peace."*Foreign Affairs* 37, no. 1 (Oct. 1958): 1—18.
———. *Nuclear Weapons and Foreign Policy.* New York: Harper and Brothers, 1957.
———. "Peace, Legitimacy, and the Equilibrium (A Study of the Statesmanship of Castlereagh and Metternich)."Ph.D. dissertation, Harvard University, 1954.
———. "The Prophet and the Policymaker."In *Fritz Kraemer on Excellence: Missonary, Mentor and Pentagon Strategist*, edited by Hubertus Hoffmann. New York: World Security Network, 2004.
———. "Reflections on American Diplomacy."*Foreign Affairs* 35, no. 1 (1956): 37—56.
———. "Reflections on Cuba."*Reporter* (No. 22, 1962): 21—24.
———. "The Search for Stability."*Foreign Affairs* 37, no. 4 (1959): 537—60.
———. "The Skybolt Affair."*Reporter* (Jan. 17, 1963): 15—18.
———. "Strains on the Alliance."*Foreign Affairs* 41, no. 2 (Jan. 1963): 261—85.
———. "Strategy and Organization."*Foreign Affairs* 35, no. 3 (Apr. 1957): 379—94.
———. *The Troubled Partnership: A Re-appraisal of the Atlantic Alliance.* New York: McGraw-Hill, 1965.
———. "The Unsolved Problems of European Defense."*Foreign Affairs* 40, no. 4 (July 1962): 515—41.
———. "The Viet Nam Negotiations."*Foreign Affairs* 11, no. 2 (1969): 38—50.
———. *White House Years.* Boston: Little, Brown, 1979.
———. "The White Revolutionary: Reflections on Bismarck."*Daedalus* 97, no. 3 (1968): 888—924.
———. *World Order.* New York: Penguin Press, 2014.
———. *A World Restored: Metternich, Castlereagh and the Problems of Peace, 1812—1822.* London: Weidenfeld & Nicolson, 1957, Kindle ed.
Kissinger, Henry A., and Bernard Broide."Bureaucracy, Politics and Strategy."Security Studies Paper no. 17. Los Angeles: University of California, 1968.

Kistiakowsky, George B. *A Scientist at the White House: The Private Diary of President Eisenhower's Special Assistant for Science and Technology.* Cambridge, MA: Harvard University Press, 1976.

Kolko, Gabried, and Joyce Kolko. *The Limits of Power: The World and United States Foreign Policy, 1945—1954.* New York: Harper & Row, 1972.

Kornbluh, Peter. *The Pinochet File: A Declassified Dossier on Atrocity and Accountability.* New York: New Press, 2003.

Koudelka, Edward R. *Counter Intelligence, the Conflict, and the Conquest.* Guilderland, NY: Ranger Associates, 1986.

Kraemer, Fritz."To Finish the Manuscript of the Historico-Juridical Reference Book on 'the Parliaments of Continental Europe from 1815 to 1914."*American Philosophical Society Year Book* (1942).

———. "U.S. Propaganda: What It Can and Can't Be."*Standford Research Institute* 3 (1959): 151—59.

———. *Das Verhältnis der französischen Bündnisverträge zum Völkerbundpakt und zum Pakt von Locarno: Eine Juristisch-politische Studie.* Leipzig: Universitätsverlag von Robert Noske, 1932.

Kraemer, Seven."My Father's Pilgrimage."In *Fritz Kraemer on Excellence: Missionary, Mentor and Pentagon Strategist,* edited by Hubertus Hoffmann. New York: World Security Network Foundation, 2004.

Kraft, Joseph."In Search of Kissinger."*Harper's Magazine* (Jan. 1971).

Kraus, Marvin."Assimilation, Authoritarianism, and Judaism: A Social-Psychological Study of Jews at Harvard."Honors essay, Harvard University, 1951.

Kremers, Elisabeth. *Lucky Strikes und Hamsterfahrten: Krefeld 1945—1948.* Gudensberg-Gleichen: Wartberg Verlag, 2004.

Kuklick, Bruce. *Blind Oracles: Intellecturals and War from Kennan to Kissinger.* Princeton, NJ: Princeton University Press, 2006.

Kunz, Diane."Camelot Continued: What if John F. Kennedy Had Lived?"In *Virtual History: Alternatives and Counterfactuals,* edited by Niall Ferguson. London: Macmillan, 1995.

Kurz, Evi. *The Kissinger Saga: Walter and Henry Kissinger, Two Brothers from Fürth.* London: Weidenfeld and Nicolson, 2009.

Landau, David. *Kissinger: The Uses of Power: A Political Biography.* London: Robson Books, 1974.

Larsen, Jeffrey A., and Kerry M. Kartchner, eds. *On Limited Nuclear War in the 21st Century.* Palo Alto, CA: Stanford University Press, 2014.

Lasky, Victor. *It Didn't Start with Watergate.* New York: Dial Press, 1977.

Lax, Eric. *Woody Allen: A Biography.* Cambridge, MA: Da Capo Press, 1991.

Leary, William M., ed. *The Central Intelligence Agency: History and Documents.* Tuscaloosa: University of Albama Press, 1984.

Leffler, Melvyn P. *For the Soul of Mankind: The United States, the Soviet Union, and the Cold War.* New York: Hill and Wang, 2007. Kindle ed.

Leffler, Melvyn P., and Odd Arne Westad, eds. *The Cambridge History of the Cold War.* Vol. 2, *Crises and Détente.* Cambridge: Cambridge University Press, 2012.

Lehman, John F. *Command of the Seas.* Annapolis, MD: Naval Institute Press, 2001.

Lendt, Lee E. *A Social History of Washington Heights, New York City.* New York: Columbia—Washington Heights Community Mental Health Project, 1960.

Leventmann, Seymour."From Shtetl to Suburb."In *The Ghetto and Beyond,* edited by Peter I. Rose. New York: Random House, 1969.

Lewis, Jonathan F. *Spy Capitalism: Itek and the CIA.* New Haven, CT: Yale University Press, 2002.

Ley, Walter."Die Heckmannschule."*Fürther Heimatblätter* 41 (1991): 65—74.

Lindsay, A. D. *The Philosophy of Immanuel Kant.* London: T. C. and E. C. Jack, 1919.

Lindsay, Franklin. *Beacons in the Night: With the OSS and Tito's Partisans in Wartime Yugoslavia.* Palo Alto, CA: Stanford University Press, 1993.

Link, Sandra. *Ein Realist mit Idealen: Der Völkerrechtler Karl Strupp (1886—1940).* Baden-Baden: Nomos, 2003.

Lodge, Henry Cabot. *As It Was: An Inside View of Politics and Power in the '50s and '60s.* New York: W. W. Norton, 1976.

Logevall, Fredrik. *Choosing War: The Lost Chance for Peace and the Escalation of War in Vietnam.* Berkeley: University of California Press, 1999. Kindle ed.

———. "Lyndon Johnson and Vietnam."*Presidential Studies Quarterly* 34, no. 1 (2004): 100—112.

Loory, Stuart H., and David Kraslow. *The Secret Search for Peace in Vietnam.* New York: Random House, 1968.

Lowenstein, Steven M. *Frankfurt on the Hudson: The German-Jewish Community of Washington Heights, 1933—1983, Its Structure and Culture.* Detriot: Wayne State University Press, 1989.

Lucas, Scot "Campaigns of Truth: The Psychological Strategy Board and American Ideology, 1951—1953."*International History Review* 18, no. 2 (1996): 279—302.

———. *Freedom's War: The American Crusade Against the Soviet Union.* New York: New York University Press, 1999.

Lüders, Marie-Elisabeth. *Fürchte Dich nicht: Persönliches und Politisches aus mehr als 80 Jahren, 1878—1962.* Cologne: Westdeutscher Verlag, 1963.

Luig, Klaus. . . *weil er nicht arischer Abstammung ist. Jüdische Juristen in Köln während der NS-Zeit.* Cologne: Verlag Dr. Otto Schmidt, 2004.

Lundestad, Geir. *The American"Empire"and Other Studies of U.S. Foreign Policy in A Comparative Perspective.* London: Oxford University Press, 1990.

———. *The United States and Western Europe Since 1945: From"Empire"by Invitation to Transatlantic Drift.* Oxford: Oxford University Press, 2002.

Lynn-Jones, Sean M., and Steven E. Miller, eds. *The Cold War and After: Prospects for Peace.* Cambridge, MA: MIT Press, 1993.

Maaß, Rainer, and Manfred Berg, eds. *Bensheim: Spuren der Geschichte.* Weinheim: Edition Diesbach, 2006.

MacMillan, Margaret. *Nixon and Mao: The Week That Changed the World.* New York: Random House, 2007.

McNamara, Robert S. *Argument Without End: In Search of Answers to the Vietnam Tragedy.* New York: PublicAffairs, 1999.

McNamara, Robert S., and Brian VanDeMark. *In Retrospect: The Tragedy and Lessons of Vietnam.* New York: Times Books, 1995.

Magdoff, Harry. *The Age of Imperialism: The Economics of United States Foreign Policy.* New York: Monthly Review Press, 1969.

Mailer, Norman. *The Naked and the Dead.* New York: Rinehart and Co., 1948.

Marnham, Patrick. *Resistance and Betrayal: The Death and Life of the Greatest Hero of the French Resistance.* New York: Random House, 2000.

Marrs, Jim. *Rule by Secrecy: The Hidden History That Connects the Trilateral Commission, the Freemasons, and the Great Pyramids.* New York: HarperCollins, 2000.

Martin, L. W."The Necessity for Choice."*Political Science Quarterly* 76, no. 3 (1961): 427–28.

Matson, Clifford H., Jr., and Elliott K. Stein. *We Were the Line: A History of Company G, 335th Infantry, 84th Infantry Division.* Fort Wayne, IN: privately published, 1946.

Matthews, Jeffery J."To Defeat a Maverick: The Goldwater Candidacy Revisited, 1963–1964."*Presidential Studies Quarterly* 27, no. 4 (1977): 662–78.

Mauersberg, Hans. *Wirtschaft und Gesellschaft Fürth in neuerer und neuester Zeit.* Göttingen: Vandenhoeck und Ruprecht, 1974.

Maxwell, A. J."A World Resored."*World Affairs* 120, no. 4 (1957): 123f.

May, Ernest R., ed. *American Coldl War Strategy: Interpreting NSC 68.* Boston: Bedford Books of St. Martin's Press, 1993.

May, Ernest R., and Philip D. Zelikow, eds. *The Kennedy Tapes: Inside the Cuban Missile Crisis.* Cambridge, MA: Belknap Press, 2002.

Mazlish, Bruce. *Kissinger: The European Mind in American Policy.* New York: Basic Books, 1976.

Melchior, IB. *Case by Case: A U.S. Army Counterintelligence Agent in World War II.* Novato, CA: Presidio, 1993.

Menand, Louis. *The Metaphysical Club: A Story of Ideas in America.* New York: Farrar, Straus and Giroux, 2002.

Middendorf, J. William, II. *A Glorious Disaster: Barry Goldwater's Presidential Campaign and the Origins of the Conservative Movement.* New York: Basic Books, 2008. Kindle ed.

Mieczkowski, Yanek. *Eisenhower's Sputnik Moment: The Race for Space and World Prestige.* Ithaca, NY: Cornell University Press, 2013.

Mierzejewski, Alfred C. *Ludwig Erhard: A Biography.* Chapel Hill: University of North Carolina Press, 2004.

Miller, Rory, ed. *Britain, Palestine and Empire: The Mandate Years.* Farnham, Surrey, UK: Ashgate, 2010.

Milne, David. *America's Rasputin: Walt Rostow and the Vietnam War.* New York: Hill and Wang, 2008.

———. "The 1968 Paris Peace Negotiations: A Two Level Game?"*Review of International Studies* 37, no. 2 (2010): 577—99.
———. " 'Our Equivalent of Guerrilla Warfare': Walt Rostow and the Bombing of North Vietnam, 1961—1968."*Journal of Military History* 71 (2007): 169—203.
Mohan, Shannon E."Memorandum for Mr. Bundy: Henry Kissinger as Consultant to The Kennedy National Security Council."*Historian* 71, no. 2 (2009): 234—57.
Moise, Edwin E. *Tonkin Gulf and the Escalation of the Vietnam War.* Chapel Hill: University of North Carolina Press, 1996.
Moore, Deborah Dash. *At Home in American: Second Generation New York Jews.* New York: Columbia University Press, 1981.
———. *GI Jews: How World War II Changed a Generation.* Cambridge, MA: Harvard University Press, 2004.
Morgenthau, Hans "Henry Kissinger: Secretary of State."*Encounter* (Nov. 1974): 57—60.
———. "Nuclear Weapons and Foreign Policy."*American Political Science Review* 52, no. 3 (Sept. 1958): 842—44.
Morison, Samuel Eliot. *Three Centuries of Harvard, 1636—1936.* Cambridge, MA: Belknap Press, 1936.
Morris, Roger. *Uncertain Greatness: Henry Kissinger and American Foreign Policy.* New York: Harper & Row, 1977.
Moynihan, Daniel Patrick. *A Dangerous Place.* Boston: Little, Brown, 1975.
Mümmler, Manfred. *Fürth: 1933—1945.* Emskirchen: Verlag Maria Mümmler, 1995.
Naftali, Timothy, and Philip Zelikow, eds. *The Presidential Recordings: John F. Kennedy.* New York: W. W. Norton, 2001.
Nashel, Jonathan. *Edward Lansdales' Cold War.* Amherst: University of Massachusetts Press, 2005.
Nelson, Anna K."President Kennedy's National Security Policy: A Reconsideration."*Reviews in American History* 19, no. 1 (1991): 1—14.
Nitze, Paul H."Atoms, Strategy, and Policy."*Foreign Affairs* 34, no. 2 (1956): 187—98.
———. "Limited War or Massive Retaliation?"*Reporter* (Sept. 5, 1957): 40—42.
Nixon, Richard M."Asia After Viet Nam."*Foreign Affairs* 46, no. 1 (Oct. 1967): 111—25.
———. *RN: The Memoirs of Richard Nixon.* New York: Simon & Schuster, 1992. Kindle ed.
Ophir, Baruch Z., and Falk Wiesemann, eds. *Die jüdischen Gemeinden in Bayern 1918—1945: Geschichte und Zerstörung.* Munich: R. Oldenbourg, 1979.
Oppen, Beate Ruhm von, ed. *Documents on Germany Under Occupation, 1945—1954.* Oxford University Press, 1955.
Osgood, Kenneth. *Total Cold War: Eisenhower's Secret Propaganda Battle at Home and Abroad.* Lawrence: University Press of Kansas, 2006.
Osgood, Robert E. *Ideals and Self-Interest in America's Foreign Relations: The Great Transformation of the Twentieth Century.* Chicago: University of Chicago Press, 1953.
———. *Limited War: The Challenge to American Strategy.* Chicago: University of Chicago

Press, 1957.
Padover, Saul K. *Experiment in Germany: The Story of an American Intelligence Oficer.* New York: Duell, Sloan and Pearce, 1946.
Parry-Giles, S. J."Dwight D. Eisenhower, 'Atoms for Peace' (8 December 1953)."*Voices of Democracy* 1 (2006): 118 – 29.
Paterson, Pat."The Truth About Tonkin."*Naval History* (Feb. 2008).
Paterson, Thomas G., and William J. Brophy."October Missiles and November Elections: The Cuban Missile Crisis and American Politics, 1962."*Journal of American History* 1, no. 73 (1986): 87 – 119.
Patrick, Mark S."The Berlin Crisis in 1961: U.S. Intelligence Analysis and the Presidential Decision Making Process."Master's shesis, Tufts University, 1997.
Paul, Gerhard, and Klaus-Michael Mallmann. *Die Gestapo: Mythos und Realität.* Darmstadt: Primus Verlag, 1996.
Pei, Minxin."Lessons from the Past."*Foreign Policy* 52 (July 2003): 52 – 55.
Persico, Joseph E. *The Imperial Rockefeller: A Biography of Nelson A. Rockefeeler.* New York: Washington Square Press, 1982.
Peters, Charles. *Lyndon B. Johnson. The American Presidents Series: The 36th President.* New York: Henry Holt/Times Books, 2010.
Pisani, Sallie. *The CIA and the Marshall Plan.* Lawrence: University Press of Kansas, 1991.
Piszkiewicz, Dennis. *The Nazi Rocketeers: Dreams of Space and Crimes of War.* Westport, CT: Praeger, 1995.
Pocock, Tom. *Alan Moorehead.* London: Vintage Books, 2011.
Porch, Douglas."Occupational Hazards: Myths of 1945 and U.S. Iraq Policy."*National Interest* (2003): 35 – 47.
Possony, Stefan."Nuclear Weapons and Foreign Policy."*Annals of the American Academy of Political and Social Science* 316 (Mar. 1958): 141f.
Poundstone, William. *Prisoner's Dilemma: John von Neumann, Game Theory, and the Puzzle of the Bomb.* New York: Random House, 1992.
Powers, Thomas. *The Man Who Kept the Secrets: Richard Helms and the CIA.* London: Weidenfeld & Nicolson, 1980.
Prados, John, and Margaret Pratt Porter, eds. *Inside the Pentagon Papers. Lawrence: University Press of Kansas, 2004.*
Preston, Andrew."The Little State Department: McGeorge Bundy and the Naitonal Security Council Staff, 1961 – 65."*Presidential Studies Quarterly* 31, no. 4 (2001): 635 – 59.
———. *The War Council: McGeorge Bundy, the NSC, and Vietnam.* Cambridge, MA: Harvard University Press, 2006.
Purdy, Rob Roy, ed. *Fugitives' Reunion: Conversations at Vanderbilt May 3 – 5, 1956.* Nashville, TN: Vanderbilt University Press, 1959.
Quigley, Carroll. *The Anglo-American Establishment: From Rhodes to Cliveden.* New York: Books in Focus, 1981.
———. *Tragedy and Hope: A History of the World in Our Time.* London: Macmillan, 1966.

Radványi, János. *Delusion and Reality: Gambits, Hoaxes, and Diplomatic One-Upmanship in Vietnam.* South Bend, IN: Gateway, 1978.

Ramos-Horta, José. *Funu: The Unfinished Saga of East Timor.* New York: Random House, 1987.,

Rasenberger, Jim. *The Brilliant Disaster: JFK, Castro, and America's Doomed Invasion of Cuba's Bay of Pigs.* New York: Scribner, 2011.

Reeves, Richard. *President Kennedy: Profile of Power.* New York: Touchstone Books, 1994.

———. *President Nixon: Alone in the White House.* New York: Simon & Schuster, 2001.

Reich, Cary. *The Life of Nelson A. Rockefeller: Worlds to Conquer, 1908—1958.* New York: Doubleday, 1996.

Reid, Robert. *Never Tell and Infantryman to Have a Nice Day: A History Book by Robert" Bob" Reid, 84th Division, 335th, H Company, WWWII.* Bloomington, IN: Xlibris, 2010.

Reyn, Sebastian. *Atlantis Lost: The American Experience with De Gaulle, 1958—1969.* Amsterdam: Amsterdam University Press, 2010.

Rich, Mark. *C. M. Kornbluth: The Life and Works of a Science Fiction Visionary.* Jefferson, NC: McFarland, 2010.

Roberts, Andrew. *Masters and Commanders: How Roosevelt, Churchill, Marshall, and Alanbrooke Won the War in the West.* London: Allen Lane, 2008.

Robin, Ron. *The Making of the Cold War Enemy.* Princeton, NJ: Princeton University Press, 2001.

Rockefeller, Nelson A. *The Future of Federalism.* Cambridge, MA: Harvard University Press, 1962.

Rockefeller, Brothers Fund. *Foreign Economic Policy for the Twentieth Century.* New York: Doubleday, 1958.

———. *Prospect for America: The Rockefeller Panel Reports.* Garden City, NY: Doubleday, 1961.

Rose, Peter I., ed. *The Ghetto and Beyond.* New York: Random House, 1969.

Rosen, James. *The Strong Man: John Mitchell and the Secrets of Watergate.* New York: Doubleday, 2008.

Rosenberg, Brett Alyson."Prospect for America: Nelson Rockefeller, the Special Studies Project, and the Search for America's Best and Brightest, 1956—1961."Senior thesis, Harvard University, 2012.

Rosenberg, D. A."The Origins of Overkill: Nuclear Weapons and American Strategy, 1945—1960."*International Security* 7, no. 4 (1983): 3—71.

Rosenberg, Edgar."Appendix."In *Stanford Short Stories 1953.* Palo Alto, CA: Stanford University Press, 1953.

Rosovsky, Nitza. *The Jewish Experience at Harvard and Radcliffe.* Cambridge, MA: Harvard University Press, 1986.

Rostow, Walt W. *The Diffusion of Power: An Essay in Recent History.* New York: Macmillan, 1972.

Rothkopf, David. *Running the World: The Inside Story of the National Security Council and the*

Architects of American Power. New York: PublicAffairs, 2006.
Rotthoff, Guido, ed. *Krefelder Juden.* Bonn: Röhrscheid, 1981.
Rubinson, Paul. " 'Crucified on a Cross of Atoms' : Scientists, Politics, and the Test Ban Treaty."*Diplomatic History* 35, no. 2 (2011): 283—319.
Rueger, Fabian."Kennedy, Adenauer and the Making of the Berlin Wall, 1958—1961."Ph. D. dissertation, Stanford University, 2011.
Ruehsen, Moyara de Moraes."Operation 'Ajax' Revisited: Iran, 1953."*Middle Eastern Studies* 29, no. 3 (1993): 467—86.
Rummel, Rudolph J. *Lethal Politics: Soviet Genocide and Mass Murder Since 1917.* Livingston, NJ: Transaction, 1990.
Rusk, Dean. *As I Saw It.* Edited by Daniel S. Papp. New York: W. W. Norton, 1990.
Saalfrank, Maximiliane."Henry Kissinger und Oberammergau: Unterwegs in geheimer Mission."*Garmish-Partenkirchen Journal* 4 (Aug.—Sept. 1993): 34—38.
———. "Kissinger in Oberammergau."*Deutsch-amerikanischer Almanach: Henry Kissinger* 1 (1994): 36—41.
Safire, William. *Before the Fall: An Inside View of the Pre-Watergate White House.* New Brunswick, NJ: Transaction, 2012.
Sainteny, Jean. *Ho Chi Minh and His Vietnam: A Personal Memoir.* Chicago: Cowles, 1972.
Salinger, Pierre. *With Kennedy.* New York: Avon, 1967.
Saunders, Frances Stonor. *Who Paid the Piper? The CIA and the Cultural Cold War.* London: Granta, 2000.
Sayer, Ian, and Douglas Botting. *America's Secret Army: The Untold Story of the Counter Intelligence Corps.* New York: Grafton, 1989.
Schaefer, Jacob. *Das alte und das neue Stadttheater in Fürth: Eine Wanderung durch die neuere Stadtgeschichte von 1816—1902.* Fürth: G. Rosenberg, 1902.
Schelling, Thomas C."Bargaining, Communication, and Limited War."*Conflict Resolution* 1, no. 1 (Mar. 1957): 19—36.
———. "An Essay on Bargaining."*American Economic Review* 46, no. 3 (1956): 281—306.
Schilling, Donald G."Politics in a New Key: The Late Nineteenth-Century Transformation of Politics in Northern Bavaria."*German Studies Review* 17, no. 1 (1994): 35—57.
Schlafly, Phyllis, and Chester Charles Ward. *Kissinger on the Couch.* New Rochelle, NY: Arlington House, 1975.
Schlesinger, Andrew. *Veritas: Harvard College and the American Experience.* Chicago: Ivan R. Dee, 2007.
Schlesinger, Arthur M., Jr. *Journals: 1952—2000.* London: Atlantic Books, 2007.
———. *A Life in the Twentieth Century: Innocent Beginnings, 1917—1950.* Boston: Houghton Mifflin, 2000.
———. *A Thousand Days: John F. Kennedy in the White House.* Boston: Houghton Mifflin, 1965.
Schrader, Charles R. *History of Operations Research in the United States Army.* Vol. 1, 1942—1962. Washington, DC: U.S. Army, 2006.

Schupetta, Ingird."Die Geheime Staatsoplizei in Krefeld."*Die Heimat* 76 (2005): 115—27.
Schwarz, Hans-Peter. *Konrad Adenauer: A German Politican and Statesman in a Perioid of War, Pevolution and Reconstrucion.* Vol. 2, *The Statesman, 1952—1967.* Leamington Spa, UK: Berghahn Books, 1997.
Seg, Kent S."The 1968 Presidential Election and Peace in Vietnam."*Presidential Studies Quarterly* 26, no. 4 (1996): 106—80.
Selby, Scott Andrew. *The Axmann Conspiracy.* New York: Berkley, 2013.
Shapiro, James. *Oberammergau: The Troubling Story of the World's Most Famous Passion Play.* New York: Pantheon, 2000.
Shawcross, William. *Sideshow: Kissinger, Nixon, and the Destruction of Cambodia.* New York: Simon & Schuster, 1987.
Shesol, Jeff. *Mutual Contempt: Lyndon Johson, Robert Kennedy, and the Feud That Defined a Decade.* New York: W. W. Norton, 1998.
Shoup, Laurence, and William Minter. *Imperial Brain Trust: The Council on Foreign Relations and United States Foreign Policy.* New York: Monthly Review Press, 1977.
Sinanoglou, Penny."The Peel Commissio0n and Partition, 1936—1936."In *Britain, Palestine and Empire: The Mandate Years,* edited by Rory Miller, 119—40. Farnham, Surrey, UK: Ashgate, 2010.
Skoug, Kenneth N. *Czechoslovakia's Lost Fight for Freedom, 1967—1969: An American Embassy Perspective.* Westport, CT: Greenwood, 1999.
Slawenski, Kenneth. *J. D. Salinger: A Life.* New York: Random House, 2012.
Smith, Jean Edward, ed. *The Papers of General Lucius D. Clay, 1945—1949.* Bloomington: Indiana University Press, 1974.
Smith, Richard Norton. *The Harvard Century: The Making of a University to a Nation.* Cambridge, MA: Harvard University Press, 1986.
———. *On His Own Terms: A Life of Nelson Rockefeller.* New York: Random House, 2014. Kindled ed.
Smith, Steve, Amelia Hadfield, and Tim Dunne, eds. *Foreign Policy: Theories, Actors, Cases,* 2nd ed. Oxford: Oxford University Press, 2012.
Snead, David L. *The Gaither Committee, Eisenhower, and the Cold War.* Columbus: Ohio State University Press, 1999.
Soapes, Thomas F."A Cold Warrior Seeks Peace: Eisenhower's Strategy for Nuclear Disarmament."*Diplomatic History* 4, no. 1 (1980): 57—72.
Sorensen, Theodore C. *Decision-Making in the White House: The Olive Branch or the Arrows.* 1963; reprint, New York: Columbia University Press, 2005.
Sorley, Lewis. *A Better War: The Unexamined Victories and Final Tragedy of America's Last Years in Vietnam.* New York: : harcourt Brace, 1999.
Stans, Maurice H. *One of the President's Men: Twenty Years with Eisenhower and Nixon.* Washington, DC: Brassey's, 1995.
Starr, Harvey."The Kissinger Years: Studying Individuals and Foreign Policy."*International Studies Quarterly* 24, no. 4 (1980): 465—96.
Stedman, Richard Bruce."Born unto Trouble: An Analysis of the Social Position of the

Jewish Upperclassmen in Harvard House."Honors easay, Harvard University, 1942.
Steinberg, Jonathan. *Bismarck: A Life.* Oxford: Oxford University Press, 2011.
Stern, Bruno. *So war es: Leben und Schicksal eines jüdischen Emigranten.* Sigmaringen: J. Thorbecke, 1985.
Stock, Ernest."Washington Heights' 'Fourth Reich' : The German Émigrés' New Home."*Commentary* (Junen 1951).
Stoessinger, John G. *Henry Kissinger: The Auguish of Power.* New York: W. W. Norton, 1976.
Stone, Oliver, and Peter Kuznick. *The Untold History of the United States.* London: Ebury, 2012. Kindle ed.
Stone, Sean."New World Order: An Imperial Strategy for the Twentieth Century."Senior thesis, Princeton University, 2006.
Straight, Michael. *Nancy Hanks: An Intimate Portrait—the Creation of a National Commitment to the Arts.* Durham, NC: Duke University Press, 1988.
Strauss, Heinrich. *Fürth in der Weltwirtschaftskrise und nationalsozialistischen Machtergreifung: Studien zur politischen, sozialen und wirtschaftlichen Entwicklung einer deutschen Industriestadt 1928—1933.* Nuremberg: Willmy, 1980.
Strauss, Herbert A."The Immigration and Acculturation of the America."*Leo Baeck Institute Yearbook* 16, no. 1 (1971): 63—94.
———. "Jewish Emigration from Germany : Nazi Policies and Jewish Responses."*Leo Baeck Institute Yearbook* 26, no. 1 (1981): 343—409.
Summers, Anthony. *The Arrogance of Power: The Secret World of Richard Nixon.* Viking Press, 2000.
Suri, Jeremi. *Henry Kissinger and the American Century.* Cambridge, MA: Harvard University Press, 2007.
———. *Power and Protest: Global Revolution and the Rise of Detente.* Cambridge, MA: Harvard University Press, 2003.
Tal, D."The Secretary of State Versus the Secretary of Peace: The Dulles-Stassen Controversy and U.S. Disarmament Policy, 1955—58."*Journal of Contemporary History* 41, no. 4 (Oct. 2006): 721—40.
Talbott, Strobe, ed. *Khrushchev Remember.* Boston: Little, Brown, 1970.
Taylor, Brice. *Thanks for the Memories: The Memoris of Bob Hope's and Henry Kissinger's Mind-Controlled Sex Slave.* Brice Taylor Trust, 1999.
Thiele, Laura."Leben vor und nach der Flucht aus dem Regimes des Nationalsozialismus. Biographie des jüdischen Lehrers Hermann Mandelbaum."Unpublished ms., 2012.
Thomas, Evan. *Ike's Bluff: President Eisenhower's Secret Battle to Save the World.* New York: Little, Brown, 2012.
———. *Robert Kennedy: His Life.* New York: Simon & Schuster, 2013. Kindle ed.
———. *The Very Best Men: The Daring Early Years of the CIA.* New York: Simon & Schuster, 2006.
Tott, Vernon."Ahlem Concentration Camp: Liberated by the 84th Infantry Division on April 10, 1945."Unpublished ms.

———. *Letters and Reflections from the Collection of Vernon L. Tott, the Angel of Ahlem.* Sioux City, IA: G. R. Lindblade, 2007.

Trachtenberg, Marc. *The Cold War and After: History, Theory, and the Logic of International Politics.* Princeton, NJ: Princeton University Press, 2012.

Trevor-Roper, Hugh. *Letters from Oxford: Hugh Trevor-Roper to Bernard Berenson.* London: Orion, 2007.

Vaïsse, Justin."Zbig, Henry, and the New U.S. Foreign Policy Elite."In *Zbig: The Strategy and Statecraft of Zbigniew Brzezinski,* edited by Charles Gati. Baltimore: Johns Hopkins University Press, 2013.

Vaïsse, Maurice. *La Grandeur: Politique étrangère du général de Gaulle, 1958—1969.* Paris: Fayard, 1998.

VanDeMark, Brian. *Into the Quagmire: Lyndon Johnson and the Escalation of the Vietnam War.* New York: Oxford University Press, 1995.

Vandenbroucke, Lucien S."Anatomy of a Failure: The Decision to Land at the Bay of Pigs."*Political Science Quarterly* 99, no. 3 (1984): 471—91.

Waddy, Helena. *Oberammergau in the Nazi Era: The Fate of a Catholic Village in Hitler's Germany.* New York: Oxford University Press, 2010.

Wala, Michael. *The Council on Foreign Relations and American Foreign Policy in the Early Cold War.* Providence, RI: Berghahn, 1994.

Walker, Martin. *The Cold War: A History.* London: Macmillan, 1995.

Wallerstein, Jules."Limited Autobiography of Jules Wallerstein."Unpublished ms., n.d.

Wassermann, Jakob. *My Life as German and Jew.* Translated by S. N. Brainin. New York: Coward-McCann, 1993.

Weber, William T."Kissinger as Historian: A Historiographical Approach to Statesmanship."*World Affairs* 141, no. 1 (1978): 40—56.

Webster, C. K."A World Restored."*English Historical Review* 73, no. 286 (1958): 166f.

Weidenfeld, George. *Remembering My Good Friends: An Autobiography.* New York: HarperCollins, 1995.

Welch, David A."An Introduction to the ExComm Transcripts."*International Security* 12, no. 3 (1987): 5—29.

Westad, Odd Arne. *The Golbal Cold War: Third World Interventions and the Making of Our Times.* New York: Cambridge University Press, 2005.

Westad, Odd Arne, et al., eds."77 Conversations Between Chinese and Foreign Leaders on the Wars in Indochina, 1964—1977."Cold War International History Project Working Paper no. 22 (Mar. 1998).

White, Theodore H. *In Search of History: A Personal Adventure.* New York: Harper & Row, 1978.

———. *The Making of the President 1964.* New York: HarperPerennial, 2010. Kindle ed.

———. *The Making of the President 1968.* New York: HarperPerennial, 2010.

Wiarda, Howard J. *Think Tanks and Foreign Policy: The Foreign Policy Research Institute and Presidential Politics.* New York: Lexington, 2010.

Wiener, Jacob G. *Time of Terror, Road to Revival: One Person's Story: Growing Up in Germany,*

Negotiating with the Nazis, Rebuilding Life in America. New York: Trafford, 2010.
Wilford, Hugh. *The Mighty Wurlitzer: How the CIA Played America.* Cambridge, MA: Harvard University Press, 2008.
Williams, William Appleman. *Empire as a Way of Life: An Essay on the Causes and Character ofo America's Present Predicament Along with a Few Thoughts About an Alternative.* New York: Oxford University Press, 1980.
———. *The Tragedy of American Diplomacy.* New York: W. W. Norton, 1959.
Wills, Garry. *Nixon Agonistes: The Crisis of the Self-Made Man.* Boston: Mariner Books, 2002.
Winks, Robin W. *Cloak and Gown: Scholars in the Secret War, 1939—1961.* New Haven, CT: Yale University Press, 1987.
Witcover, Jules. *White Knight: The Rise of Spiro Agnew.* New York: Random House, 1972.
Wohlstetter, Albert."The Delicate Balance of Terror."*Foreign Affairs* 37, no. 2 (1959): 211—34.
Wolfe, Robert, ed. *Americans as Proconsuls: United States Military Government in Germany and Japan, 1944—1952.* Carbondale: Southern Illinois University Press, 1984.
Woods, Randall B. *LBJ: Architect of American Ambition.* New York: Free Press, 2006.
Wright, Esmond."The Necessity for Choice: Prospects of American Foreign Policy."*International Affairs* 38, no. 1 (1962): 83.
Wright, Quincy."A World Restored."*American Historical Review* 63, no. 4 (1958): 953—55.
Yeshiva, University Museum. *The German Jews of Washington Heights: An Oral History Project.* New York: Yeshiva University Museum, 1987.
Zambernardi, Lorenzo."The Impotence of Power: Morgenthau's Critque of American Intervention in Vietnam."*Review of International Studies* 37, no. 3 (2011): 1335—56.
Zinke, Peter. *"An allem ist Alljuda schuld": Antisemitsmus während der Weimarer Republik in Franken.* Nuremberg: Antogo Verlag, 2009.
———. ed."*Nächstes Jahr im Kibbuz": Die zionistische Ortsgruppe Nürnberg-Fürth. Hefte zur Regionalgeschichte.* Nuremberg: Antogo Verlag, 2005.
Zinn, Howard. *Declarations of Independence: Cross-Examining American Ideology.* New York: HarperCollins, 1990.
———. *Howard Zinn on War.* New York: Seven Stories Press, 2011.
———. *A People's History of the United States.* New York: HarperCollins, 2001.

Illustration Credits

INSERT 1

Page 1, above: The Kissinger Family/Yale University; below: Ferdinand Vitzethum/Wikimedia Commons

Page 2, above: United States Holocaust Memorial Museum; below: @C Shawshorts/Alamy

Page 3, above: The Kissinger Family/Yale University; below: Melvin Thomason/Yale University

Page 4, above: The Kissinger Family/Yale University; below: @C Stadtarchiv Bensheim, Fotosammlung. Photographer Jerry Rutberg, U.S. Signal Corps.

Page 5, above and below: @C Vernon Tott

Page 6, below: ullstein bild/Getty Images

Page 7, above: courtesy of David Elliott; below: photographer unknown/Yale University

Page 8, above: Chrysler Corporation and U.S. Army publicity photo; below: Getty Images

Page 9, above: Nat Farbman/Getty Images; below AP Photo/Marty Lederhandler, File

Page 10, above: photographer unknown/Yale University; below: Corbis

Page 11, above: Yale University/CBS; below: United States Army Military History Institute

Page 12, above: Keystone-France/Getty Images; below: Cecil Stoughton, White House photographs, John F. Kennedy Presidential Library and Museum, Boston

Page 13: Ed Valman cartoon, from *Valtman: The Editorial Cartoons of Edmund S. Valtman 1961—1991* (Baltimore: Esto, Inc., 1991). Originally in *The Hartford Times* (1962). Used by permission.

Page 14, above: Centre Virtuel de la Connaissance sur l'Europe (CVCE); below: *Dr. Strangelove, or: How I Learned to Stop Worrying and Love the Bomb.* @C 1963, renewed 1991 Columbia Pictures.

Page 15, above: Bettmann/Corbis/AP Images; below: Flickr

Page 16, above left: Oliver Turpin/Yale University; above right: Robert Lackenbach/Radio Free Europe/Radio Liberty; below: photographer unknown/Yale University

INSERT 2

Page 1, above left: Larry Burrows/Getty Images; above right: Harvard University Library Archives and Special Collections; below: Arthur Schatz/Getty Images

Page 2, left and right: Harvard University

Page 3, above: John Dominis/Getty Images; below: @C Marion Dönhoff Stiftung

Page 4, above and below: photographer unknown/Yale University

Page 5, above: Yoichi Okamoto/Lyndon B. Johnson Presidential Library; below: courtesy of the University Archives & Special Collections Department, Joseph P. Healey Library, University of Massachusetts, Boston: François Sully Papers and Photographs

Page 6, above: ullstein bild/Getty Images; below: AP Photo/Richard Merron

Page 7, above: photographer unknown/Yale University; below: courtesy of Patricia and Daniel Ellsberg

Page 8, above and below: Larry Burrows/Getty Images

Page 9, above: photographer unknown/Yale University; below left: Paul Durand/Wikimedia Commons; below right: Lee Lockwood/Getty Images

Page 10, above: Staff Sergeant Winbush/Yale University; below: AP Photo

Page 11, above: CTK/Alamy; below: New York Daily News Archive/Getty Images

Page 12, above: AP Photo/File; middle: Copyright Guardian News & Media Ltd 2015; below: Yoichi Okamoto/Lyndon B. Johnson Presidential Libraary

Page 13, above: courtesy of Harvey Hacker; below: Yale University

Page 14, above and below: Buffy Parker/Yale University

Page 15, above: Digital Commons/UPI; below: photographer unknown/Yale University

Page 16, above: Alfred Eisenstaedt/*Life;* below: AP Photo

季辛吉

KISSINGER

1923-1968年 理想主義者

作　　者　尼爾・弗格森
譯　　者　顧淑馨
責任編輯　沈昭明
社　　長　郭重興
發行人暨出版總監　曾大福
出　　版　廣場出版
發　　行　遠足文化出版事業有限公司
231新北市新店區民權路108-2號9樓
電　　話　(02) 2218-1417
傳　　真　(02) 8667-1851
客服專線　0800-221-029
E-Mail　service@bookrep.com.tw
網　　站　http://www.bookrep.com.tw/newsino/index.asp
法律顧問　華洋國際專利商標事務所　蘇文生律師
印　　刷　前進彩藝股份有限公司
初版一刷　2019年11月
定　　價　1250元

國家圖書館出版品預行編目(CIP)資料

季辛吉1923-1968年 理想主義者 / 尼爾.弗格森(Niall Erguson)著 ; 顧淑馨譯.
-- 初版. -- 新北市 : 廣場出版 : 遠足文化發行, 2019.11
面 ;　公分

譯自 : B Kissinger : the idealist, 1923-1968
ISBN 978-986-97989-7-6(平裝)
1.季辛吉(Kissinger, Henry, 1923-) 2.傳記 3.美國外交政策
752.4　　108018015

KISSINGER：THE IDEALIST by Niall Ferguson